'Pe gallwn, mi luniwn lythyr'

Y MEDDWL A'R DYCHYMYG CYMREIG
Golygydd Cyffredinol: Gerwyn Wiliams

Dan olygyddiaeth gyffredinol John Rowlands

1. M. Wynn Thomas (gol.), *DiFfinio Dwy Lenyddiaeth Cymru* (1995)
2. Gerwyn Wiliams, *Tir Neb* (1996) (Llyfr y Flwyddyn 1997; Enillydd Gwobr Goffa Ellis Griffith)
3. Paul Birt, *Cerddi Alltudiaeth* (1997)
4. E. G. Millward, *Yr Arwrgerdd Gymraeg* (1998)
5. Jane Aaron, *Pur fel y Dur* (1998) (Enillydd Gwobr Goffa Ellis Griffith)
6. Grahame Davies, *Sefyll yn y Bwlch* (1999)
7. John Rowlands (gol.), *Y Sêr yn eu Graddau* (2000)
8. Jerry Hunter, *Soffestri'r Saeson* (2000) (Rhestr Fer Llyfr y Flwyddyn 2001)
9. M. Wynn Thomas (gol.), *Gweld Sêr* (2001)
10. Angharad Price, *Rhwng Gwyn a Du* (2002)
11. Jason Walford Davies, *Gororau'r Iaith* (2003) (Rhestr Fer Llyfr y Flwyddyn 2004)
12. Roger Owen, *Ar Wasgar* (2003)
13. T. Robin Chapman, *Meibion Afradlon a Chymeriadau Eraill* (2004)
14. Simon Brooks, *O Dan Lygaid y Gestapo* (2004) (Rhestr Hir Llyfr y Flwyddyn 2005)
15. Gerwyn Wiliams, *Tir Newydd* (2005)
16. Ioan Williams, *Y Mudiad Drama yng Nghymru 1880–1940* (2006)
17. Owen Thomas (gol.), *Llenyddiaeth mewn Theori* (2006)
18. Sioned Puw Rowlands, *Hwyaid, Cwningod a Sgwarnogod* (2006)
19. Tudur Hallam, *Canon Ein Llên* (2007) (Enillydd Gwobr Goffa Ellis Griffith)
20. Enid Jones, *FfugLen* (2008) (Enillydd Gwobr Goffa Ellis Griffith)

Dan olygyddiaeth gyffredinol Gerwyn Wiliams

21. Eleri Hedd James, *Casglu Darnau'r Jig-so* (2009)
22. Jerry Hunter, *Llwybrau Cenhedloedd* (2012)
23. Kate Woodward, *Cleddyf ym Mrwydr yr Iaith?* (2013)

Y MEDDWL A'R DYCHYMYG CYMREIG

'Pe gallwn, mi luniwn lythyr'

Golwg ar waith Menna Elfyn

Rhiannon Marks

GWASG PRIFYSGOL CYMRU
CAERDYDD
2013

ⓗ Rhiannon Marks, 2013

Cedwir pob hawl. Ni cheir atgynhyrchu unrhyw ran o'r cyhoeddiad hwn na'i gadw mewn cyfundrefn adferadwy na'i drosglwyddo mewn unrhyw ddull na thrwy unrhyw gyfrwng electronig, mecanyddol, ffotogopïo, recordio, nac fel arall, heb ganiatâd ymlaen llaw gan Wasg Prifysgol Cymru, 10 Rhodfa Columbus, Maes Brigantîn, Caerdydd, CF10 4UP.

www.gwasgprifysgolcymru.org

Mae cofnod catalog i'r llyfr hwn ar gael gan y Llyfrgell Brydeinig.

ISBN   978-0-7083-2674-9
e-ISBN 978-0-7083-2676-3

Datganwyd gan Rhiannon Marks ei hawl foesol i'w chydnabod yn awdur y gwaith hwn yn unol ag adrannau 77 a 79 Deddf Hawlfraint, Dyluniadau a Phatentau 1988.

Cyhoeddir gyda chymorth ariannol Cyngor Llyfrau Cymru.

Cysodwyd gan Wasg Dinefwr, Llandybïe, Sir Gaerfyrddin
Argraffwyd gan CPI Antony Rowe, Chippenham

Cyflwynir y gyfrol hon i deulu Cae'r Delyn

Cynnwys

Diolchiadau viii

Rhagair ix

Y Cyflwyniad 1

Yr Ohebiaeth 21

Ôl-Nodyn 257

Mynegai 263

Diolchiadau

Carwn gydnabod yn y lle cyntaf fy niolch i Brifysgol Aberystwyth am ddyfarnu imi Ysgoloriaeth Ymchwil Uwchraddedig ynghyd ag Ysgoloriaeth Mair Waldo, a'm galluogodd i ganolbwyntio'n llawn-amser ar gwblhau'r traethawd ymchwil a oedd yn sail i'r gyfrol hon. Mawr yw fy nyled i'r ddau a fu'n cyfarwyddo fy ymchwil yn Adran y Gymraeg, Prifysgol Aberystwyth, sef Dr T. Robin Chapman a'r Athro Marged Haycock. Diolch o waelod calon iddynt am fy rhoi ar ben y ffordd ac am eu cyngor doeth a'u hysbrydoliaeth ar hyd y daith. Diolchaf hefyd i'm harholwyr, Dr Angharad Price a Dr Mihangel Morgan, am eu sylwadau treiddgar hwythau.

O ran y broses gyhoeddi, rwy'n ddiolchgar iawn i olygydd y gyfres hon, Yr Athro Gerwyn Wiliams, am ei awgrymiadau, ac i holl staff Gwasg Prifysgol Cymru am eu gwaith diwyd. Rhaid diolch hefyd i staff Ysgol y Gymraeg, Prifysgol Caerdydd, am eu cymwynasau a'u cwmnïaeth ers imi ddechrau ar fy swydd yno, ac i'r Athro Sioned Davies am fy rhyddhau o ambell orchwyl a'm galluogodd i baratoi'r gyfrol hon i'w chyhoeddi.

Diolch i Menna Elfyn ac i'r cyhoeddwyr, Bloodaxe Books, am ganiatâd i ailgyhoeddi 'Broits', 'Eira' a 'Cusan Hances'/'Handkerchief Kiss' (cyfieithiad gan Gillian Clarke) o'r gyfrol *Perfect Blemish/Perffaith Nam: New & Selected Poems 1995–2007* (Bloodaxe Books, 2007). Diolch hefyd i Wasg Gomer am ganiatâd i ailgyhoeddi 'Er Cof am Kelly', *Eucalyptus* (Gwasg Gomer, 1995); 'Darlleniad Barddoniaeth', *Perffaith Nam* (Gwasg Gomer, 2005); a 'Colli Cymro' o'r gyfrol *'Stafelloedd Aros* (Gwasg Gomer, 1977). Yn ogystal, hoffwn gydnabod fy niolch i Twm Morys am ganiatâd i ailgyhoeddi 'Three Poems with literal translations into English and Notes' (2003).

Mae fy niolch pennaf i'm teulu a'm ffrindiau am eu cefnogaeth barod. Diolch yn arbennig i'm tad, Tom, am rannu â mi ei frwdfrydedd tuag at y Gymraeg a'i llên, ac i'm mam, Janet, a'm chwaer, Eleri, am gadw fy nhraed ar y ddaear gyda'u hanogaeth a'u hwyliogrwydd – ac am gynnig prynu stampiau imi. Ac yn olaf, diolch i'm cariad, Iwan, am ei frwdfrydedd a'i drylwyredd bob amser wrth ddarllen drwy'r gwaith, ac am ei amynedd di-dor pan dreuliwn fwy o amser nag a oedd yn gall ym myd fy nghreadigaeth.

Rhagair

Eir ati yn y gyfrol hon i gynnig dehongliad o waith Menna Elfyn gan ddefnyddio dull beirniadaeth epistolaidd. Cyfres o lythyrau ffuglennol at y bardd ac at ohebwraig ddychmygol ifanc o'r enw Martha a geir yma, sy'n darlunio sut y mae'r broses o ddarllen y farddoniaeth yn datblygu dros gyfnod o amser. Bwriad ategol yw herio arferion gweithiau academaidd trwy gyfuno llais 'beirniadol' a llais 'creadigol' er mwyn creu beirniadaeth aml-leisiog sy'n adlewyrchu natur gymhleth ac amlweddog y broses ddarllen.

Fel traethawd PhD yr ymddangosodd y gwaith hwn yn wreiddiol, a chan ei fod yn codi cwestiynau ynghylch holl gonfensiwn ysgrifennu traethodau o'r fath ac yn mabwysiadu dulliau ffuglennol i wneud hynny, penderfynwyd cadw mor agos â phosib at ffurf y gwaith gwreiddiol.

Y Cyflwyniad

Annwyl Ddarllenydd,

Sut mae? Diolch ichi am gydio yn y gyfrol hon a'i hagor. Wn i ddim beth a'ch denodd ati, ond gobeithiaf y gallaf eich perswadio i barhau i'w darllen. Cydnebydd Salman Rushdie fod i greu testun elfen o hap oherwydd does wybod ble y bydd yn glanio na beth fydd ei dynged. Bydd rhywun yn gobeithio'r gorau wrth ei ollwng i'r byd mawr ond eto, ni ellir bod yn sicr o ddim – 'you've done what you can and you've set it afloat. Now it's up to it to sink or swim.'[1] Rhyw deimlad felly sydd gen i wrth agor hyn o astudiaeth am ddarllen gwaith Menna Elfyn. Wn i ddim ble yn union y bydd y tudalennau hyn yn cyrraedd na chwaith pwy a fydd yn cydio ynddynt ac yn eu dehongli maes o law. Wn i ddim pwy ydych chi, ddarllenydd, ond gallaf fentro dweud ychydig am ba fath o ddarllenydd y gallech chi fod.

Mewn cyfres o lythyrau dychmygol at Menna Elfyn (ie, dyna sydd i ddod), y darllenydd ffuglennol wrth reswm yw'r bardd ei hun, ac efallai fod Menna ei hun newydd agor y cloriau hyn. Os felly, dyma ofyn yn garedig ichi gofio, Menna, mai creadigaeth fy nychymyg a'm chwilfrydedd ydych chi yma. Gyda phob parch, dyfais yw'r 'Menna' hon: cyfrwng imi ofyn y cwestiynau hynny sy'n corddi ym meddwl rhywun wrth ddarllen ond sydd gan amlaf yn cael eu hanwybyddu fel rhai amherthnasol, annheilwng bron.

Mae'n bosibl eich bod chi wedi bod yn arholwyr imi, ac felly'n ddarllenwyr empeiraidd – hynny yw, y sawl y bwriadwyd y gwaith hwn ar eu cyfer yn wreiddiol. Rydych chi eisoes yn gyfarwydd â'r gwaith a ganlyn er pan oedd hi'n ofynnol ichi gloriannu'r llythyrau a cheisio cydbwysedd rhwng canllawiau rheoliadau'r radd a'r rhyddid y gellir yn gyfiawn ei ganiatáu i'r ymgeisydd o ran dulliau gwaith. Croeso'n ôl ichi.

Mae'n fwy tebygol, er hynny, nad ydych wedi darllen y gwaith hwn o'r blaen nac erioed wedi clywed amdano o bosib. Rwy'n dyfalu mai eich diddordeb mewn barddoniaeth Gymraeg neu feirniadaeth lenyddol sydd wedi eich denu at y llyfr ond eto, wn i ddim i sicrwydd. Gallaf fentro cymryd ambell beth yn ganiataol: bod Menna Elfyn yn enw cyfarwydd ichi; ac o bosibl, eich bod wedi darllen rhywfaint o'i gwaith a bod gennych ryw agwedd tuag ato. Mae lle da i dybio hefyd fod cylchoedd ein darllen yn gorgyffwrdd i'r graddau ein bod yn gyfrannog o'r un diwylliant neu'r un diwylliannau llenyddol. Ac fel etifedd yr un gynhysgaeth ddiwylliannol, byddwch wedi dod i gasgliadau mwy neu lai pleidiol ynglŷn â darlleniadau amgen.

Wrth ddychmygu fy narllenwyr fel hyn, ofnaf fy mod yn ymdebygu i Lewis Morris ar ddiwedd ei *Tlysau yr Hen Oesoedd* yn 1735, a ddychmyga ei ddarllenwyr yntau: 'yn wŷr a Gwrâgedd mwynion, Diduedd, yn Bobl Garedig, Onest, yn Ewyllysgar i bawb gael rhan o'r Byd yn Gystal a hwythau, yn Caru eu Hiaith au Gwlad, a choffadwriaeth am eu Teidiau au Gweithredoedd Ardderchog.' Rhaid pwysleisio er hynny nad 'Er mwyn y rheini (ag i rheini yn Unig) y Cymerais y boen hon arnaf'!

Wedi dweud hynny, efallai mai un a gydiodd yn y gyfrol hon ar hap gan ddisgwyl rhywbeth arall ydych, a'ch bod yn gofyn, 'Beth yn y byd wnaeth iti benderfynu creu cyfres o lythyrau dychmygol at Menna Elfyn a Martha?' Rwy'n eich dychmygu yn hanner ystyried cau'r cloriau yn awr, wrth sylweddoli mai camgymeriad oedd eu hagor yn y lle cyntaf. Os felly, dyma gynnig esboniad dros ysgrifennu'r fath astudiaeth ymddangosiadol fisâr yn y gobaith y gallaf eich perswadio i barhau gyda mi ar hyn o daith.

Wel, rhaid addef nad oeddwn wedi dychmygu mentro i fyd gohebu dychmygol pan ddechreuais ar hynt fy ymchwil doethurol. Fy mwriad bryd hynny oedd astudio barddoniaeth gyfoes Gymraeg gan fenywod a chynnig dehongliad o'r hunaniaeth a amlygir yn eu gwaith. Yn sgil darllen llyfr dylanwadol Montefiore,[2] a barn Simon Brooks mai '[y] peth mwyaf trawiadol am feirniadaeth lenyddol ffeminyddol hyd at ddechrau'r 1990au yw cyn lleied ohoni sydd ar gael',[3] roeddwn yn chwilfrydig ynghylch y berthynas rhwng ffeminyddiaeth a barddoniaeth ac yn awyddus i ystyried y cysyniad o 'fardd ffeminyddol' yng nghyswllt llenyddiaeth Gymraeg. Yn anad dim, roeddwn am ddarganfod i ba raddau y treiddiodd bwrlwm aildon ffeminyddol y 1970au a'r syniadaethau yr esgorwyd arnynt ym Mhrydain, ar gyfandir Ewrop, yn yr Unol Daleithiau a'r tu hwnt, i farddoniaeth Gymraeg gan fenywod yn ystod degawdau olaf yr ugeinfed ganrif ac ar droad yr unfed ganrif ar hugain.

Sut bynnag, wrth dwrio'n aflwyddiannus mewn nifer o gylchgronau a blodeugerddi dechreuais bryderu mai bodau prin oedd beirdd 'ffeminyddol' *per se* yn y Gymraeg. Wedi ailfeddwl ac ailystyried deuthum i sylweddoli mai'r diffyg oedd fy null i o ddynesu at destun. Hanner disgwyliwn i gerddi neidio allan yn datgan negeseuon 'ffeminyddol' ac y gellid wedyn gyfosod y testunau llenyddol yn dwt gyda theorïau yn un cyfanwaith rhesymegol. Yn ddelfrydol byddwn yn canfod bod patrwm a datblygiad i'r farddoniaeth a oedd yn cyd-fynd yn gronolegol â datblygiadau syniadaeth ffeminyddol. Ond fel y darganfûm, roedd realiti 'ymchwil' yn wahanol iawn ac yn fwy cymhleth o lawer na'r delfryd a oedd gen i ohono.

I ddechrau, roedd angen ailystyried goblygiadau'r berthynas rhwng 'theori', 'hanes' a 'llenyddiaeth' a hwyrach y dylwn fod wedi ystyried geiriau doeth Ralph Cohen ynghylch hyn o beth dipyn ynghynt:

> It should . . . be noted that to attempt to connect literary history with theory of the period is to assume that theory and practice are synchronic. But works innovated in a period often have no theory to explain them.[4]

Cefais fy mod, wrth geisio cyfosod y tair elfen, yn tynnu sylw at eu hanallu i oleuo'i gilydd. Dyma bendroni hefyd ynghylch 'ystyr' testun ac ystyried i ba raddau y gellir galw cerdd yn un 'ffeminyddol'. Ai'r bardd piau dweud a yw cerdd yn 'ffeminyddol' ei gogwydd ynteu ai'r darllenydd sy'n darllen cerdd trwy lygaid ffeminyddol ac yn gosod y fath label arni, neu a yw'r ddau yn cyfrannu at y broses o bennu ystyr cerdd? Dyna agor cil y drws ar y berthynas gymhleth rhwng awdur, testun, darllenydd ac amgylchiadau, a dechrau ystyried mai gorchwyl cwbl ofer yw chwilio am Yr Ystyr Derfynol gan ei bod yn gallu newid ar bob darlleniad fel yr honna theorïwyr yn llinach Derrida: 'meaning production is unstable and irreducibly plural, provoking and multiplying undecidability with every reading.'[5]

Dechreuais hefyd amau doethineb y cysyniad o osod 'barddoniaeth gan fenywod' yn gategori i'w ddadansoddi gan fod hyn yn awgrymu, yn gyfeiliornus braidd, fod gwaith y menywod amrywiol yn dod ynghyd yn gyfanwaith unffurf. Mae'n enghraifft o'r hanfodaeth a eilw John Rowlands, yng nghyswllt cenedlaetholdeb 'ordeiniedig', 'yn beryglus o awdurdodol ac adweithiol, ac yn nacáu lluosogedd ac amrywiaeth'.[6] Trwy osod gwaith gan feirdd o fenywod mewn un dosbarth anwybyddir natur ddyrys hunaniaeth rhywun gan ei fod yn awgrymu, i raddau helaeth, mai wrth eu rhywedd yn unig y mae pennu hunaniaethau'r beirdd am mai dyna sail eu gosod yn y dosbarth yn y lle cyntaf. Yn ogystal, fe awgryma fod gwahaniaeth hanfodol rhwng gwaith beirdd o ddynion a gwaith beirdd o fenywod:

> not only does it collapse differences between women, it also encourages comparison of women poets with men poets, as though there is some fundamental opposition between them.[7]

Chwiliais felly drwy rai o'r blodeugerddi o farddoniaeth gan fenywod a gyhoeddwyd yn ystod y degawdau diwethaf yng Nghymru a'r tu hwnt, i ganfod cyfiawnhad dros osod gwaith y menywod ynghyd i'w gyhoeddi.[8] Dro ar ôl tro, tebyg oedd yr amcan, sef 'gwneud iawn am ddiffygion y gorffennol',[9] a dangos fod i fenywod le yn y traddodiad barddol: 'It is one of the main objectives of this anthology to prove that the tradition is not, and never has been, exclusively male.'[10] Agenda ffeminyddol hanfodaidd oedd y tu ôl iddynt yn anad dim a dyhead i hawlio lle i fenywod o feirdd.

Yn ei hastudiaeth gymharol ddiweddar, gesyd Jo Gill farddoniaeth gan fenywod mewn categori i'w hastudio.[11] Cydnebydd berygl creu *ghetto* i farddoniaeth menywod ond cyfiawnha ei hastudio fel cyfangorff drwy ddal bod angen ei gosod ynghyd er mwyn darlunio'r tebygrwydd a'r gwahaniaeth sydd ynddi:

> This volume seeks to recognise heterogeneity and to remain alert to the multiplicity of contexts, experiences and forms evidenced in women's poetry. It looks for areas of common ground which, however narrow and meandering, are shared by women's poetry of different periods, cultures and modes.[12]

Serch hynny, wrth eu cymharu fel hyn, a hynny o dan y fath deitl â *Women's Poetry*, awgryma o hyd fod bardd o fenyw yn wahanol i fardd o ddyn, a bod modd canfod elfennau cymharus mewn barddoniaeth gan fenywod am eu bod hwy'n rhannu'r un rhywedd.

Pwysleisiodd John Rowlands ar ddechrau'r nawdegau fod modd cyfiawnhau'r broses hon o osod gwaith menywod mewn categori ar wahân:

> Sawl tro y clywsom haeru mai nonsens yw i ferched ymgasglu'n un haid y tu mewn i ghetto eu blodeugerddi hwy'u hunain? . . . Brysied y

dydd pan *na* fydd angen i ferched ymgyrchu ar lwyfan ar wahân i ddynion, ond yn y cyfamser ni welaf fod ganddynt ddewis ond cyhoeddi'u harwahanrwydd.[13]

Aeth chwarter canrif heibio bellach ers sefydlu Gwasg Honno, y 'wasg unigryw a oedd yn atebol i anghenion merched Cymru',[14] ac ers cyhoeddi'r cyfrolau Cymraeg a fu'n chwyldroadol yn eu cyfnod: *Hel Dail Gwyrdd* (1985) a rhifyn arbennig *Y Traethodydd* (1986). Yn y cyfamser cyhoeddwyd amryw flodeugerddi eraill,[15] gwelwyd colofnau penodol ar lenyddiaeth gan ferched ac i ferched mewn ambell gyfnodolyn a chylchgrawn,[16] a datblygwyd nifer o gyrsiau prifysgol ar 'lenyddiaeth merched' ac astudiaethau rhywedd. Tybed a ddaeth yr adeg felly i ailystyried yr angen i osod menywod mewn categori ar wahân a 'chyhoeddi'u harwahanrwydd'?

Mewn darlith gymharol ddiweddar dan y teitl 'I am not a *woman* writer',[17] cyhoeddodd Toril Moi fod dirfawr angen symud oddi wrth y pwyslais cyson a roddir ar rywedd awdur, gan awgrymu bod angen datblygu disgyrsiau ffeminyddol newydd. 'Is it always in the feminist interest to read women writers as *women* writers?' holodd. Er na fentra ddweud i ba gyfeiriad y gellid mynd â disgyrsiau o'r fath, pwysleisia fod gwir angen ailasesu'r modd yr ystyriwyd rhywedd yn y gorffennol a chreu disgyrsiau newydd a fyddai'n cyd-fynd yn well â'r oes sydd ohoni. Yn hytrach na rhygnu ymlaen i ddilyn cwys hanfodaidd ei sail, felly, awgrymodd y dylid arbrofi â dull newydd o ddarllen.

Yng nghyswllt llenyddiaeth Gymraeg, ac yn arbennig ei barddoniaeth, dechreuais dybio ei bod hi'n hen bryd ailystyried goblygiadau 'bod yn fardd o fenyw',[18] chwedl Menna Elfyn. Er i 'The Woman Poet' fod yn destun cerdd gan Hilary Llewellyn-Williams,[19] dechreuais bendroni a oedd hi'n bodoli mewn gwirionedd ynteu ai myth neu gymeriad chwedlonol o fath oedd y cysyniad o 'fardd benywaidd' neu 'farddones'?[20] Wedi'r cyfan, clywais lu o ragdybiaethau ynghylch canu gan fenywod: er enghraifft, bod ganddynt obsesiwn ag ysgrifennu am eu cyrff neu fod eu gwaith yn llawn emosiwn ac yn 'hysterical, melancholy, solipsistic and technically inferior'.[21] Ond tybed ai mythau wedi eu creu gan ddynion a chan ferched eu hunain sy'n andwyo delwedd bardd o fenyw yw'r fath honiadau?

Canlyniad fy anfodlonrwydd â rhyw fel hanfod oedd amau dadansoddiadau hanfodaidd o bob math, nid yn unig am fy mod yn eu cael yn annigonol ond am eu bod, ar lefel fwy gwaelodol, yn

Y Cyflwyniad 5

anfoddhaol. Er mor ddadlennol y gallant fod, nid oedd darllen testunau fel cynnyrch dosbarth cymdeithasol, hil, rhywioldeb neu fel adlewyrchiad o gyfnod neu gyflwr gwleidyddol, gan gorlannu llenorion a gweithiau, yn cyfleu cymhlethdod fy mhrofiad i fel darllenydd.

Yn y pen draw, deuthum i'r casgliad mai'r peth gorau fyddai canolbwyntio ar waith un fenyw yn benodol a'i astudio'n drylwyr er mwyn dadansoddi i ba raddau y mae rhywedd bardd yn effeithio ar farddoniaeth a gynhyrchir ganddi [sic].[22] Y dewis amlwg i mi oedd Menna Elfyn: yn rhannol am fy mod yn cael blas ar ddarllen ei gwaith ond hefyd am mai ei gwaith hi, yn anad gwaith unrhyw fenyw arall, a gynigiai fwyaf o gyfle i ymchwilio i'r berthynas amlweddog hon rhwng rhywedd a barddoniaeth a'm hymateb iddi fel menyw fy hunan. Wedi'r cyfan, fe'i cysylltir yn aml, yn gam neu'n gymwys, â ffeminyddiaeth,[23] pa beth bynnag yw'r term ymbarél amwys hwnnw – *ffeminyddiaethau* sy'n gyffredin bellach – [24] yng Nghymru ac fe'i cyfrifir yn genhades ysgrifennu 'benywaidd'. Fe'i henwyd yn 'Wales's best known feminist poet',[25] ac fe ddywedodd Ceridwen Lloyd-Morgan amdani:

> Mae'n anodd meddwl am unrhyw fardd arall yn y Gymraeg sydd wedi gwneud cymaint â Menna Elfyn i gyfleu a dadansoddi profiadau a theimladau merched.[26]

Fe'm cymhellwyd gan reswm elfennol arall. Er bod Menna Elfyn yn llenor toreithiog – cyhoeddodd eisoes saith cyfrol o farddoniaeth yn Gymraeg,[27] casgliad o gerddi a gyfansoddwyd rhwng 1976 a 1990,[28] a phum cyfrol ddwyieithog[29] – ni chafwyd astudiaeth gyfansawdd o gorpws ei gwaith. Do, tynnwyd sylw at y modd yr ymdrinnir â rhywedd yn ei gwaith gan M. Wynn Thomas[30] a Katie Gramich,[31] ond, ac eithrio adolygiadau lu mewn cylchgronau a chyfnodolion, pennod gan Robert Rhys mewn cyfrol o ysgrifau beirniadol ar feirdd Cymraeg diweddar yw'r ymdriniaeth fwyaf estynedig o'i gwaith hyd yn hyn yn Gymraeg.[32] Ac amlinelliad digon dilornus ydyw ar y cyfan: er ei fod yn cydnabod bod i farddoniaeth Menna Elfyn 'ffresni pynciol',[33] tynnu sylw at yr hyn a wêl ef yn ddiffygion yn ei gwaith a wna yn anad dim gan ddifrïo'r 'farddoneg fenywaidd anghynganeddol'.[34] Mynega amheuaeth gref ai cymwys 'gosod y bardd yn ddidrafferth ymysg rheng flaenaf beirdd Ewrop',[35] cyn tynnu sylw (amherthnasol, i'm tyb i) at y ffaith na fu'r bardd yn llwyddiannus yng nghystadleuaeth y Goron yn yr Eisteddfod Genedlaethol, fel petai hynny'n warant o ddiffyg 'safon' ei gwaith llenyddol.

Fy mwriad yn y gwaith a ganlyn yw cloriannu gwaith Menna Elfyn trwy gynnig dehongliad amgen sy'n darlunio'r broses ddarllen. Fel y dywed Susan Noakes: 'there is not just one way to read . . . reading (whether one recognizes it or not) is always a process of investigating and making choices'.[36] Mae cenadwri yn fy ngwaith hefyd, rhaid addef. Honna Noakes fod sylweddoli pwysigrwydd darllen amgen yn fodd i ennill lle mwy canolog i farddoniaeth:

> The development of [the] ability to discuss not just what one reads but the *prior* question of how one reads is of capital importance to a culture that wishes to see itself as founded on the effort to reach consensus . . . It follows that if the hermeneutic awareness of the members of a society is carefully cultivated, as they are taught alternative means of making choices in the reading of all sorts of verbal structures from sonnets to speeches, they will be better able to contribute to the evolution of an enriched consensus. And, perhaps, the poets will no longer find themselves banished to the margins of the republic.[37]

Trwy dynnu sylw at bosibiliadau darlleniadau amgen, yng nghwrs yr astudiaeth hon, y gobaith yw y bydd hyn yn arwain at ailystyried y modd y darllenwyd gwaith gan feirdd megis Menna Elfyn yn y gorffennol. Cam sydd yma, felly, tuag at ddarlleniadau adolygiadol ac adolygol.

Deil Schweickart a Flynn mai cam ymlaen mewn beirniadaeth lenyddol fyddai symud oddi wrth y dull hanfodaidd o ddarllen gwaith gan fenywod a pheidio â chymryd yn ganiataol fod modd dosbarthu gwahaniaethau i un categori llywodraethol bob tro – 'the master category of gender'.[38] Erfyniant ar eu darllenwyr 'to think not of one general other but of particular others, differentiated, among other things, by race, ethnicity, and class'.[39] Trwy archwilio a chymhwyso'r cysyniad hwn, gobeithiaf roi sylw i'r pwyslais ar rywedd yng ngwaith Menna ac awgrymu, o leiaf, fod i wladgarwch, heddychiaeth a gwleidyddiaeth, le'r un mor ddylanwadol yn ei bydolwg. Wedi'r cyfan, fel y sonia Valentine Cunningham, 'the much bandied-about category "woman" is itself too impossibly unfitting for the realities of woman-reader varieties (women writers are more than women . . . they belong to many "writing communities" at once).'[40]

Ynghyd â hyn, hoffwn dynnu sylw at y cysyniad o 'werth llenyddol' am i gerddi Menna Elfyn gael eu gwrthod gan olygyddion *Blodeugerdd o Farddoniaeth Gymraeg yr Ugeinfed Ganrif*.[41] Ymddengys nad oeddent yn cael eu cyfrif ymhlith y 'cerddi teilwng' a'r 'cerddi gorau' y chwiliai'r ddau olygydd amdanynt.[42] Fy mwriad yw cwestiynu'r cysyniad hwn o 'deilyngdod' a 'gwerth' llenyddol, ac awgrymu o bosib nad oes i destun werth cynhenid na chwaith werth terfynol, gan fod y broses o 'werthuso' yn oddrychol ac yn cael ei hailadrodd a'i hailasesu'n ddiderfyn. Medd Barbara Herrnstein Smith:

> A work's value [is] seen not as something already fixed in it and indicated by particular critical judgements but, rather, as numerous different effects continuously produced and sustained by those very evaluative activities and practices themselves.[43]

Yn anad dim, hoffwn ystyried sut y mae bardd y gwrthodwyd ei gwaith gan rai a gymer arnynt farnu ar ran y gymuned lenyddol Gymraeg, wedi llwyddo er hynny i gael ei hystyried gan eraill fel 'the best-known, most travelled and most translated of all Welsh-language poets,' chwedl broliant ei chyfrol *Perfect Blemish/Perffaith Nam*.[44]

Felly, ddarllenydd, dyna'r hanes y tu ôl i ddewis Menna Elfyn; ond yn sgil canfod maes ymchwil, y broblem a'm hwynebai oedd sut i lunio traethawd ymchwil a fyddai'n ei gwneud yn bosibl imi ymdrin â'r elfennau gwasgarog hyn, a hynny mewn ffordd greadigol a ffres. Wrth lwc, cefais ysbrydoliaeth ar y we pan ddeuthum ar draws manylion cyfrol gyffrous a oedd ar y gweill yn yr Unol Daleithiau ar y pryd ond a gyhoeddwyd erbyn hyn sef *Letters to Poets: Conversations about Poetics, Politics and Community*,[45] lle y mae parau o feirdd yn ymateb i gerddi ei gilydd ar ffurf gohebiaeth dros gyfnod o flwyddyn. Yng nghwrs y gohebiaethau trafodir amryw faterion ynghylch barddoniaeth gan gynnwys rôl gwleidyddiaeth, rhywedd a hil mewn cerddi ynghyd â thrafodaeth ar y broses o farddoni. Y gobaith, chwedl y golygyddion, yw 'that these letters will spark discussion and offer insight into some of the ongoing urgent conversations in contemporary poetry.'[46]

Apeliai'r cysyniad hwn o ymateb yn bersonol ac yn greadigol i destun llenyddol ar ffurf llythyr ac euthum ati i arbrofi gyda'r *genre* a chreu llythyr dychmygol at Menna Elfyn yn cynnig adwaith creadigol i un o'i cherddi. Er bod fy sefyllfa i fel myfyrwraig ymchwil ar y pryd yn dra gwahanol i feirdd y gyfrol uchod (sydd, er enghraifft, yn cynnal deialog bersonol wrth drafod eu cerddi ac yn rhannu'r profiadau personol a ddaw iddynt wrth gyfansoddi), yr un yw ein gorchwyl sylfaenol, sef pwysleisio ymateb personol i destun llenyddol ar draul unrhyw ymgais i gynnig darlleniad gwrthrychol, safonol, diffiniol neu derfynol. Efallai fod beirdd *Letters to Poets* yn ymateb ar ffurf llythyrau 'go-iawn' at ei gilydd gan ddisgwyl ateb y naill oddi wrth y llall, ond yn eu hanfod creadigaethau llenyddol yw eu llythyrau hwy fel fy rhai innau, sy'n cynnig ymateb beirniadol personol i destun a hwnnw'n cydnabod amseroldeb y testun a'r ymateb ill dau, ei gyfyngiadau a'r darlleniadau diderfyn eraill hynny nad ydynt yn cael llais.

Mae hwn yn ddull sy'n gofyn llam dychmygus, nid yn unig gennyf fi, ond gan fy narllenydd. Wedi'r cyfan, mae'r cysyniad o ysgrifennu llythyr dychmygol at berson sy'n fyw ond na fydd yn ei dderbyn mewn gwirionedd yn ymddangos yn rhyfedd i ddechrau. Serch hynny, buan y darganfûm fod y ffurf yn cynnig potensial gwych i fynd i gyfeiriadau nad yw traethawd academaidd confensiynol yn eu cynnig. Caniatâ imi fod yn chwareus â thestun ac ar yr un pryd arbrofi gyda ffiniau'r disgwrs a ddisgwylir mewn beirniadaeth lenyddol fel arfer. Rhydd y cyfle i gynnig sawl dehongliad o un gerdd, i fod yn onest ac i fynegi ansicrwydd ynghylch ystyr cerddi, yn ogystal â chyfle i osod darlleniad mewn cyd-destun personol a phenodol. Datgana yn agored yr hyn sy'n wir am bob math o feirniadaeth, hyd yn oed strwythuraeth lem, sef ei bod yn y pen draw yn ddethol ac yn oddrychol.

Rhaid cyfaddef bod fy ngheidwadaeth wedi esgor ar rai amheuon ynghylch y dull hwn o ysgrifennu traethawd ar y cychwyn; ond wrth imi ymchwilio i'r mater canfûm nad oeddwn ar fy mhen fy hun ym myd y llythyru. Bu ffurf y llythyr yn arf beirniadol defnyddiol a phoblogaidd dros y canrifoedd i lenorion drafod pynciau athronyddol a llenyddol. Yn llythyrau enwog Rilke at y bardd ifanc, er enghraifft, defnyddir y ffurf i drafod hanfodion y grefft o lenydda.[47] Dyna a wnaeth Virginia Woolf hefyd rai degawdau yn ddiweddarach yn ei 'A letter to a young poet' yng nghyfres yr *Hogarth Letters*. Defnyddiwyd y ffurf yn helaeth mewn gweithiau ffuglennol er mwyn creu cysylltiadau rhwng cymeriadau a'i gilydd, a hynny ar adegau i ddibenion hyfforddi, megis yn y nofel Norwyaidd, *Sofies Verden*.[48] Yn ogystal, gwelwyd defnyddio'r llythyr mewn cyfrolau ffuglennol eu naws megis *Letters to Virginia Woolf* er mwyn gosod darlleniad o waith yr awdures mewn cyd-destun personol.[49] Dylid nodi hefyd i Elan Closs Stephens ddefnyddio'r ffurf yn Gymraeg, yn ei 'Llythyr at Ferch Ifanc', lle'r â ati i drafod rôl y ferch yn y gymdeithas.[50]

Serch hynny, yn ddiweddar gwelwyd arbrofi â ffurf y llythyr mewn gweithiau academaidd. Pwysleisia Anne Bower ddefnyddioldeb y *genre* mewn astudiaethau beirniadol a honna fod y ffurf yn hyblyg ac yn caniatáu i drafodaeth fynd ar sawl trywydd gwahanol:

> A major advantage of the letter form as a mode of personal criticism is its logical way of incorporating elements that so often result form the conditions that shape our lives: class, race, gender, ethnicity, sexual orientation and so on.[51]

Cynhwysa ei gwaith lythyrau sy'n cyfarch ei darllenwyr yn uniongyrchol gan gyfuno 'the literary, the critical and the personal'.[52] Ei bwriad yn anad dim yw herio disgwrs a strwythur gweithiau academaidd traddodiadol ac awgryma fod ffurf y llythyr yn caniatáu rhyddid i arbrofi ac i greu disgyrsiau newydd:

> In the same way that the letter form provides epistolary characters with a mode of responding to others, with the chance to rewrite themselves and others, criticism in letter form helps us to rewrite our concepts of academic discourse, perhaps even our concepts of the academic institution.[53]

Noda Bower fod ymateb personol ar ffurf llythyrau yn fodd i wneud cysylltiadau annisgwyl rhwng darllenydd ac awdur ynghyd â'r sawl sy'n ailddarllen:

> At one or more levels – emotional, psychological, political, intellectual – 'lettered' criticism holds the potential to change the writer, the reader, the critical act, and the relationships among them.[54]

Fe ymetyb Bower felly fel darllenydd ac awdur i waith awdur arall, ac yn eu tro gall rhywrai ddarllen ac ymateb i'w gwaith hithau. Proses debyg fydd ar waith yn y traethawd hwn, gobeithio. Byddaf yn ymateb yn ffuglennol fel darllenydd ac awdur i waith Menna Elfyn, ac yn eich tro byddwch chi, y darllenydd, wrth ddarllen y cyfanwaith, yn gyfrannog yn y ffuglen. Mae'n fodd, gobeithio, o arbrofi gyda'r berthynas amlweddog rhwng yr awdur a'r darllenydd a dangos nad un math o ddarllenydd sy'n bodoli ac nad oes chwaith un darlleniad 'terfynol' yn bod.

Yn wreiddiol, fy mwriad oedd cynnal gohebiaeth ddychmygol gyda Menna Elfyn drwy gydol y gwaith ond canfûm fod i'r syniad hwn ei gyfyngiadau. Yn gyntaf, nid oedd rhai o'r pynciau yr oeddwn am eu trafod yn taro deuddeg wedi eu cynnwys mewn llythyr – hyd yn oed un ffuglennol – wedi ei gyfeirio at y bardd ei hun. Ac yn ail, o safbwynt arddull, roedd hi'n anodd cynnal y drafodaeth ar ei gwaith gan ei ysgrifennu yn yr ail berson, heb i'r llythyrau fynd yn undonog ac yn rhestr o gwestiynau rhethregol. Deuthum i'r casgliad y byddai'n fanteisiol cyflwyno gohebydd arall i'r gwaith oherwydd gellid sôn wedyn am gyd-destun llenyddol barddoniaeth Menna a'i drafod yn y trydydd person mewn ffordd a fyddai hefyd yn argyhoeddi yn ffuglennol.

Penderfynais, gan hynny, greu cymeriad sy'n fyfyrwraig ar ei blwyddyn gyntaf yn y coleg ac sy'n astudio ar gyfer gradd yn y Gymraeg. (Cewch gyfarfod â hi maes o law, ddarllenydd!) Mae ei gyrfa golegol israddedig hi yn cydredeg yn fras â'm blynyddoedd ymchwil uwchraddedig i, ac felly yn y llythyrau a ganlyn gellir dilyn trywydd ein datblygiad ni'n dwy fel darllenwyr gwaith Menna.

Fe'i bedyddiais yn Martha: yr un enw â chymeriad ffuglennol Williams Pantycelyn a oheba gyda'i hathro, Philo-Evangelius.[55] Yn yr un modd ag y mae Martha Pantycelyn, y darllenydd naïf, yn trafod ei phrofiad personol wrth ddarllen y Beibl ac yn dymuno cael gwybod gan ei hathro a yw ei dehongliad yn ddilys,[56] felly y mae fy Martha innau yn gofyn cwestiynau ynghylch gwaith Menna Elfyn gan ddisgwyl ateb ac esboniad terfynol ar y testun. Mae fy llythyrau ati yn cynnig cyngor ynghyd â dehongliad, ac ambell ysgytwad i'w rhagdybiau. Hwyrach fod elfen heriol hefyd yn yr adlais hwn o waith Pantycelyn gan fod ei gymeriad, Philo-Evangelius, yn honni nad oedd yn disgwyl trafodaeth ddwys a chyfansawdd mewn llythyr oddi wrth Martha, am ei fod wedi ei 'sgrifennu gan fenyw![57] Hoffaf feddwl fod fy Martha i'n rhoi cyfle imi arfer llais a osgoir o fwriad mewn traethawd PhD lle y mae'r ymgeisydd i fod i efelychu disgwrs llywodraethol a derbyniol y sawl sydd ag awdurdod i ddyfarnu'r radd: y llais pedagogaidd. Wrth ohebu â Martha, rhaid arafu'r drafodaeth, egluro termau, cyfiawnhau egwyddorion sylfaenol a'u cymhwyso at destunau. Mae'n ddull sy'n gofyn perswadio heb draethu. Nid argyhoeddi Martha yn unig fy mod yn gymwys i fynegi barn (hanfod gradd ymchwil) yw'r amcan ond, ar lefel ddyfnach, fod y farn yn werth ei mynegi. Nid sbwng mohoni a grëwyd i amsugno fy syniadau parod, ond sbardun imi ailfeddwl. Am hynny, trafodir ambell gerdd o sawl safbwynt theoretig ar wahanol adegau gan fod y llais pedagogaidd hwn yn seiliedig ar y syniad fod gwybodaeth yn cronni.

Trwy gynnwys yr ohebiaeth ddychmygol â Martha yn gyfochrog â'r ohebiaeth ddychmygol â Menna, ynghyd â darnau mwy confensiynol academaidd, fy ngobaith yw caniatáu i ddisgwrs y traethawd amrywio gan amlygu tair agwedd ar fy nghymeriad i fel darllenydd. Yn ôl Janet Gurkin Altman dyma un o rinweddau'r dull epistolaidd:

> epistolary writing, as distinguished from simple first person writing, refracts events through not one but two prisms – that of reader as well as that of writer. We as external readers must always interpret a given letter in light of its intended recipient.[58]

Y prism cyntaf yw'r myfi sy'n gogwyddo rhwng ffuglenoldeb fy rôl fel gohebydd a realiti amwys a chyfnewidiol f'ymateb i Menna Elfyn a Martha. Yn fy llythyrau at Menna amlygir darllenydd sy'n damcaniaethu rhywfaint ynghylch gwaith y bardd gan fynegi amheuon, dryswch ac amhendantrwydd. Yn y llythyrau at Martha, serch hynny, amlygir darllenydd sy'n fwy pendant ei ddehongliad ar y cyfan, a hynny mae'n siŵr am fod y berthynas yn un fwy cyfarwyddiadol ar y cyfan o'm rhan i. Mae gohebu â'r ddwy yn ei gwneud hi'n bosibl imi arfer y ddau lais sy'n cyd-weu trwy'i gilydd mewn disgwrs beirniadol, sef yr ymholgar a'r traethiadol.

Mae'r berthynas bedagogaidd hon rhyngof i a Martha yn debyg o ran ei natur i lythyrau hyfforddiadol Rilke at y bardd ifanc, Franz Kappus, lle'r â'r mentor ati i gynghori ei ddisgybl ynghylch goblygiadau bod yn artist er gwaetha'i ansicrwydd fel artist ei hun. Meddai Kent Nerburn:

> In the letters to young Franz Kappus, he appropriates this air of authority, which he wears like a mantle over the doubts and insecurities that the letters themselves address. He becomes, at once, the wise and resolved artist he dreams of being, while carrying within himself the visceral knowledge of all the struggles the young artist experiences.[59]

Tebyg yw fy mhrofiad innau a Martha, nid yng nghyd-destun yr 'artist' o reidrwydd, ond yng nghyswllt y broses o ddarllen. Er fy mod yn ymwybodol o gymhlethdod dehongli testun, a amlygir yn fy llythyrau at Menna, ceisiaf wisgo mantell awdurdod wrth arwain rhywun i ddarllen gwaith y bardd o'r newydd.

Mae'n werth nodi'r gwahaniaeth yn y berthynas rym sydd yn ymhlyg yn y ddwy ohebiaeth: tra bydd y llythyrau cychwynnol at Menna yn cyfleu ymdeimlad digamsyniol o israddoldeb o'm rhan i fel darllenydd oherwydd parchedig ofn tuag ati fel awdur, gydag amser datblyga'r berthynas yn un lle y caf innau sefyll ar yr un gwastad deongliadol â hithau. Gyda Martha, fel arall y mae hi. Ar y cychwyn, rwy'n ei chynghori a'i hysbysu ynghylch amryw bethau ond fel yr â ein gohebiaeth yn ei blaen, a chwrs gradd Martha yn gefnlen i hyn, datblyga hithau o fod yn ddarllenydd naïf i fod yn ddarllenydd beirniadol sy'n ddigon parod i ddadlau'n ôl erbyn y diwedd!

Yn hyn o beth, mae datblygiad fy mherthynas i a Martha yn ymdebygu i'r berthynas rhwng cymeriadau Modryb Fay a'i nith Alice yn *Letters to Alice: On First Reading Jane Austen*,[60] sy'n darlunio gohebiaeth Fay ac Alice, 'a green-haired punker',[61] ac ymgais y gyntaf i argyhoeddi ei nith i beidio â chicio yn erbyn y tresi a diystyru gwaith Jane Austen. Ar y cychwyn, erfynia Fay ar i'w nith ddilyn ei chyngor, ond nid yw ei harddull mor ddidactig erbyn y llythyrau diweddarach. Awgrymiadau a geir tua'r diwedd yn hytrach na gorchmynion. Lleihau a wna'r gagendor rhwng yr athrawes a'i disgybl wrth i'r ohebiaeth droi'n fwy deialogaidd ei naws. Dyma yw fy hanes innau a Martha, i raddau, ond hwyrach bod natur ein sefyllfa'n wahanol i Fay ac Alice gan nad oes cenhedlaeth o wahaniaeth oedran rhyngom ac felly nid oes cymaint o draethu athro/disgybl yn digwydd yn y lle cyntaf.

Mae'r goblygiadau gwahanol a berthyn i'r broses o greu fy ngwaith i, o'i gymharu â gwaith Fay Weldon, yn naturiol yn golygu bod y gohebiaethau a ddarlunnir yn ein gwaith yn wahanol o ran eu natur. Yn achos ysgrifennu astudiaeth academaidd rhaid, wrth reswm, ddilyn rhyw faint o gonfensiynoldeb a chysondeb. Er bod i'm gwaith naws oddrychol a phersonol, bu'n rhaid imi, wrth gyflwyno dadl, lynu at gonfensiwn academaidd trwy angori trafodaeth mewn testun penodol gan ddyfynnu tystiolaeth bwrpasol (rhywbeth nad oedd yn ofynnol i Fay Weldon ei wneud wrth ysgrifennu cyfrol ar ffurf ffuglen boblogaidd, ac sydd i gyfrif o bosib am ei thuedd i wneud gosodiadau digon arwynebol a hollol oddrychol ar adegau). Hefyd, mae cyfyngiadau o ran diwyg y gwaith yn fy achos i: rhaid cynnwys ôl-nodiadau er mwyn tystiolaethu fy mod wedi troi at destunau, er na fyddai rhywun yn eu harfer fel arfer mewn gohebiaeth go-iawn.

Arweinia hyn at ystyriaeth bwysig arall, sef hygrededd yr astudiaeth. Er mai llythyrau ffuglennol ydynt i bob pwrpas, gobeithiaf y bydd yma ymdriniaeth gynhwysfawr, amlweddog a golau, waeth pa mor 'annibynadwy' neu rithiol fo'r technegau a ddefnyddir wrth gyflawni'r ymchwil.

Yn y gwaith a ganlyn, felly, ceir cyfres o lythyrau ffuglennol oddi wrth fyfyrwraig ymchwil at Martha a Menna yn ymateb i farddoniaeth Menna Elfyn. Gofynnaf yn garedig ichi ymuno yn ysbryd y gwaith, a phlymio i fyd yr ohebiaeth ddychmygol. Yng nghwrs yr ohebiaeth fe ddewch ar draws ddwy bennod a phapur academaidd mwy confensiynol eu naws. Pam hyn? Wel, fy mwriad gwreiddiol oedd cynnwys gohebiaeth yn unig ond dyna feddwl wedyn y gellid creu *dossier* o ddarnau academaidd mwy confensiynol ochr yn ochr â'r llythyrau er mwyn amlygu'r gwahaniaeth rhyngddynt. Trwy gyfuno'r cyfryngau gwahanol hyn yn y fath fodd, fy mwriad yw creu beirniadaeth aml-leisiog sy'n symud oddi wrth y math o draethu unllais unffurf a geir fel arfer mewn gweithiau academaidd.

Cyfeiria Mikhail Bakhtin at hyblygrwydd rhyddiaith sy'n galluogi'r awdur i ymwneud ag amryw ddisgyrsiau a hynny heb ddarostwng y darllenydd i un traethiad awdurdodedig:

> The possibility of employing on the plane of a single work discourses of various types, with all their expressive capacities intact, without reducing them to a common denominator – this is one of the most characteristic features of prose.[62]

Wrth gyfuno rhyddiaith 'ffuglennol' (y llythyrau) a rhyddiaith fwy ymddangosiadol 'ffeithiol' ei naws (y penodau a'r papur academaidd), cyflwynir beirniadaeth boliffonig sy'n caniatáu i amryw o safbwyntiau gydfodoli a hynny heb orfodi un disgwrs traarglwyddiaethol arnoch chi, y darllenydd.

Cyferbynnir y ddau gywair beirniadol gwahanol, yn ogystal, er mwyn amlygu'r hollt rhwng y ddau gonfensiwn: ar y naill law, ceir llais personol y llythyr, sy'n traethu yn y person cyntaf yn gymharol anffurfiol; ac ar y llaw arall, ceir llais mwy ffurfiol a thraddodiadol 'academaidd' sy'n traethu yn y trydydd person. Mae'r llythyr yn caniatáu ymdriniaeth fwy chwareus â thestun ac yn caniatáu ailddarlleniadau a darllen dyfaliadol, ond cywair mwy awdurdodol a geir yn y darnau eraill.

Wrth eu cyferbynnu yn y fath fodd gellir sylwi hefyd, gobeithio, ar y gwahaniaeth mewn amser a amlygir ynddynt. Mae'r llythyrau wedi eu cyfansoddi yn unol â threigl amser ac yn cymryd fod modd ailddarllen cerdd maes o law a chanfod rhywbeth newydd ynddi i'r hyn a welwyd ynghynt, ond mae'r penodau a'r papur fel petaent yn 'ddiamser' ac yn awgrymu mai un dehongliad terfynol sydd i destun – rhyw 'fel hyn y mae, ac felly y bydd'.

Bwriad ategol yw tynnu sylw at y weithred o gyfansoddi beirniadol ei hun. Er bod awduron beirniadaeth lenyddol fel arfer yn trefnu eu syniadau mewn penodau trefnus thematig neu gronolegol, eir ati yma i herio'r confensiwn hwnnw. Awgryma penodau fod yr awdur wedi dod i gasgliad terfynol ynghylch testun a bod y dehongliad hwnnw'n ymrannu'n ddestlus i adrannau ac isadrannau mewn un cyfanwaith perffaith. Dadl y gwaith a ganlyn yw mai confensiwn artiffisial yw hwn am nad yw'n adlewyrchu'r broses ddarllen. Wedi'r cyfan, nid un dehongliad terfynol sydd ar destun gan fod modd ailddarllen cerdd a chanfod ynddi ystyr gwbl newydd a gwahanol i'r hyn a dybiwyd yn wreiddiol.

Er mwyn dehongli a chyfleu'r broses ddarllen, gosodwyd y llythyrau a ganlyn yn nhrefn amser. Mae hyn yn fodd i ystyried dehongliad y foment fel petai, hynny yw ar adeg ysgrifennu'r llythyr, ond yn ogystal caniatâ ailymweld â cherdd maes o law mewn llythyr arall a'i hailddehongli. Mae lle i awgrymu bod hyn yn adlewyrchiad tecach o'r broses o godi llyfr a'i ddarllen, hynny yw cyn belled ag y gellir adlewyrchu 'realiti' mewn geiriau neu lenyddiaeth.

Yn anad dim, gobeithiaf ddangos nad yw darllen na dehongli testun yn brosesau taclus gan na fydd rhywun yn darllen corpws o gerddi bardd fesul thema na chwaith yn gronolegol bob amser. Yn aml gellir cael trafferth gyda'r deunydd wrth i'r darllenydd gamddarllen a chamddeall. Serch hynny, yn unol â syniadaeth ddadadeileddol dadleua'r astudiaeth hon nad methiant mo'r 'camddeall' hwn ond rhan annatod o'r broses ddarllen:

To read . . . according to the logic of deconstruction is always to risk misunderstanding and hence always potentially misreading. To deconstruction misreading is not a failure of correct understanding, since the notion of a correct reading is a fallacy.'[63]

Pwysleisiodd T. H. Parry-Williams dros ddeg a thrigain o flynyddoedd yn ôl mai atodiad i lenyddiaeth oedd beirniadaeth lenyddol i bob pwrpas ac 'n[a]d oes modd coelio bod Beirniadaeth Lenyddol mor bwysig â Llenyddiaeth ei hun'. Cydnebydd, er hynny, fod rhai'n dadlau mai llenyddiaeth 'bur' yw beirniadaeth lenyddol hithau, ond ychwanega, 'os felly, gwell ei galw yn Llenyddiaeth Feirniadol ac nid yn Feirniadaeth Lenyddol.'[64] Gan ystyried y dyfyniad, arbrofir â'r ffin dybiedig hon rhwng 'Beirniadaeth' a 'Llenyddiaeth' yng nghwrs y gwaith gan gwestiynu a yw'r prosesau o ysgrifennu ac o ddarllen yn rhai sy'n sefyll ar wahân mewn gwirionedd.

Ymestynna natur arbrofol y gwaith hwn i'r modd yr ymdrinnir â'r deunyddiau. Wrth reswm, canolbwynt y gwaith yw cerddi Menna Elfyn eu hunain, ond rhoddir sylw hefyd i'w chyfrolau cyhoeddedig a'i herthyglau achlysurol. Yn ogystal, ystyrir y feirniadaeth fwy confensiynol ar ei gwaith sydd i'w chael ar y we ac ar glawr mewn cyfrolau beirniadol, cyfnodolion a chylchgronau llenyddol. Serch hynny, mae lle blaenllaw i ddarllen 'damweiniol' yn yr astudiaeth. Ar adegau bydd cyfrol neu bwt o erthygl sy'n ymddangos yn amherthnasol yn ysgogi ymateb beirniadol i gerdd neu'n taflu golwg gwahanol ar destun. Rhoddir sylw, felly, i destunau nad ydynt o reidrwydd yn sôn am waith Menna Elfyn ond sy'n gallu cyfrannu at ddehongliad y darllenydd o'i gwaith.

Mae confensiwn i raddau yn caniatáu i awdur draethu'n ddeialogaidd mewn cyflwyniad fel hwn am betruster ac ansicrwydd ac ailfeddwl. Amcan yr hyn a ganlyn yw arfer yr un egwyddor yng nghorff y gwaith fel dull beirniadol dilys a dadlennol. Gobeithiaf y bydd y gyfrol fel cyfanwaith yn arbrofi gyda'r disgyrsiau amrywiol a berthyn i'r gwahanol *genres*, boent gerddi neu lythyrau neu feirniadaeth fwy confensiynol, ac yn cynnig mewnwelediad i'r prosesau o ddarllen a dadansoddi. Ceisir dangos yn anad dim mai prosesau o ddefnyddio geiriau yw creu darn 'creadigol' a darn 'beirniadol' fel ei gilydd yn y pen draw, oherwydd fel y mynega John Rowlands ar ddiwedd ei ragymadrodd i *Sglefrio ar Eiriau*: 'dwy ochr i'r un geiniog yw beirniadu a chreu.'[65]

Dyna ni felly am nawr – efallai y clywch air oddi wrthyf rywbryd eto cyn bo hir. Yn sicr, bydd lle allweddol i chi, fy narllenydd (pwy bynnag a fyddoch) yn y 'ffuglen' sy'n dilyn.

Cofion rhagarweiniol,

Rhiannon Marks

Nodiadau

1. James Fenton, 'Keeping Up with Salman Rushdie', *The New York Review of Books*, Vol. 38, 6 (28 Mawrth 1991). Hefyd i'w gael ar www.nybooks.com/articles/archives/1991/mar/28/keeping-up-with-salman-rushdie/, t. 4. Cyrchwyd 10 Mawrth 2009.
2. Jan Montefiore, *Feminism and Poetry* (London: Pandora Press, 1987).
3. Gw. Simon Brooks, *Dan Lygaid y Gestapo* (Caerdydd: Gwasg Prifysgol Cymru, 2004), t. 175.
4. Ralph Cohen, 'Genre Theory, Literary History and Historical Change', dyfynnwyd gan Linda S. Kauffman yn 'Epistolary directions', Amanda Gilroy and W.M. Verhoeven (goln), *Epistolary Histories: Letters, Fiction, Culture* (Virginia: University Press of Virginia, 2000), t. 213.
5. Karin Littau, *Theories of Reading* (Cambridge: Polity Press, 2006), t. 108.
6. John Rowlands, 'Nofelwyr Cymraeg a'r "Gymru Americanaidd"', *Llên Cymru*, 25 (2002), t. 137.
7. Vicki Bertram, *Gendering Poetry: Contemporary Women and Men Poets* (London: Pandora, 2005), t. 20.
8. Jeni Couzyn (gol.), *The Bloodaxe Book of Contemporary Women Poets: Eleven British Writers* (Newcastle: Bloodaxe Books, 1989); Menna Elfyn (gol.), *Hel Dail Gwyrdd* (Llandysul: Gwasg Gomer, 1985); Menna Elfyn (gol.), *O'r Iawn Ryw* (Dinas Powys: Gwasg Honno, 1991); Katie Gramich and Catherine Brennan (goln), *Welsh Women's Poetry 1460–2001* (Dinas Powys: Gwasg Honno, 2003); Lilian Mohin (gol.), *One Foot on the Mountain: Anthology of British Feminist Poetry, 1969–1979* (London: Onlywomen Press, 1979); Dorothy McMillan and Michel Byrne (goln), *Modern Scottish Women Poets* (Edinburgh: Canongate, 2003).
9. Menna Elfyn (gol.), *Hel Dail Gwyrdd*, t. xvi.
10. Katie Gramich and Catherine Brennan (goln), *Welsh Women's Poetry 1460–2001*, t. xvii.
11. Jo Gill, *Women's Poetry* (Edinburgh: Edinburgh University Press, 2007), t. 2.
12. Ibid., t. 2.
13. John Rowlands, 'O'r Iawn Ryw & Cymru yn fy mhen', *Llais Llyfrau* (Haf 1992), tt. 18–19.
14. Leigh Verrill-Rhys, 'Y Wasg i Fenywod yng Nghymru', *Llais Llyfrau* (Haf 1992), tt. 6–7.

[15] Menna Elfyn (gol.), *O'r Iawn Ryw*; Cathryn A. Charnell-White, *Beirdd Ceridwen: Blodeugerdd Barddas o Ganu Menywod hyd tua 1800* (Llandybïe: Cyhoeddiadau Barddas, 2005).
[16] Gw., er enghraifft, 'Briwsion y Beirdd' dan olygyddiaeth Menna Elfyn yn *Pais* o Fawrth 1982 ymlaen.
[17] Gweler   www.tate.org.uk/modern/eventseducation/talksdiscussions/10140.htm. Cyrchwyd 17 Ebrill 2008.
[18] Menna Elfyn, 'Dwy gerdd – un ddelwedd', *Aderyn Bach Mewn Llaw* (Llandysul: Gwasg Gomer, 1990), t. 128–9.
[19] Hilary Llewellyn-Williams, 'The Woman Poet', yn Gramich and Brennan (goln), *Welsh Women's Poetry*, t. 314–5.
[20] 'Barddones' yw'r term a gynigir gan *Geiriadur yr Academi*. Defnyddir 'prydyddes' gan Cathryn Charnell-White, yn *Beirdd Ceridwen*. Arferir 'bardd' yn y drafodaeth hon. Gweler nodyn 22 isod.
[21] Jane Dowson, '"Older Sisters are Very Sobering Things": Contemporary Women Poets and the Female Affiliation Complex', *Feminist Review*, 62 (1999), t.13.
[22] Gw. Angharad Price, 'Y Gymraeg: Iaith sy'n Swcro Gwrywdod?', *Tu Chwith*, 9 (1998). Yn y drafodaeth, cyfeirir at y modd y bu i rai o ffeminyddion yr Almaen, megis Luise Pusch, fynd ati i geisio 'dad-batriarchu' ymadroddion Almaeneg (*Entpatrifizierung*) yn ystod saithdegau'r ganrif ddiwethaf. Er enghraifft, yn hytrach na defnyddio elfennau cystrawen gwrywaidd gydag enwau 'di-ryw', aethpwyd ati i arddel rhai benywaidd. Awgryma Angharad Price felly pan fo 'datganiadau chwithig' yn codi yn y Gymraeg, e.e. 'bardd profiadol yn trin a thrafod ei gariad at y baban yn ei groth', y gellid 'caniatáu defnyddio elfennau cystrawen benywaidd i oleddfu enwau "di-ryw", er enghraifft, pan [g]yfeirir at fardd o fenyw' (109). Arddelir yr egwyddor yn y gyfrol hon, yn enwedig yng nghyd-destun 'y bardd' pan gyfeirir at fardd o fenyw.
[23] Gw. pennod Simon Brooks, 'Ffeminyddiaeth', yn *Dan Lygaid y Gestapo*. Sonnir yn benodol am Menna Elfyn o t. 176 ymlaen.
[24] 'It is a mistake to assume that feminist theory – even if united in its opposition to patriarchy – constitutes a unified corpus of concerns', Karin Littau, *Theories of Reading*, tt. 126–7.
  Gw. hefyd Sandra Kemp and Judith Squires (goln), *Feminisms* (Oxford: Oxford University Press, 1997). Geilw'r golygyddion eu cyfrol yn *Feminisms* er mwyn pwysleisio nad un mudiad beirniadol homogenaidd yw 'ffeminyddiaeth': 'the diversity within feminism is now well established. The plural of our title (feminisms) reflects both the contemporary diversity of motivation, method, and experience among feminist academics, and feminism's political commitment to diversity – its validation of a multiplicity of approaches, positions, and strategies', t. 3.
[25] T. Gerald Hunter, 'Contemporary Welsh Poetry: 1969–1996', yn Dafydd Johnston (gol.), *A Guide to Welsh Literature c.1900–1996* (Cardiff: University of Wales Press, 1998), t. 143.
[26] Ceridwen Lloyd-Morgan, broliant i gyfrol Menna Elfyn, *Perffaith Nam* (Llandysul: Gwasg Gomer, 2005).

[27] *Mwyara* (Llandysul: Gwasg Gomer, 1976), *'Stafelloedd Aros* (Llandysul: Gwasg Gomer, 1977), *Tro'r Haul Arno* (Llandysul: Gwasg Gomer, 1982), *Mynd Lawr i'r Nefoedd* (Llandysul: Gwasg Gomer, 1985), *Perffaith Nam* (Llandysul: Gwasg Gomer, 2005), *Er dy Fod* (Llandysul: Gwasg Gomer, 2007) a *Merch Perygl* (Llandysul: Gwasg Gomer, 2011).

[28] *Aderyn Bach Mewn Llaw.*

[29] *Eucalyptus* (Llandysul: Gwasg Gomer, 1995), *Cell Angel* (Tarset: Bloodaxe Books, 1996), *Cusan Dyn Dall/Blind Man's Kiss* (Tarset: Bloodaxe Books, 2001), *Perfect Blemish/Perffaith Nam* (Tarset: Bloodaxe Books, 2007) a *Murmur* (Tarset: Bloodaxe Books, 2012).

[30] M. Wynn Thomas, 'The place of gender in the poetry of Gillian Clarke and Menna Elfyn', *Corresponding Cultures: the two literatures of Wales* (Cardiff: University of Wales Press, 1999), tt. 186–213.

[31] Katie Gramich, *Twentieth-Century Women's Writing in Wales* (Cardiff: University of Wales Press, 2007).

[32] Robert Rhys, 'Menna Elfyn' yn Robert Rhys (gol.), *Y Patrwm Amryliw: Cyfrol 2* (Llandybïe: Gwasg Dinefwr, 2006), tt. 234–47.

[33] Ibid., t. 245.

[34] Ibid., t. 246.

[35] Ibid., t. 234.

[36] Susan Noakes, *Timely Reading: Between Exegesis and Interpretation* (London: Cornell University Press, 1988), t. 230.

[37] Ibid., tt. 243–4.

[38] Schweickart and Flynn, *Reading Sites: Social Difference and Reader Response,* dyfynnwyd yn Karin Littau, *Theories of Reading,* t. 127.

[39] Ibid., t. 127.

[40] Valentine Cunningham, *Reading After Theory* (Oxford: Blackwell, 2002).

[41] Gwynn ap Gwilym ac Alan Llwyd (goln), *Blodeugerdd o Farddoniaeth Gymraeg yr Ugeinfed Ganrif* (Llandysul: Gwasg Gomer, 1987).

[42] Gw. Alan Llwyd, 'Golygyddol', *Barddas* 135–7 (Gorffennaf/Awst/Medi 1988), tt. 12–13.

[43] Barbara Herrnstein Smith, *Critical terms for Literary Study* (London: Chicago Press, 1990), t.181.

[44] Menna Elfyn, *Perfect Blemish/Perffaith Nam.*

[45] J. Firestone and D. T. Lomax (goln), *Letters to Poets: Conversations about Poetics, Politics and Community* (Philadelphia: Saturnalia, 2008).

[46] http://jacketmagazine.com/31/lett-intro.html, Hydref 2006. Cyrchwyd 24 Chwefror 2008.

[47] Rainer Maria Rilke, *Letters to a Young Poet* (Mineola, NY: Dover Publications, 2002).

[48] Jostein Gaardner, *Sophie's World: A Novel about the History of Philosophy* (London: Phoenix, 2006), cyfieithwyd i'r Saesneg gan Paulette Møller.

[49] Lisa Williams, *Letters to Virginia Woolf* (Lanham MD: Hamilton Books, 2005).

[50] Gw. Elan Closs Stephens, 'Llythyr at Ferch Ifanc', yn Ruth Stephens (gol.), *Asen Adda* (Llandysul: Gwasg Gomer, 1975), tt. 19–37.

51 Anne Bower, *Epistolary Responses* (Tuscaloosa: The University of Alabama Press, 1997), t. 166.
52 Sarah R. Marino, 'Epistolary Responses: The Letter in 20th-Century American Fiction and Criticism', *Modern Fiction Studies*, 43.4 (1997), tt. 1007–9.
53 Anne Bower, *Epistolary Responses*, t. 8.
54 Ibid., t. 181.
55 William Williams Pantycelyn, 'Llythyr Martha Philopur at y Parchedig Philo Evangelius ei Hathro' (1762) ac 'Atteb Philo-Evangelius i Martha Philopur' (1763), yn Garfield H. Hughes (gol.), *Gweithiau William Williams Pantycelyn* – Cyfrol II (Caerdydd: Gwasg Prifysgol Cymru, 1967), tt. 1–32.
56 'Ac yr wyf, garedicaf athro, yn anfon atoch yr amryw destunau a ddaeth i'm cof; ac os oeddwn yn cyfeiliorni yn yr agoriad ohonynt, neu wrth eu camgymhwyso ataf fy hun neu eraill, atolwg symudwch fy anwybodaeth ymaith trwy ddanfon ataf eu gwir gymwys agoriad.' Garfield Hughes (gol.), *Gweithiau Williams Pantycelyn*, t. 5.
57 'Mi dderbyniais eich llythyr, ac nis cefais ynddo ddim yn groes i'r gwirionedd; ei fai mwyaf oedd bod yn fyr o agoriad yr amryw destunau hynny o'r ysgrythur, a diffyg rhagor o'r fath o'r Testament Newydd. Rhai hanesion eglwysig a rhesymau fuasai yn addas fod ynddo, gan im ei osod ef allan i'r byd; ond am ei fod wedi ei sgrifennu gan fenyw, nis disgwyliais gymaint am y fath bethau.' 'Atteb Philo-Evangelius i Martha Philopur' yn Garfield Hughes (gol.), *Gweithiau Williams Pantycelyn*, t. 13.
58 Janet Gurkin Altman, *Epistolarity: Approaches to a Form* (Columbus: Ohio State University Press, 1982), t. 92.
59 Rhagymadrodd Kent Nerburn i Rainer Maria Rilke, *Letters to a Young Poet* (Navato, California: New World Library, 2000), tt. xv–xvi.
60 Fay Weldon, *Letters to Alice: on first reading Jane Austen* (London: Michael Joseph, 1984).
61 Hilma Wolitzer, 'Advice to a Green-Haired Punker', adolygiad yn *New York Times*, 30 Mehefin 1985 – www.nytimes.com/books/98/10/25/specials/weldon-alice.html. Darllenwyd 7 Tachwedd 2008.
62 Mikhail M. Bakhtin, *Problems of Dostoevsky's Poetics*, cyfieithiad Caryl Emerson (Minnesota: University of Minnesota Press, 1984), t. 200.
63 Karin Littau, *Theories of Reading*, t. 106.
64 T. H. Parry-Williams, *Elfennau Barddoniaeth* (Caerdydd: Gwasg Prifysgol Cymru, 1935), t. 83.
65 John Rowlands (gol.), *Sglefrio ar Eiriau* (Llandysul: Gwasg Gomer, 1992), t. xi.

Yr Ohebiaeth

Llythyr 1

Medi 28ain

Annwyl Menna,

Petawn i'n ysgrifennu atoch chi fel rhywun go-iawn, byddwn yn wynebu problem yn syth. Byddai'n rhaid cychwyn y llythyr gydag 'Annwyl' a gofynnod yn hytrach na chynnwys eich enw, oherwydd ni fyddwn yn siŵr sut ar wyneb y ddaear i'ch cyfarch. Ond mentraf chwarae'r gêm am y tro, a'm perswadio fy hun y bydd y sawl sydd â'i hwyneb yn edrych arnaf ar frig hafan *www.mennaelfyn.co.uk*, ei phen ar ŵyr a'i gwefusau wedi eu plethu, wedi tynnu llafn ei chyllell agor-llythyrau fach ddestlus (cymeraf fod gennych declyn o'r fath, a chithau'n derbyn cymaint o bost) hyd ymyl fy amlen yn ei chegin yng Ngheredigion a darllen y geiriau hyn. Ac wrth wneud, rwy'n fy nghanfod fy hun yn yr un picil â Douglas Robinson yn ei lythyr beirniadol ffuglennol at Harold Bloom: ai 'Mr. Bloom' ai ynteu 'Harold' sy'n darllen?[1] Pa gyfarchiad sy'n gweddu? Ai chi ddylech chi fod, ai ti?

Mae'n fater o foesau i raddau, wrth gwrs. Gwn imi gwrdd â chi o'r blaen ac imi fod mewn dosbarth ysgrifennu gyda chi, os cofiwch, ond mae eich galw wrth eich enw bedydd yn teimlo'n ddigywilydd rywsut a minnau dipyn yn iau na chi. Mae 'Annwyl Ms Elfyn' yn boenus o annaturiol. Rhaid cyfaddef mai fel enw cyfansawdd y byddaf yn meddwl amdanoch – 'Mennaelfyn' – ond byddai agor llythyr gydag 'Annwyl Menna Elfyn' yn edrych fel dogfen amhersonol, yn un llythyr o blith cant a mil, a fu trwy broses 'Mail Merge'.

Y cwestiwn a ofynna Douglas Robinson iddo'i hun yw: 'Can Bloom really be Harold to me?'. Nid wyf i erioed wedi meddwl amdanoch fel 'Elfyn', rhaid dweud. Roedd tiwtor di-Gymraeg imi yn arfer cyfeirio atoch dan yr enw hwnnw, ond swniai'n ddieithr imi ac felly'r 'Mennaelfyn' gyfansawdd oeddech bob amser i mi. Erbyn meddwl, onid yw cyfeirio at lenor neu feirniad llenyddol wrth ei gyfenw neu ei chyfenw yn unig yn rhywbeth estron i'r traddodiad Cymreig a Chymraeg? Hwyrach bod yr holl Jonesiaid, Williamsiaid neu ap-rywbeth-neu'i-gilydd yn gallu gwneud hynny'n broblematig ond eto, wrth eu henwau llawn y byddaf yn meddwl am lawer o'n llenorion – Danielowen, Johnmorrisjones, Kateroberts, Nestawynjones. Cofiwch, mae ambell un sydd fel Madonna y sin llenyddol yng Nghymru ac yn gallu sefyll yn ddigyfenw: Waldo a Saunders, i enwi dau, yr enwog Syr Ifor a'r 'danbaid, fendigaid Ann'. A yw hyn, tybed, yn dweud rhywbeth am y modd y mae pobl yn synied am feirdd a llenorion yng Nghymru – a ydynt bron yn bersonoliaethau mor gyfarwydd i'r darllenydd fel y gellir eu galw wrth eu henwau blaen, a'u dofi, neu a ydynt yn cael eu mawrygu gymaint nes bod ganddynt enwau cyfansawdd na ellir eu gwahanu? Nid oes cynsail na chysondeb yn yr ysgrifennu a fu amdanoch chi cyn hyn chwaith. Mae Katie Gramich yn cyfeirio atoch fel 'Elfyn',[2] ond 'Menna Elfyn' ydych i Robert Rhys.[3]

Anodd credu nad yw'n mynd yn ddyfnach na chwrteisi ac arddull. Mae rhywbeth ymddangosiadol ddibwys fel y teitl a rydd y darllenydd ar awdur yn amlygu agwedd bwysig ar y berthynas rhyngddynt. Fel y dywed Douglas Robinson, mae galw'r beirniad enwog yn 'Harold' yn dod ag elfen bersonol i'r ohebiaeth ac yn gwneud iddo deimlo ei fod yn cyfathrebu â bod dynol yn hytrach na chawr academaidd, arallfydol –'a bringing down to human size, a demystifying of the precursor'.[4] Mae cyfarchiad o'r fath yn peri problem i Robinson; mae'n ei godi i'r un gwastad â'r meistr y mae'n edmygu ei waith ac a fu'n ddylanwad mawr arno:

> [It] invoke[s] a forum in which precursor and ephebe can confront each other not as father and son, not as time-bound combatants, but as equals. Equals, sure: there's the problem.[5]

Yn yr un modd, petawn i'n eich galw chi'n 'Menna', oni fyddai'n chwalu'r ddelwedd sydd gen i ohonoch chi fel y 'Mennaelfyn' yr edmygaf ei gwaith? Cyfyd cwestiwn arall yn ei sgil: oni fyddai eich galw wrth eich enw cyntaf yn newid ffocws y berthynas rhyngof i fel darllenydd a chithau fel awdur? Wedi'r cyfan, byddai'n awgrymu rhyw symud oddi wrth 'Mennaelfyn' at 'Menna' fwy personol: hynny yw, y sawl sydd y tu ôl i'r gwaith.

Fe ysgoga hyn sawl cwestiwn eto: A oes gwahaniaeth sylfaenol rhwng eich hunaniaeth fel bardd a'ch hunaniaeth fel person o gig a gwaed? A ddaw 'Menna' arall i'r golwg pan fyddwch *off-duty* fel bardd sy'n byw o ddydd i ddydd? Ai 'chi' yw'r 'fi' a geir yn eich gwaith mewn gwirionedd ynteu ai rhyw *bersona* ydyw?

Soniwch yn rhywle fod eich barddoniaeth yn deillio o'ch awydd i gyfathrebu â'r byd – 'the writer within me started her journey as a private writer who needed nonetheless to communicate with the world'[6] – ac ymhelaethwch ar y profiad hwn o gyfathrebu: 'the poet . . . grapples with language and is an eternal learner, renaming words and experiences as she tries to voice herself.'[7] Mae dau beth yn cystadlu am sylw yma. Y cyntaf yw'r ysfa i ailenwi, ac mae'n rhedeg trwy eich gwaith fel llinyn, yn 'Llysenwau' a 'Siapiau o Gymru', er enghraifft, ac yn yr awydd onomastig sydd ynoch i ddiffinio un peth yn nhermau rhywbeth arall: 'Mae cwfaint a charchar yn un.' Ar brydiau mae eich gwaith yn f'atgoffa o awdlau eisteddfodol y cyfnod Fictoraidd sy'n traethu o bob ongl ar ystyr 'Cyfiawnder', 'Unigedd' neu 'Heddwch'. Cwestiwn arall yw i ba raddau y gellir honni bod eich cerddi yn fodd ichi eich 'lleisio'ch hun'? A ydynt yn datguddio'ch hunaniaeth? Mewn sgwrs dywedwch nad oes twyll yn eich cerddi am eich bod 'yn mynegi'n glir ac yn onest',[8] ond i ba raddau y gellwch honni hyn? A yw cerdd, neu unrhyw *genre* o lenyddiaeth o ran hynny, yn caniatáu i rywun ddarlunio sefyllfa neu fynegi teimlad yn hollol 'glir ac onest'? Wedi'r cyfan, hyd yn oed ped ysgrifennid yn y person cyntaf, ai'r 'fi' go-iawn fyddai'r 'fi' a ddarlunnir yn y testun mewn gwirionedd ynteu ai rhyw *bersona* a daflunnir ydyw?

Dadleua Bakhtin fod gagendor bob amser rhwng y sawl sy'n ysgrifennu a'r hyn a ysgrifennir:

> Even if the author-creator had created the most perfect autobiography, or confession, he would nonetheless have remained, in so far as he had produced it, outside of the universe represented within it.[9]

A ellid cymhwyso hyn i'ch barddoniaeth chi, tybed, ac awgrymu bod y 'Menna' go-iawn yn dra gwahanol i'r 'Mennaelfyn' a ddarlunnir i mi yn eich gwaith?

Cwestiwn mawr arall sy'n fy wynebu yw, a ddylwn i fod yn gofyn y cwestiynau hyn am eich 'gwir' hunaniaeth o gwbl? Awgryma Tudur Hallam fod tuedd gref yng Nghymru i fawrygu'r awdur ar draul y testun: 'Mae gan awduron wynebau yng Nghymru. Maent yn bobl.'[10] Mae hyn yn anochel braidd yn y Gymru Gymraeg lle chwelir y myth fod chwe dolen gyswllt yn uno pobl dros y byd a phrofir mai tua dwy sydd, ac ar ben hyn y cyndynrwydd i ymwrthod â thraddodiad megis yr Eisteddfod sy'n rhoi bri ar anrhydeddu awdur y testun. Er i Roland Barthes ladd y cysyniad o awdur, 'bydd angen mwy na theori i ladd yr Awdur yng Nghymru',[11] medd Tudur Hallam, gan ddadlau bod 'cwlt yr Awdur' yn troi awdur testun yn eilun yn hytrach na rhoi'r pwyslais ar y testun ynddo'i hun – 'ymddengys imi weithiau fod ynddi fwy o Gewri nag o ddarllenwyr'.[12]

Wrth eich cyfarch chi, ni waeth am y teitl, fy nod yw herio'r eilun a'r person fel ei gilydd. Efallai fod perygl imi roi gormod o sylw ichi fel awdur ac nid i'ch gwaith. Serch hynny, chi yw'r sawl sy'n creu yn y lle cyntaf ac felly onid oes lle i chi hefyd yn y broses gymhleth o ddatgymalu testun? Heboch chi ni fyddai'r testun wedi gweld golau dydd ac felly hurt o beth fyddai anwybyddu eich bodolaeth yn llwyr, onide?

Hwyl ichi am y tro,
Yn gywir iawn,

Rhiannon Marks

Nodiadau

[1] Douglas Robinson, 'Dear Harold', *New Literary History*, Vol. 20, No. 1, Critical Reconsiderations (Autumn 1988), tt. 239–50.
[2] Katie Gramich, *Twentieth-Century Women's Writing in Wales: Land, Gender, Belonging* (Cardiff: University of Wales Press, 2007).
[3] Robert Rhys, 'Menna Elfyn' yn Robert Rhys (gol.), *Y Patrwm Amryliw: Cyfrol 2* (Llandybïe: Cyhoeddiadau Barddas, 2006), tt. 234–47.
[4] Douglas Robinson, 'Dear Harold', t. 239.
[5] Ibid., t. 239.
[6] Menna Elfyn, 'Writing as a Bird in Hand', yn Jane Aaron, Teresa Rees, Sandra Betts and Moira Vincentelli (goln), *Our Sisters' Land: The Changing Identities of Women in Wales* (Cardiff: University of Wales Press, 1994), t. 281.
[7] Ibid., t. 282.
[8] 'Sgwrs â Menna Elfyn', *Y Traethodydd* (Ionawr 1986), t. 77.
[9] Mikhail Bakhtin, dyfynnwyd yn Séan Burke, *The Death and Return of the Author* (Edinburgh: Edinburgh University Press, 1998), t. 55.
[10] Tudur Hallam, 'eilunyddiaeth', *tu chwith*, 17 (Haf 2002), t. 32.
[11] Ibid., t. 31.
[12] Ibid., t. 35.

Llythyr 2

Hydref 20fed

Annwyl Martha,

Helo! Sut mae? Diolch o galon iti am dy lythyr; roedd hi'n braf clywed dy fod wedi setlo i mewn bellach yn d'ystafell newydd a'th fod yn cael blas go dda ar dy fis cyntaf o fywyd – a bwyd – coleg. Mae'n ddrwg gen i glywed fod y ciniawau cynddrwg ag erioed (diolch am fy atgoffa am y cawl piws; daw dy dro i brofi'r moron ymbelydrol!). Byddi di'n gwerthfawrogi cinio dydd Sul cartref yn awr ac yn y man, cred di fi, er dy fod yn honni nawr nad wyt ti am fentro adref tan ddiwedd y tymor am dy fod yn cael cymaint o hwyl yma! Mae'n rhyfedd meddwl bod cymaint o amser wedi pasio ers imi dy weld am y tro cyntaf ar y diwrnod agored hwnnw yn y brifysgol y llynedd – wn i ddim i ble'r aeth y misoedd diwethaf!

Ar nodyn academaidd, roeddwn yn falch o glywed dy fod yn mwynhau'r cwrs hyd yma a'th fod wedi dechrau ar dy draethawd cyntaf. Cofia fod croeso iti gysylltu â mi unrhyw bryd os wyt ti am drafod rhywbeth rwyt ti'n ei ddarllen – gwn yn iawn mor anodd y gall hi fod i ganfod cyfaill o gyffelyb fryd sy'n mwynhau astudio'r cwrs ac eisiau trafod agweddau arno!

I ateb dy gwestiwn yn y llythyr: mae f'ymchwil yn mynd yn eithaf da hyd yma, diolch. Wn i ddim faint a soniais wrthyt pan gyfarfûm â thi llynedd, ond yr hyn rwy'n gobeithio ei wneud yw ysgrifennu traethawd ymchwil ar waith yr awdures Menna Elfyn (1951–), ac rwyf wrthi'n casglu'r deunydd ar hyn o bryd. Efallai dy fod yn gyfarwydd â'i henw eisoes gan fod ei gwaith ar y maes llafur TGAU, rwy'n credu. Wnest ti astudio ei cherdd 'Er cof am Kelly' yn yr ysgol, tybed? Efallai fod pethau wedi newid ychydig ers i mi adael yr ysgol, ond roedden nhw'n arfer cynnwys gwaith Menna Elfyn fel rhywun a gynrychiolai 'ysgrifennu menywod', chwedl athro imi ar y pryd, ond af i ddim i bregethu am fy anfodlonrwydd ynghylch y cysyniad hwnnw nawr!

Fy nod, yn fras, yw ceisio herio'r syniadau 'synnwyr cyffredin' am natur barddoniaeth (a llenyddiaeth yn fwy cyffredinol) a ddysgais i pan oeddwn i'n ddeunaw oed ac sy'n dal i fod yn rhan ohonof hyd heddiw. Bydd yn ofalus, felly – gallaf beryglu dy 'iechyd llenyddol',[1] chwedl Dafydd Elis Thomas!

Wn i ddim sut fath o ddarllenydd wyt ti eto, ond buaswn yn tybio dy fod, er nad wyt ti'n ymwybodol o hynny efallai, yn coleddu syniadau ynghylch llenyddiaeth sy'n nodweddu beirniadaeth ddyneiddiol ryddfrydol: y 'theory before "theory"', a defnyddio term Peter Barry.² Paid â chael braw: dyna sut yr oeddwn i pan oeddwn tua'r un oed â thi. Canlyniad addysg uwchradd yr oes sydd ohoni, rwy'n ofni!

Fel y sonia Tudur Hallam, dwy nodwedd a berthyn i ddyneiddiaeth ryddfrydol yw 'parch mawr at y gwrthrych o destun ac amharodrwydd y beirniad i archwilio ei egwyddorion beirniadol ei hun wrth ddarllen'.³ Tybed ai fel hyn rwyt ti'n darllen: yn ofni cwestiynu'r testun ac yn tybio mai un ffordd gywir sydd o'i ddarllen? Nid wyf yn gweld bai arnat am fod felly – i raddau, mae'n siŵr fod a wnelo'r fath feddylfryd â chyflwr y diwylliant Cymraeg. Rhydd Angharad Price sylw i'r modd yr 'hydreiddir y diwylliant Cymraeg gan yr argyhoeddiad fod ffyniant yr iaith i raddau helaeth yn ddibynnol ar ffyniant ei llenyddiaeth',⁴ ac mae'n anochel fod hyn yn effeithio ar dueddiadau a dulliau darllen y bobl sy'n coleddu'r diwylliant. Ystyria, er enghraifft, y statws sydd i lenorion yng Nghymru: fe'u dyrchefir, yn aml ar draul eu gwaith, yn yr Eisteddfod, a chânt eu hystyried gan rai yn gymwynaswyr yr iaith i bob pwrpas. Amhoblogaidd felly fyddai'r sawl a feiddiai fynd ati i'w cwestiynu. Fel yr awgryma Simon Brooks wrth sôn am natur arbennig y berthynas rhwng llenorion a'u cynulleidfa yng Nghymru: 'mwynhânt berthynas "naturiol" agos-atoch y mae theoreiddio ideolegol yn amharu arni.'⁵ Nid oes syndod felly fod cryn wrthwynebiad i gyfrolau'n ymwneud â theori neu ddarlleniadau amgen dros y blynyddoedd oherwydd caent eu hystyried yn fygythiad i'r 'traddodiad' gan Gymry ceidwadol.⁶ A dyfynnu T. Robin Chapman, 'mewn diwylliant sy'n datod, pa les dadadeileddu?'⁷

A dyma fi'n dechrau taflu termau atat ti! Dadadeileddu, felly. Fe gei di feddwl amdano am y tro fel ymgais i nodi'r pethau sy'n tynnu'n groes i'w gilydd neu sy'n anghyson â'i gilydd mewn testun. Wedi dy ddrysu eto? Iawn 'te, meddylia amdano fel hyn. Mae beirniad yn dyfarnu gwobr i fardd mewn eisteddfod leol am gân serch: 'Dyma ganu ffres mewn iaith lân.' Wel, llongyfarchiadau i'r bardd, yntê? Ond edrych eto. Mae'r dyfarniad ar yr wyneb yn dadlau bod y ddau beth yna – ffresni a chywirdeb iaith – yn ffitio i'w gilydd i wneud teilyngdod. Ond mae'r ddau beth yn gallu bod yn anghyson: mae ffresni'n galw am ddweud rhywbeth newydd, beiddgar; mae cywirdeb yn gofyn am ddilyn rheolau a chonfensiynau. Pa un sydd bwysicaf, felly? Ac wrth ofyn hynny, mae'n dod yn amlwg fod y syniad o deilyngdod yntau'n beth amwys. Mae'n ymwneud â hawl a theilyngdod y beirniad ei hun i ddyfarnu. Hynny yw, mae'r beirniad yn dweud llawn cymaint am ei flaenoriaethau ei hun ac am y gwerthoedd y mae'r gystadleuaeth wedi ei sylfaenu arnynt ag am y gerdd. Beth yw pwynt y gystadleuaeth? Meithrin talent a diddanu a chadw'r iaith yn fyw – ynteu rhywbeth llai dymunol, efallai? Gwobrwyo unffurfiaeth? Gweithredu fel plismon ar safonau? Mygu gwreiddioldeb? Digon! Ond rwyt ti'n gweld y pwynt, gobeithio. Dadl dadadeiladaeth yw nad oes dim byd diniwed ac eglur mewn beirniadaeth. Mae yna elfen o arfer grym ynglŷn â hi bob amser. Ac wrth ofyn y cwestiynau 'dadadeileddol' yma, yn ôl rhai, mae beirniadaeth theoretig fel hyn yn bygwth tanseilio'r diwylliant llenyddol Cymraeg yn ei gyfanrwydd. Er gwell neu er gwaeth, rwyt ti wedi gwneud dewis gwleidyddol bron wrth benderfynu astudio Cymraeg. Rwyt yn mentro i faes sydd wedi ei hydreiddio â rhagdybiaethau am natur llenyddiaeth sy'n rhan annatod o ddiwylliant lleiafrifol. Yn y misoedd sydd i ddod, ac wrth i'th brofiad darllen ddatblygu, rwy'n gobeithio y byddi di yn awyddus i herio rhai o'r rhagdybiaethau hyn.

Edrychaf ymlaen at glywed d'ymateb i hyn oll a'th hanesion diweddaraf.

Hwyl am y tro,

Rhiannon

Nodiadau

[1] Ar ddechrau ei ddarlith lenyddol, *Traddodiadau Yfory*, Eisteddfod Genedlaethol Cymru Ynys Môn 1983, cyfeiriodd Dafydd Elis Thomas at y ffaith y dylai'r ddarlith gynnwys rhybudd iechyd am ei fod am fwrw ati i gyflwyno safbwynt a heriai'r 'traddodiad' Cymraeg. Gw. t. 1.

[2] Peter Barry, *Beginning Theory* (Manchester: Manchester University Press, 2002), 'Theory before "theory" – liberal humanism', tt. 11–38.

[3] Tudur Hallam, *Canon ein Llên* (Caerdydd: Gwasg Prifysgol Cymru, 2007), t. 3.

[4] Angharad Price, *Rhwng Gwyn a Du* (Caerdydd: Gwasg Prifysgol Cymru, 2002), t. 16.

[5] Simon Brooks, '"Yr Hil": Ydy'r Canu Caeth Diweddar yn Hiliol?', *Llenyddiaeth Mewn Theori* (Caerdydd: Gwasg Prifysgol Cymru, 2006), t. 5.

6 Rhydd Simon Brooks sylw i'r gwrthwynebiad a fu i gyfrolau megis *Sglefrio ar Eiriau*, John Rowlands (gol.), yn '"Yr Hil": Ydy'r Canu Caeth Diweddar yn Hiliol?', *Llenyddiaeth Mewn Theori*, tt. 1–38.

7 T. Robin Chapman, 'Dawnsio ar Furiau'r Gaer: John Rowlands fel Beirniad Llenyddol', *Ysgrifau Beirniadol XXVII* (Dinbych: Gwasg Gee, 2006), t. 113.

Llythyr 3

Tachwedd 5ed

Annwyl Martha,

Sut wyt ti? Dyma ddechrau gyda gair o ymddiheuriad. Ofnaf fod fy llythyr blaenorol wedi neidio i'r pen dwfn braidd gyda'r busnes darllen, felly gobeithio y gallaf oleuo rhywfaint yn rhagor ar y mater y tro hwn!

Sori am dy ddrysu gyda'r sôn am wneud 'dewis gwleidyddol' wrth astudio Cymraeg – nid sôn bod angen iti fynd i brotestio na gweithredu'n wleidyddol oedd gen i mewn golwg ond dy fod, wrth astudio agweddau ar iaith a diwylliant lleiafrifol, yn cyfrannu mewn ffordd at sicrhau dyfodol y maes hwnnw. Soniais wrthyt hefyd dy fod yn mentro i faes yn llawn rhagdybiaethau, a holaist 'beth yw'r rhain?'. Fe geisiaf roi ateb iti.

Efallai mai'r rhagdybiaeth fwyaf yw bod llenyddiaeth yn ddiniwed neu'n ideolegol niwtral. Hynny yw, ei bod yn rhywbeth ar wahân i fywyd go-iawn ac nad oes modd iddi frifo pobl, dyweder. At hyn, gellir ychwanegu cred fod llenyddiaeth yn dweud gwirioneddau mawr am hanfod bywyd, a'i bod felly yn cyfathrebu yn yr un ffordd i bawb o bob oes. Fe ddof yn ôl at y rhagdybiaethau hyn yn y man, ond gad inni yn gyntaf ystyried y cysyniad o 'draddodiad' oherwydd rwy'n dy gofio di, yn y diwrnod agored, yn dynwared dy athro, Mr Llwyd: 'Fe dâl hi iti astudio'r hen Aeg a gwybod am fawrion y traddodiad'! Mae'n amlwg oddi wrth hyn fod ganddo ei ragdybiaethau ei hun ynghylch dibenion gradd mewn Cymraeg a'i fod yn credu bod y fath beth â 'thraddodiad' a 'mawrion'.

Honna Gwyn Thomas mai 'Traddodiad' yw'r 'gair pwysicaf un i'r sawl sydd am fynd ati i ddarllen a mwynhau barddoniaeth Gymraeg'[1] a hwyrach y byddai dy athro yn cytuno ag ef. Mae sylw o'r fath sy'n rhoi bri ar y 'traddodiad' yn nodweddiadol, dybiwn i, o'r agwedd warchodol y soniais amdani'n flaenorol a berthyn i'r diwylliant Cymraeg: yr obsesiwn â chadw i'r oesoedd a ddêl y glendid a fu. Serch hynny, gellid dadlau mai 'traddodiad' yw'r gair pwysicaf un y dylid ei *gwestiynu* wrth fynd ati i ddarllen barddoniaeth Gymraeg, oherwydd beth a olygir wrtho mewn gwirionedd? Onid oes ensyniad ynghlwm wrth y cysyniad o 'draddodiad' fod rhai gweithiau yn deilwng o gael eu cynnwys tra bo eraill yn sefyll y tu allan iddo? Sut y mae pennu pa weithiau a berthyn iddo, a phwy sydd i ddweud? Ac wrth gwrs gyda hyn, cyfyd y cysyniad o 'werth' a sut y mae rhywun yn pennu gwerth testun. Gaf i daflu hwn atat ti, Martha? Nid oes y fath beth â gwerth cynhenid mewn testun. Mae'n ddibynnol i raddau helaeth ar y sawl sy'n darllen, ac fe gyflyrir hwnnw gan dueddiadau ac arferion y gymuned ddarllen y perthyn ef neu hi iddi. Beth a olygir wrth 'gymuned ddarllen'? Y ffordd hawsaf efallai o feddwl amdani fyddai meddwl am y ffactorau sy'n dylanwadu ar y math o ddarllen sy'n digwydd mewn ystafell ddosbarth. Mae awdurdod ar waith (y Bwrdd Arholi); rhaid dilyn maes llafur (a bennir gan yr awdurdod); ceir rheoliadau (mae'n ofynnol darllen testunau penodol er mwyn ysgrifennu traethodau mewn ffordd benodol); ac mae diben yn y pen draw (ennill cymhwyster). Mae amodau'r gymuned ddarllen benodol honno felly yn golygu dy fod yn dod at destun mewn ffordd dra gwahanol i'r hyn a wnei di wrth ddarllen yn breifat, er enghraifft, lle gelli di daflu'r un llyfrau i ffwrdd os nad ydynt yn dy blesio.

Y mae'n dilyn yn rhesymegol felly nad oes y fath beth â 'chanon' neu draddodiad gwrthrychol a bod unrhyw ymgais i gynnig detholiad o straeon byrion, neu flodeugerdd, yn cael ei amodi gan arferion darllen y golygydd(ion) a'r syniadaethau y maent yn eu coleddu. Dyma oedd dadl rhai beirniaid llenyddol ffeminyddol wrth iddynt honni mai tueddiadau a rhagfarnau golygyddion o ddynion oedd i gyfrif am brinder cerddi gan fenywod mewn blodeugerddi.[2]

Yn wir, difyr yn y cyswllt hwn yw ystyried hanes gwrthrych f'ymchwil, Menna Elfyn, a'r hyn a alwyd yn 'Sgandal Flodeugerddol y Ganrif'.[3] Soniaist yn dy lythyr iti fynd i chwilio am ei gwaith yn dy lyfr gosod y tymor hwn – *Blodeugerdd o Farddoniaeth Gymraeg yr Ugeinfed Ganrif* – a methu â'i ganfod yno.[4] 'A yw hyn yn golygu nad yw hi'n un o'r "goreuon" ac nad yw hi'n fardd cystal â'r lleill a oedd yn ysgrifennu yn ystod y ganrif?' holaist. Cwestiwn anodd, ond man cychwyn addas wrth geisio'i ateb fyddai ystyried beth yw 'blodeugerdd'.

Yn syml, casgliad o farddoniaeth ydyw. Mae'r pwyslais fymryn yn wahanol felly i'r enw Saesneg, 'anthology', sy'n cyfeirio at gasgliad o destunau. Medd Heide Ziegler:

> The Greek word *ánthos*, flower, and *légein*, to gather together, combine to describe, like the Latin equivalent *florilegium*, a collection of selected

texts or excerpts that – as each flower is the epitome of the plant – the editor considers representative of the works of one or a number of authors, of a literary school or a genre, or an epoch, or of the literature of a whole nation.[5]

Yr awgrym a geir yw bod un peth craidd – y 'planhigyn' – yn cynnal 'blodau' unigol, yn yr un modd ag y mae un nodwedd benodol yn sail dros osod testunau ynghyd mewn 'blodeugerdd'. Gall y 'nodwedd' hon fod yn gyfnod (barddoniaeth rhyw ganrif yn benodol), neu genedl (llenyddiaeth a berthyn i un traddodiad llenyddol, e.e. barddoniaeth Gymraeg neu farddoniaeth Lydaweg), neu'n ffactor fel rhywedd (casgliad o waith gan fenywod). Y cymal allweddol yn y dyfyniad uchod, er hynny, yw 'that the editor considers representative'. Yr 'editor' hwn, neu'r golygydd yn Gymraeg, yw'r sawl a chanddo'r pŵer i bennu'r hyn a gaiff ei gynnwys a'i wrthod. Mae'n ddarllenydd a chanddo nod i'w gyflawni; mae'n un sy'n darllen yn ddetholiadol yn unol â'i fwriad penodol yntau. Rhaid cofio wrth gwrs mai person o gig a gwaed ydyw, ac fel pob darllenydd, mae ei gredoau a'i ragfarnau, a'i 'considerations' yntau, yn rhwym o ddylanwadu ar y modd y mae'n darllen. Bydd ganddo ei syniadau ei hun am yr hyn sy'n 'dda' yn ei olwg yntau, a'r hyn na ddylid ei ddewis i fod yn rhan o'r gyfrol y mae'n ei golygu. Wrth reswm felly ni ellir honni mai cyfrol wrthrychol yw blodeugerdd, sy'n cyflwyno 'y goreuon' i'r darllenwyr, er bod tuedd i feddwl hynny. Ydy, mae'n cyflwyno'r 'goreuon' ond 'y goreuon yn ôl y golygydd' ydynt mewn gwirionedd. (Gobeithio bod hyn yn gam tuag at ateb dy gwestiwn!)

Dywed Patrick McGuinness fel a ganlyn am ddylanwad blodeugerddi: 'Anthologies are powerful things . . . movements are launched, periods are parcelled up, writers are made and broken.'[6] Yr awgrym, rwy'n credu, yw y gall blodeugerdd ddylanwadu ar ddarllenwyr a gwneud iddynt feddwl mai casgliad terfynol a gynhwysir ynddi i bob pwrpas, hynny yw mai dyma'r A–Y o feirdd da, ac nad yw'r rheini nad ydynt yno yn werth eu halen! Rwy'n casglu oddi wrth dy gwestiwn am absenoldeb Menna Elfyn o *Flodeugerdd Barddas* mai dyna oedd ar dy feddwl dithau. Paid â phoeni; efallai iti gael d'arwain i feddwl fod y flodeugerdd dan sylw yn gasgliad diamod, am ei bod yn destun gosod, ac mai o'r fan honno y mae'r darlithydd sy'n dy ddysgu yn dewis testunau i'w trafod. Mae'n siŵr fod hynny'n gwneud iti feddwl mai'r rhain yw'r 'goreuon', ond eto cofia mai detholiad personol y mae'r ddarlithwraig hithau yn ei gyflwyno.

Gan mai detholiad goddrychol yw pob detholiad yn y bôn, mae'n anochel fod rhai darllenwyr yn gwrthwynebu'r dewisiadau a wna golygyddion cyfrolau o'r fath. Dyna a ddigwyddodd gyda chyhoeddi *Blodeugerdd Barddas*. Crybwyllais 'sgandal flodeugerddol y ganrif' gynnau a'r hyn a oedd gennyf dan sylw oedd y dadlau mawr a fu ymhlith darllenwyr y flodeugerdd hon. Asgwrn y gynnen oedd y detholiad penodol o gerddi a gynhwysir yn y gyfrol, neu'n hytrach y rhai *na* chynhwysir mohonynt. (Roedd cerddi Menna Elfyn felly ymhlith y rhai dan sylw.) Cynhaliwyd fforwm beirniadol, 'Deialog '88', yn Aberystwyth, yn rhannol fel ymateb i gyhoeddi'r flodeugerdd, a thrafodaethau'r diwrnod hwnnw i raddau a ysgogodd gyhoeddi'r gyfrol o feirniadaeth lenyddol arloesol, *Sglefrio ar Eiriau*. Medd John Rowlands, golygydd y gyfrol honno: 'yr oedd golygyddion y flodeugerdd wedi rhoi stamp traddodiadol a cheidwadol ar farddoniaeth y ganrif ar gyfer cenhedlaeth neu ddwy arall.'[7]

Dau destun gwerth edrych arnynt os wyt am amgyffred craidd y ddadl yw adroddiad Gerwyn Wiliams ar 'Deialog 88',[8] ac ymateb un o olygyddion y flodeugerdd, Alan Llwyd, i'r fforwm hwn.[9] Fe weli di mai dadl ydyw rhwng dyhead i dorri tir newydd ar y naill law ac awydd i gynnal yr hen werthoedd a safonau ar y llaw arall. Yn y naill felly, cei ddarllen crynodeb o'r hyn a drafodwyd yn y fforwm a'r pwyslais ar yr angen i ddatblygu beirniadaeth lenyddol yng Nghymru ac yn y llall, cei weld ymron i ddeuddeg colofn yn amddiffyn y flodeugerdd! O safbwynt beirniadol, mae'n ddifyr gweld bod y flodeugerdd wedi esgor ar y fath ddadl lenyddol ond trueni nad oes modd cymryd deuddeg colofn Alan Llwyd yn llwyr o ddifrif. Mae'r mân sylwadau amherthnasol megis 'Yr oedd un o'r beirdd nas cynhwyswyd yn y gyfrol, Menna Elfyn, wedi ffonio golygydd *Barn* ynghylch y cyfarfod',[10] yn peri i'r peth droi'n ddadl bersonol ac fe gyll yr awdur rywfaint o hygrededd, rwy'n credu, o'r herwydd. Soniais nad yw llenyddiaeth yn ddiniwed. Dyma esiampl wych iti, Martha!

Bid a fo am hynny, yn ôl a allaf ei gasglu, awgrymodd Dafydd Elis Tomos yn y fforwm fod diffyg cynrychiolaeth i feirdd Marcsaidd a rhai Ffeminyddol yn y flodeugerdd, yn arbennig felly waith Menna Elfyn. Mae ateb Alan Llwyd yn dra dadlennol:

> Nid ein gwaith ni oedd chwilio am feirdd Marcsaidd a beirdd ffeministaidd. Ein gwaith ni oedd chwilio am gerddi teilwng, nid

cerddi eilradd a di-glem am rai pynciau ffasiynol a phoblogaidd ar y pryd . . . Nid arnom ni y mae'r bai nad oes yr un bardd mawr Marcsaidd na'r un bardd mawr Ffeministaidd wedi codi yng Nghymru.[11]

Cymer yn ganiataol felly:

1) fod modd dosbarthu cerddi'n rhai sy'n 'deilwng' ac yn 'annheilwng' ar gyfer blodeugerdd. Awgryma hyn fod i gerddi werth cynhenid, gwrthrychol a bod modd eu cymharu, sy'n golygu bod rhai'n 'eilradd';
2) nad yw cerddi sy'n ymateb i ddigwyddiadau'r oes, neu sy'n 'ffasiynol', yn gerddi y gellir eu cyfrif yn rhai 'mawr';
3) fod y fath beth â bardd 'mawr' i'w gael.

Ymhellach, meddai:

Prif swyddogaeth blodeugerdd yw dewis y cerddi gorau . . . os yw'r cerddi gorau yn dweud mai canrif dywyll yw hi, rhaid derbyn hynny, gan mai'r cerddi gorau sydd wedi ymateb orau, ac yn y modd mwyaf ysbrydoledig, i sefyllfa.[12]

Eto, cymer hyn yn ganiataol fod y fath beth â 'cherddi gorau' gwrthrychol i'w cael, ond fel y soniais wrthyt ynghynt, detholiad y golygydd o'r hyn a ystyria yntau yn gynrychiadol o waith cyfnod a welir mewn blodeugerdd. Cofia di, Martha, darllenwyr yw'r golygyddion hyn, ac fel y gweddill ohonom mae ganddynt hwy eu rhagdybiau a'u daliadau ynghylch yr hyn sy'n gwneud cerdd dda. I ddychwelyd at dy gwestiwn am Menna Elfyn, 'A yw hyn yn golygu nad yw hi'n un o'r "goreuon" ac nad yw hi'n fardd cystal â'r lleill a oedd yn ysgrifennu yn ystod y ganrif honno?' . . . wel gobeithio nawr y gelli di ateb hwnnw drosot dy hun.

Cofia di i Menna hithau olygu blodeugerddi ei hun ers y 'sgandal', sef *Hel Dail Gwyrdd*,[13] y flodeugerdd gyntaf o farddoniaeth gan fenywod yn Gymraeg, ac yn ddiweddarach y chwaer gyfrol iddi, *O'r Iawn Ryw*.[14] Fel pob blodeugerdd, mae iddynt hwythau agenda benodol, ac os ei di ati i ddarllen rhagymadroddion dadlennol Menna i'r cyfrolau fe weli di'r maniffesto'n amlwg mewn datganiadau megis:

Cyfrol sy'n ceisio gwneud iawn am ddiffygion y gorffennol, ynghyd â nawsio dyheadau ac awyddfrydau merched heddiw, yw ffrwyth y Flodeugerdd hon, ac un sydd yn rhan o'r profiad mawr cyffrous o fod yn ferched, yn Gymry Cymraeg, ac yn feirdd. Cip yn unig fydd y gyfrol ar y byd ymryddhaol a chaethiwus honno.*

* benywaidd yw byd, am y tro.¹⁵

Fy nghyngor iti felly, Martha, fyddai peidio â derbyn blodeugerdd na chyfrol o hanes llenyddiaeth chwaith o ran hynny yn ddigwestiwn. Yn hytrach, fel y cynghorodd Menna Elfyn, peth iach yw 'ailedrych ar y dull o ddethol, a gofyn pwy a fu wrthi'n dethol, ac ar ran pwy neu er lles pwy y'i gwnaed mewn gwirionedd'.¹⁶ Gwell hynny na thybio'n ddigon ceidwadol, chwedl Simon Brooks, '[f]od y traddodiad yn gyflawn cyn iddo gael ei draddodi'.¹⁷

Duwcs, mae'n bum munud i 5! Byddaf yn hwyr ar gyfer seminar ymchwil. Rhaid imi dy adael am y tro er bod gen i lawer rhagor i'w ddweud am ragdybiaethau'n ymwneud â llenyddiaeth. Postiaf y llythyr hwn yn awr ar f'union, ond rwy'n addo y rhoddaf atodiad iddo yn y post iti fory.

Cofion ar frys,

Rhiannon

Nodiadau

[1] Gwyn Thomas, *Y Traddodiad Barddol* (Caerdydd: Gwasg Prifysgol Cymru, 1976), t. 9.
[2] Er enghraifft meddai Cora Kaplan yn ei rhagymadrodd i *Salt and Bitter and Good: Three Centuries of English and American Women Poets* (London: Paddington Press, 1975), t. 11 – 'it is male anthologists, after all, who have made women poets inaccessible to the common reader and, ironically, created the need for collections such as this one.' Gw. hefyd y rhagymadrodd i Jane Dowson (gol.), *Women's Poetry of the 1930s: A Critical Anthology* (London: Routledge, 1996).
[3] Gw. Gerwyn Wiliams, 'Sbecian ar Dir Newydd', *Barn*, 302 (Mawrth 1988), t. 6.
[4] Gwynn ap Gwilym ac Alan Llwyd (goln), *Blodeugerdd o Farddoniaeth Gymraeg yr Ugeinfed Ganrif* (Llandysul: Cyhoeddiadau Barddas, 1987).
[5] Heide Ziegeler, 'Facing Texts', yn Heide Ziegeler (gol.), *Facing Texts: Encounters between Contemporary Writers and Critics* (Durham NC: Duke University Press, 1988), t. 3.
[6] Patrick McGuinness, 'Colloquially Speaking', *London Review of Books* (1 April 1999), tt. 29–30.
[7] John Rowlands, 'Rhagymadrodd', *Sglefrio ar Eiriau* (Llandysul: Gwasg Gomer, 1992), t. vii.
[8] Gerwyn Wiliams, 'Sbecian ar Dir Newydd', t. 6.

9 Alan Llwyd, 'Golygyddol', *Barddas*, 135–7 (Gorffennaf/Awst/Medi) 1988, tt. 12–5.
10 Ibid., t. 13.
11 Ibid., t. 12.
12 Ibid., t. 13.
13 Menna Elfyn (gol.), *Hel Dail Gwyrdd* (Llandysul: Gwasg Gomer, 1985).
14 Menna Elfyn (gol.), *O'r Iawn Ryw* (Dinas Powys: Gwasg Honno, 1991).
15 Menna Elfyn (gol.), *Hel Dail Gwyrdd*, t. xvi. Cymharer hwn â'r sylw canlynol: '. . . aed ati yn y gyfrol hon i gasglu cerddi a oedd yn dangos yn glir fydolwg y ferch a'i gwahanol agweddau, gan barchu ar yr un pryd yr egwyddor mai lluosog yw meddylfrydau'r ferch.' yn 'Rhagair', Menna Elfyn (gol.), *O'r Iawn Ryw*, t. v.
16 Menna Elfyn, 'Trwy lygaid ffeminyddol', yn John Rowlands (gol.), *Sglefrio ar Eiriau*, t. 23.
17 Simon Brooks, *O Dan Lygaid y Gestapo* (Caerdydd: Gwasg Prifysgol Cymru, 2004), t. 71.

Llythyr 4

Tachwedd 6ed

Annwyl Martha,

Sut wyt ti? Mae'n wir ddrwg gen i am dorri fy llythyr yn fyr ddoe. Euthum i hwyl wrth ysgrifennu am flodeugerddi a cholli golwg ar amser. Fe gyrhaeddais y seminar mewn pryd, o drwch blewyn, yn ôl f'arfer, ac wedyn aeth criw ohonom i wylio'r tân gwyllt gyda'r nos. A oeddet ti yno tybed? Gobeithio iti gael cyfle i ddarllen yr hyn a anfonais ta beth, ac rwy'n addo y ceisiaf orffen trafod y rhagdybiaethau y tro hwn cyn rhuthro ymaith.

Bûm yn meddwl amdanat yn ystod y seminar neithiwr, a dweud y gwir, gan fod y siaradwr yn sôn, dro ar ôl tro, am y llenor dan sylw fel un o'r 'mawrion', a bod ei waith yn cyfleu neges oesol am fywyd. Dywedais wrthyf fy hun, 'Bydd yn rhaid imi sôn wrth Martha am hyn!' Wedi'r cyfan, mae'n bosibl dy fod dithau yn credu bod y fath beth â 'Llenyddiaeth Fawr' yn bodoli ac mai'r 'Clasuron' yw'r testunau sydd fwyaf teilwng o gael eu hastudio. Dyna sut yr arferwn innau fod, ta beth. Credwn yn gryf yn sancteiddrwydd y 'mawrion' ac mai wrth ddarllen Daniel Oweniaid neu Jane Austeniaid y byd 'ma y down i ddeall 'gwir lenyddiaeth'. (Oeddwn, roeddwn i'n credu bod y fath beth yn bod.) O ran barddoniaeth, i mi roedd cerddi ar feysydd llafur academaidd, ac a ddaeth i'r brig mewn Eisteddfod, yn Farddoniaeth Fawr, ac nid oedd unrhyw beth arall yn deilwng o astudiaeth! Tybed ai felly'r wyt ti? A wyt ti'n credu'n ddigwestiwn fod y fath beth â chanon absoliwt yn bodoli, ac yn cynnwys gweithiau ac iddynt werth llenyddol cynhenid? Os felly, pwysig yw dweud yma 'nad peth sy'n bodoli heb reswm yw traddodiad ond ei fod wedi cael ei greu', chwedl Menna Elfyn.[1]

Cred arall a oedd gen i, pan oeddwn i tua'r un oed â thi, oedd bod testun llenyddol yn datgan gwirioneddau mawr, oesol am Fywyd. Swyddogaeth llenyddiaeth, hyd y gwelwn i ar y pryd, oedd darlunio'r natur ddynol, ac roedd ganddi'r potensial felly i fynegi gwirioneddau a oedd y tu mewn i bob un ohonom, pa oes bynnag y trigem ynddi. Mae'n siŵr y byddwn wedi datgan rhywbeth tebyg i 'mae "Nant y Mynydd" yn lleisio hiraeth pobl ym mhob oes am gael byw bywyd syml yn yr hen fro'. Yn wir, cofiaf ysgrifennu gosodiad tebyg i hyn ar ddiwedd traethawd yn fy mlwyddyn gyntaf: '. . . neges oesol sydd i'w waith . . . "Pregeth" am y ddynoliaeth a geir gan Siôn Cent ac yn sylfaenol nid yw natur dyn yn newid o oes i oes', a synnu braidd wrth weld marc cwestiwn coch fy nhiwtor wrth ochr y ddalen. Wedi'r cyfan, dyna sut y'm dysgwyd i ddarllen ar hyd y blynyddoedd yn yr ysgol. Fe ddes i i sylweddoli wedyn nad oes y fath beth â gwirionedd absoliwt ynghylch hanfod Bywyd na gwirioneddau oesol chwaith. Yn hytrach, deongliadau a damcaniaethau a geir, sydd yn oddrychol ac yn amserol. Ni ellir tybio chwaith fod bodau dynol yn rhannu un 'hanfod' gan mai creaduriaid sy'n cael ein dylanwadu gan ein hamgylchfyd ydym ac rydym i gyd yn wahanol o'r herwydd. Hyd y gwelaf i, nid oes disgwyl felly i bawb ymateb yn yr un ffordd i destun gan nad yr un yw eu profiadau na chwaith eu darllen blaenorol.

A dyna f'arwain at y prif beth y dylid ei ddweud, wrth imi geisio herio dy ragdybiaethau parthed llenyddiaeth, sef bod modd dod at destun o sawl ongl. Beth am ystyried testun sydd yn gyfarwydd i'r ddwy ohonom, fel 'Nant y Mynydd', Ceiriog? Mae'n siŵr dy fod wedi hen arfer ag adrodd neu ganu hon yn yr ysgol, felly dyma roi tro ar ei datgymalu a chynnig ambell sylw iti'r un pryd ynghylch y broses ddarllen.

Mae synnwyr cyffredin yn gofyn ein bod yn nesáu at y gerdd yn yr un ffordd ag y down at bob math arall o ysgrifennu: bod gan y bardd neges i'w chyfleu a'i fod yn defnyddio'r testun fel cyfrwng i gyfleu'r neges honno i'r darllenydd. Awdur – cerdd – darllenydd – 1, 2, 3, bron fel petai'n gadael nodyn ar y drws yn gofyn i'r postmon adael parsel yn y sied. Byddai rhywun sy'n darllen mewn modd sy'n talu sylw i fwriad yr awdur wrth ysgrifennu yn dweud rhywbeth tebyg i 'Bwriad Ceiriog wrth ysgrifennu "Nant y Mynydd" yw dweud wrthym am ei hiraeth personol yntau wrth weld grug y mynydd, a'r dyhead a deimla i fod yn dderyn bach', ac yn y blaen. Hynny yw, cymerir bod modd canfod yn y testun ddrych i wir feddyliau'r bardd, yn union fel mae'r nodyn ar y drws yn ddrych i ddymuniad perchennog y tŷ sydd am gadw ei barsel yn ddiogel. Yr enw am hyn yw 'bwriadolaeth'. Yn unol â darlleniad o'r fath, edrychir ar y gerdd fel cynnyrch Ceiriog, a thelir sylw iddi yng nghyd-destun ei fwriad a'i fywyd yntau fel awdur y gwaith.

Er y bydd rhai beirniaid yn tynnu sylw at bwysigrwydd bwriad yr awdur wrth ystyried gwaith llenyddol ac yn darllen y testun yng nghyd-destun bywyd y sawl a'i creodd, bydd eraill yn breinio'r darllenydd ac yn ystyried arwyddocâd gwaith o safbwynt ei gynulleidfa. Hynny yw, yn dy achos di, gallet edrych ar sut y mae dy ymateb personol di i 'Nant y Mynydd' yn dylanwadu ar sut rwyt ti'n darllen y gerdd. Mae'r gwahaniaethau grym yn werth eu hystyried yma: cymer bwriadolaeth yn ganiataol fod 'darllenydd yn darllen geiriau y mae gan eu hawdur reolaeth drostynt',[2] ac felly yr awdur yw'r awdurdod ar y testun i bob pwrpas a gwaith y darllenydd yw olrhain ei fwriad; ond, fel arall y mae hi gyda'r rhai sy'n pwysleisio ymateb y darllenydd – ystyriant hwy mai'r darllenydd sy'n creu'r ystyr wrth ddarllen, a'i fod yn amrywio yn unol â hunaniaeth y darllenydd hwnnw, yn hytrach na bod ystyr gynhenid i destun.

Dull arall o ddarllen fyddai anwybyddu'r hyn sydd y tu hwnt i'r testun – megis bywyd a bwriad yr awdur, neu ymateb y darllenydd – a chanolbwyntio ar y gerdd ynddi ei hun a'r hyn y mae hi'n ei ddweud wrthym. Dyma'n wir oedd cenadwri Hugh Bevan wrth iddo bwysleisio mai 'y peth canolog mewn beirniadaeth lenyddol yw dadansoddi patrymau arbennig o ystyron'.[3] Gyda'r math hwn o ddehongli ceir pwyslais ar ddadansoddi strwythurau llinellau, y patrymau geiriol, y delweddau a'r technegau llenyddol a berthyn i'r testun. Wrth wneud darlleniad o'r fath gallet dynnu sylw at effaith yr odl, ac awgrymu bod y gerdd yn adeiladu tuag at uchafbwynt yn y pennill olaf lle ceir yr eironi nad yw'r bardd yn y man y mae'n ei ddisgrifio mewn gwirionedd.

Byddai eraill yn dadlau bod angen edrych y tu hwnt i'r testun, ac ystyried amgylchiadau megis yr hinsawdd wleidyddol ar adeg y cyfansoddi er mwyn darganfod arwyddocâd y testun yng nghyd-destun hanesyddol y cyfnod y perthyn iddo. Gad inni droi eto at 'Nant y Mynydd'. Efallai dy fod yn meddwl amdani fel cerdd sy'n lleisio 'hiraeth oesol' am fod 'efo'r grug a'r adar mân'; ond cofia mai cerdd a grëwyd o dan amgylchiadau neilltuol ac ar adeg neilltuol mewn hanes yw hi, gan awdur alltud ym Manceinion ar gyfer cynulleidfa alltud. Cynnyrch ei hoes yw hi. Petai'r fath beth â cherdd 'oesol' yn bod yna byddai bri hyd heddiw ar ysgrifennu yn debyg i Ceiriog. Serch hynny, nid felly y mae, ac nid am fod pobl Oes Fictoria yn ddiniweitiach neu'n neisiach neu'n fwy twp na ni, ond am fod amgylchiadau penodol y cyfnod hwnnw (diwydiannu, diboblogi, *diaspora*) yn ysgogi adwaith: diniweidrwydd strategol bron. Gellid dadlau ei bod hi'n gerdd gymdeithasol felly mewn dwy ffordd: yn gyntaf am ei bod yn ymateb i'r amgylchiadau; ac yn ail am nad yw'n brotest ond ar lefel bersonol.

Mae dy ddarlleniad di hefyd wedi ei wreiddio mewn amgylchiadau a chyfnod penodol ac felly yn rhwym o fod yn wahanol i eiddo darllenwyr y gorffennol a'r dyfodol, a hefyd yn wahanol i eiddo dy gyfoeswyr. Er enghraifft, efallai fod i'r darlun o'r wlad arwyddocâd tra gwahanol i rywun fel ti a fagwyd mewn dinas o'i gymharu â rhywun fel fi a ddysgodd beth oedd 'grug' wrth faglu ynddo a brifo pan oeddwn yn blentyn. Rwyt hefyd yn dod at y gerdd, o bosib, wedi dy ddylanwadu gan dy athro ysgol gan wybod bod statws 'canonaidd' bron iddi, hynny yw ei bod yn cael ei chydnabod fel un o'r cerddi hynny y 'dylid' gwybod amdani, decini. Mae'r darlleniad blaenorol hwn felly'n rhwym o ddylanwadu ar dy ddarlleniad presennol. Wel, felly rwy'n gweld pethau, ta beth . . . wn i ddim a wyt ti'n cytuno? Yn bersonol, cysylltaf y gerdd â hen ddynion yn ei chanu ar raglen radio 'hiraethus' lle rhoddir bri ar 'glasuron' y gorffennol, fel rhaglen Dai Jones ar nos Sul – honno yr arferai fy nhad wneud imi wrando arni wrth roi lifft imi yn ôl i'r coleg ar ôl penwythnos gartref, ac felly teimlwn mai fi fyddai *merch y mynydd* yn mynd 'oddi cartre'.

Peth arall a ddaw i'm meddwl wrth weld y gerdd yw'r modd y'i cyflwynwyd hi imi am y tro cyntaf. Daeth athro cyflenwi i'm hysgol gynradd a synnu na wyddem ni'r disgyblion eiriau'r gerdd. Dyma fynnu felly ein bod yn dysgu 'un o glasuron yr iaith' ar gof ar unwaith a bu'n rhaid i bawb ei hadrodd ar ei ôl ef fesul llinell. Y drafferth oedd bod yr athro'n ynganu 'r' fel 'l' a'r canlyniad oedd ein bod ni blant yn llafarganu 'nant y mynydd gloyw loyw' yn gwbl hapus nes iddo wylltio'n gacwn a meddwl ein bod yn gwneud hwyl am ei ben! Dynwared seiniau'n unig yr oeddem ni yn wyth oed heb feddwl unrhyw ddrwg gan na wyddem ni am fodolaeth yr ansoddair 'croyw'. Bu'n rhaid iddo wedyn ysgrifennu'r gerdd allan ar y bwrdd du a ninnau'n sylweddoli ein cam a theimlo'n euog wrth weld y llythrennau a gyfatebai i'r synau. Mae'r digwyddiad yn dal yn fyw yn fy nghof, oherwydd gofynnodd inni wedyn feddwl am nant y gwyddem ni amdani, a dychmygu mai honno sydd yn y gerdd. Hyd heddiw felly llednant i Afon Gwenlais sy'n tarddu yn nhopiau mynydd Mallaen cyn nadreddu drwy'r rhedyn am y pentref lle cefais i fy magu, yw fy 'nant y mynydd' i! Sori, rwy'n crwydro ac yn troi'n uffernol o sentimental yma, ond fy mhwynt yw hyn: mae sôn am gerdd yn datgan 'hiraeth oesol' yn rhagdybio mai'r un yw ymateb pob unigolyn o bob cyfnod a phob cefndir. Nid felly y mae. Fel y ceisiais ddarlunio gyda'r hanesyn uchod mae'r ymateb yn rhwym o fod yn wahanol bob tro ac yn seiliedig ar brofiad unigolyn o'r gerdd.

Cred arall a oedd gen i rai blynyddoedd yn ôl oedd bod i lenyddiaeth swyddogaeth iachaol, addysgol a'i bod yn datgan gwerthoedd da trwy ddarlunio sut y dylid a sut na ddylid byw bywyd. Os trown ni at Geiriog eto, hwyrach y byddwn wedi dweud wrthyt rai blynyddoedd yn ôl fod y gerdd yn ein dysgu bod rhywun oddi cartref yn teimlo hiraeth mawr, a bod cyfansoddi'r fath ddarn yn brofiad therapiwtig, yn 'iachaol' bron, i'r bardd a deimlai'r teimladau hynny ac i'r sawl a ddarllenai'r geiriau hynny. Braidd yn hurt er hynny yw awgrymu bod i lenyddiaeth ynddi ei hun rym 'iachaol'. Dychmyga, petai hynny'n wir byddai pawb yn rhuthro i siopau llyfrau yn lle mynd at y meddyg!

Arferwn gredu hefyd fod testun yn adlewyrchu realiti ac y gallai ddangos yn ddidwyll wir natur y ddynoliaeth, ac union deimladau pobl. Serch hynny, sylweddolais erbyn hyn na all llenyddiaeth 'adlewyrchu' bywyd gan nad yw deunydd crai llenyddiaeth, sef geiriau, mewn gwirionedd yn medru adlewyrchu realiti. Ystyria eto gerdd Ceiriog: defnyddiodd eiriau i geisio cyfleu'r hyn a welodd ond mynegi ei weledigaeth ar ffurf confensiwn hanfodol artiffisial a wna. Plethodd ynghyd linellau gan ddilyn patrwm sillafau ac odlau ond darn a grëwyd ydyw yn y pen draw. Nid oes modd tynnu llinyn mesur ato a'i gymharu â 'realiti' er mwyn pennu ei werth am fod y deunydd crai a ddefnyddiwyd i'w gwneud hi, sef iaith, ynddi ei hun yn anwadal. Yn sgil cyhoeddi cyfrol Ferdinand de Saussure, 'daethpwyd yn raddol i dderbyn', yng ngeiriau Angharad Price, '. . . nad hanfodol mo'r berthynas rhwng gair a'r hyn y cyfeiriai ato; natur hap oedd i'r berthynas hon, ac nid gwirionedd trosgynnol a fynegid gan iaith eithr gwirionedd perthynol.'[4] Gelli di feddwl am 'wirionedd trosgynnol' ('transcendent') fel gwirionedd sy'n bodoli y tu hwnt i fodau dynol, neu'n endid sydd ar wahân iddynt a'u bywydau, ond y ddadl yma yw bod pob gwirionedd yn berthynol – yn 'relative' – i sefyllfa pob unigolyn. Nid yw iaith mewn gwirionedd yn gyfrwng y gellir dibynnu arno'n llwyr i gyfathrebu (←hehe, weli di fan'na gamgymeriad a allai esgor ar broblemau dehongli!) neges yn union fel ag y bwriada unigolyn iddo wneud. Yn hytrach, fel y dywed John Rowlands, mae 'iaith yn llithrigfa ddi-ben-draw nad yw byth yn datgelu ystyr bendant a diamwys'.[5] Yn y cyswllt hwn, ni all llenyddiaeth fyth gynnig 'realiti'r' awdur (a chymryd bod yr awdur am ddarlunio'n realaidd) ar blât i'r sawl sy'n darllen, gan nad yw'r cyfrwng geiriol yn caniatáu hyn. Wyt ti'n dechrau gweld, felly, mai confensiwn artiffisial yw llenyddiaeth yn ei hanfod, Martha?

Wn i ddim amdanat ti ond rhywbeth arall roeddwn i'n hollol argyhoeddedig yn ei gylch oedd nad oeddwn i yn ddigon cymwys i ddadansoddi testun ac mai'r 'Beirniad Llenyddol' (gyda phriflythrennau, sylwer, i nodi fy mharchedig ofn!) yn unig a wyddai sut i ddarllen y testun yn 'iawn'. Hyd y gwelwn, yr hyn yr oedd y beirniaid llenyddol yn ei wneud oedd aralleirio testun a'i ddehongli er mwyn i ddarllenydd cyffredin fel fi fedru ei ddeall. Cymerwn yn ganiataol fod y fath beth â darlleniad 'cywir' i'w gael ac mai proses debyg i helfa drysor oedd canfod yr ystyr a guddiwyd gan yr awdur. Tybiwn felly fod y fath beth â darlleniad terfynol i'w gael, ac unwaith i rywun pwysig (a Dr o flaen ei enw fel arfer!) ddehongli cerdd yna, dyna ni, dyna oedd ei hystyr! Hyd y gwelwn i ar y pryd roedd y beirniaid fel petaent yn cau allan unrhyw ddarlleniadau posibl eraill o'm rhan i, ac roeddwn yn ddigon parod i dderbyn hynny. Wyt ti'n teimlo felly tybed? Ystyria'r dehongliad hwn gan Hywel Teifi Edwards:

> Gosodiad o delyneg ydyw . . . cyffes gŵr ifanc calon agored wrth 'feibion' eraill hŷn nag ef a adawsai fynyddoedd tebyg. Gellir clywed eu hocheneidiau gwerthfawrogol wrth i'r bardd dewi, yn ogystal ag ocheneidiau'r cenedlaethau o ddarllenwyr ar eu hôl a ymglywodd â'r tristwch oesol a ddaliwyd ynddi . . .[6]

Rhaid cyfaddef, wrth ei ddarllen, gwnaeth imi ddechrau amau fy neongliadau fy hun a pharodd imi feddwl am eiliad, 'Tybed ai ef sy'n "iawn"?' Cofia di, serch hynny, nad oes ateb 'iawn' fel y cyfryw, am nad un dehongliad sydd i'w gael. Efallai y byddi di'n meddwl am y gerdd yn nhermau parodi, ac yn gwybod am fersiynau sy'n bodoli heddiw sy'n gwneud hwyl am ben y gerdd wreiddiol. Mae rhywun erbyn hyn yn gallu darllen 'Nant y Mynydd' a chwerthin, felly mae'n anodd dirnad y 'tristwch oesol' y cyfeirir ato yn y dyfyniad uchod. Mae barnu naws a thôn cerdd yn anodd, ac yn ddibynnol, i raddau helaeth, ar dy brofiad di fel unigolyn ohoni.

Sori, Martha. Gobeithio nad ydw i'n dy ddrysu gyda hyn oll. Efallai fod llawer o'r pethau a drafodwyd yma yn gwbl newydd iti, felly gwell tewi a gadael iti gnoi cil arnynt. Yn y cyfamser, beth am wneud arbrawf bach? Allet ti anfon dehongliad o gerdd sy'n gyfarwydd iti ataf i, ac anfonaf lythyr yn ôl yn awgrymu deongliadau eraill ohoni? Bydd yn gyfle gwych inni gael trafod rhagor ynghylch posibiliadau darlleniadau amgen.

Edrychaf ymlaen at dderbyn d'ateb.

Hwyl am y tro,

Rhiannon

Nodiadau

[1] Menna Elfyn, 'Trwy Lygaid Ffeministaidd', yn John Rowlands (gol.), *Sglefrio ar Eiriau* (Llandysul: Gwasg Gomer, 1992), t. 23.
[2] Simon Brooks, *O Dan Lygaid y Gestapo* (Caerdydd: Gwasg Prifysgol Cymru, 2004), t. 71.
[3] Hugh Bevan yn Brynley F. Roberts (gol.), *Beirniadaeth Lenyddol, Erthyglau gan Hugh Bevan* (Caernarfon: Gwasg Pantycelyn, 1982), t. 8.
[4] Angharad Price, *Rhwng Gwyn a Du* (Caerdydd: Gwasg Prifysgol Cymru, 2002), t. 43.
[5] John Rowlands, 'Chwarae â chwedlau: cip ar y nofel Gymraeg ôl-fodernaidd', yn Gerwyn Wiliams (gol.), *Rhyddid y Nofel* (Caerdydd: Gwasg Prifysgol Cymru, 1999), t. 7.
[6] Hywel Teifi Edwards, *Ceiriog* (Caernarfon: Gwasg Pantycelyn, 1987), t. 38.

Llythyr 5

Rhagfyr 3ydd

Heia Martha,

Sut mae? Gobeithio dy fod yn iawn yna ac yn dal i fwynhau bywyd coleg. Mae'n siŵr dy fod yn edrych ymlaen at y Nadolig. Oes gen ti unrhyw gynlluniau? Crybwyllaist yn dy lythyr yr hoffet weld deongliadau amrywiol o'r gerdd 'Er Cof am Kelly'. Pam lai? Dyma roi tro ar geisio dy ddarbwyllo nad un ffordd sydd i'w darllen. Dyma hi felly, i'th atgoffa:

Er cof am Kelly

(sgwennwyd ym Melfast [sic])

Geneth naw mlwydd oed
Ar gymwynas daith;
Peint o laeth gwyn
I gymydog.
Trwy gyrrau'r ffenest
Gwyliodd ei mam,
Ei gweld yn cerdded
A chwympo;
Bwled wedi'i bwrw,
Gwydr ei chnawd yn deilchion.

Panig wedi'r poen.
'My God, it's only a little girl,'
Meddai'r glas filwr.
Moesymgrymodd.
Meidrolodd,
Ei mwytho yn ei gledrau.

'Get your dirty hands off,'
Medd cymydog mewn cynddaredd.
Y fam yn ymbil
Am ei gymorth cyntaf –
                    Olaf.

Gwisgodd amdani ei ffrog ben-blwydd,
Dodi losin yn ei harch,

> Y tedi budr a anwesodd
>   O'i chrud,
> Ac aeth ar elor
> Angau ei noson hwyraf allan.[1]

Diolch iti am anfon dy sylwadau ar y gerdd. Wrth ddarllen trostynt, gwelaf dy fod yn dilyn trywydd tebyg i'r hyn a awgrymir ar nodiadau adolygu'r BBC.[2] Fuost ti'n pori yno tybed? Neu efallai mai dy athro yn yr ysgol a'th ddysgodd i ddadansoddi yn y fath fodd? Rwy'n siŵr y byddai dy linellau, 'cerdd oesol am ddinistr rhyfel sy'n gyffredin i bawb o bob oes', neu 'bwriad y bardd yw dangos inni sefyllfa drychinebus, er mwyn inni ddysgu oddi wrthi', wedi ennill marc digon teilwng iti wrth sôn am 'gynnwys' y gerdd yn yr arholiad. A phetaet ti'n crybwyll, fel y gwnei, yr holl dechnegau arddull, cyn sôn am 'symlrwydd y dweud' yn cyfrannu at 'allu gweld Kelly yn y bedd gan fod y darlun mor fyw o flaen ein llygaid', mae'n siŵr y byddet ar hyd y trywydd y dymunai'r arholwr iti ei ddilyn. Y drafferth gyda safbwynt o'r fath yw ei fod yn rhagdybio tri pheth:

1) bod llenyddiaeth yn datgan 'gwirionedd' am fywyd;
2) bod y bardd yn athrylith a chanddo weledigaeth ar ein cyfer;
3) bod modd i lenyddiaeth ddarlunio pethau'n 'real'.

Mae pob un uchod yn codi cwestiwn yn ei dro:

1) Gwirionedd pwy?
2) Efallai y byddai hi'n werth iti feddwl eto hefyd am safbwynt y bardd fel 'gweledigaeth gyfriniol athrylithgar na thâl i neb ei chwestiynu', chwedl Robert Rhys.[3] Unigolyn yw bardd, sy'n cynnig dehongliad o bwnc ar ffurf geiriau; nid ydyw'n fod goruwchnaturiol sy'n sefyll ar dir uwch na phobl gyffredin. Paid ag ofni cwestiynu gwaith neb, felly!
3) Mae'n werth meddwl hefyd am osgoi defnyddio 'realiti' fel maen prawf wrth werthuso cerdd. Er bod dy athro yn yr ysgol efallai'n honni bod bardd yn darlunio sefyllfa'n 'real' rhaid cofio mai rhywbeth wedi ei greu yw llenyddiaeth a chelfyddyd o ran hynny, ac felly'n beth cwbl anghymharus â 'realiti'. Ystyria eiriau Mihangel Morgan ar y mater:

> Y gwir amdani yw nad oes dim un llyfr erioed wedi gallu adlewyrchu 'realiti' yn ei grynswth. Buasai'n cymryd ugain

tudalen i ddisgrifio'r weithred o agor drws, a hyd yn oed wedyn, nid y weithred o agor drws a geid eithr disgrifiad mewn geiriau o'r weithred, a fyddai hwnna ddim yn 'realiti'. Beth bynnag, beth yw 'realiti'? Mae'n fy nharo fi'n arwyddocaol nad oes gennym ni'n gair Cymraeg ein hunain am 'realiti', ac mae'n debyg taw bathiad eithaf diweddar, 1935, yw 'dirwedd'. Beth oedd yr hen Gymry yn ei wneud heb 'realiti'? Wel yn syml iawn doedd y cysyniad ddim yn bod, syniad estron yw e, a beth y mae absenoldeb y gair yn ein hiaith ni'n ei brofi yw fod modd byw heb y syniad.[4]

Efallai fod y busnes 'realiti' hwn yn haws i'w ddarlunio yng nghyd-destun celf. Hyd yn oed petai rhywun yn tynnu llun o'r hyn y tybir ei fod yn 'realiti', nid 'realiti' mohono ond dehongliad o 'realiti'. Soniaist yn dy lythyr fod gen ti ddiddordeb mewn celf, felly rwy'n siŵr dy fod yn hen gyfarwydd â llun enwog Diego Velázquez, 'Las Meninas'. Er bod yr artist wedi ei osod ei hun yn ei waith celfyddydol, nid ceisio darlunio 'realiti' a wna ond yn hytrach tynnu sylw at y ffaith mai rhywbeth wedi ei greu yw celfyddyd. Dehongliad ohono yntau a geir yn ei baentiad ac nid ef ei hun. Felly hefyd y mae llenyddiaeth: wedi ei chreu o eiriau er mwyn darlunio agweddau ar 'realiti'. Creadigaeth gelfyddydol ydyw yn anad dim. Ni ellir dal felly hyd y gwelaf i fod llenyddiaeth yn darlunio sefyllfa yn 'real' (chwedl y nodiadau adolygu uchod), yn enwedig yng nghyd-destun 'Er Cof am Kelly'. A phob parch i Kelly, allwn ni ddim ei 'gweld hi'n real' yn ei bedd.

Un ffordd o feddwl am y peth yw fel hyn. Roeddet ti'n sôn yn dy lythyr am gael dy ffilmio ar y campws yn Aberystwyth yn sôn am fywyd myfyrwyr ar y newyddion teledu. (Roedd hi'n bleser gwrando arnat yn siarad yn glir a chywir – llawer gwell na'r bobl maen nhw'n eu canfod fel arfer!) Mae'n debyg mai'r hyn a welodd y gynulleidfa'r noson honno oedd merch yn sefyll y tu allan i'r Undeb yn dweud ei dweud fel petai'r peth mwyaf naturiol yn y byd, fel petai'r camera wedi digwydd dy ddal di, a ninnau'r gynulleidfa'n rhannu'r cyfarfod bach sydyn. Ond mae yna bellter dwbl, on'd oes, rhyngom ni'r gwylwyr a'r realiti yna? Mi fyddi di'n gwybod o brofiad am y fath ymdrech a'r amser a'r ffugio sydd y tu ôl i hyd yn oed yr ychydig eiliadau 'naturiol' yna. Mae'n siŵr i'r holwr ofyn 'Nawr 'te, rwy'n mynd i'th holi am fywyd coleg, ac mi fyddai'n dda cael cwpl o frawddegau gen ti. Dim lot. Paid â mynd i ddyfnder. O, a plîs wnei di beidio â sôn am wneud ffrindiau newydd? Mae rhywun da gyda ni ar ffilm yn barod sy wedi sôn am hynny. O, ie, a dim byd chwaith am y tafarnau. Mae pawb yn sôn am y tafarnau. Beth am ddweud rhywbeth am fynd ar goll? Buasai hynny'n dda. Dweud bod yr holl adeiladau'n dy ddrysu di. Neu dy fod di'n gorfod rheoli dy amser rhwng cymdeithasu a gwaith academaidd. Mi fuasai'n ffantastig pe baet ti'n sôn am un o'r ddau beth yna. Dim ond brawddeg neu ddwy, cofia. Iawn, yn barod? Gwena. Iawn, ffwrdd â thi. Ac mi wnawn ni ailrecordio os bydd angen.' Lot o ffws wedyn. A ydy lefel y golau'n iawn? A'r sain? Oes cysgod ar draws dy wyneb? Oes rhywun yn mynd i gerdded drwy'r siot? Rwyt ti'n meddwl am ambell frawddeg, sy'n swnio'n hurt efallai, ond mae'n rhaid dweud rhywbeth. A'r diwrnod wedyn, mae'n siŵr fod rhywun yn dweud wrthyt ti: 'Hei, fe wnes i dy weld di ar y teledu'r noson o'r blaen!' Wel na, nid ti oedd y ddelwedd ar y sgrin. Yn gyntaf, rhith oedd y 'sgwrs'; yn ail, clyfrwch technolegol oedd 'wyneb' Martha ar aelwydydd Cymru fach. Mae'r un math o bellter dwbl mewn llenyddiaeth. Mae'r testun ar y tudalen yn gyfrwng yn yr un ffordd ag y mae'r teledu'n gyfrwng; ac mae dy eiriau di, fel geiriau'r llenor, yn rhyw fath o gyfaddawd â'r iaith a gofynion y pwnc.

A dyma arwain at fy mhwynt nesaf, sef y pwyslais ar 'fwriadolaeth' yn y nodiadau adolygu. Hynny yw, wrth ofyn 'beth, yn eich barn chi, oedd pwrpas y bardd pan ysgrifennodd y gerdd?' cymerir yn ganiataol mai chwilio am y rheswm y tu ôl i gyfansoddi'r gerdd yw'r prif orchwyl wrth fynd ati i'w dadansoddi. Serch hynny, sut y gallwn ni wybod pam y mae'r bardd wedi ei chreu, a hyd yn oed petai modd gofyn iddi, pa wahaniaeth a wnâi hynny? Gofynnir yn y nodiadau: 'A oedd y digwyddiad wedi cael cymaint o effaith arni fel bod yn rhaid iddi ysgrifennu amdano?', ond y gwir yw na wyddom ni ragor am y digwyddiad na'r hyn a ddarlunnir yn y gerdd, felly ofer dyfalu. Cymerwn i'r gerdd gael ei hysgrifennu naill ai ym Melffast neu am ddigwyddiad yno, fel y tystia'r is-deitl, ac mae hynny felly'n ei gosod hi mewn lleoliad penodol, ond ni wyddys a fu'r bardd yn dyst i'r lladd, ac nid yw hynny'n bwysig chwaith. Efallai na fu hi ar gyfyl y man lle lladdwyd Kelly – pwy a ŵyr, efallai mai darllen yr hanes mewn papur newydd tra oedd hi 'ym Melffast' a wnaeth hi. Nid newyddiadurwr mohoni, ac ni raid felly geisio cofnodi 'ffeithiau'. Efallai iddi benderfynu ymateb yn greadigol i gyflafan benodol ac eto efallai mai o'i phen a'i phastwn ei hun y crëwyd yr holl sefyllfa. Fy mhwynt yw hyn: nid oes gwahaniaeth a yw ei cherdd yn seiliedig ar brofiad 'real' neu'n ffrwyth ei dychymyg oherwydd y cyfan a erys yw'r gerdd, fel dy wyneb di ar y sgrin. Yn yr un modd, ni wyddom beth oedd ei chymhelliad wrth ysgrifennu'r gerdd ym Melffast (er ei bod yn bosibl ei bod wedi sôn mewn cyfweliad yn rhywle), ac nid oes gwahaniaeth.

Gobeithio nad wyt ti'n teimlo fy mod i'n pregethu wrthyt ti 'ma, ond yr hyn rwy'n ceisio ei awgrymu yw bod dy dueddiadau darllen yn cymryd yn ganiataol mai'r bardd biau'r 'ystyr' ac mai dy swyddogaeth di yw chwilio amdani yn y gerdd, a dyfalu pam y crëwyd y gerdd ganddi. Y perygl gyda'r math hwn o feirniadaeth yw iddi droi'n ddim mwy nag aralleiriad o'r testun, a rhaid gofyn beth yw pwrpas beirniadaeth o'r fath pan fo'r gerdd ei hun ar gael i'w darllen.

Beth am inni edrych arni o safbwynt arall? Wyt ti'n barod am damaid arall o theori? Iawn 'te. Meddylia eto am dy bwt o gyfweliad ar y teledu. Mae'n bosibl nad yw'n cyfleu realiti; ond mae'n dal i fod yn *rhywbeth*. Mae'n gynhyrchiad, yn greadigaeth o ryw fath, ac mae'n cyfleu rhywbeth hefyd. Ac yn yr un ffordd ag y gallwn ni ddweud pethau ystyrlon am y cyfweliad fel cynhyrchiad, mae rhai'n dadlau y gallwn ni wneud yr un peth gyda darn o lenyddiaeth.

Dyna ddigon o draethu gen i am y tro. Cwestiwn i ti. Os ydym ni'n anghofio am y gerdd fel un o'r tri pheth ar frig y llythyr yma, hynny yw, bod 'Er Cof Am Kelly' yn cynnwys bwriad Menna i ddweud gwirionedd am realiti, beth sydd ar ôl? Os yw'r gerdd (a phob llenyddiaeth arall) yn gynhyrchiad tebyg i gynhyrchiad teledu, beth allwn ni ei ddweud amdani?

Gwell imi adael pethau yn y fan yna am y tro, gan edrych ymlaen at dy ymateb.

Rhiannon

O. N. Anghofiais sôn wrthyt am fy narganfyddiad. Teipia 'Cwis Er Cof am Kelly' i Google ac fe gei di ddifyrrwch. Ni welais erioed mo'r fath beth. Mae'r 'cwis' yn llawn cwestiynau hynod benodol a chymharol ddibwynt am y gerdd, e.e. 'Faint yw oed Kelly' (oes gwahaniaeth?) a 'Beth sy'n creu sefyllfa realistig yn y gerdd?' a'r ateb a ddisgwylir, mae'n debyg, yw 'defnydd o'r Saesneg'. Ond y gorau oedd hwn, 'Pa mor hen oedd tedi Kelly?'! Rwy'n deall efallai mai ar gyfer myfyrwyr ifainc y crëwyd y peth ond, jiw jiw, mae'n awgrymu'n gryf y rhoddir pwyslais ar ddysgu mewn modd sy'n ticio bocs ar gyfer arholiad yn hytrach na phwysleisio eu hymateb personol hwy. Cymer ofal os ei di ar gyfyl y cwis . . . dim ond 46 y cant a gefais i!

Nodiadau

[1] Menna Elfyn, *Eucalyptus* (Llandysul: Gwasg Gomer, 1995), t. 102.
[2] *www.bbc.co.uk/cymru/tgau/cymraeg/bardd_rhyfel/bardd_rhyfel_kelly1.shtml*. Cyrchwyd 9 Chwefror 2009.
[3] Robert Rhys, 'Dysgu Darllen', yn John Rowlands (gol.), *Sglefrio ar Eiriau* (Llandysul: Gwasg Gomer, 1992), t. 169.
[4] John Rowlands, 'Holi Mihangel Morgan', *Taliesin*, 83 (Gaeaf 1993), t. 14.

Llythyr 6

Rhagfyr 11eg

Annwyl Martha,

Sut mae? Wel, diolch iti am ateb mor gyflym ac mor gryno i'm cwestiwn, 'beth sydd ar ôl os anghofiwn am fwriad yr awdur?': 'GEIRIAU AR BAPUR'. Yn hollol! Llongyfarchiadau – rwyt ti'n ddarpar 'Ffurfiolwraig'! Roedd y Ffurfiolwyr, a'u disgynyddion y Beirniaid Newydd, yn enwog am anwybyddu popeth ar wahân i'r geiriau ar bapur. Ni fyddent yn talu sylw i bersonoliaeth yr awdur, nac yn olrhain tarddiad ei waith mewn ffynonellau posibl, na chwaith yn ystyried goblygiadau unrhyw ffactorau y tu hwnt i'r testun. Y testun ynddo'i hun oedd yn bwysig: llenyddiaeth er ei mwyn ei hun. Medd R. V. Young:

> At its inception the New Criticism was, among other things, a reaction against the impressionistic 'appreciations' of literature by genteel dabblers, against the late Romantic worship of the author as prophet or genius, and against a school of literary history that buried individual works under a mass of trivial details about influences and fashions while altogether eschewing the serious task of critical judgment. The New Criticism was, above all, an assertion that a piece of fiction or poetry or drama could matter, could have significance in and of itself.[1]

Yr 'in and of itself' yw'r geiriau allweddol yma: dyna dy 'eiriau ar bapur' di. Credai'r Ffurfiolwyr a'r Beirniaid Newydd fod modd chwilio am ystyr benodol a'i chanfod ond i rywun ddefnyddio'r 'arfau' iawn. Honna Monroe C. Beardsley, er enghraifft, nad 'a matter of imposing some precast intellectual form on it' yw dehongli cerdd, gan nodi 'there really is something in the poem that we are trying to dig out, though it is elusive'.[2]

Yn ôl y dull hwn sydd gan y Beirniaid Newydd, mae bywyd yr awdur, bwriad yr awdur, gwaith arall yr awdur, gwaith gan awduron eraill a'r 'neges' ei hun yn amherthnasol i ddeall y testun. Nid nod beirniadaeth o'r fath yw canfod moesoldeb mewn llenyddiaeth, ond derbyn ei bod yn y pen draw yn drosiadol a symbolaidd. Mae'r testun felly yn beth byw yn ei hawl ei hun ac mae modd ei ddarllen er ei fwyn ei hun, ac ar wahân i gyd-destun bywgraffyddol a hanesyddol. Dyma'r dull o ddarllen y mae'n rhaid iti ei arfer weithiau mewn arholiad pan gei gerdd i'w dehongli nad wyt wedi ei gweld o'r blaen ac nad yw enw'r bardd wrthi. Oedd yn rhaid iti wneud hynny ar gyfer dy arholiadau Safon Uwch, tybed? Mewn achos o'r fath rhaid ymateb i'r geiriau o'th flaen heb wybodaeth am y tu hwnt i'r hyn sydd ar y papur. Gall hynny fod yn gyffrous ac yn fodd i ryddhau rhywun o'r hualau arferol.

Petaem yn ceisio darllen 'Er cof am Kelly' yn null y Beirniaid Newydd efallai mai'r peth cyntaf a fyddai'n ein taro yw ei bod yn gerdd tua chant o eiriau sydd yn ymestyn dros ddeg ar hugain o linellau. Mae'r llygaid yn gorfod symud o hyd: mae'n destun aflonydd, herciog, fel gwylio hen ffilm. Nid oes odl neu rythm i greu disgwyliadau, nac un frawddeg gyflawn trwy gydol y pennill cyntaf. Edrych wedyn ar yr enwau neu'r berfenwau ym mhob llinell (y geiriau 'cynnwys'): taith, llaeth, cymydog, mam, cerdded, cwympo, bwled, cnawd. Unwaith eto, mae'r gerdd yn newid ffocws o hyd. Nid oes modd canfod dilyniant amlwg i'r peth. Soniais yn y llythyr diwethaf am aralleirio. Aralleiria hon ac mae'n troi'n rhywbeth cwbl wahanol, er ei bod yn sôn am yn union yr un pethau: 'Roedd geneth naw mlwydd oed yn mynd i nôl peint o laeth dros gymydog, a'i mam yn ei gwylio trwy'r ffenestr. Gwelodd ei mam hi yn cerdded a chwympo. Roedd bwled wedi ei bwrw ac roedd gwydr ei chnawd yn deilchion.' Mae'n peidio â bod yn ddarn o 'lenyddiaeth', yntydi?

Erbyn cyrraedd yr ail a'r trydydd pennill daw techneg arall yr â'r Ffurfiolwyr ar ei hôl i'r amlwg, sef cyferbyniad, yn arbennig felly'r cyferbyniad rhwng geiriau'r milwr a geiriau'r cymydog. Wrth eu hystyried ochr yn ochr, mae rhyw eironi'n dod i'r golwg: bod y milwr a'r cymydog, er (neu efallai am) eu bod yn rhannu'r un gofal am Kelly, yn elynion i'w gilydd. Ac os arhoswn ni gyda chyferbyniadau, mae parau o eiriau neu ddelweddau sy'n groes i'w gilydd yn mynnu tynnu ein sylw: y ffenestr a chaead yr arch; yr arch a'r crud; cerdded a chwympo. Wedyn, dyna'r ymadrodd gwrthgyferbyniol digon eironig: 'cymorth cyntaf/olaf', ac ystyr baradocsaidd 'budr/dirty' – 'dirty hands' y milwr ar y naill law yn cyfleu atgasedd a 'tedi budr', ar y llaw arall, yn anwylach ac yn cyfleu cariad. Yr eironi mwyaf efallai yw bod marwolaeth Kelly yn digwydd o achos milwr ond mewn ffordd annisgwyl, chwithig ac anghyfiawn, gan godi cwestiynau ehangach o bosib am rai a leddir 'yn gyfiawn'. Ni wyddom a yw Menna Elfyn yn bwriadu hyn ai peidio, ac nid yw'n bwysig; dadl y math hwn o ddarllen yw bod y testun yn cynnwys yr holl dystiolaeth angenrheidiol.

Beth wnei di o hyn, Martha? Os wyt yn debyg i mi, fe fyddi di'n teimlo bod rhywbeth ar goll gyda'r dull hwn o ddarllen a'i fod bron fel ceisio profi blas teisen trwy edrych ar y cynhwysion a'r rysáit yn unig. Mae'n ddiddorol ac yn ddadlennol, ond eto, mae'n ffordd ddigon oeraidd o ymdrin â thestun. Y drafferth gyda'r dull hwn o ddarllen 'agos' yw nad yw'n edrych y tu hwnt i'r testun wrth geisio pennu ystyr: cymerir yn ganiataol fod ystyr yn rhan gynhenid o'r testun ac nad oes unrhyw ffactorau alldestunol yn effeithio arni, hynny yw, pethau yn y byd 'go-iawn'. Rhydd yr argraff bron fod testun yn bodoli mewn gwagle, wedi ei greu mewn gwagle, a'i fod yn cael ei ddarllen mewn gwagle; hynny yw, bod y prosesau hyn oll yn digwydd heb ymyrraeth bywyd go-iawn.

Gallet feddwl am y gerdd fel dy gyfweliad teledu. Er nad yw'r gerdd (fel y cyfweliad) yn cyfleu 'realiti', mae'n seiliedig arno ac mae'n cymryd bod y darllenydd yn gwybod rhywfaint amdano. Mae'r testun yn ddibynnol ar ffactorau 'alldestunol' felly ac wrth edrych arno eto mae'r angen am wybod rhywfaint am y byd yn amlwg. Rhaid inni wybod beth yw 'llaeth' a 'chymydog', 'arch' a 'thedi'. Ar lefel fwy soffistigedig, fe fyddem ni dan anfantais heb inni wybod mai peth arferol yw gofyn i ferched naw oed fynd i'r siop i nôl llaeth; ac ar lefel fwy soffistigedig eto, gallwn ddehongli Kelly fel enw Gwyddeleg a ddaeth yn enw merch sy'n perthyn i ddosbarth cymdeithasol ac i gymuned grefyddol neilltuol mewn cyfnod neilltuol. Mae'r testun o hyd felly yn ymestyn tuag at, ac yn dibynnu ar, wybodaeth a syniadau sydd y tu hwnt iddo.

Beth am inni edrych ar y gerdd o safbwyntiau sy'n cymryd bod gwybodaeth am y byd go-iawn a'n profiad ni o'r byd y tu hwnt i'r testun yn dylanwadu ar y modd y darllenwn? I'r Ffurfiolwyr, mae cyd-destun hanesyddol, ac amodau darllen unigolion – boed ddynion neu fenywod – a berthyn i wahanol gyfnodau mewn hanes neu i wahanol ddiwylliannau, yn ddibwys. Serch hynny, nid yw'r gerdd yn bodoli ar ei phen ei hun na chwaith yn cael ei darllen mewn gwagle. Dyna fyddai'r rhai sy'n bleidiol i theorïau hanesyddiaeth newydd, ffeminyddiaeth ac ôl-drefedigaethedd yn ei ddweud wrthyt, ta beth! Fe daflwn olwg sydyn yn awr ar y rhain yn eu tro.

I ddechrau, mae'r gerdd yn gynnyrch cyfnod penodol mewn hanes. Fe'i cyhoeddwyd mewn detholiad o gerddi a gyfansoddwyd 'rhwng 1978–1994', ac mae ei his-deitl yn ei gosod 'ym Melffast'. Mae'r is-deitl yn arwain yr hanesydd ar unwaith ar drywydd y tensiynau gwleidyddol a fu yng ngogledd Iwerddon yn ystod y cyfnod hwn. Byddai rhywun sy'n defnyddio'r testun fel math o dystiolaeth hanesyddol o bosibl yn honni ei bod yn gerdd sy'n darlunio'r pryder ymysg sifiliaid yn ystod y cyfnod dan sylw – sylwer ar y disgrifiad o'r fam yn gwylio 'trwy gyrrau'r ffenest' wrth i'r ferch gyflawni gorchwyl seml nad oes angen ei goruchwylio mewn man diogel fel arfer sef mofyn 'peint o laeth gwyn'. Mae modd dadlau bod hyn, ynghyd â marwolaeth ddamweiniol Kelly, yn enghreifftiau o'r modd yr oedd tensiynau gwleidyddol a thrais milwrol y cyfnod dan sylw yn effeithio ar fywydau pobl gyffredin, ddiniwed.

Unwaith y byddwn ni'n gadael i'r byd oddi allan, i hanes a gwleidyddiaeth a phethau o'r fath, ddylanwadu ar ein hymateb i lenyddiaeth, mae gorwelion newydd yn ymagor. Dychmyga am funud dy fod di'n edrych ar 'Er Cof am Kelly' nid fel darn o lenyddiaeth ond fel un o blith cannoedd a miloedd o bethau sydd wedi eu hysgrifennu yn ystod yr un cyfnod, nid o reidrwydd am ogledd Iwerddon, ond am blentyndod (a merched yn neilltuol). Os ceisi di feddwl am y gerdd fel cynnyrch diwylliannol yn yr un ffordd ag adroddiadau mewn papurau newydd ac erthyglau a llyfrau hanes a hysbysebion a ffilmiau a gemau fideo a rhaglenni teledu, ac anghofio am ei statws arbennig fel 'llenyddiaeth', mae'n bosib gofyn cwestiynau gwahanol amdani.

Er enghraifft, o gofio bod y gerdd yn rhoi lle canolog i stori Kelly, yn hytrach na thrafod y presenoldeb milwrol yng ngogledd Iwerddon fel y cyfryw, a oes modd ei gweld fel enghraifft o agwedd fwy cyffredinol tuag at blant yng ngwareiddiad y rhan hon o'r byd ym mlynyddoedd clo'r ugeinfed ganrif? Hynny yw, a yw'r gerdd yn dweud cymaint am le plant ag am sefyllfa gogledd Iwerddon? A phan ddown ni at y gerdd o'r cyfeiriad hwn, mae cwestiynau sydd ar yr wyneb yn ymddangos yn amherthnasol yn magu arwyddocâd. Sut y mae Hollywood yn portreadu plant yn yr un cyfnod? Sut y mae cwmnïau masnachol yn targedu rhieni a phlant mewn hysbysebion? Sut ddelweddau sy'n cael eu defnyddio? Pa storïau am blant sy'n cael sylw yn y papurau newydd? A ellir meddwl am y gerdd fel rhan o'r un ffenomen ag sy'n gwneud i rieni wisgo'u merched mewn dillad pinc ac sydd wedi gwneud paedoffilia'n bwnc mor amlwg yn y wasg yn ystod y blynyddoedd diwethaf? Yn hytrach na'i bod yn wleidyddol neu'n alar oesol, a yw'r gerdd, yn hytrach, yn rhan o gwlt?

Dyma fyddai rhai o'r cwestiynau y byddet yn medru eu hystyried petaet ti'n edrych ar y gerdd gan ddefnyddio dull 'Hanesyddiaeth Newydd'. Yn ôl M. Wynn Thomas, mae beirniadaeth o'r fath yn herio'r 'gred fod gweithiau llenyddol, yn eu hanfod, yn bod ar wahân i dreigl yr amseroedd'.³ (Dyna roi pig yn swigen y dull ffurfiolaidd felly!) Ystyriai'r hanesyddwyr newydd, a dyfynnu M. Wynn Thomas eto, fod 'gweithiau . . . wedi eu trwytho mewn hanes, a hynny i waelodion eu bod. Nid am y "wedd hanesyddol" ar lên y dylid sôn, eithr am y ffordd y mae llên, bob amser, yn wedd ar hanes'.⁴

Cyn mynd ymhellach, wyt ti erioed wedi meddwl am sut yr wyt ti'n diffinio dy hunaniaeth, Martha? Mae pobl yn tueddu i'w diffinio eu hunain gan ddefnyddio gwahanol labeli hanfodaidd: rhyw, dosbarth cymdeithasol, rhywioldeb, crefydd, cenedligrwydd, lliw, oed, anabledd, iaith ac wn i ddim beth arall. Weithiau, yn ôl fy mhrofiad i ta beth, bydd rhai labeli yn amlycach nag eraill – mae'n dibynnu ar y cyd-destun. Dychmyga petawn i ar drên, dyweder, ac yng nghanol criw o ddynion, yna tueddwn i'm diffinio fy hun fel menyw yn gyntaf. Os ydynt yn griw o Loegr, yna efallai mai fel Cymraes yn anad dim y byddwn i'n f'ystyried fy hun. Gallent fod yn griw o Foslemiaid hŷn na mi, efallai wedyn mai fy oed neu fy nghrefydd fyddai'r ffactorau diffiniol. Yr hyn rwy'n ceisio ei ddarlunio yw bod hunaniaeth yn beth hylifol, lle dewisir uniaethu â hanfod penodol yn unol â'r cyd-destun. Yn yr un modd, wrth ddarllen, down at destun o safbwynt neilltuol a'i ystyried drwy lens neilltuol.

Un cwestiwn y gellid ei ofyn yw 'sut y portreadir dynion a menywod yn wahanol mewn testun?' Dychmyga dy fod yn ffeminydd hanfodaidd, er enghraifft. (Sori, rwy'n taflu termau atat heddiw, rif y gwlith!) Hynny yw, yn un sy'n cymryd yn ganiataol fod menywod a dynion yn hanfodol wahanol oherwydd eu rhyw fiolegol a bod eu natur o'r herwydd yn gwbl wahanol. Byddet ti wedyn o bosib yn dehongli'r gerdd dan sylw fel un sy'n cyfleu dioddefaint menywod a'u diymadferthedd yn wyneb gwryweiddd-ra treisiol. Wn i ddim a wyt ti wedi dod ar draws gwaith Virginia Woolf eto? Os nad wyt, cer i ddarllen ei hysgrif 'Three Guineas' (sydd ar ffurf llythyr wedi ei gyfeirio at ddynion), lle cyflwyna'r syniad mai gêm i ddynion yw rhyfel. Medd Woolf:

> For though many instincts are held more or less in common by both sexes, to fight has always been the man's habit, not the woman's. Law

and practice have developed that difference, whether innate or accidental. Scarcely a human being in the course of history has fallen to a woman's rifle; the vast majority of birds and beasts have been killed by you, not by us; and it is difficult to judge what we do not share.[5]

Byddai rhywun sy'n coleddu syniadau tebyg i Woolf yn honni, o bosib, fod 'Er Cof am Kelly' yn enghraifft o wirionedd sylfaenol y cysyniad a drafodir yn y dyfyniad uchod: y dyn treisgar *v.* y ddynes ddiniwed sy'n dioddef. Lleddir y ferch yn y gerdd gan filwr sy'n wryw, llencyn digon anghyfrifol nad ystyriai pwy yr oedd yn ei saethu – ' "*My God it's only a little girl,*" meddai'r glas filwr' – tra mae'r fam ddiniwed yn gorfod dioddef effeithiau'r lladd a ddigwyddodd yn anuniongyrchol oherwydd rhyfel. Erbyn meddwl, mae'r cysyniad hwn o fenywod yn dioddef yn sgil rhyfel yn codi mewn cerddi eraill gan Menna Elfyn (fel yn y darnau enwog o'r *Gododdin*). Er enghraifft, yn 'Cân i Reagan' cyfosodir darlun o ddynion yn 'chwarae grym/fel chwarae â'u cerrig' gyda dioddefaint menywod: 'Gwragedd ydy gweithwyr mwya'r byd/mewn rhyfel dioddefwn'.[6]

Y drafferth gyda safbwynt o'r fath yw ei fod yn rhagdybio bod gwahaniaeth sylfaenol rhwng dynion a menywod: bod menywod yn hanfodol heddychlon a dynion yn rhyfelgar ac am ymladd. Wn i ddim a wyt ti'n cyd-weld â'r fath syniad? Yn bersonol, ni fedraf yn fy myw â derbyn hyn gan fod llu o ffactorau eraill yn dylanwadu ar safbwyntiau a hunaniaeth unigolyn ar wahân i'w ryw. Rwy'n amheus felly a oes modd honni bod dynion a menywod yn ysgrifennu ac yn darllen yn wahanol i'w gilydd. Mater dyrys, ond hoffwn glywed dy farn ar y mater.

Dyna ni wedi ystyried un cwestiwn 'gwleidyddol', felly, sef y portread o rywedd a'r berthynas rym rhwng dynion a menywod yn y gerdd, ond trywydd posibl arall fyddai edrych ar yr hunaniaeth wleidyddol. Glywaist ti erioed am 'theori ôl-drefedigaethol'? Wel, mae'n fudiad theoretig sy'n ymateb yn erbyn y cysyniad fod pawb yn darllen mewn un ffordd gyffredinol, a hynny ni waeth beth fo'u cefndir cymdeithasol, gwleidyddol neu grefyddol. Awgrymir, yn hytrach fod hunaniaeth genedlaethol, hil, a chredoau yn ffactorau allweddol sy'n dylanwadu ar yr awdur a'r darllenydd fel ei gilydd. Tynnir sylw at strwythurau grym: er enghraifft, dylanwad ymerodraethau ar wledydd a drefedigaethwyd, gan roi sylw i hunaniaeth gymhleth y rhai a berthyn i'r gwledydd 'ymylol' neu orthrymedig hyn.

Meddylia di, nid yw Menna Elfyn wrth ysgrifennu am Gymru, dyweder, yn mynd i ysgrifennu yn yr un modd â rhywun o'r ochr draw i Glawdd Offa. Yn yr un modd, nid wyt ti fel darllenydd yn mynd i ddarllen fel rhywun o Loegr. Er ein bod i gyd yn rhan o'r un Brydain, eto nid yr un Brydain ydyw i bawb. Mae ein byd-olwg yn rhwym o gael ei ddylanwadu gan yr hinsawdd wleidyddol a'n ffordd o feddwl amdanom ein hunain yn wleidyddol. Mae hyn yn ei dro yn effeithio ar sut y mae rhywun yn ysgrifennu neu'n ymateb i ddarn o lenyddiaeth.

Wrth ddod at 'Er Cof am Kelly' (eto fyth!) ac edrych arni trwy lygaid theori ôl-drefedigaethol, mae'n bosibl y gellid ystyried sut bortread o'r berthynas rhwng Prydain a gogledd Iwerddon a amlygir ynddi. Hynny yw, nid trasiedi marwolaeth plentyn unigol sy'n cael ei disgrifio yn y gerdd; yn hytrach, mae'r gerdd bron â bod yn drosiad am berthynas grym dwy wlad. Wrth gwrs, mae'n siŵr dy fod yn tybio i ba raddau y gellir cyfrif gogledd Iwerddon (a Chymru o ran hynny) fel gwledydd *ôl*-drefedigaethol oherwydd gellid dadlau eu bod hyd heddiw yn drefedigaethau Prydeinig, am y cyfrifir eu bod o hyd dan rym y Goron a San Steffan ac yn rhan o'r Deyrnas Unedig. Serch hynny, yn ôl Homi Bhabha nid cyfeirio at *gyn* neu *ar ôl* trefedigaethu a wna fel categori hanesyddol. Yn hytrach,

> postcolonial criticism bears witness to the unequal and uneven forces of cultural representation involved in the contest for political and social authority within the modern world order. . . . As a mode of analysis, it attempts to revise those nationalist or 'nativist' pedagogies that set up the relation of Third World and First World in a binary structure of opposition. The postcolonial perspective resists the attempt at holistic forms of social explanation. It forces a recognition of the more complex cultural and political boundaries that exist on the cusp of these often opposed political spheres.'[7]

Y darn ar y diwedd sydd bwysicaf i theori Bhabha, sef pwysigrwydd y 'rhwng', yr 'in-between', y 'liminal', y 'cymysg' ac mai o'r diriogaeth ar y ffin y mae pethau newydd creadigol yn tarddu. Ymwneud â chymhlethdod diwylliannol a thensiynau mewn diwylliannau 'ymylol' a wna theori ôl-drefedigaethol. Mae'n herio'r 'binary structure of opposition' rhwng gwledydd grymus a di-rym ac yn ymdrin â'r 'more complex cultural and political boundaries' a ddeillia o'r rhaniad.

Petai rhywun am ddarllen 'Er Cof am Kelly' yng ngoleuni'r fath theori gellid sôn yn llac ei bod yn darlunio tensiwn rhwng yr

Unoliaethwyr a'u dyhead i barhau'n rhan o'r DU ar y naill law, a'r Cenedlaetholwyr neu'r Gweriniaethwyr Gwyddelig ar y llaw arall a ddymuna weld annibyniaeth. Y pwynt, o safbwynt ôl-drefedigaethol, yw bod perthynas y ddwy wlad wedi arwain yn uniongyrchol at y lladd. Nid oes llawer o wahaniaeth i ba garfan y mae Kelly a'i theulu'n perthyn. Er y gellid honni mai dyma fyddai ymateb unrhyw fam i farwolaeth ei phlentyn ni waeth beth fo'i daliadau gwleidyddol, mae modd olrhain y digwyddiad yma'n ôl at benderfyniad gwleidyddol. Petai Kelly wedi cael ei saethu ar ddamwain gan leidr neu gan fachgen yn chwarae gyda dryll ar y stryd, nid yr un gerdd fyddai hi.

Beth wnei di o'r deongliadau hyn felly, Martha? Gobeithio nad wyf wedi dy ddrysu! Rhaid cyfaddef wrth edrych yn ôl drostynt nad yw pob un yn f'argyhoeddi yn llwyr. Dyma wers iti felly nad yw dilyn un theori benodol yn gwbl haearnaidd yn briodol bob amser, ond wedi dweud hynny, gobeithio imi ddarlunio bod sawl ffordd o ddatgymalu testun.

Hwyl iti am y tro,
Cofion cynnes,

Rhiannon

Nodiadau

[1] R. V. Young, 'The Old New Criticism and its Critics', *First Things*, 35 (August/September, 1993), t. 40.
[2] Monroe C. Beardsley, *The Possibility of Criticism* (Detroit: Wayne State University Press, 1970), t. 47.
[3] M. Wynn Thomas, 'Pwys Llên a Phwysau Hanes', yn John Rowlands (gol.), *Sglefrio ar Eiriau* (Llandysul: Gwasg Gomer, 1992), t. 3.
[4] Ibid., t. 3.
[5] Virginia Woolf, 'Three Guineas', yn *A Room of One's Own/Three Guineas* (London: Penguin, 1993), tt. 120–1.
[6] Menna Elfyn, *Mynd Lawr i'r Nefoedd* (Llandysul: Gwasg Gomer, 1985), tt. 40–1.
[7] Homi K. Bhabha, *The Location of Culture* (London: Routledge, 1994), tt. 171–3.

Llythyr 7

Rhagfyr 20fed

Annwyl Martha,

Sut mae? Diolch iti am dy lythyr. Roedd hi'n ddifyr clywed am dy brofiadau ar ddiwedd dy dymor cyntaf yn y brifysgol. Wnes di oroesi'r dathliadau? Gobeithio y cei di wyliau ymlaciol gartref er mwyn paratoi at y tymor nesaf sydd o'th flaen.

Da oedd clywed dy ymateb i'r pwyntiau a grybwyllais yn fy llythyr atat ddechrau'r mis. Dywedaist dy fod yn deall bellach fod testunau llenyddol yn fwy na geiriau ar bapur yn unig, ond nad wyt yn gweld bod darlleniadau ffeminyddol ac ôl-drefedigaethol yn adlewyrchu dy feddyliau di wrth ddod at y testun. Digon teg! 'Beth am "f'ymateb personol i?" holaist, cyn dweud dy fod wedi gwylio sawl ffilm am ogledd Iwerddon, a'th fod felly wedi dy baratoi i ddarllen 'Er Cof am Kelly' mewn ffordd wleidyddol, ond nad oedd hynny mewn gwirionedd yn gweithio'n llwyr gan nad oeddet yn cofio llawer am 'realiti' gogledd Iwerddon. Dyna ti – rwyt wedi penderfynu bod dy oed (ffactor hanfodaidd) yn peri iti ddod at y gerdd o safbwynt gwahanol.

Wel, beth am droi felly at feirniadaeth 'ymateb y darllenydd' er mwyn ateb dy gwestiwn? Efallai y cei di well blas ar y theori hon. Byddai rhywun sy'n pleidio safbwynt o'r fath yn barod iawn i ddweud wrthyt mai d'ymateb di fel y sawl sy'n darllen yw'r ffactor llywodraethol wrth geisio rhoi ystyr i destun, a'i fod yn rhwym o fod yn oddrychol. Yn hyn o beth felly, ni ellir honni bod 'ystyr' yn rhan hanfodol o'r testun, fel cilddant ôl 'waiting patiently to be extracted', chwedl Terry Eagleton,[1] ond ei fod yn rhywbeth sy'n cael ei greu a'i ail-greu dro ar ôl tro wrth i'r sawl sy'n darllen ddod at y testun gyda'i ragdybiaethau a'i gredoau unigol. A dyfynnu Gerwyn Wiliams, 'daw pob un at waith llenyddol gyda'i deimladau a'i ragfarnau ei hun. Yn y modd hwn, y mae darllen yn broses mor greadigol â sgrifennu.'[2]

Wrth gwrs, nid pawb fyddai'n cytuno â'r fath safbwynt. Yn wir, pan grybwyllwyd y theori hon yng nghyswllt 'Deialog 88' (y fforwm y soniais amdano rai llythyrau'n ôl), fe'i dilornwyd gan Alan Llwyd fel '[g]wag-athronyddu am swyddogaeth y beirniad llenyddol', a honnodd fod 'yma ymgais i godi'r beirniad llenyddol i statws a safle'r person creadigol, ac egwyddor iswasanaethgar yn ei hanfod yw beirniadaeth lenyddol'.[3] Rhaid cyfaddef, er hynny, mai dyma'r safbwynt theoretig sy'n apelio fwyaf ataf i, gan ei fod yn cydnabod rôl y darllenydd yn y broses ddarllen ac yn dathlu lluosogrwydd ystyron. Soniais wrthyt am hyn o'r blaen yng nghyd-destun 'Nant y Mynydd' a'm profiad personol i o'r gerdd, os cofi di? Yn unol â'r modd hwn o ddarllen, nid un ystyr sydd eithr amryw ystyron posibl, sy'n ddibynnol i raddau helaeth ar ddull y sawl sy'n darllen, a'u darllen blaenorol hwy.

O safbwynt dy ddarlleniad di, efallai mai'r ffactor alldestunol amlycaf yw dy oed. Go brin y byddi di, yn fwy nag ydw i a dweud y gwir, yn cofio am sefyllfa wleidyddol Gogledd Iwerddon tua'r adeg y cyfansoddwyd y gerdd. Rhaid gofyn wedyn i ba raddau y mae'r gerdd yn dweud unrhyw beth wrth rywun nad yw hanes Gogledd Iwerddon yn rhan o'i gynhysgaeth ddiwylliannol. Ffactor pwysig arall yw dy ddarllen blaenorol, a'r ffaith dy fod wedi dysgu am 'Er Cof am Kelly' yn yr ysgol dan ddylanwad dy athro. Mae d'ymateb i'r gerdd yn debygol o gael ei lywio gan y profiad hwnnw o'i darllen, fe dybiwn i, fel f'un innau rai blynyddoedd yn ôl. Serch hynny, yn ddiweddar bûm yn darllen gwaith Menna Elfyn yn ei grynswth a'm tuedd fel darllenydd, bellach, fyddai ceisio ystyried y gerdd benodol hon yng nghyd-destun gweithiau eraill y bardd. Hynny yw, cymryd nad testun unigol mohono wrth ei ddarllen eithr ei fod yn bodoli ymhlith testunau eraill ac mewn cydberthynas gyson â hwy wrth imi ei ddehongli. Fe geisiaf esbonio hyn yn well trwy grybwyll syniadaeth Roland Barthes ar y mater hwn. Rwy'n bwriadu mynd â thi i diroedd 'Ôl-strwythurol' ond paid â chael braw! Efallai y bydd y cyfan fymryn yn ddryslyd os nad wyt wedi dod ar ei draws o'r blaen felly bydd yn amyneddgar gyda mi . . .

Crybwylla Barthes yn 'De Le'Oeuvre au Texte'[4] fod 'text' yn air a dardd o 'tissue, a woven fabric', a'r awgrym a geir felly yw bod testun yn yr un modd â ffabrig wedi ei greu o wead cymhleth o edafedd. Beth yw'r 'edafedd' hyn? Wel, yn ôl Barthes, casgliad o 'signifiers'. O ran y 'signifiers' hyn – daw'r cysyniad o waith Saussure (yr ieithydd hwnnw a grybwyllais yn f'ail lythyr atat, rwy'n credu) – 'arwyddion' ydynt. Pwysleisia Saussure fod gwahaniaeth rhwng 'arwydd' (*signifiant* yn Ffrangeg) a'r hyn a arwyddir ganddo ('signified' neu *signifié*). Ystyria'r enw 'cadair' dyweder; 'cadair' yw'r arwydd, ac un peth a arwyddir ganddo fyddai darlun ym mhen unigolyn o'r hyn yw cadair, hynny yw'r cysyniad ohono.

Y mae'r darlun ym mhen pob unigolyn yn rhwym o fod yn wahanol yn unol â'u profiad hwy o'r gair 'cadair'. Dadleua Barthes fod testun felly, sydd wedi ei greu o edafedd geiriau i bob pwrpas, yn gyforiog o 'arwyddion' gwahanol sy'n tynnu'n groes i'w gilydd; bod yma, felly, 'explosion' ystyrol.

Cymhara'r profiad o ddarllen i rywun 'at a loose end' yn cerdded ar hyd ochr dyffryn:

> ... a *oued* flowing down below (*oued* is there to bear witness to a certain feeling of unfamiliarity); what he perceives is multiple, irreducible, coming from a disconnected, heterogeneous variety of substances and perspectives: lights, colours, vegetation, heat, air, slender explosions of noises, scant cries of birds, children's voices from over on the other side, passages, gestures, clothes of inhabitants near or far away. All these *incidents* are half-identifiable: they come from codes which are known but their combination is unique, founds the stroll in a difference repeatable only as difference.[5]

Yr hyn sydd ganddo, rwy'n credu, wrth wneud y fath gymhariaeth estynedig, yw bod rhywun wrth ddarllen un testun yn benodol yn gorfod cyplysu dieithredd y testun hwn gyda phrofiadau neu gysyniadau sy'n gyfarwydd iddo eisoes. Wrth i'r person a ddarlunnir yn y dyfyniad uchod gerdded gerllaw'r *'oued'* sy'n ddieithr iddo (rhyw fath o wely afon, rwy'n credu), profa ystod o synau, a synwyriadau, sy'n rhyw hanner cyfarwydd iddo gan eu bod yn deillio o godau y mae'n gyfarwydd â nhw. Beth yw'r 'codes'? Wel, cysyniad cymhleth a drafodir gan Barthes yn ei gyfrol *S/Z* nad af ar ei ôl yn fanwl yma, ond digon am y tro yw sôn amdano fel term sy'n pwysleisio bod dealltwriaeth rhywun o sefyllfa yn seiliedig ar ddisgwyliadau a diffiniadau diwylliannol, neu gymdeithasol, sy'n bodoli eisoes ac sy'n gyfarwydd iddo. Y mae'n clywed 'scant cries of birds' dyweder, ac er nad yw'n gwybod efallai pa aderyn ydyw, gŵyr o brofiad fod 'twît twît' yn cael ei gydnabod yn ddiwylliannol fel sŵn aderyn. Mae'n 'god' o fath felly: yn answyddogol (nid yw na rheol na chyfraith) ac eto caiff ei dderbyn yn ddiwylliannol (ni fyddai rhywun yn disgwyl mai sŵn llew ydyw, na fyddent?). Yn achos y dyn hwn sy'n cerdded, mae'n gyfarwydd â rhai o'r synau a'r teimladau gan eu bod yn deillio o 'codes' sy'n hysbys iddo ac eto nid ydyw wedi profi'r cyfuniad unigryw hwn ohonynt o'r blaen. Mae'n gorfod gosod y profiad newydd hwn yng nghyd-destun profiadau eraill a gafodd o'r blaen er mwyn gwneud synnwyr ohono. Nid profiad cwbl unigryw mohono, gan ei fod wedi dod ar draws y codau o'r blaen, ond y cyfuniad unigryw ohonynt yma sy'n gwneud y profiad hwn o gerdded yn wahanol i'w brofiadau blaenorol.

Â Barthes yn ei flaen i awgrymu bod testun yn yr un modd yn glytwaith sy'n gyforiog o 'citations, references, echoes, cultural languages . . . antecedent or contemporary, which cut across it through and through in a vast stereophony'.[6] Wrth ddarllen testun felly, nid ydym yn ei ddarllen mewn gwagle, eithr yng nghyswllt gwe o destunau eraill ehangach y tu hwnt i'r testun unigol. Dyma'r 'rhyngdestunol': 'the intertextual in which every text is held, it itself being the text-between of another text.'[7] Mae'n cydnabod bod testun yn ei dro yn cyfathrebu â thestunau y tu hwnt iddo, gan eu haralleirio, eu dyfynnu, yn eu hadleisio yn ddiddiwedd. Pwysleisia Barthes, er hynny, nad mynd ar drywydd 'sources' neu'r 'influences' a wneir wrth sôn am gydberthynas y testunau eraill hyn, eithr 'the citations which go to make up a text are anonymous, untraceable, and yet *already read*: they are quotations without inverted commas'.[8] Hynny yw, wrth iti ddarllen, rwyt – boed hynny'n ymwybodol neu'n ddiarwybod iti – yn tynnu ar doreth o gysyniadau sy'n gyfarwydd iti ac yn gwneud cysylltiadau rhwng y rheini a'r testun o'th flaen.

Maddau imi am dy lusgo di ar y trywydd cymhleth hwn, ond yr hyn a awgryma ysgrif Barthes i mi yw bod ein profiad o destun yn cael ei amodi gan ein hymwybyddiaeth o destunau a chysyniadau ehangach na'r testun ei hun, a bod y testun o'r herwydd yn rhannu perthynas 'ryngdestunol' â 'thestunau' eraill y tu hwnt iddo. (Ni raid i 'destun' olygu llenyddiaeth chwaith, cofia – mae'n air hyblyg.) Yn y gwahaniaeth rhyngddo a thestun arall yr wyt yn gweld ei newydd-deb.

Nid yw 'Er Cof am Kelly' yn eithriad. Fel pob testun, yn ôl Barthes, mae'r gerdd mewn perthynas ryngdestunol â llu o gysyniadau y tu hwnt iddi. Petai rhywun am edrych arni o safbwynt rhyngdestunol cwbl eithafol hwyrach y gallai ddatgymalu'r gerdd a thynnu sylw at rai o'r pethau isod a'r 'codau' sydd ynghudd ynddynt. Meddylia amdanynt fel y 'quotations without inverted commas' y cyfeiria Barthes atynt, hynny yw, nid oes angen dyfynodau amdanynt am eu bod yn gysyniadau y cymerir yn ganiataol fod pobl yn gyfarwydd â nhw . . .

1) 'naw mlwydd oed' – mae gennym syniad am yr hyn sy'n ddisgwyliedig gan ferch naw oed o ran ei haeddfedrwydd, a'i hymwybyddiaeth o'r byd. Petai'n flwydd oed neu'n ugain oed, byddai natur y farwolaeth yn wahanol.
2) 'Peint o laeth gwyn': eto, gwyddom beth yw 'peint' am ein bod yn gyfarwydd â'r mesuriad. Gwyddom hefyd nad oes unrhyw beth anghyffredin mewn nôl peint o laeth o'r siop.
3) 'My God', eto mae'n 'ddyfyniad' o fyd y tu hwnt i'r gerdd, ac mae'r ystyr a roddwn i iddo, sef ei fod yn ymadrodd a fynegir yn sgil sioc (yn hytrach na'i fod yn fynegiant cwbl grefyddol), yn deillio o'r ffaith fy mod yn gyfarwydd â'r dywediad hwnnw a'r cyd-destun y mae'n codi ynddo fel arfer.

Hwyrach fod gwneud dadansoddiad mor eithafol â hyn braidd yn bedantig ond yr hyn rwy'n ceisio'i ddangos iti yw ein bod ni'n deall y codau diwylliannol hyn oherwydd ein profiad blaenorol ohonynt. Yn yr un modd, rydym ni'n gwybod bod hon yn gerdd am inni ddarllen cerddi eraill, a'n bod ni'n gyfarwydd â chonfensiwn marwnad. Rydym yn tynnu o hyd, felly, ar ein gwybodaeth flaenorol – am y byd, neu am destunau eraill – sydd y tu hwnt i'r gerdd unigol. Gobeithio bod hynny'n darlunio sut y mae ôl-strwythuraeth yn gweithio mewn egwyddor.

Gellid synio am 'ryngdestunoldeb' hefyd ar lefel testunau llenyddol ac ystyried y cerddi eraill y mae'r gerdd benodol hon mewn perthynas â nhw. Yn bersonol, rwyf newydd fod yn darllen cerdd arall gan Menna Elfyn sy'n f'atgoffa o 'Er cof am Kelly', sef 'Cân y Bardd Bychan'.[9] Yn naturiol, mae'r union amgylchiadau a ddarlunnir yn y ddwy gerdd yn bur wahanol i'w gilydd, ond fel yn achos Kelly darlunnir y 'bardd bychan', sef 'Jassim' yn ôl y gerdd, fel un a laddwyd gan sgil-effeithiau rhyfel, sef Rhyfel y Gwlff yn benodol yn ei achos ef. Sonnir amdano'n 'gweithio'n y stryd,/yn gwerthu sigarennau' ond 'mwg arall' sy'n ei ladd, sef mwg gwenwynig y rhyfel, rwy'n casglu. Fe'm temtir felly i ddarllen y ddwy fel cerddi sy'n darlunio effaith amgylchiadau y tu hwnt i'w rheolaeth ar yr unigolion a ddarlunnir. Nid ar y rhyfel ynddo'i hun y mae'r pwyslais eithr ar yr unigolyn diniwed a'i sefyllfa bersonol yntau:

> Wna i ddim dweud llawer
> Am y rhyfel, na'r amser

> Pan oedd iwraniwm
> A thaflegrau trwm
> Yn codi'n llwm uwch Basra . . .
> Achos doeddet ti ddim yn rhan o hanes
> Y dynion mawr. Eu dial. Na'u sgarmes.

Ni fanylir ar y sefyllfa wleidyddol, ond gorwedd y drasiedi yn y ffaith fod ei gysgod dros fywyd personol yr unigolyn. Yn debyg i 'Er Cof am Kelly' darlunia'r ffaith fod penderfyniadau'r sawl sy'n rheoli'r wladwriaeth yn cael dirfawr effaith ar bobl ddiniwed.

Fe'm temtir hefyd i ystyried 'Er Cof am Kelly' yng nghyd-destun cerddi 'cydymdeimladol' y bardd, os gellir mentro creu'r fath gategori. Hynny yw, ar sail yr hyn a ddarlunnir ynddi, fe'm hatgoffir o gerddi eraill gan y bardd lle'r ymdrinnir â'r hyn a welir fel anghyfiawnderau, boed y rheini yng Nghymru neu'r tu hwnt i ffiniau'r wlad hon. Yn 'Cyfrinachau',[10] er enghraifft, ceir sôn am 'sawl perl a gollwyd i'r lli'n groes i'r grân/sawl alaw gollodd anal, i'r du ei lais?' Er nad oes i'r gerdd oddrych penodol ar yr olwg gyntaf, awgryma'r is-deitl, 'No slave lasted long. Sooner or later their lungs burst', fod modd ei darllen fel un sy'n mynegi cydymdeimlad â chaethweision diniwed a gollodd eu bywydau mewn modd erchyll, ac yn 'groes i'r graen', hynny yw, mewn modd annaturiol, neu yn erbyn eu hewyllys, dybiwn i.

Cerdd arall a ddaw i'r meddwl yn y cyd-destun 'cydymdeimladol' hwn yw 'Esgidiau',[11] cerdd sy'n fyfyrdod ar esgidiau plant a welwyd mewn amgueddfa yn Oslo, a oedd yn eiddo i'r rhai a ddioddefodd yn yr Holocost – pwnc digon treuliedig bellach. Pwysleisio diniweidrwydd a wneir – y plant 'yn ddi-stŵr/yn nhraed eu sanau' – a'r dioddefaint a achosir, unwaith eto, gan rymoedd y tu hwnt i'w rheolaeth hwy. Mae'r ddwy'n bur wahanol i 'Er Cof am Kelly' o ran eu pynciau, a hefyd o ran eu ffocws am mai amgylchiadau torfol a dioddefaint carfan a ddarlunnir ynddynt yn hytrach nag unigolion. Eto, hwyrach mai rhai o'r 'gwahaniaethau' rhwng y rhain ac 'Er Cof am Kelly' sy'n gwneud darllen y gerdd honno yn brofiad cymharol 'unigryw'.

Wrth gwrs, gyda'r busnes hwn o ryngdestunoli, gellid mynd ar sawl trywydd cwbl wahanol ac ystyried perthynas 'Er Cof am Kelly' gyda cherddi eraill y bardd. Un a neidiodd i'r meddwl wrth ddarllen am 'las filwr' yw 'Ar drên'.[12] Yno, clywir meddyliau'r sawl sy'n traethu (y bardd o bosib) pan gaiff ei hwynebu gan griw o 'lasfilwyr cyhyrog' ymffrostgar, wrth iddi ddyfalu eu tynged mewn rhyfel. Nid oes odid ddim mwy o gysylltiad na hynny â'r gerdd dan sylw, ond daeth i'm meddwl, a rhaid oedd dilyn y trywydd ac archwilio'i photensial i oleuo'r testun arall.

Yn yr un modd, mae 'Er Cof am Kelly' yn dwyn i gof gerddi eraill y bardd am ogledd Iwerddon, megis 'Y Dwthwn Hwn'[13] a 'Chwarae Eira'.[14] Mae'r gyntaf o'r ddwy yn eithaf tywyll mewn mannau, ond gellir ei darllen fel cerdd sy'n cydymdeimlo â phobl a ddioddefodd yn Iwerddon yn ystod 'cyfnod y gwrthdystiadau dros iawnderau dynol', chwedl yr is-deitl, ac mae modd darllen mai hwythau sydd dan sylw yn y llinell 'nac anghofiwn eirlysiau Iwerddon'. Yr ail o'r ddwy sydd efallai'n fwyaf perthnasol yn achos 'Er Cof am Kelly' sef cerdd yn darlunio'r anghydweld rhwng plant Protestannaidd a Chatholig yng ngogledd Iwerddon ar adeg eira, a'r 'brwydro' peli eira: 'planedau gwynnaidd mewn rhyfel cartref'. Darlunia wedd bersonol benodol ar y sefyllfa wleidyddol yno, gan ddangos y modd y gall effeithio ar bobl gyffredin. Dyna un cysylltiad posib a wneuthum wrth ddarllen, ond wedi dweud hynny, wn i ddim faint y mae'n goleuo'r gerdd dan sylw chwaith!

Gallwn fynd ymlaen am byth a chanfod testun sy'n f'atgoffa o destun sy'n f'atgoffa o destun gan fod y busnes darllen yma'n broses ddiddiwedd . . . ond gwell imi beidio â'th ddiflasu rhagor gan dy fod yn awyddus i lapio anrhegion Nadolig mae'n siŵr gen i! Y peth a weli di er hynny, gobeithio, yw fy mod yn ceisio rhoi ystyr i'r gerdd dan sylw trwy ddilyn trywyddau'r meddwl sy'n mynnu gwneud cysylltiadau rhyngddi a cherddi eraill y bardd, a chanfod yr hyn sy'n debyg, ond efallai'n bwysicach yr hyn sy'n wahanol rhyngddynt. (Os cofi di'r dyfyniad gan Barthes – y 'différence'.)

Canolbwyntiais hyd yma ar ryngdestunoldeb, ond mae'n bwysig nodi ei fod yn gysyniad gwahanol i 'gyfeiriadaeth'. Os oes gen ti ddiddordeb, mae gan Robert Rhys hyn i'w ddweud:

> Mae'r awdur yn dyfynnu, yn gwneud y digwyddiad rhyngdestunol yn bosibl, ac mae'r darllenydd yn cyflawni'r posibiliadau. Mae cyfeiriadaeth, felly, yn derm derbyniol i ddisgrifio'r dechneg awdurol fwriadus o gyfeirio at destun arall, ond nid yw'n gwneud cyfiawnder â chyfoeth a chyffro yr achlysur rhyngdestunol ym mhrofiad y darllenydd. Cyfeiriadaeth yw'r hyn a osodir yn y testun gan y bardd; rhyngdestunoldeb yw'r hyn y mae'r darllenydd yn gallu cyfranogi ohono a'i feddiannu.[15]

Mae hynny'n esbonio'r peth yn weddol glir, dybiwn i. Mae gwahaniaeth rhwng bwriad awdurol cyfeiriadaeth a 'chyflwr anochel'[16] rhyngdestunoldeb ym meddwl pob darllenydd oherwydd darllen blaenorol gwahanol pob unigolyn. Serch hynny, ni theimlaf fod yr enghreifftiau sydd gan Robert Rhys yn dangos y gwahaniaeth hwn yn ddigon eglur bob amser. Fel y ceisiais ei ddangos iti, trwy gyfeirio at Barthes ac yna at drywydd fy meddwl innau, mae'r rhyngdestunoli yn digwydd ym meddwl pob unigolyn ac mae profiad pawb yn rhwym o fod yn wahanol.

Wel, dyna ddigon am heddiw! Rwyf wedi blino'n lân ar ôl ysgrifennu'r fath lythyr hirfaith. Yr hyn rwy'n ceisio'i ddarlunio trwy gyflwyno'r deongliadau amrywiol hyn iti, Martha, yw bod y profiad o ddarllen yn un goddrychol, sy'n ddibynnol i raddau helaeth ar fympwy a gweledigaeth bersonol, a hanes dy fywyd a'th ddarllen. Paid ag ofni mentro dehongli a phaid chwaith â'th gyfyngu dy hun i un dehongliad! Wrth ddadansoddi ysgrif T. H. Parry-Williams, 'Borshiloff', dengys Angharad Price nad un darlleniad posibl sydd i destun a phwysleisia '[f]od modd cynnig deongliadau tra amrywiol'.[17] Honna mai 'Gogoniant llenyddiaeth yw y gall deongliadau o'r fath gydfodoli'.[18]

Edrychaf ymlaen at glywed oddi wrthyt eto'n fuan, a dymuniadau gorau iti dros wyliau'r Nadolig. Mwynha'r cyfnod gyda'r teulu.

Cofion cynnes iawn,

Rhiannon.

Nodiadau

[1] Terry Eagleton, *Literary Theory: An Introduction* (Oxford: Blackwell, 1996), t. 77.
[2] Gerwyn Wiliams, 'Sbecian ar Dir Newydd', *Barn*, 303, Mawrth 1988, t. 4.
[3] Alan Llwyd, 'Golygyddol', *Barddas*, 135–7 (Gorffennaf/Awst/Medi 1988), t. 14.
[4] Gw. Roland Barthes, 'De l'oeuvre au texte' (1971); dyfynnir yma o'r cyfieithiad Saesneg gan Stephen Heath yn *Image Music Text* (London: Harper Collins, 1977), t. 159.
[5] Roland Barthes, *Image Music Text*, t. 159.
[6] Ibid., t. 160.
[7] Ibid., t. 160.
[8] Ibid., t. 160.

9. Menna Elfyn, *Perfect Blemish/Perffaith Nam* (Tarset: Bloodaxe Books, 2007), tt. 222–4.
10. Ibid., t. 48.
11. Menna Elfyn, *Mynd Lawr i'r Nefoedd* (Llandysul: Gwasg Gomer, 1985), t. 25.
12. Menna Elfyn, *Eucalyptus* (Llandysul: Gwasg Gomer, 1995), t. 34.
13. Menna Elfyn, *Mwyara* (Llandysul: Gwasg Gomer, 1976), t. 31.
14. Menna Elfyn, *Perfect Blemish/Perffaith Nam*, tt. 134–6.
15. Robert Rhys, 'Dyfyniad, Dylanwad, Dirgel-gellwair: Sylwadau ar Gyfeiriadaeth a Rhyngdestunoldeb', *Llenyddiaeth Mewn Theori*, Rhifyn 1 (Llandysul: Gwasg Gomer, 2006), t. 111.
16. Ibid., t. 104.
17. Angharad Price, 'Borshiloff', *Llenyddiaeth Mewn Theori* (Caerdydd: Gwasg Prifysgol Cymru, 2006), t. 146.
18. Ibid., tt. 146–7.

Llythyr 8

Ebrill 3ydd

Annwyl Martha,

Helo, sut wyt ti erstalwm? Mae gen i gynnig y bydd yn anodd iti ei wrthod! Beth am ddod i glywed Menna Elfyn yn darllen ei barddoniaeth y mis nesaf? Mae hi yng Nghymru ar hyn o bryd (rhyfeddod, yn wir!) ac yn darllen yng Ngŵyl y Gelli. Tyrd! Nid oes dim yn well na chlywed y bardd ei hun yn darllen ei cherddi. Bydd yn gyflwyniad gwych iti i'w gwaith, a dylai fod yn sesiwn tra diddorol gan ei bod yn cael ei holi gan Dafydd Elis-Thomas – gŵr a fu'n gefnogol iawn i waith Menna, fel y tystir yn y rhagair i'w chyfrol, *Tro'r Haul Arno*.[1] Dylai'r digwyddiad fod yn brofiad difyr iti, gobeithio.

Ac wrth imi edrych ymlaen at hyn, dyma gofio bod gan Menna gerdd ar yr union bwnc! Mae'n siŵr gen i dy fod eisoes wedi clywed bardd yn darllen barddoniaeth yn gyhoeddus mewn talwrn neu stomp, ac felly ni fydd y profiad yn un cwbl newydd iti. Wedi dweud hynny, byddai'n werth iti gael cip ar 'Darlleniad Barddoniaeth' cyn iti ddod,[2] am ei bod yn cynnig mewnwelediad dadlennol i'r berthynas rhwng bardd a'i gynulleidfa ar y fath achlysur. Dyma hi iti rhag ofn na fedri di gael gafael ar gopi o'r gyfrol:

Darlleniad Barddoniaeth

(Wrth gofio achlysur pan oedd y gynulleidfa'n
hollol dawedog, heb fod â'r awydd chwaith
i godi o'u seddau a throi am adre.)

Mae gen i gêm newydd. Wedi'r darlleniad
Rwy'n eistedd i lawr. Estyn am lymaid

A chan nad oes neb am holi, gofyn wnaf
Ble fuon nhw yn ystod yr awr, a chaf

Un neu ddwy yn adrodd, yn wirion bach i ddechrau,
Oddi ar y frest, fel mewn seiat, ffrwd o eiriau.

Tybed, fe'u holaf, na ofynnodd neb
Inni yn gyson yr hyn a gofiwn? A daw ateb

Gan seren sydd yn gloywi. Rhaid wrth un pefriad
Mewn ffurfafen ddu i ddeffro'r lleill at y syniad.

'Meddwl own,' meddai, 'wrth glywed am ystlumod –
Nos Sul yn yr Eglwys, a'r Cymun yn barod

A'r ciwrad yn ei gynnal. Mae'i lais yn rhy dawel
Ond roedd y 'stlumod yn llawn o ddireidi uchel

Yn rhedeg nôl ac ymlân gan fwynhau'r aflonyddwch.
Wnaiff e ddim rhoi lliain ar y Bwrdd. Meddyliwch?

Jest o'u hachos nhw. Ond mae'r taclau'n ei ddeall, trwy'r cwbwl
A da eu bod'. Mae pawb yn gwybod beth sy'n ei meddwl.

Yna daw un o'r cyrion. 'Wrth glywed am galon anwel
Fe gofies am fynd â'r ci am dro un bore, a gweld bin sbwriel.

Yr un cyhoeddus, ac ar ei wyneb, botel Fodca'n gorwedd
Yn wag. A nicars sidan. Na, nid sidan go iawn, rhyw neilon llynedd,

Rhyw esgusodiad am rai Ffrengig. Chi'n deall on'd 'ych chi?'
A wir, roedd pawb yn deall. Pawb yn darllen ei delwedd gyda miri

Gan roi iddynt liw a llun. Pob un â'i ddychymyg yn heini.
A daw'r darlleniad diddalen i ben. Ac yna, bydd un yn oedi

Er mwyn diolch o ddifri. Yn enwedig am ryw gerdd fu'n llechu;
Heno, y foscito oedd flaenaf. A oes gennych brofiad ohoni

Gofynnaf am y dihiryn dieflig. Na, meddai, dim ond teimlo'n
Falch i rywun eu cofio – beth wyddan nhw eu bod yn pigo

Na bod yr hyn ydyn nhw. A dyna gau pen y mwdwl
A'r pigo arall wedi brathu. Yng nghelloedd dua'r meddwl.

A beth oedd y bardd wedi'r cyfan ond cyfryngydd go dila
Wedi eu tywys i fannau tu hwnt i'r ymennydd ysmala.

Fel y pwysleisiais droeon o'r blaen mae dy ymateb di i'r gerdd yn mynd i fod yn wahanol i'm hymateb i, felly dyma gynnig dehongliad y darllenydd hwn gan edrych ymlaen at glywed dy ymateb dithau. Sylwer mai cerdd yw hi am y bardd *ar ôl* darllen, yn ildio'r awenau i'r gynulleidfa. Yr hyn sy'n fy nharo i felly yw bod modd ei darllen hi fel cerdd sy'n darlunio'r cysyniad o 'farwolaeth yr awdur' ar waith, a hynny'n benodol yng nghyd-destun darlleniad cyhoeddus. Na, paid â meddwl fy mod i'n awgrymu bod y gerdd yn sôn am farwolaeth lythrennol awdur – na phoener: mae'r Menna o gig a gwaed yn dal i fod ar dir y byw! Yn hytrach, ceisio argymell trywydd theoretig arall 'rydw i. Syniad a drafodir yn helaeth yn 'La mort de l'auteur' ydyw,[3] ysgrif gan ein hen ffrind Roland Barthes, a chyn mynd ati i ddadansoddi'r gerdd o'r safbwynt hwnnw, byddai'n syniad imi gynnig sylw neu ddau iti ar y mater.

Dychmyga, Martha, yr hyn sy'n digwydd wrth i'r bardd ddarllen ar goedd. Mae'n rhannu cerdd â'r gynulleidfa, yn dweud ychydig am ei chefndir a'i chyd-destun, o bosib, yn dewis pryd mae'n cael ei darllen, yn dewis cyflymder a goslef llais a phwyslais ac yn y blaen, ac mae'n ymddangos mai hi'r bardd sy'n rhedeg y sioe . . . ond fel y gwelir yng nghwrs cerdd Menna, nid felly y mae. Nid hi piau'r 'awdurdod' dros ystyr y testunau. Dyna a ddarlunnir yn y gerdd – a dyna hefyd a drafodir gan Barthes i raddau.

Prif fyrdwn ei ysgrif yw tynnu sylw at ffigwr yr 'awdur' a herio syniadau parthed ei arwyddocâd mewn beirniadaeth lenyddol. Cwestiynir yn benodol gredoau positifistaidd ynghylch y broses ddarllen. Wrth 'bositifistaidd', golygaf y duedd i gymryd bod testunau yn adlewyrchu'r 'realiti' y cyfansoddwyd hwy ynddo a bod modd canfod yr ystyr a fwriadodd yr awdur wrth gyfansoddi, dim ond i rywun chwilio'n ddigon manwl amdano yng nghorff y testun. Yn fwy na hyn, mae'n ymwneud â'r syniad fod darlleniad – neu 'esboniad', chwedl Barthes – terfynol a diffiniol yn bosib yn y lle cyntaf, a bod y beirniad fel gwyddonydd yn dadansoddi fformiwla gemegol. Hynny yw, yr hyn yr arferai dy athro Mr Llwyd dy ddysgu i'w wneud: 'canfod beth y mae'r bardd yn ceisio ei ddweud' gan ragdybio bod y gerdd yn llawn cliwiau. Mae'n siŵr hefyd fod rhai pobl yn meddwl y bydd clywed bardd yn darllen ei farddoniaeth ei hunan yn cynnig mwy o gliwiau iddynt ynghylch sut i ddehongli'r gerdd (y llais, iaith y corff, agwedd ac yn y blaen).

Cyfeiria Barthes at y duedd hon i chwilio am esboniad parthed bywyd yr awdur yn y gwaith:

> The *explanation* of a work is always sought in the man or woman who produced it, as if it were always in the end, through the more or less transparent allegory of fiction, the voice of a single person, the *author* 'confiding' in us.[4]

Pwysleisia, er hynny, mai iaith yw cyfrwng neges bardd ac o'r herwydd nad yr awdur ei hun sy'n siarad mewn gwirionedd. Honna na ellir byth fod yn sicr o fwriad yr awdur:

> We shall never know, for the good reason that writing is the destruction of every voice, of every point of origin. Writing is that neutral, composite, oblique space where our subject slips away . . .[5]

Os yw'r goddrych, hynny yw, creawdwr gwreiddiol y gwaith, yn prysur ddiflannu yn ystod y broses ysgrifennu, yna mae'n dilyn yn rhesymegol mai'r darllenydd sy'n 'creu' ystyr wrth ddod at destun a'i ddarllen neu wrando arno:

> a text is made up of multiple writings, drawn from many cultures and entering into mutual relations of dialogue, parody, contestation, but there is one place where this multiplicity is focused and that place is the reader, not as was hitherto said, the author . . . A text's unity lies not in its origin but in its destination.[6]

Awgrym Barthes, felly, yw bod rhoi grym i'r darllenydd ddehongli yn golygu, wrth reswm, nad oes lle blaenllaw i'r awdur yn y broses honno. Medd: 'the voice loses its origin, the author enters into his own death, writing begins.'[7] Gyda marwolaeth yr awdur fel ceidwad yr ystyr, cawn weld geni'r darllenydd fel creawdwr ystyr amgen.

Ac yn awr, gad inni ddychwelyd at gerdd Menna Elfyn. Hyd y gwelaf i, mae modd ei darllen fel un sy'n darlunio cysyniad 'marwolaeth yr awdur' Barthes ar waith. Darllenwn am brofiad bardd yn troi confensiwn ben i waered ar ddiwedd darlleniad trwy ofyn i'r gynulleidfa am ei hymateb i'r cerddi yn hytrach nag ymateb i'w chwestiynau yn ôl yr arfer. Wrth ofyn 'ble fuon nhw' ar eu taith feddyliol yn ystod y perfformiad, clywir sut y bu i thema benodol yn y gwaith gysylltu â phrofiad unigol rhai o aelodau'r gynulleidfa a'u harwain ar drywydd meddwl gwahanol iawn efallai i'r hyn a fwriadwyd wrth i'r bardd gyfansoddi. Cyfleir pa mor oddrychol yw'r profiad o ddadansoddi testun ac fel y caiff ei amodi gan gyd-destun personol y darllenydd: â un darllenydd ar drywydd crefyddol wrth glywed sôn am 'ystlumod', ac un arall ar ôl y profiad o weld dillad isaf mewn bin wrth glywed am 'galon anwel'. Dyma iti enedigaeth y darllenydd (neu'r 'gwrandäwr' efallai yn y cyswllt hwn!) fel creawdwr yr 'ystyr', chwedl Barthes.

Ond beth sy'n digwydd i'r awdures? Yn fras: daw'n ymwybodol o'i 'marwolaeth'. Wrth i un darllenydd feiddio anghytuno â'i darlun hi o foscito sylweddola mor oddrychol yw ymateb unigolion a bod modd dehongli ei gwaith mewn ffyrdd sydd yn groes i'w disgwyliadau hithau. Tra mae'r bardd yn sôn am y gleren yn nhermau 'dihiryn dieflig', darllen yn gwbl groes i hyn a wna'r gwrandäwr gan ddadlau ei fod yn greadur diniwed nad yw'n ymwybodol o'i gyflwr. 'A dyna gau pen y mwdwl/A'r pigo arall wedi brathu,' medd y bardd, ac efallai fod modd darllen hwn fel sylweddoliad nad yw cynulleidfa o reidrwydd yn cyd-weld â'r bardd.

Soniais am 'roi grym' i'r darllenydd uchod. Mae'n werth nodi'r newid mewn grym a ddarlunnir yma. Wrth sôn am eu profiadau try'r darllenwyr yn greawdwyr ystyr y testun i bob pwrpas ac nid yw'r bardd yn ddim rhagor na 'chyfryngydd go dila', chwedl hithau, sy'n cynnig man cychwyn i'w prosesau hwy o ddehongli ac o 'greu'. Yn y gerdd, y gwrandäwr sy'n creu cysylltiadau yn ei feddwl a thrwy hynny yn 'creu' ei destun ei hun, a dyna'n wir yw cenadwri Barthes yn ei ysgrif: 'the reader is the space on which all the quotations that make up a writing are inscribed'.[8] Er bod sefyllfa darlleniad cyhoeddus fel arfer yn breinio'r awdur trwy ei osod ar lwyfan uwchlaw'r gynulleidfa, yn eironig iawn nid dyna sut y mae pethau yn y broses ddehongli. Fel y darlunia'r gerdd, newidia'r berthynas rym wrth i'r siaradwr neu'r 'crëwr' gwreiddiol droi'n wrandäwr goddefol, a'r gwrandawyr yn eu tro yn greawdwyr eu hunain. Bwrir cysgod dros yr awdures a'i bwriad wrth i'r llifolau droi at ymateb ei darllenwyr.

Mae modd darllen hon felly fel cerdd sy'n darlunio 'ansefydlogrwydd' ystyr testun llenyddol. Hynny yw, ei fod yn beth hylifol sy'n newid yn unol ag amgylchiadau'r darllen, ac yn arbennig felly yn y cyswllt hwn o dan amgylchiadau darlleniad cyhoeddus. Darlunnir y broses o ddehongli cerdd fel proses bersonol a mympwyol. Ymhellach, dengys nad oes gan fardd unrhyw reolaeth dros y testun wedi iddo ei drosglwyddo i'w gynulleidfa gan fod y darllenwyr, neu wrandawyr yn yr achos arbennig hwn, yn dehongli cerddi mewn amryfal ffyrdd. Mae hynny'n eironig iawn gan ei bod yn y perfformiad yn ei chynnig ei hun ar blât, megis, i'r gynulleidfa mewn ffordd sydd i fod i hwyluso'r dehongli (trwy gynnig rhagor o gliwiau) ond y gwrthwyneb sy'n digwydd. Mae eu 'darlleniad diddalen' hwythau cyn ddilysed â'i pherfformiad hithau yn y cyd-destun hwn. Bydd Menna – o reidrwydd – yn cael ei 'dad-Elfyn-nu'. Er mai'r enw unigol, 'darlleniad', a geir yn y teitl, cydnabod bodolaeth a phwysleisio dilysrwydd 'darlleniadau' a wneir.

Addas yw nodi, efallai, fod y testun yn fath o 'fetadestun' mewn gwirionedd. Sori Martha, dyma fi'n taflu rhagor o dermau atat! Ystyr 'metadestun' yn fras yw testun sy'n tynnu sylw at amodau creu testun. Yma, cawn gerdd sy'n dehongli'r broses o ddehongli. Darlunnir fod modd darllen rhai o gerddi Menna mewn amryw o ffyrdd, ac yn ein tro gallwn ninnau hefyd ddehongli'r gerdd hon gan Menna mewn amryfal ffyrdd. Ni wn a yw'r fath air yn bodoli ond mae mewn ffordd yn 'fetaddehongliad' – yn ddehongliad o ddehongliad!

Hoffwn am ennyd dynnu dy sylw at linell ola'r gerdd am na allaf benderfynu sut i ddarllen yr 'ymennydd ysmala'. Hoffet ti gynnig syniad? Efallai fod modd ei darllen fel cyfeiriad at y bardd sy'n traethu yn y gerdd, a'i fod felly yn gyfeiriad at ei dinodedd yn wyneb deongliadau amrywiol ei gwrandawyr, ac yn sylw hunan-fychanol neu'n ymgais i gyfleu ymdeimlad o annigonolrwydd. Rhyw deimlad fod y darllenwyr yn codi i dir delweddol neu ddeongliadol uwch na'r hyn y gallai'r bardd ei gynnig yn y gerdd, neu efallai rhyw obeithio y gallai rhywun arall wneud i'r testun fagu adenydd a hedfan.

Gallai'r llinell gael ei dehongli hefyd fel sylw ar y broses ddarllen, a bod barddoniaeth, dyweder, yn gyfrwng sy'n gallu mynd â'r darllenydd i fannau y tu hwnt i fyd rheswm neu'r 'ymennydd ysmala'. Hynny yw, gall cerdd ddeffro dychymyg y darllenydd a pheri iddo wneud cysylltiadau annisgwyl 'yng nghelloedd dua'r meddwl', a'i arwain ar drywydd sy'n rhesymegol anesboniadwy weithiau. Efallai y gweli di hyn yn y darlleniad, Martha, ac y bydd cerdd yn ennyn ymateb ynot neu'n dod â syniad i'r meddwl na elli di olrhain ei ddatblygiad yn rhesymegol. Byddi di'n canfod, mae'n siŵr gen i, y gellir darllen testun mewn ffordd nas bwriadwyd gan yr awdur (fel y gynulleidfa yn y gerdd dan sylw!) ac y gall sawl dehongliad croes i'w gilydd gydfodoli. Os doi di gyda mi, mwynha'r profiad a gad i'th feddwl dy arwain at ddarlleniad anturus, pen-agored, annisgwyl.

Rhywbeth arall i'w nodi cyn cloi yw bod modd darllen 'Darlleniad Barddoniaeth' fel cerdd sy'n cyfleu llawer ynghylch amgylchiadau darlleniad barddol. Ymdrinnir, er enghraifft, â sut y mae ymateb pobl yn aml yn ddibynnol ar ymateb eraill mewn sefyllfa dorfol o'r fath. Wrth ofyn i'r gynulleidfa am ei sylwadau ar ddiwedd y perfformiad, dim ond un sy'n ymateb i ddechrau ond deffry hyn ymateb y lleill – 'rhaid wrth un pefriad/Mewn ffurfafen ddu i ddeffro'r lleill at y syniad'. Bydd yn ddiddorol cael gwybod, Martha, a fyddi di'n profi hyn wrth wrando.

Yn ogystal, rhydd y gerdd sylw i natur amser-benodol ac unigryw darlleniad barddol a'r modd y mae ymateb pob cynulleidfa felly yn amrywio. Pwysleisir hyn trwy gyfrwng yr adferf ar ddechrau'r llinell: 'heno, y foscito oedd flaenaf'. Cyfeiria Gadamer at yr elfen gyfnewidiol a berthyn i berfformiad:

> Each performance of a work of art highlights different aspects of the work. No production of a play, dance recital or performance of a musical piece is the same as any other . . . Each performance involves different actions, different emphases and nuances and hence will present a different result.[9]

O dan y reolaeth ymddangosiadol mewn perfformiad, felly, mae elfen o hap. Nid yn unig y bydd ein dehongliad ni'n dwy yn siŵr o fod yn wahanol ond petaem ni'n mynd i ddarlleniad arall gan Menna rywdro, byddai ein hymateb yn rhwym o fod yn wahanol eto, gan ddibynnu ar amgylchiadau'r darlleniad hwnnw. Hynny yw, efallai mai rhywun arall a fyddai'n cyflwyno gwaith y bardd, ac y byddai Menna hithau'n darllen y cerddi mewn ffordd neu mewn trefn wahanol, neu hyd yn oed gerddi cwbl wahanol. Nid yr un yw pob perfformiad. Os wyt ti wedi clywed y bardd yn darllen ei gwaith o'r blaen gallaf dy sicrhau na fydd hwn yn union yr un fath.

Gobeithiaf yn fawr y doi di gyda mi gan nad ydw i wedi dy weld ers oes. Bydd yn gyfle da inni gael clonc!

Hwyl am y tro,

Rhiannon

Nodiadau

[1] Gw. rhagair Dafydd Elis Tomos i *Tro'r Haul Arno* (Llandysul: Gwasg Gomer, 1982), tt. 10–12.
[2] Menna Elfyn, *Perffaith Nam* (Llandysul: Gomer, 2005), tt. 48–9.
[3] Gw. Roland Barthes, 'La morte de l'auteur' (1968); dyfynnir yma o'r cyfieithiad Saesneg gan Stephen Heath yn *Image, Music, Text* (London: Fontana Press, 1977), t. 142–8.

4 Ibid., t. 143.
5 Ibid., t. 142.
6 Ibid., t. 148.
7 Ibid., t. 142.
8 Ibid., t. 147.
9 Georgia Warnke, *Gadamer: Hermeneutics, Tradition and Reason* (California: Stanford University Press, 1987), tt. 52–3.

Llythyr 9

Mehefin 4ydd

Annwyl Menna,

Dyma anfon nodyn i'ch llongyfarch yn wresog ar eich perfformiad yr wythnos diwethaf yng Ngŵyl y Gelli.[1] Euthum gyda chydnabod imi a rhaid dweud i'r ddwy ohonom fwynhau'r profiad yn fawr iawn. Mae'n ddrwg gen i am godi llaw a diflannu o'r babell heb gael gair â chi ond roeddech yn edrych yn brysur, ac roedd y ferch a oedd gyda mi ar bigau'r drain eisiau mynd i sesiwn arall! Gobeithio y cawn ni gyfle i gael gair eto yn y dyfodol – byddai'n braf cael sgwrs i drafod eich gwaith.

Rhaid dweud imi gael tipyn o sioc yn y darlleniad oherwydd roedd y profiad o wrando arnoch yn darllen yn y cnawd yn dra gwahanol i'r hyn y disgwyliwn iddo fod. Cyn dod i'r digwyddiad awgrymais wrth Martha, y ferch a ddaeth yn gwmni imi (hi oedd wrth f'ochr pan godais fy llaw arnoch!), y dylai hi ddarllen eich cerdd 'Darlleniad Barddoniaeth'. Credwn y byddai darllen honno'n cynnig cip iddi ar amodau dehongli yng nghyd-destun darlleniad cyhoeddus. Yn bersonol, fe'i darllenaf fel cerdd sy'n portreadu bardd fel cymeriad digon di-rym wrth i'r gynulleidfa fynegi ei hymateb hithau i'r testunau. Crybwyllais wrth Martha fod y gerdd yn darlunio rôl allweddol y darllenydd yn y weithred o bennu ystyr testun, ac na ddylai hi ddisgwyl cael yr 'atebion' i'ch cerddi wrth ddod i'ch clywed. Sori, nid honni na ddylai hi wrando ar eich sylwadau yr oeddwn ond yn hytrach ceisio ei hannog i ddilyn trywydd ei meddwl ei hun wrth ddehongli. Pryderwn y byddai, pan ddelai i'r digwyddiad, yn diystyru ei dehongliad personol o gerdd ac yn meddwl y byddai eich 'esboniad' chwithau fel awdur y gwaith yn rhagori arno. O'm rhan i, felly, roeddwn yn gobeithio gweld theori 'ymateb y darllenydd' ar waith, ac y byddai Martha a minnau'n dilyn ein trywyddau deongliadol ein hunain; ond buan y deuthum i sylweddoli mai 'haws dweud na gwneud' yw hi yn achos darlleniad cyhoeddus. Pam hyn? Wel, dyma geisio esbonio ac amlinellu rhai pethau a ddaeth i'm meddwl wrth wrando arnoch.

I ddechrau, rhaid cyfaddef nad ystyriais yn llawn cyn hyn pa mor ddiddorol o wahanol yw'r broses o wrando a dehongli cerdd a berfformir ar lafar o gymharu â'i darllen hi mewn print. Do, mi grybwyllais wrth Martha mai 'fel hyn ac fel arall' yw natur darlleniad cyhoeddus, ond ni feddyliais am yr holl ffactorau all-destunol gwahanol a all fod ar waith yno. Fel yr honna Marjorie Perloff, mae tuedd i feirniadaeth lenyddol ysgolheigaidd gymryd yn ganiataol mai geiriau ar bapur i'w darllen yn dawel yw barddoniaeth.[2] Felly y gwnawn innau. Er mai hen, hen draddodiad yw perfformio a gwrando ar farddoniaeth, ac er gwaetha'r poblogeiddio a fu ar 'anelu at ennill clust'[3] yng Nghymru yn ystod y degawdau diwethaf, nid ystyriais yn llawn oblygiadau testunol perfformio cerdd cyn hyn. Wedi wythnosau o bori yn eich cyfrolau ym mudandod y llyfrgell, fe'm trawyd gan y modd y gweddnewidiwyd eich cerddi yng nghyd-destun cymdeithasol darlleniad cyhoeddus.

Hwyrach mai un o brif oblygiadau symud cerdd o'r ddalen i'r llwyfan yw'r newid yn natur y gynulleidfa: try'r darllenydd o fod yn unigolyn tawel a phreifat i fod yn wrandäwr sydd yn llythrennol yn rhan o gynulleidfa o bobl a'r rheini'n ymateb, weithiau'n uchel ac yn llafar, ar yr un pryd ag eraill. Fel y pwysleisia Laura Severin, perthyn rhyw rym trawsnewidiol i'r broses o berfformio barddoniaeth: '[it] has the power to reconstitute knowledge, in the process changing poetry from a private act to a public one with larger implications'.[4] Tybed a ydych yn ymwybodol o'r newid hwn wrth sefyll gerbron y môr o wynebau?

Ffactor pwysig wrth symud o'r preifat i'r cyhoeddus, o safbwynt y gwrandäwr, yw'r modd y mae'n ofynnol ymateb i gerdd o dan amgylchiadau torfol. Er nad yw'n ysgrifenedig yn y cytundeb ar y drws wrth y fynedfa, mae gofyn i rywun gydymffurfio ag *etiquette* darlleniad. Disgwylir i rywun ymateb yn yr un ffordd â phawb arall wrth glywed gwaith y bardd, a'r ymateb hwnnw, yn amlach na pheidio, yn un cadarnhaol. Gyda thestun creadigol, fel arfer gellir ystyried ystod eang o feirniadaeth ar y gwaith a darllen adolygiadau er mwyn cael syniad ynghylch ymateb eraill iddo. Sut bynnag, mewn darlleniad cyhoeddus rhaid i'r gwrandäwr wylio'r gynulleidfa, a'i 'darllen' hithau i raddau er mwyn gweld sut y mae'n ymateb i'r gwaith. Y peth allweddol gyda hyn yw bod cynulleidfa yn gallu cynnwys ystod eang iawn o bobl o amrywiol gefndiroedd, pob un â'i resymau ei hun dros fod yno, ac felly anodd iawn weithiau yw cysoni llawer o ymatebion gwahanol. Ni ellir bod yn siŵr ai arbenigwr sy'n eistedd y drws nesaf ichi ynteu rhywun a benderfynodd ar hap fod llechu yng nghlydwch ystafell yn well opsiwn na gwlychu hyd ei groen y tu allan. Ac eto, nid oes gwahaniaeth oherwydd mewn sefyllfa gynulleidfaol megis darlleniad cyhoeddus mae ymateb pob unigolyn i'r testun, boed berson lleyg neu arbenigwraig, yn ymddangosiadol gydradd.

I raddau helaeth, gall ymateb cynulleidfaol weithredu fel baromedr i'r gwrandäwr unigol: rhydd amcan iddo ynghylch y modd y mae eraill yn ymateb i'r testun sydd yn ei dro yn dylanwadu ar ei ymateb yntau. Wrth i bobl gymeradwyo neu 'wwwio' ac 'aaio' yn null Talwrn y Beirdd, fe'm cefais fy hun, wrth eistedd yn eu plith, yn sylweddoli bod yr ymateb torfol hwn yn ystumio f'ymateb i fel unigolyn i'ch gwaith. Ar adegau, bu chwerthin, a theimlwn orfodaeth i efelychu'r dorf er nad oeddwn bob amser yn deall paham yn union. Dro arall, byddai rhai'n nodio'n ddeallus gan 'hhmm-ian', tra oeddwn innau'n eistedd yno'n teimlo'n dwp am fy mod i'n dal i fethu â deall llinellau olaf amwys rhyw gerdd. Tybed ai dyma yw hanfod 'darlleniad' o safbwynt cynulleidfaol: cyfle i eistedd yno a gwrando ac esgus bod yn ddeallus gan nad yw'n gweddu i rywun godi ei law yng nghanol y perfformiad a mynegi'n onest ei ddryswch ynghylch cerdd benodol? Mae disgwyl i'r gynulleidfa hithau 'berfformio' rhywfaint hefyd felly.

Ceir dychanu miniog ar ddarllen barddoniaeth yn gyhoeddus gan Mihangel Morgan yn ei gerdd 'Meddyliau wrth Geisio Gwrando ar Fardd o Sais o Bwys yn Darllen ei Farddoniaeth mewn Gweithdy'.[5] Tybed a welsoch chi hi? Gyda'i dafod yn ei foch â ati i gyfleu ffalsedd y profiad. Y gair allweddol yn y gerdd hon yw'r 'ceisio' yn y teitl oherwydd yr hyn a ddarlunnir yw'r gwrthdaro rhwng y teimladau o ddyletswydd a'r 'caeau o ddiflastod' a ddaw i'r sawl sy'n gwrando. Ar y naill law teimlir pwysau i wrando oherwydd bod y siaradwr yn 'fardd/Dwys/A phwysig', ond mewn gwirionedd nid yw unrhyw beth a ddywed y siaradwr yn cydio: 'y geiriau yn llithro trwy fy nghlustiau tefflon.' Mae hynny'n dda, on'd ydyw? Y clustiau fel padell ffrio 'non-stick' bron! Awgrymir mai confensiwn ffals yw'r darlleniad lle gall y sawl sy'n perfformio siarad nonsens llwyr, e.e. 'The caaaat sat on the maaat', gan wneud i'r gynulleidfa, 'y werin datws', chwedl y bardd, deimlo'n israddol – 'mae rhyw ystyr gudd 'ma; dwi wedi colli rhywbeth eto, wath mae hi mor anodd canolbwyntio.'[6]

Mae modd darllen cerdd Mihangel Morgan felly fel testun sy'n darlunio'r berthynas rym sydd ar waith mewn darlleniad trwy bortreadu'r gynulleidfa fel grŵp goddefol (ac ymddangosiadol oddefgar!) sy'n dystion i awr fawr y bardd. Yn wir, gellir hyd yn oed awgrymu bod y perfformiwr i raddau'n gwneud y gynulleidfa'n rhan o'i berfformiad. Rhaid dweud imi gael profiad tebyg yn eich darlleniad chi. Peidiwch â'm camddeall, nid ydw i'n awgrymu am eiliad imi gael fy niflasu gan eich cerddi a'ch bod yn siarad nonsens ac nad oeddwn i'n gwrando! Nid dyna fy mwriad o gwbl. Yn hytrach, ni fedrwn beidio â theimlo bod y confensiwn o ddarllen yn gyhoeddus yn amodi fy mhrofiad o chwilio am ystyr i'ch cerddi, a bod y sefyllfa yn fy rhwystro rhag cwestiynu ambell linell mewn rhai cerddi.

Wn i ddim a ydych wedi ei darllen ond mae 'A Reading' gan Wendy Cope hefyd yn cyfeirio at y cyfyngiadau sydd ar gynulleidfa mewn darlleniad. Honna fod pobl yn cael eu rhwystro rhag ymateb yn negyddol neu wneud yr hyn yr hoffent ei wneud mewn gwirionedd:

> . . . nobody will scream or go berserk.
> He won't be interrupted or ignored
> Or hit by eggs, or savaged by a horde
> Of desperate people maddened by his work.

Cyfle ydyw i'r bardd fod o dan y llifolau wrth i'r gynulleidfa chwarae ei rôl ddisgwyliedig hithau o'i ganmol:

> We are his reward,
> Pretending to indulge his every quirk.[7]

Y bardd sy'n chwarae'r rôl allweddol mewn darlleniad; efe neu hyhi yw canolbwynt y sylw tra mae'r gynulleidfa'n fud. Mae hynny i'w ddisgwyl wrth gwrs, ond ar ôl darllen eich cerdd chwithau, 'Darlleniad Barddoniaeth', roeddwn i'n disgwyl mai fel arall y byddai hi o ran y broses ddehongli. Hanner disgwyliwn y byddwn yn dilyn fy nhrywydd meddyliol fy hun wrth wrando arnoch, ac felly y byddai eich perfformiad yn esgor ar amryw o ddeongliadau amgen ac yn cyfoethogi fy mhrofiad o ddarllen eich cerddi. Bellach, newidiais fy meddwl ac, yn seiliedig ar y profiad a gefais, rwy'n tueddu i gredu bod darlleniad cyhoeddus yn estyn gwahoddiad (na ellir ei wrthod bron) i'r gwrandawr 'ddarllen' gwaith y bardd gan dybio ei fod yn dadlennu cymeriad y sawl a'i creodd.

Cefais fod eich presenoldeb corfforol chi hefyd yn newid natur y berthynas rhyngof i a chi a'r 'testun'. Wrth edrych arnoch, ar lwyfan, ni fedrwn beidio â thalu sylw i'r hyn yr oeddech yn ei wisgo, gwrando ar eich llais, ac edrych ar sut yr oeddech yn symud yn gorfforol wrth ddarllen ambell gerdd. Euthum o fod yn ddarllenydd gweithredol a fu'n ceisio dehongli ystyr geiriau ar ddu a gwyn i fod yn wrandawraig, ac yn wylwraig i raddau, a oedd yn llawer mwy goddefol. Wrth i chi'r bardd fynd ati i rannu'r hyn a oedd y tu ôl i'r cyfansoddi, y modd y teimlech ar adeg y cyfansoddi a'r hyn a ysgogodd y gerdd, anodd ydoedd imi fel darllenydd beidio ag anwesu bwriadolaeth.

Bellach, rwy'n cael fy nhemtio i gredu bod darlleniad cyhoeddus yn creu math o fetadestun sydd wedi ei gynysgaeddu (yn gam neu'n gymwys) ag awdurdod bwriad yr awdur. Mae'r dewis penodol o gerddi a'r drefn y'u darllenir hwy ynddi yn amodi darlleniad y gynulleidfa. Rhaid inni ddilyn eich agenda chi – ni allwn sgipio'n annibynnol i'r tudalen nesaf fel y gellir ei wneud wrth ddarllen. Rhaid derbyn eich detholiad penodol chi o'ch gwaith eich hun yn y drefn a ddymunwch chi. Ymhellach, wrth eich clywed chi, Menna, yn sôn am '*fy* ngherddi', yn perfformio gan arafu a chyflymu'r tempo ac acennu'r geiriau yn unol â'r modd y dymunech iddynt gael eu llefaru a hynny ar lwyfan uwch ein pennau ni, feidrolion, ni allwn beidio â theimlo mai chi oedd yn feistres ar y testun ac mai gennych chi, y creawdwr, y caem yr allwedd i'r 'Ystyr'. Bron na theimlwn fod eich presenoldeb yn rhoi rhyw fath o stamp dilysrwydd ar y teimlad a fynegir yn y cerddi (er imi bregethu wrth fy ffrind nad chi yw'r 'chi' yn y cerddi!). Cyfeiria Peter Middleton at y duedd i gredu hyn mewn darlleniadau:

> These words arise out of the speaker, whose bodily presence and identity is their *warrant*, and whose delivery shows what it means to think and say these words and ideas.[8]

Ni allaf wadu nad oedd eich cyflwyniadau i rai o'r cerddi ynghyd â hanesion cefndirol eu creu yn ddigon difyr ac yn gwneud imi edrych arnynt mewn ffordd newydd yn aml iawn. Hoffais yn arbennig eich stori am wlychu yn Asheville heb got law ac fel y'ch ysgogwyd i gyfansoddi 'Cot law yn Asheville'[9] am yr elfen garcus a berthyn i'r Cymry yn sgil y profiad personol hwn. Eto, er eich bod yn goleuo'r gwrandawyr gyda'r straeon ategol hyn, roeddech ar yr un pryd yn diffodd goleuni'r darllenydd ac yn cyfyngu ar ei ymateb personol. Wrth ichi adrodd mai 'fel hyn yr oedd hi' a 'dyma oedd gen i mewn golwg yn fan hyn', teimlwn eich bod, yn anfwriadol mae'n siŵr gen i, yn gosod terfynau ar f'ymateb i fel darllenydd. Wrth ichi berfformio eich 'awduraeth' i bob pwrpas, ni allwn lai nag amau bod fy rhyddid i ddehongli yn cael ei ddisodli gan yr awydd i osod darnau jig-so eich hanes personol a darllen eich cerddi trwy wydrau eich amcan.

Ynghyd â'ch presenoldeb, roedd amryw o ddisgyrsiau alldestunol eraill yn amodi fy narlleniad, megis y ffaith eich bod yn cael eich holi gan yr Arglwydd Dafydd Elis-Thomas am yn ail â darllen y cerddi. Roedd gweld a chlywed ei fod yn bleidiol i'ch gwaith ac yn gefnogol i chi fel bardd yn dylanwadu ar natur y cyfweliad oherwydd fe bwysleisiai'r hyn a dybiai ef oedd rhai o ragoriaethau eich cerddi. Roedd yn brofiad digon tebyg i'r hyn a ddigwydd yn Nhalwrn y Beirdd pan fydd y Meuryn yn canmol ac yna'n ceisio esbonio i'r gynulleidfa beth yw rhinweddau neu 'ystyr' y cerddi: rhyw 'dyma mae hon yn ei feddwl a dyma pam ei bod yn dda'. Wrth reswm, mae'n rhaid i gyfwelydd neu Feuryn gynnig sylwadau ar y gwaith dan sylw gan mai eu priod swyddogaeth yw cadw'r sgwrs i fynd, diddanu'r gynulleidfa a chreu rhyw fath o bont rhyngddi a'r bardd. Wedi dweud hynny, ni fedraf beidio â meddwl bod sylwadau'r 'dyn canol' hwn, fel petai, yn gallu gweithredu fel arall hefyd ac yn hytrach na bod yn 'bont' eu bod yn creu haen ychwanegol o ystyr o amgylch testun yr oedd yn anodd ei hanwybyddu wrth ddadansoddi'r gerdd.

Profiad diddorol oedd clywed y testun ar ôl gwrando ar ei sylwadau a'i gwestiynau yntau oherwydd, yn aml, fe'm cefais fy hun yn ystyried deongliadau amgen i'm rhai blaenorol yn sgil hyn ond yna maes o law byddwn yn amau cynsail y deongliadau amgen. Dyma a ddigwyddodd wrth eich clywed yn darllen 'Gwely Dwbwl'.[10] Cyn hyn, syniwn amdani fel cerdd am rannu gwely yn unig, ac ni roeswn lawer o sylw i wead y geiriau a'r ddelwedd ganolog a geir ynddi. Nid apeliodd ataf ar fy narlleniad cyntaf, wrth fodio trwy *Perfect Blemish/Perffaith Nam* ac felly ni feddyliais ragor amdani. Yn y darlleniad, er hynny, clywais Dafydd Elis-Thomas yn sôn amdanoch fel menyw yn gwyrdroi'r traddodiad barddol yng Nghymru, ac yn sgil hyn daeth sawl dehongliad newydd posibl i'r meddwl ...

Euthum i feddwl amdani fel darlun o gydfodolaeth beirdd o ddynion a menywod yn y traddodiad barddol Cymraeg, fel petaent yn rhannu gwely, ond buan y sylweddolais nad oedd hyn yn taro deuddeg. Nid oedd y sôn am 'nwydau' ac 'osgoi penelin' yn fy argyhoeddi ynghylch fy nehongliad fy hun. Yna, wrth ichi lefaru gan osod pwyslais (anfwriadol o bosib) ar eiriau gwleidyddol eu naws deuthum i dybio wedyn y gallai fod yn gerdd alegorïaidd sy'n darlunio sefyllfa Cymru ym Mhrydain – 'ar wasgar digymar ydynt, a'u ffiniau'n codi sofraniaeth' a 'gadael dim ond lled cornel'. Wedi dweud hynny, nid yw'n gwneud llawer o synnwyr o ystyried y syniadaeth wleidyddol genedlaetholgar sy'n amlwg yn eich gwaith ar brydiau eich bod wedyn yn 'lled ofni . . . na ddaw'r tresmaswr byth rhagor i'r plu aflonydd'. Wedyn, euthum i feddwl tybed onid oes modd ei darllen fel cerdd am rannu gwely wedi'r cwbl? Dyna'r lle y 'bûm i' felly (fel y gofynnwch chi i'ch cynulleidfa yn 'Darlleniad Barddoniaeth'[11]) yn ystod yr awr a aeth heibio. Dilynais ambell ysgyfarnog yn fy meddwl ond dechrau f'amau fy hun a wneuthum yn y pen draw.

O'm profiad i, cymhlethu'r broses ddehongli oedd sgil-effaith mynychu'r darlleniad. Ar ôl clywed eich sylwadau chi a Dafydd Elis-Thomas, gwnes gysylltiadau rhyfedd yng 'nghelloedd dua'r meddwl', chwedl eich cerdd chi, ond ni chyrhaeddais unrhyw ben boddhaol i'm teithiau amrywiol! Roedd yn haws, er yn ddiocach efallai, ildio i'r dyhead i ddarllen y cerddi trwy lens bwriadolaeth. Er fy mod yn ymchwilio i'ch gwaith ar hyn o bryd ac yn awyddus i ddehongli eich cerddi mewn ffyrdd newydd, teimlwn yn israddol i chi yn y broses o bennu ystyr i'r testunau o dan amgylchiadau'r darlleniad. Am ryw reswm, teimlwn mai eistedd yn ôl a gadael ichi esbonio oedd yn weddus imi ei wneud, oherwydd wrth i chi gael eich cyfweld o dan lifolau ar lwyfan, a ninnau'r gynulleidfa'n eistedd yno yn yr hanner gwyll, teimlwn na ddylwn i fod yn rhan o'r 'sgwrs' rywsut.

Rheswm posibl arall paham nad yw'n hawdd dehongli yn y fath gyd-destun yw nad oes modd darllen yn ôl: os yw'r gwrandäwr wedi colli ambell linell, sy'n siŵr o ddigwydd, nid oes modd *ail*ddarllen y perfformiad. Rhaid yn hytrach fodloni ar 'the pleasure of getting lost in language that surges forward, allowing the mind to wander in the presence of words', chwedl Charles Bernstein.[12] Dyma brofiad sy'n unigryw i ddarlleniad cyhoeddus ac nad yw'n codi wrth ddarllen testun yn breifat. Wrth wrando ar gerddi, yn hytrach na'u 'darllen', daw'r angen i ymateb iddynt yn gyfamserol. Mae'n siŵr fod hyn yn braf i chi gan mai ar achlysuron o'r fath yn unig y cewch glywed ymateb y funud i'ch gwaith a hynny ar raddfa weddol eang. Sut bynnag, fel gwrandäwr nid oes cyfle i fynd dros linellau cerdd eilwaith er mwyn eu hailystyried fel y gellir ei wneud gyda thestun ar bapur. Hyd yn oed os eir i bendroni ynghylch ystyr un llinell yng nghwrs y darlleniad, tueddu i beidio â chanolbwyntio cymaint ar y llinellau eraill sy'n dilyn a wneir – o 'mhrofiad i beth bynnag! Rhaid i'r meddwl adael un gerdd a rhuthro yn ei flaen i ddelio â'r gerdd nesaf ar unwaith. Wrth lwc, roeddwn i'n lled gyfarwydd â'r testunau ond i'm ffrind Martha, a eisteddai wrth fy ochr, roedd yn brofiad cwbl newydd. Gofynnais iddi wedyn sut roedd hi'n teimlo ynghylch hyn. 'O, roedd yn iawn,' meddai, 'gwrando ar seiniau prydferth y cerddi 'roeddwn i.'

Wedi meddwl ymhellach ynghylch sylw fy ffrind sylweddolais mai dyna yw hanfod y gwahaniaeth rhwng darllen cerdd ar ddalen a gwrando arni mewn darlleniad: gwledd i'r glust ydyw yn hytrach na phos i'r llygad ac felly amlygir nodweddion nad ydynt bob amser yn amlwg ar ddu a gwyn. Wrth wrando ar gerdd yn cael ei darllen ar goedd, mae technegau llenyddol megis odl a chyseinedd, ailadrodd geiriol, newid mewn cywair neu dôn, cyfosod geiriau cras a phersain, yn llawer amlycach a'u heffaith efallai'n fwy o'r herwydd.

Pwysleisia John Barr fod i farddoniaeth swyddogaeth glywedol yn anad dim:

> Hearing a poem spoken aloud, we discover that a poem is before anything else an event of the ear. In the hands of the poet our everyday speech becomes a musical instrument. The meaning of the poem, we find, lies as much in the sound of its words as in their sense.[13]

Dyna hefyd oedd cenadwri Simwnt Fychan, ganrifoedd lawer yn ôl, wrth iddo honni: 'Ni wneir cerdd ond er meluster i'r glust ac o'r glust i'r galon'.[14] Awgryma'r pwyslais a rydd y ddau ŵr uchod ar sain mai'r glust sy'n llywodraethu a bod sain cerddi yn gyfystyr â synnwyr i bob pwrpas. Iddynt hwy, efallai y byddai darlleniad cyhoeddus yn rhagori ar ddarllen testun yn breifat mewn tawelwch! Serch hynny, onid oes perygl i sain ragori ar reswm os coleddir syniadau o'r fath am farddoniaeth?

Awgryma Middleton, er hynny, fod clywed beirdd yn darllen yn gymorth i rai pobl amgyffred cerdd yn well:

> the author's oral interpretation of tone, gesture, and emphasis can clarify what was not always immediately perceptible on the page, providing a training session in the effective reception of the poems, especially in how to hear the actual sonic qualities of the poem.[15]

'Pe gallwn, mi luniwn lythyr'

Efallai y byddai hyn yn wir petai rhywun yn gwrando ar gerdd mewn cynghanedd, dyweder; ond yn eich sesiwn yng Ngŵyl y Gelli nid dyna oedd fy mhrofiad i. Tueddaf i ymateb yn well pan fydd testun o'm blaen – rywsut teimlaf fod gen i fwy o reolaeth, pan fo modd ailddarllen. Bod yn wyliwr digon goddefol braidd oedd y profiad o wrando o'm rhan i. Efallai fod i'r glust swyddogaeth arbennig, ond ategu'r broses o ymateb i lenyddiaeth a wna yn f'achos i, yn hytrach na rhagori arni. Er sôn yma am fy ngoddefoldeb i, mae'n debyg eich bod chi, Menna, hefyd ar drugaredd elfennau alldestunol mewn perfformiad. Wedi'r cyfan, rhaid dewis cerddi sy'n addas at y digwyddiad dan sylw (a bod yn ymwybodol nad oes modd darllen rhai pethau). Gall cyfyngiadau amser fod yn eich erbyn, ond hefyd mae eich hwyliau chi ar y noson, pa mor gyfforddus ydych wrth gael eich holi, ynghyd â'ch ymwybyddiaeth o natur eich cynulleidfa yn ffactorau allweddol a all gael dylanwad ar sut y trosglwyddir y testun. Rhaid i chi, fel eich cynulleidfa, fod yn barod i actio'ch rhan mewn sefyllfa sy'n hanfodol artiffisial, fel yr awgryma Peter Middleton:

> A person stands alone in front of an audience, holding a text and speaking in an odd voice, too regular to be conversation, too intimate and too lacking in orotundity to be a speech or lecture, too rough and personal to be theatre.[16]

Hwyrach fod modd synied am berfformio fel dull arall o gyflwyno testun, sydd felly'n gofyn am wahanol ddulliau o ymateb gan y darllenydd/gwrandäwr a'r bardd ei hun. Dyna rwy'n credu a ddaeth yn amlwg yn y darlleniad, Menna, sef nad wrth yr un arfau beirniadol y mae gwerthfawrogi llenyddiaeth ar ddalen ac ar goedd. Mae darllen cerdd ar ddalen yn brofiad preifat, annibynnol, sy'n apelio at reswm ac yn caniatáu rhyddid i'r darllenydd ailystyried, ond gofyn am ymateb y foment dan amgylchiadau torfol a wna perfformiad, gan wneud i'r gwrandäwr ddibynnu ar ei synhwyrau, yn arbennig felly ei glyw. Er pregethu wrth fy ffrind Martha am ddilyn ei thrywydd deongliadol ei hun, rhaid cyfaddef imi ganfod ei bod yn anodd gwneud hyn pan oeddwn wyneb yn wyneb â chi yn y darlleniad.

Er gwaethaf hyn dysgais un wers arhosol, sef yr hyn a ddywed Laura Severin am ddigwyddiadau o'r fath: 'they lift poetry off the page to remind their audiences that they are continually surrounded by extratextual discourses.'[17] Felly fy mhrofiad innau. Sylweddolais fod pob darlleniad, boed ddarllen tawel neu ddarlleniad cyhoeddus, yn digwydd yng nghanol gwe o ddisgyrsiau alldestunol. Wrth imi ddarllen eich cerddi ar fy mhen fy hun mewn ystafell dawel dylanwada sawl disgwrs alldestunol arnaf megis fy mhrofiadau, fy rhagfarnau a'm safbwyntiau ar wahanol bynciau, fy narllen blaenorol, barn pobl eraill ar y gwaith, y gymuned ddarllen yr wyf yn perthyn iddi, yn ogystal â'm bwriad innau wrth ddarllen y gwaith – hynny yw, boed ar gyfer arholiad neu'n ddarllen er pleser.

Mewn darlleniad cyhoeddus, serch hynny, caiff fy nehongliad fel gwrandäwr ei amodi gan ddisgyrsiau alldestunol eraill sy'n llawer mwy gweladwy, neu glywadwy, ac fe'm gwnaed yn ymwybodol o hyn yng Ngŵyl y Gelli. Gall pethau dorri ar draws y perfformio:

> Listening to poetry requires effort, and the audience's attentiveness is vulnerable to distractions of every kind (beer, traffic, hard chairs, comings and goings, even the distracting appearance of the poet).[18]

Crybwylla Middleton fod hyd yn oed y lleoliad yn ddisgwrs alldestunol llywodraethol. Awgryma yntau fod darlleniadau yn aml yn digwydd mewn lle sydd wedi cael ei newid dros dro a bod i hyn ei oblygiadau gan ei fod yn atgoffa pobl nad rhwng cloriau llyfr y mae cerddi'n bodoli:

> The space is precariously and only partially transformed from its mundane use as gallery, pub, or lecture hall, whose signs remain prominently in evidence throughout the scene of textual performance, and this transformation tells the participants that the everyday world, despite the way it is crowded with other activities and purposes, can still provide a space for poetry.[19]

Beth a all rhywun ei ddweud am y babell y buoch yn darllen ynddi, y llwyfan a'r gefnlen, y meics, a'r byrddau bach crynion, er hynny? Wel, wn i ddim ond yn sicr mae Gŵyl y Gelli ynddi ei hun yn ddisgwrs alldestunol sy'n amodi darlleniad rhywun. Mae iddi naws ddiwylliannol benodol, dra gwahanol, fe ddadleuwn i, i ŵyl megis Eisteddfod yr Urdd (a gynhelir yr un wythnos, fel mae'n digwydd) neu'r Eisteddfod Genedlaethol, gan ei bod yn denu cynulleidfa eithaf gwahanol ar y cyfan. Bron na theimlwn mai eich cyflwyno chi i gynulleidfa ddi-Gymraeg oedd un o brif amcanion y sesiwn. Hwyrach fod math o swyddogaeth lysgenhadol i berfformiad yn y fath le, sy'n mynd at graidd cydberthynas dau ddiwylliant Cymru o ran grym a hawl i wrandawiad.

Gallwn fynd ymlaen ac ymlaen oherwydd bod cymaint o ffactorau alldestunol ar waith ac yn dylanwadu ar ddehongliad rhywun mewn digwyddiad o'r fath. Efallai fod hyn yn brawf nad bodoli mewn gwagle y mae testun a bod gofyn addasu dulliau 'darllen' amgen wrth ymateb i gerdd yn cael ei pherfformio.

Yn y car ar y ffordd adref, a'r *sat-nav* yn gwmni inni, gofynnais i Martha a ellid sôn, tybed, am sut y mae mynychu darlleniad cyhoeddus yn debyg i'r broses o gael eich tywys gan beiriant sy'n cynnig cyfarwyddiau wrth yrru. Er nad yw Tom-Tom, na chithau chwaith, yn ein gorfodi ar drywydd penodol, ac er bod gennym ni'r gyrwyr y rhyddid i ddewis antur ein ffordd, cawn ein temtio i ddilyn cyfarwyddiadau eich llwybrau chi wrth glywed eich lleisiau'n cynnig trywyddau posibl, rhyw 'ffor hyn y bydden i'n mynd 'sen i yn dy le di . . .'.

Ar frys i ddal y post!

Cofion gorau,

Rhiannon

Nodiadau

[1] *www.hayfestival.com/wales/download/hay-2008-programme.pdf*, t. 27. Cyrchwyd 15 Mehefin 2008.
[2] Marjorie Perloff, *Poetry On & Off the Page* (Illinois: Northwestern University Press, 1998), t. xii. '. . . poetry/performance [has] received little attention in scholarly and critical discourse, which continues to assume that poems are poems – lineated texts, usually divided into stanzas, surrounded by white space and designed to be read silently to oneself'.
[3] Myrddin ap Dafydd (gol.), yn ei gyflwyniad i *Cywyddau Cyhoeddus* (Llanrwst: Gwasg Carreg Gwalch, 1998), t. 8.
[4] Laura Severin, *Poetry Off the Page: Twentieth Century British Women Poets in Performance* (Aldershot: Ashgate, 2004), tt. 7–8.
[5] Mihangel Morgan, *Digon o Fwydod* (Llandybïe: Cyhoeddiadau Barddas, 2005), tt. 36–7.
[6] Ibid., tt. 36–7.
[7] Wendy Cope, 'A Reading', *If I Don't Know* (London: Faber and Faber, 2001), t. 45.
[8] Peter Middleton, *Distant Reading: Performance, Readership, and Consumption in Contemporary Poetry* (Tuscaloosa: University of Alabama Press, 2005), t. 35.

9 Menna Elfyn, *Perfect Blemish/Perffaith Nam* (Tarset: Bloodaxe Books, 2007), t. 152–4.
10 Ibid., t. 16.
11 Menna Elfyn, *Perffaith Nam* (Llandysul: Gwasg Gomer, 2005), tt. 48–9.
12 Charles Bernstein, *Close Listening: Poetry and the Performed Word* (New York: Oxford University Press US, 1998), t. 7.
13 John Barr, Llywydd 'The Poetry Foundation', ar *www.poetryoutloud.org/guide/guide_letters.html.* Cyrchwyd 1 Hydref 2008.
14 Dyfynnir gan Saunders Lewis yn *Williams Pantycelyn* (Llundain: Foyle's, 1927), tt. 19–20.
15 Peter Middleton, *Distant Reading*, t. 48.
16 Peter Middleton, 'The Contemporary Poetry Reading', yn Charles Bernstein (gol.), *Close Listening*, t. 262.
17 Laura Severin, *Poetry Off the Page*, t. 4.
18 Peter Middleton, *Distant Reading*, t. 30.
19 Ibid., t. 30.

Llythyr 10

Medi'r 10fed

Annwyl Martha,

Sut mae pethau? Gobeithio dy fod yn iawn ac yn mwynhau'r gwyliau er bod yn rhaid iti weithio yn y siop. Mae'n wych dy fod yn cael cyfle i ddarllen pan fydd hi'n dawel yno. Rwy'n cofio gwneud hynny fy hun un haf – ceisio darllen *Rhys Lewis* wrth y cownter a theimlo'n siomedig pan ddeuai cwsmeriaid i darfu ar fy stori! Hei, wyt ti'n edrych ymlaen at ddechrau'r ail flwyddyn yn y brifysgol ar ôl iti ddychwelyd o'th daith i Ffrainc?

Gyda llaw, diolch iti am anfon y darn am Menna a oedd yn y papur newydd y diwrnod o'r blaen – difyr iawn. Mae'r ymchwil yn dod yn ei flaen yn o lew erbyn hyn, ac fel ymateb i'th gais, atodaf bennod o'r traethawd iti gael gweld yr hyn rwyf wedi bod yn ei wneud yn ddiweddar. Cei ddarllen y cwbl ar y llong os nad oes gen ti lyfr gwell! Rhoddais ambell sylw i'w hystyried tua'r diwedd – byddant yn gwneud mwy o synnwyr iti os darlleni'r bennod yn gyntaf. Edrychaf ymlaen at glywed dy ymateb.

Hwyl am y tro a mwynha'r gwyliau,

Bon Voyage!
À bientôt

Rhiannon

Y fam fetonymaidd a'r fam fetafforig: dehongli'r llais 'mamol' yng ngwaith Menna Elfyn

> For me, poetry was where I lived as
> No-one's mother, where I existed as
> Myself.[1]

Fel hynny'r esbonia Adrienne Rich pam na thrafodir y profiad o fod yn fam yn ei barddoniaeth. Hyd y gwelai ar adeg cyhoeddi ei chyfrol ddadleuol, *Of Woman Born*, nid oedd ei hunaniaeth fel bardd yn gorgyffwrdd â'i hunaniaeth fel mam. Go brin y gellir dweud hynny am Menna Elfyn gan fod mamolaeth yn gysyniad canolog yn ei barddoniaeth, ac mae i 'lais y fam' yn benodol sawl gwedd dra gwahanol. Yn wir, yn y canu lle mabwysiada bersona'r fam y gwelir yr esiampl amlycaf, efallai, o duedd sy'n nodweddu llais ei chanu drwyddo draw: y cysyniad o hunaniaeth gyfun neu gyfansawdd.

Nid yn y man disgwyliedig y clywir am y tro cyntaf yng ngwaith Menna Elfyn 'the voice of the Mam', chwedl Katie Gramich.[2] Er i ail gyfrol y bardd, *Stafelloedd Aros*, gael ei hystyried yn chwyldroadol o ran ei hymdriniaeth â phrofiad na thrafodwyd mohono cyn hynny mewn barddoniaeth Gymraeg, sef profiad mam yn cam-esgor, sefydlir mamolaeth fel cysyniad llenyddol, cyn bod yn brofiad corfforol, yn ei chyfrol gyntaf. Nid oes a wnelo'r gerdd ddim â'r profiad yn uniongyrchol, ond defnyddia 'Y Geni'[3] yn *Mwyara* eirfa genedigaeth i gysylltu'r profiad o genhedlu ac o gario plentyn cyn esgor arno, â'r broses lenyddol greadigol. Er bod sôn am 'greu baban' a 'disgwyl y bychan o had', yr 'esgor' a'r 'poenau'n wewyr', geni trosiadol a geir yma: genedigaeth cerdd a chyda hyn enedigaeth llais y fam 'drosiadol'. Byrdwn y bennod hon fydd trafod nodweddion a chydberthynas y ddau lais mamol hyn – yr awdurfel-mam ar y naill law a'r fam drosiadol ar y llall.

Mae'r cysyniad hwn o famolaeth fel trosiad am y broses o ysgrifennu yn dwyn i gof 'inc gwyn' Hélène Cixous. Gwêl hithau gyfatebiaeth rhwng maeth llaeth o'r fron a'r broses ysgrifennu, ac awgryma fod cymundeb rhwng y corff mamol a'r cyfansoddi: 'woman is never far from the mother . . . there is always at least a little good mother milk left in her. She writes with white ink.'[4] Yn ei herthygl flaengar 'Difference on Trial',[5] beirniada Domna C. Stanton safbwynt hanfodaidd Cixous ac awgryma mewn man arall yr angen i symud oddi wrth y sôn trosiadol hwn am 'famolaeth' a sôn amdano'n fwy llythrennol – 'a proposed shift of focus from metaphor to metonymy and from essentialistic propositions to concrete histories of motherhood.'[6]

Gwerth oedi yma am ychydig i drafod y 'metaphor' a'r 'metonymy' a grybwyllwyd gan Stanton, cyn ystyried ei berthnasedd i drafodaeth ar famolaeth a gwaith Menna Elfyn. Deillia'r cysyniadau o waith Roman Jakobson ynghylch y modd y datblyga disgwrs mewn dwy ffordd gyferbyniol. Ar y naill law, y mae'r meddwl yn cyfnewid gwrthrych am wrthrych arall yn seiliedig ar debygrwydd (metaffor); ar y llaw arall crea gysylltiadau cyffiniol (metonym).[7] Er mai theori ieithyddol ydyw yn y lle cyntaf ymestyn Jakobson ei drafodaeth i

gwmpasu agweddau ehangach ar semioteg. Awgryma fod modd darllen llenyddiaeth yn unol â'r cysyniad deuol hwn, ac wrth sôn yn benodol am farddoniaeth honna fod Rhamantiaeth yn perthyn i'r metafforig tra mae canu 'realaidd' yn fetonymig.[8]
Wrth ystyried y cysyniadau hyn yng nghyd-destun barddoniaeth am famolaeth dehongla Karin Voth Harman fel a ganlyn:

> 'Metonymic' treatment of a maternal body . . . would have to maintain some connection with that body in space and time, whilst 'metaphoric' treatment would be free to transform that body into anything which bore similarity to it.[9]

Tuedda'r metonymaidd i ganolbwyntio ar y profiad mamol ynddo'i hun, ond trosiad yw'r famolaeth mewn ymdriniaeth fetafforig. Awgryma Harman fod newid wedi bod yn y cyd-destun barddonol penodol hwn ac y gwelwyd rhai beirdd yn symud oddi wrth y 'metafforig' tuag at y 'metonymaidd', yn enwedig yn y cerddi hynny sy'n ymwneud â genedigaeth:

> A move away from the metaphor towards a metonymic, or a more literal discourse . . . is what we do in fact find in the most powerful poems on childbirth. These poems manage to shake off the prevalent cultural ideas that childbirth in writing is only, or primarily, a metaphor for creativity and that the mother is primarily, a metaphor for the female difference or silence, and to focus literally and metonymically upon the mother's body in birth.[10]

Y bwriad yng nghwrs y bennod hon yw cymhwyso'r cysyniadau o ganu metafforig a chanu metonymig at astudiaeth o'r cerddi hynny gan Menna Elfyn lle clywir llais y fam. Mentrir awgrymu y gwelir symud pendant o'r naill tuag at y llall, ond na ellir rhannu'r cerddi'n hawdd i'r categorïau hyn am eu bod yn gogwyddo rhwng y metafforig a'r metonymaidd, a hynny ar hyd continwwm.

~

Soniwyd uchod am y modd y clywir llais y fam am y tro cyntaf yn 'Y Geni', yng nghyfrol gynta'r bardd, ond y fam fetafforig ydyw honno sy'n canu'n drosiadol *fel* mam. Rhydd hyn fodd i'r bardd ddarlunio'r broses gyfansoddi fel rhoi genedigaeth sydd ynddo'i hun yn drosiad digon cyffredin, yn ôl Harman.[11] Daw'r fam fetonymaidd, er hynny, i'r golwg am y tro cyntaf yn ei hail gyfrol, *'Stafelloedd Aros,* lle'r â ati i gyfleu erchylltra'r realiti o golli plentyn. Yn y gyntaf, felly, ceir Menna'n canu *fel* mam i ddiben metaffuglennol, sef cyfleu natur y broses gyfansoddi; ond yn yr ail, cân *yn* fam, gan sôn yn benodol am wewyr y profiad hwnnw.

Yn eironig ddigon, gwelwn enedigaeth y fam fetonymaidd yng ngwaith Menna Elfyn adeg marwolaeth ei phlentyn, a pherthyn rhan helaeth o gerddi ail hanner *'Stafelloedd Aros* i'r categori hwn. Yn ôl rhagair y gyfrol a sylwadau Bobi Jones,[12] deillia'r cerddi o'i phrofiad personol, a cheir mynegiant cignoeth ac ingol o'r hyn sy'n digwydd cyn, yn ystod ac ar ôl y profiad o golli plentyn. Yn wahanol i'r fam drosiadol sy'n orffenedig am fod ei bodolaeth ynghlwm wrth y gerdd orffenedig y mae hi'n esgor arni (ac sy'n esgor arni hithau), ffigwr cyfnewidiol yw'r fam fetonymaidd, sy'n ddarostyngedig i lif naratif pob cerdd yn ei thro. Ei chyneddfau diffiniol yw'r gobaith, y pryder a'r ofn sy'n codi o'i hanwybodaeth ac o fod wedi'i dal yn y rhith o dreigl amser a wëir amdani o gerdd i gerdd. Nid yw'n gyd-ddigwyddiad fod teitlau'r cerddi'n darllen fel penawdau cofnodion mewn dyddiadur a bod ystod amser rhwng man cychwyn a diweddglo pob un.

Cwmpas yr oriau rhwng tywyllwch a goleuni sydd yn 'Trwy'r Nos',[13] sy'n dwyn adlais o 'Ar Hyd y Nos' neu hyd yn oed 'Pan fo'r Nos yn Hir' Ryan Davies a 'nos du'r enaid' Sant Ioan y Groes: ill tri yn troi ar y syniad o oroesi. Clywn lais y fam bryderus yn 'Trwy'r Nos' yn mynd trwy gyfnod ansicr heb wybod a fydd yr un bach 'na chafodd daith esmwyth o'm mewn' fyw i weld y bore. Gweithreda'r nos fel symbol o'r cyfnod tywyll pryderus ac unig hwnnw, ond pan ddaw'r bore fe'i disgrifir yn 'hafan'. Ar ôl y storm daw gosteg, er mor drist ydyw'r realiti newydd o roi'r 'marw-beth yn rhydd' wedi i 'fwrlwm byw [ei] drechu'n deg'.

Yn dilyn hyn, cawn y fam sy'n mynegi'n boenus o 'real' union ffeithiau'r profiad. Yn 'Chwarter i Dri'[14] ceir hanes yr 'ysgyrion gwaed', y 'nyrsus [sic] yn prysur orchuddio llen', y 'nodwyddo poen' a sôn am 'ei farw sarn'. Serch hynny, gan y cywesgir y cwbl i gwta bum cwpled ac iddynt oll odlau digon syml unsillafog – 'di, ffri; ben, llen; du, ru; darn, sarn; dau, cau', ni ellir ond teimlo bod rhyw naws mater-o-ffaith, digon oeraidd a chlinigol i'r gerdd; rhyw 'dyma a ddigwyddodd a dyna ni'. Profiad chwithig ydyw darllen cerdd am fater dwys o'r fath wedi ei hysgrifennu mewn mesur rhigymllyd sy'n ymddangos braidd yn anghydnaws â'r pwnc. Eto, mae'n dwyn i gof rigymau T. H. Parry-Williams am angau megis 'Carol Nadolig' ac efallai'n fwy perthnasol yn yr achos hwn, 'Y Diwedd'.[15] Yn yr ail, lle ceir sôn am yr 'henwr' hwnnw'n marw ar y môr ac yn mynd i'w nefoedd 'mewn sachlen wrth haearn trwy waelod y môr', traethir hanes y digwyddiad mewn cwta bedwar cwpled, ac yma eto gosodir y digwyddiad mewn cyfnod penodol – 'tua saith'. Y peth mwyaf trawiadol am gerddi Menna a Parry-Williams, er hynny, yw eu bod, er gwaethaf eu natur mater-o-ffaith wrth drafod amgylchiadau'r marwolaethau, ac er gwaethaf ysgafnder ymddangosiadol y mesur, yn llwyddo i adael argraff o ddwyster yn y cwpled olaf. Canlyniad yw hyn i newid o gofnodi ffeithiau diriaethol yn ystod y rhan fwyaf o'r gerdd a throi at ystyriaethau haniaethol y digwyddiad – bywyd tragwyddol yn achos Parry-Williams ac unigrwydd yn achos Menna Elfyn. Yn y ddau achos, fe'u codir o lif amser eu creadigaethau a gorwedd y dwyster ynghudd yn y mesur ymddangosiadol ysgafn, yn barod i bigo'r darllenydd yn y cwpled olaf un.

Cerdd arall sy'n ymwneud â ffeithiau ac â'r affwys rhwng yr amserol a'r diamser yw 'Ffaith Byw a Marw',[16] ond nid mynegi ffeithiau'r farwolaeth fel y cyfryw a wneir yn hon ond ymateb i eiriau digon didostur y meddyg – 'mae un o bob pedair/yn colli eu plant/mae e'n gyffredin . . .'. Ceir gagendor rhwng y traethydd a'r meddyg o'r cychwyn, gyda'r sôn am 'y doctor o bant', ac mae'r gerdd ei hun yn fath o ymateb sarcastig ar ran y bardd i'w sylw ansensitif yntau. Yn wyneb yr 'ystadegau' a'u hanallu i 'unioni'r gŵys' gwelir y bardd o fam yn ymestyn allan at famau eraill: 'y tair namyn pedair/coleddwch eich lwc', ac am yr 'un sydd fel minnau/cynhalia blwc.' Serch hynny, fel yn y gerdd flaenorol, anodd peidio â theimlo nad yw'r bardd yn ei chymryd ei hun yn llwyr o ddifrif gyda'r penillion ymddangosiadol ysgafn a'r odlau unsill 'lwc/blwc', hynny yw, nes cyrraedd y pennill olaf lle cawn ein sobreiddio, wedi'r ysgafnder, gan ergyd epigramatig y llinell olaf:

> Cans Crëwr ein nosau:
> A drefnodd hyn oll,
> Bod rhai i gael bywyd, –
> Ar draul y rhai coll.

Ar un olwg, ymateb i ansensitifrwydd unigolyn o dan amgylchiadau colli plentyn a wna'r gerdd hon; un nad oedd yn sylweddoli natur bersonol y golled i'r fam wrth geisio'i chysuro ag ystadegyn. Yr un pryd, gellir ei darllen fel cerdd ar y ffin rhwng y ddau fath o fam y soniwyd amdanynt. Ergyd y pedwarawd yw'r drefn naturiol ond anodd ei derbyn fod rhai'n cael byw ar draul marwolaeth eraill. Mae'r gerdd yn enghreifftio hynny. Am fod bodolaeth y fam fetonymaidd sy'n dibynnu ar hanes geni ei phlentyn bellach yn ddiystyr, fe'i disodlir gan y fam drosiadol sy'n creu'r gerdd.

Mae teitlau'r ddwy gerdd nesaf, 'Y Baban Mud'[17] ac 'Angladd',[18] a'u pwyslais ar fudandod a thranc a diffyg enw yn atgyfnerthu'r newid yn y dilyniant. Er eu bod yn coffáu'r plentyn, eu ffocws yw'r sawl sy'n coffáu rhagor y plentyn dienw, di-iaith, difynegiant. Eu hawdur yw'r awdur-fel-mam neu'r fam drosiadol. Yn y ddwy, clywn lais y fam sydd eisiau galaru ond na ŵyr sut i wneud hynny yn wyneb confensiynau marwolaeth o'r fath. Yn hyn o beth, maent yn dwyn i gof eiriau John William Corrington:

> There are no coffins for what is not born . . .
> Preachers, fine at birth, adroit at marriage,
> Inured to burial,
> Have no rite for those who almost were.
> A near thing does not count.[19]

Yn 'Y Baban Mud', sonnir na roddwyd enw i'r bychan a gollwyd ac na chafodd y fam gyfle chwaith i'w adnabod. O'r herwydd tasg anodd iddi ydyw mynegi ei galar am nad ydyw'n gallu amgyffred hunaniaeth yr un bach, er ei fod ar un adeg yn rhan ohoni. Rhaid derbyn y 'caiff fod mwy "y baban mud".' Anallu i fynegi o'i rhan hi, ynghyd â diffyg dealltwriaeth pobl eraill yn ei gylch, sydd wrth wraidd y gerdd – 'sut gall neb gydymdeimlo/â galar mam baban mud' gofynna. Ymgais i fynegi'r galar ar ffurf cerdd a geir yma felly, a dyna droedio i diroedd y fam fetafforig.

Yn yr un modd, yn 'Angladd' mynegir rhwystredigaeth y fam na cheir y ddefod angladdol arferol ac na chaiff hithau ddilyn y dull confensiynol o alaru. Ei chraidd yw'r bwlch ffiaidd rhwng yr hyn a fu a'r hyn a ddisgwylid. Ni chafodd 'arwyl . . . [b]archus cefngwlad', nac 'arch'; ni 'chanodd neb emyn/na hulio gweddi'; ni chafodd ei 'ganmol' na'i 'gofleidio'. Cafodd yn hytrach ei 'daflu'n fflwcsyn/i boethder fflamau/megis papur newydd ddoe'. Cyflëir atgasedd tuag at y diffyg parch hwn yn y gymhariaeth ffiaidd hon: 'dy arch oedd bag plastig,/fel y 'lasog a dryloywa/o berfedd ffowlyn.' Try'r fam at yr unig fynegiant o alar y gall hi ymddiried ynddo: barddoniaeth. Pan ball ei ffydd mewn pobl gall fynegi 'dwyster y myfyr olaf' ar ffurf marwnad; dyma yw ei choffadwriaeth i'r baban – ei angladd dirprwyol.

Ymdrinnir â gwerth therapiwtig ysgrifennu yn 'Pabwyr Nos'.[20] Er ceisio meddwl am deithiau tramor – 'nosau diog yn Nenmarc', 'iasau Stockholm yn y glaw', a dyheu am 'unigedd Norwy' – er mwyn ei chadw 'rhag gorffwyllo', ni all y cof ei rhyddhau o garchar ei phresennol gan fod atgof am y sawl a gollwyd yn parhau: 'nid oedd yr un daith/heb dy fod di yn colfachu'r lle'. Troi at y dychymyg ac at gyfansoddi barddoniaeth sydd raid, er mwyn cadw'i phwyll, a hen, hen wae yw pwnc ei chân sef galar mam – 'yr epig hynaf o hanes ein hil'. Er sôn am ei phresennol adfydus yn y gerdd hon, diau fod y bardd wrth lunio'i 'hepig' mewn gwirionedd yn gadael y fam fetonymaidd ar ôl yma ac yn canu yn llais y fam drosiadol i bob pwrpas. Unwaith eto, mae hi'n mentro yn ei hôl i'r maes disgyrsiol y mentrasai iddo'n gyntaf yn 'Y Geni', lle mae hi'n fam ar ei chyfrwng yn anad dim.

Diddorol yw sylwi ar amwysedd teitl 'Pabwyr Nos', pa un a yw'n fwriadol ai peidio. Yn y cyfieithiad ceir 'Night Light'[21] sy'n awgrymu llygedyn o oleuni cysurol a leiha rywfaint ar dywyllwch. Mae'r fersiwn Saesneg yn cau allan unrhyw ddarlleniad arall o 'pabwyr' ond mae iddo ddau ddiffiniad: yn gyntaf – 'llinyn neu stribed o edafedd (mewn cannwyll; lamp olew, &c), sy'n cyflenwi'r fflam â thanwydd, wic, rhan losgedig o'r wic; matsien; cannwyll frwyn',[22] neu gellir defnyddio'r enw yn ffigurol (yn arbennig felly yng ngogledd Ceredigion) – 'Am beth diwerth neu ddibwys, a hefyd am berson di-asgwrn-cefn neu beth gwan'.[23] Gellir darllen 'pabwyr' felly fel cyfeiriad at farddoni sydd fel 'tanwydd' yn ei chynnal ac yn cynnig golau mewn cyfyngder, ond gellir ei ddarllen hefyd fel cyfeiriad at ddiymadferthedd y fam yn y fath sefyllfa.

Rhan annatod o'r mynegi galar hwn ydyw hunandosturi ac euogrwydd ar ran y fam a chlywn lais y fam ddiymadferth, yr un a fethodd yn ei gorchwyl, yn codi mewn sawl cerdd. Yn 'Colli'[24] cyfosodir 'Ddoe', 'Heddiw' a 'Fory' y profiad er mwyn pwysleisio'r gwahaniaeth rhwng gobaith y fam yn y gorffennol – 'ti oedd enfys ar fy nghnawd/yn wyrthiol fwa' – a realiti llwm y presennol: 'gwaredaist dy hun . . . gan fradychu arwydd y fwa [sic]/na ddoi dilyw drachefn,/a'm boddi mewn anobaith.' Trosiad awgrymus yw'r sôn hwn am 'enfys', a diau y deillia'r 'bwa' yn llythrennol o siâp corff y fam wrth iddi gario'r plentyn, ond gall fod yn gyfeiriad hefyd at obaith byrhoedlog y fam. Yn anffodus, nid canfod trysor wrth droed yr enfys a wneir ond sylweddoli mai ofer ydoedd y gobeithio mawr am ei ganfod yn y lle cyntaf. Yn wyneb y realiti, gwelir mai rhith ydoedd y gobaith, ac mai atgof o fethiant yn unig a erys – 'Fory, mudandod ym Mawrth/a methiant mamolaeth/i gynnal estyniad o gariad dau.' Ceir llais y fam fetonymaidd yn y disgrifiadau cignoeth o 'smotiau gwaed ar gadachau, a staen dy garu'n ysgyrion', ond eto, mae'r fam drosiadol fel petai'n galaru ar ôl y fam fetonymaidd yr oedd ei bodolaeth ynghlwm wrth y plentyn ac wrth amser.

Gwyrir rhwng y ddau lais mamol hyn yn y cerddi sy'n ymdrin yn uniongyrchol â'r profiad o golli'r plentyn. Yn 'Saig'[25] trafodir ymdeimlad o fethiant trwy ddefnyddio'r ddelwedd o bobi – trosiad digon cyffredin wrth gwrs – i gyfleu'r ymgais aflwyddiannus i gario ac i roi genedigaeth i blentyn. Er gwaetha'r gofal wrth baratoi'r '[d]orth o fywyd' a'i 'grasu'n garcus', ni lwydda i gyflawni'r hyn y bwriadasai ei wneud, sef 'rhoi gwledd/yn goflaid o gyflawnder ffres.' Canlyniad y methiant yw 'siom' sy'n gadael blas cas yn y geg: 'sura fy yfory'n enwyn.'

Dilynir yr un trywydd delweddol yn 'Mae rhan ohonof'[26] ac 'Y Gneuen Wag'.[27] Ymdrinia'r ddwy ag euogrwydd mam a deimla mai hyhi sydd yn gyfrifol am fethu â rhoi genedigaeth. Yn y naill prydera 'rhag ofn imi ei siglo'n ysig', a cheir delwedd o flodeuyn i gyfleu breuder bywyd yr un bach a gaiff ei ddadelfennu 'i'r pedwar gwynt'. Gwelir peth tebyg ar waith yn y llall, 'Y Gneuen Wag', wrth iddi sôn am ei methiant yn nhermau cneuen gau, a sôn yn benodol am y baban fel 'crebachlyd ffrwyth,/i'w daflu nôl i'r afon â dirmyg'. Nid oes sôn am Dduw, dim ond rhyw dderbyn, er mor anfodlon yw'r derbyniad hwnnw, mai dyma yw trefn greulon natur.

Gwelir felly fod llais y 'fam fetonymaidd' i'w glywed yn eglur yn y cerddi sy'n ymdrin yn uniongyrchol â'r profiad o golli plentyn ond ei bod yn ymylu ar droi'n 'fetafforig' ar brydiau. Ar y cyfan, er hynny, cenir yn llais y fam er mwyn amlygu agweddau penodol ar y profiad mamol yn hytrach na defnyddio'r llais hwn yn anuniongyrchol i drafod materion eraill, fel y ceir gweld maes o law. Mae'n ganu cymharol ddiaddurn ac yn darllen braidd fel adroddiadau. Er mai confensiwn yw'r broses farddoni, teimlir y perthyn i'r cerddi metonymaidd ddidwylledd gan eu bod fel petaent yn traethu'r profiad fel y mae. Wrth gwrs, ni ellir derbyn yn ddigwestiwn mai traethu ei hunion feddyliau y mae'r bardd oherwydd bydd gagendor bob amser rhwng y 'fi' sy'n siarad a'r 'fi' go-iawn – fel y noda Arthur Rimbaud, 'Je est un autre'.[28] Ac wrth gwrs, rhaid cofio bod hynny'n cymryd bod 'fi go-iawn' ar gael i'w ganfod. Digon yw nodi bod y canu metonymaidd hwn fel petai'n traethu'r profiad mamol ynddo'i hun ac yn canolbwyntio ar hynny er mwyn ei ddeall, yn hytrach na bod yn ymgais ymwybodol i gyfathrebu i bwrpas arall.

Mae'n werth oedi, er hynny, â 'Colli Cymro',[29] lle y clywn lais sy'n gwyro'n fwy tuag at y fam fetafforig na'r fam fetonymig ar y continwwm, am ei bod yn esiampl ragorol o'r hunaniaeth gyfun hon. Fel gweddill cerddi ail hanner y gyfrol *Stafelloedd Aros*, ceir ynddi sôn am golli baban, ond pwysleisir yn benodol natur y golled. Fe'i darlunnir yn nhermau'r genedl, a'r hyn na fyddai'r baban wedi ei gael petai wedi ei eni:

> Dim sianel deg teledu [sic]
> Dim addysg gyflawn iddo,
> Dim gwaith, dim tai,
> Dim iaith gain i gario. [sic]

Cyffelyba'r cam-esgor i dranc yr iaith, 'collgludiad yw treigl yr iaith', ac felly gwelir gorgyffwrdd rhwng hunaniaeth y fam a'r genedlaetholwraig. Mae canu yn llais y fam fetafforig yn caniatáu ymdriniaeth amgen a lletach, sy'n ymestyn y tu hwnt i'r profiad mamol ynddo'i hun. Dyma, gellid dadlau, yw prif nodwedd y canu metafforig, y deuir yn ôl ato maes o law.

Ni chyfyngir y canu mamol metonymaidd i'r profiad o golli plentyn. Fe'i clywn yn ddiweddarach wrth drafod balchder y fam wedi geni ei phlentyn. Yn 'Cân Rhieni',[30] er enghraifft, ceir cyferbyniad llwyr â'r profiad stormus a gafodd o'r blaen, wrth i'r fam groesawu dyfodiad diogel y baban 'i'r lan . . . yn fwndel o waed,/yn fwrlwm byw'. Yr hyn a dery rywun yw cyn lleied o gerddi'n traethu'r profiad o famolaeth er ei fwyn ei hun a geir wedi geni'r plentyn. Ceir rhai cerddi yn traethu profiad megis 'Scan',[31] sydd o ran ei saernïaeth, o safbwynt hanfodaidd, yn adlewyrchu llinellau toredig, diffyg strwythur llinol ac ailadrodd geiriol parhaus yr 'écriture féminine' honedig hwnnw.[32] Sonnir mewn cerddi eraill hefyd am ymwneud y bardd â'i phlant, ac fe'u cyferchir hwy yn benodol ynddynt. Yn 'Ward Cilgerran',[33] cerdd i Fflur ei merch, clywn lais pryderus ond doeth y fam yn cynghori ei merch yn yr ysbyty, gan droi'r profiad yn ddameg o'i gweledigaeth am fywyd:

> A phan gei dŷ dy hun
> Dichon y sylweddoli
> Nad yw bywyd
> Yn fwy na phigiadau a dadrithiadau.

Cyfarcha ei mab yn yr un modd yn 'Ar ôl gadael Meilyr yn crio ar fy ôl yn yr ysgol',[34] gan ofyn iddo faddau iddi am 'ymryddhau o'th law'. Yn hon, troir oddi wrth y digwyddiad penodol i ystyried ymhellach oblygiadau mamolaeth ac yn arbennig felly'r gwahanu anochel a phoenus rhwng mam a'i phlentyn y cafwyd rhagflas ohono y diwrnod hwnnw:

> Gwn yn iawn, f'anwylyd
> na phery'r cwlwm tynn,
> byddi dithau yn mynnu'th yfory
> ac 'am fynd' o'th obennydd gwyn.

Er bod y ddwy gerdd yn cychwyn â phrofiad penodol fel mam, ac yn mynd ati yn eu tro i ystyried agweddau ehangach ar y profiadau, eu gwir oddrych yw'r fam fetonymaidd. Eu canolbwynt yw mamolaeth. Ar wahân i'r cerddi a grybwyllwyd yma, prin iawn yw'r rhai sy'n trafod profiad mamolaeth ac arwyddocâd arbennig y profiad hwnnw, wedi iddi esgor ar blentyn. Unwaith y trown oddi wrth y canu sy'n ymwneud â genedigaeth, buan y gwelir symud pendant at ganu yn llais y fam drosiadol.

~

Yn yr un modd ag y defnyddir ffigwr y fam drosiadol i bersonoli'r weithred o gyfansoddi, tynnir ar gynhysgaeth o swyddogaethau mamol ar ffurf trosiadau mewn cerddi eraill i 'famoli' gweithredoedd a safbwyntiau cynhaliol: hynny yw, cerddi lle y defnyddir persona'r 'fam' i drafod materion nad ydynt o reidrwydd yn gysylltiedig â mamolaeth ynddi ei hun, megis y profiad o gyfansoddi cerdd yn 'Y Geni'. Yn y cerddi hyn gweithreda 'llais y fam' fel confensiwn llenyddol, i drafod themâu ar wahân i famolaeth ond eto, maent yn ddibynnol yn y lle cyntaf ar gysyniadau ystrydebol am y fam.

Ystyrier, er enghraifft, 'Cerdd Groeso',[35] cerdd hwiangerddol ei naws, lle croesewir heddwch yn Fiet-nam wedi'r Cadoediad. Er mai croesawu baban a wneir, ac er bod blas hwiangerdd arni – mam yn canu i'w phlentyn: 'cwsg, f'annwyl', 'cwsg, fychan', a 'cwsg heno, i hwiangerdd dy fam' – cerdd hanfodol wleidyddol yw hi. Gwneud pwynt gwleidyddol y mae'r bardd wrth fynegi gobaith am heddwch hir ei hoedl ac ystyried dyfodol y genhedlaeth nesaf: 'Croeso, heddwch, wele'r hysbyseb: "Dyma fyd i fabanod yn unig".'

Mae'r gerdd, er hynny, yn dibynnu ar fythau digon hanfodaidd eu naws parthed mamolaeth i sicrhau ei llwyddiant megis y cysylltiad rhwng menywod a gofal ac yn fwy penodol, gofal am blant. Cyfeiria Paula Caplan at fyth y 'fam dda' a bod disgwyl i fenywod o'r herwydd estyn gofal – 'desperate to be nurturant all the time'[36] – ac yn arbennig felly, ofal tuag at blant a gwybod yn reddfol sut i wneud hynny: 'mothers naturally, perhaps for hormonal reasons, know eveything they need to know about mothering'.[37] Yn yr un modd, ceir mythau hanfodaidd eu gogwydd parthed y cysylltiad rhwng benyweidd-dra a heddychiaeth ar y naill law, a gwrywdod a rhyfela ar y llaw arall, a rôl bwysig y fam o'r herwydd yn y broses o sicrhau a chadw heddwch. Cofiwn wrth gwrs eiriau Virginia Woolf ar fater rhyfel, yn ei llythyr ffuglennol at ddynion ar ddechrau'r ganrif ddiwethaf:

> For though many instincts are more or less held in common by both sexes, to fight has always been the man's habit, not the woman's. . . . Scarcely a human being in the course of history has fallen to a woman's rifle; the vast majority of birds and beasts have been killed by you.[38]

A dyna eiriau'r swffragét a'r arweinydd heddwch, Emeline Pethick Laurence, rai blynyddoedd yn gynharach yn pwysleisio'r cysylltiad hanfodaidd rhwng mamau a heddychiaeth:

> The bed-rock of humanity is motherhood. The solidarity of the world's motherhood, potential or otherwise, underlies all cleavages of nationality. Men have conflicting interests and ambitions. Women all the world over, speaking broadly, have one passion and one vocation, and that is the creation and preservation of human life.[39]

Dau o blith nifer o leisiau sy'n bytholi mythau am y fam yw'r rhain ond gellir cydymdeimlo â'r safbwyntiau hanfodaidd gan eu bod yn deillio o ddechrau'r ugeinfed ganrif, cyfnod pan oedd y gwahaniaeth rhwng rôl ddisgwyliedig y ddau ryw yn fwy diffiniedig yn gymdeithasol nag ydoedd ar ddiwedd y ganrif. Yr hyn sy'n ddiddorol yw bod Menna Elfyn, er ei bod yn cyfansoddi tua diwedd yr ugeinfed ganrif, yn dibynnu ar fythau tebyg, yn arbennig wrth ganu yn llais y fam drosiadol. Yn 'Cerdd Groeso', cenir yn hwiangerddol gan ddefnyddio persona 'mam' er mwyn awgrymu pwysigrwydd dangos gofal, tynerwch a chariad tuag at y plant bach a aned yn Fiet-nam er parhad heddwch. Dyna a ddigwydd hefyd yn y gerdd ac iddi'r teitl hwiangerddol 'Heno, heno, hen blant bach',[40] wrth fynegi tristwch ynghylch anghyfiawnder plant yn diflannu ac yn cael eu llofruddio. Yr hyn a wna cerddi o'r fath yw pwysleisio ymhellach y berthynas honedig honno rhwng menywod, neu'n benodol, rhwng mamau a heddychiaeth.

Yn yr un modd, fe'i pwysleisir i raddau yn 'Cân i Reagan',[41] lle y cyfosodir rôl dynion â'r rôl y disgwylir i fenywod ei chwarae ar adeg rhyfel. Er hynny, nid derbyn rôl y fam yn ddigwestiwn a wneir yma a dibynnu ar gredoau hanfodaidd ond canu o safbwynt y fam er mwyn gwneud pwynt gwleidyddol parthed y rôl sy'n ddisgwyliedig oddi wrthi. Dychenir y dynion 'sy'n chwarae grym/fel chwarae â'u cerrig' a'r ffaith eu bod yn gorfodi'r menywod i ddioddef o achos hyn: 'mewn rhyfel dioddefwn . . . maen nhw wrthi'n bomio/ cyn ein treisio.' Yn yr achos penodol hwn, cyfeirio at ryfel niwclear a wneir, a thra mae'r dynion yn rhyfela, awgrymir mai'r hyn y disgwylir i'r fam ei wneud yw 'rhoi fy nhŷ i mewn trefn'. Codir mur rhwng y rhywiau, a'r hyn sydd yn ymhlyg felly yw nad oes i fenywod le mewn byd gwleidyddol o'r fath ond bod disgwyl iddynt yn hytrach ddygnu arni gyda'u dyletswyddau domestig. Try'r bardd ar ei ben y sylw hwn parthed yr hyn sy'n ddisgwyliedig gan fam a chanu'n ddeifiol am sut y mae hi am gyflawni ei rôl a gwneud yr hyn 'fydden nhw am i ni ferched wneud [sic]'. Ei syniad iasol parthed rhoi'r tŷ 'mewn trefn' yw lladd ei theulu yn y cartref, fel na raid iddynt ddioddef y farwolaeth erchyll o 'ffrwydro gyda'r llu'. Ffug-ddethlir y cynllun wrth sôn yn gellweirus am 'shampein' a 'coke' yn llifo, a blas braf y tabledi am fod 'blas yn cyfri mewn Swper Olaf'. Cenir yma yn llais y fam fetafforig er mwyn pwysleisio anniddigrwydd parthed polisïau rhyfel dynion megis yr Arlywydd Reagan, ond fe'i defnyddir hefyd i ddatgan anfodlonrwydd ynghylch y rôl israddol y disgwylir i'r fam ei chwarae. Defnyddia'r fam fetafforig ei sefyllfa ddomestig i herio'r batriarchaeth ryfelgar sy'n mynnu ei chaethiwo. Yn eironig ddigon, felly, mae'r bardd ar y naill law yn dibynnu ar fythau parthed y cysylltiad hanfodaidd rhwng mamolaeth a heddychiaeth i sôn am ei gwrthwynebiad i ryfel, ond eto ar y llaw arall mae'n gwrthwynebu syniadau hanfodaidd yng nghyswllt swyddogaeth ddomestig y fam, er ei bod yn ddigon parod i ddefnyddio'r sefyllfa honno i herio'r drefn.

Yr un yw deuoliaeth 'Cadwn y bwystfil rhag y mur'[42] lle y cenir am wersyll heddwch Comin Greenham yn llais y fam fetafforig. Unwaith eto, defnyddir llais mam i bwysleisio hanfod heddychlon honedig mamau, er nad yw'n gwbl fodlon ar yr hyn sy'n ddisgwyliedig ganddi fel 'mam'. Yn y pennill cyntaf sonia amdani ei hun yn rhan o'r criw o fenywod a chrybwyllir y rôl y disgwylid iddynt ei chwarae: 'buom adre'n bur/. . . buom yn caru plant,/caru'n gwŷr'. Ceir awgrym cryf eto felly mai peth hanfodol wrywaidd yw rhyfel wrth sôn amdano fel 'baedd' ac yna'r frwydr rhwng y 'bwystfil' a'r 'bronnau'. Er gwaetha'r gwahaniaeth honedig hwn rhwng heddychiaeth 'benywaidd' y mamau a'r rhyfelgarwch gwrywaidd, nid yw'r mamau'n fodlon derbyn eu rôl ddisgwyliedig:

> Buom adre'n bur
> A nawr y myn rhai merched
> Fynd i 'gad'.
> Daw'r gri
> Gwnewch eich rhan, talwch y dreth –
> A'n hunig ateb i hyn yw –
> I BETH?

Ceir yma ddeuoliaeth ryfedd. Er bod y gerdd yn dibynnu ar fythau am fenywod (gofalu am y gwersyll megis gofalu am y cartref – 'yn gwarchod cartref/fel gwarchod Greenham'), ac er pwysleisio natur heddychlon honedig menywod, ceir anfodlonrwydd ynghylch cael eu trin yn wahanol am eu bod yn fenywod. Cenir yn fetafforig fel mam ddomestig, felly, am fod y gymdeithas yn disgwyl iddi fod yn fam ddomestig, ond fe wna hyn er mwyn iddi allu herio'r modd y caiff ei thrin fel mam ddomestig. Mewn gair, cenir fel mam er mwyn troi'r cysyniad o fam a'r hyn sy'n ddisgwyliedig oddi wrthi ar ei ben.

Yr hyn sy'n drawiadol am y gerdd yn ei chyfanrwydd yw'r modd y try'r bardd bethau eraill tu chwith allan hefyd. Gellir gwneud cysylltiad amlwg rhwng y gerdd a daliadau heddychol Waldo Williams, boed hynny o achos y teitl sy'n cyfeirio at 'Preseli', neu o achos y gwrthwynebiad ynghylch talu'r dreth yn y pennill olaf, sef wrth gwrs ei union safiad yntau.[43] Er hynny, mae'r geiriad ychydig yn wahanol – 'cadwn y mur rhag y bwystfil' yw union eiriau Waldo ond yng ngherdd Menna ceir 'cadwn y bwystfil rhag y mur'. Mae'n bosib wrth gwrs mai camddyfyniad a geir yma ond eto, gellir dadlau bod yma bwyslais gwahanol bwriadol. Tra mae Waldo am 'gadw'r mur' yn heddychlon rhag y bwystfil, efallai fod mwy o her yn perthyn i eiriau Menna, hynny yw ymgais ymwybodol i ymladd yn erbyn y bwystfil – 'cadwn y bwystfil rhag y mur'. Cadw'r bwystfil o ryfel i ffwrdd sydd ganddi mewn golwg, nid gwarchod y mur yn unig rhagddo. Tybed a oes yma awgrym, felly, yn y tebygrwydd a'r gwahaniaeth hwn rhwng y ddwy gerdd, fod y bardd yn rhannu safbwynt heddychol Waldo Williams i ryw raddau, ond eto'n methu ei rannu'n llwyr am fod goblygiadau gwahanol i fod yn fenyw o heddychwraig? Fel menyw o fam, caiff ei hwynebu â'r gri, 'Ewch adre, magwch eich plant', ac o'r herwydd rhaid yw ymateb nid yn unig i'r rhyfel ei hun ond hefyd i'r rhyfel rhwng y rhywiau a rhyfela yn erbyn yr hyn sy'n ddisgwyledig ganddi.

Yn 'Cadwn y Bwystfil Rhag y Mur', mae llais y fam yn herio i bwrpas gwleidyddol, mewn modd tebyg iawn i'r hyn a geir yn llawer o'r cerddi eraill lle clywn lais y fam fetafforig. Dyma hefyd a geir yn 'Gadewch i'n plant fod yn blant, os gwelwch yn dda',[44] lle y mae'r teitl ynddo'i hun yn gais o fath. Rhydd y ferf orchmynnol, 'gadewch', a ailadroddir trwy gydol y gerdd, awgrym cryf fod y fam yn lleisio'i barn er mwyn ennyn ymateb i annhegwch carcharu rhai o aelodau Cymdeithas yr Iaith ar Sul y Blodau 1979. Rhestrir yr holl bethau y mae'n rhaid i'r gwragedd a'r mamau eu dioddef gyda'r plant yn absenoldeb y dynion – 'y poenau tyfu anorfod/. . . a dagrau nas rhyddheir/o efynnau'r llygaid . . ./a bwndelau gofidiau gwraig' – cyn gorffen gyda'i phle:

> Gadewch i'n plant
> Fod yn blant
> Yn gyntaf
>   Yn gyntaf
>   Yn GYNTAF.

Cenir yn llais y fam fetafforig felly er mwyn pwysleisio'r newid a ddaeth i deuluoedd y tadau a arestiwyd yn eu hymgyrchoedd yn ymwneud â'r iaith. Yn hyn o beth, tynnir sylw at annhegwch eu carchariad oherwydd yn y pen draw y mamau a'r plant a gosbir gan y wladwriaeth sy'n mynnu carcharu'r dynion.

Gwneir pwynt gwleidyddol ar yr un mater ond o safbwynt gwahanol yn 'Cerdd Mam Bedydd [sic], Llian Alys'.[45] Yma cawn y bardd yn canu'n fetafforig fel mam yn rhinwedd ei rôl fel mam fedydd. O'r hyn y gellir ei gasglu, roedd y tad, sef Wayne Williams, yng ngharchar o ganlyniad i brotestiadau Cymdeithas yr Iaith, a rhaid i'r fam fedydd felly gamu i'r adwy ar ben-blwydd ei ferch yn ei absenoldeb – 'lluniais gân am na chafodd dy dad/lunio gwers'. Mae'r ffaith ei bod yn gorfod canu ar ei ran, ynddo'i hun, yn her i'r sawl a'i carcharodd – 'Y gerdd yw'r "wers" am na all fwrw'n rhydd'. Canu fel mam ddirprwyol sydd raid er mwyn tynnu sylw at absenoldeb anorfod y tad, ac wrth wneud hyn mae hi hefyd yn cyfuno'r syniad o fod yn fam ddirprwyol gyda bardd yn llunio cân. Cerdd ar gyfer achlysur yw hon hefyd, ac megis yn achos 'Gyda Diolch',[46] cenir yn llais y fam sy'n fam ar ei chyfrwng. Dyma ni'n ôl felly gyda'r gorgyffwrdd rhwng persona'r bardd a'r fam – rhywbeth a welwyd i raddau helaeth yn y gerdd gyntaf honno lle y clywyd llais y fam yn gyntaf, 'Y Geni'.

Cyfyd y syniad hwn o farddoni neu fod yn fam ar gyfrwng yn aml yn y cerddi lle y clywn y fam fetafforig. Trown at y rheini'n awr, er mwyn sylwi ar y gwahaniaeth rhwng Menna Elfyn ac Adrienne Rich, a honnai, cofier, mai sfferau ar wahân yw barddoniaeth a mamolaeth. Ceir sawl cip ar y 'fam o fardd' yng ngwaith Menna, a hynny weithiau at bwrpas trafod confensiynau'r byd barddoni. Eir ati mewn sawl cerdd i ddarlunio ei hamodau cyfansoddi a diau y gwneir hynny er mwyn tynnu sylw, unwaith eto, at yr hyn sy'n ddisgwyliedig oddi wrth fam, o'i gymharu â dyn, dyweder. Yn 'Bardd di-gadair freichiau'[47] cenir yn benodol fel mam yn brotest o fath yn erbyn y rhai a fyn 'fy nghau mewn stafell/i chwilio camffor/yr hyn a alwodd dynion yn Awen'. Honna y daw ysbrydoliaeth iddi hi yng nghanol bywyd domestig bob dydd: 'hi a ddaw yn sydyn ganol swper/. . . adeg chwilio ffiws/ynghanol y fagddu/a'r plant dan draed.' Nid yw'n neges annhebyg i 'Adeiladau'r Bardd'[48] lle y crybwyllir yn goeglyd fod barddoni, i rai dynion megis '[Robert] Frost', 'Dylan [Thomas]' a '[Hugh] MacDiarmid', wedi bod yn weithred hamddenol ymlaciol, cyn sôn yn ddigon brathog am yr olaf – '[c]erddi bythol hir,/siawns y sgwennodd hwy rhwng/rhoi moddion peswch i'r plant.' Yr awgrym a geir yw bod y fam sy'n barddoni yn gorfod llwyddo i wneud hynny ymysg y llu o bethau sy'n ddisgwyliedig ganddi, a gellir ei darllen fel protest o fath yn erbyn patriarchaeth y traddodiad barddol.

Gwelir yr un gorgyffwrdd rhwng ei hunaniaeth fel 'mam' ac fel 'bardd' hefyd mewn cerddi lle y ceir myfyrdod barddol sy'n ymylu ar fod yn athronyddol, a ddeillia o'r profiad o fod yn fam, megis 'Dau Fod Mewn Car'.[49] Cychwynnir trwy ddisgrifio taith mewn car, a chwestiynau ei mab – 'sut oeddet ti'n bod/os nad own i;/a ble'r own i ta beth[?]'. Mae'n anodd gwybod yn union ble i osod y gerdd ar hyd y continwwm metonymaidd/metafforig gan fod y dechrau hwn yn ymwneud yn uniongyrchol, fe ymddengys, â'r profiad o fod yn fam – y metonymaidd. Buan y try'r cwestiwn a'r profiad sydd ynghlwm wrth amser yn fyfyrdod barddol ynghylch semanteg:

> Y bach na ddeall Drefen
> Mor fawr
> (fwy na minnau)
> Ond yn ailddysgu'r sawl
> A 'fu' cyn iddo fe 'fod'
> Mai ei fyw e yw geni'r fam.

Bron na'm temtir i ymhelaethu ac awgrymu 'mai ei fyw e yw geni'r bardd hefyd' oherwydd gwelir yn aml fod ei phersona fel mam yn caniatáu iddi ymagweddu fel bardd hefyd.

Dyna a ddigwydd yn 'Gyda'r Plant'[50] a 'Lawr i'r Nefoedd',[51] lle y trafodir dywediadau'r plant, a'r modd y gwnânt i'r bardd edrych ar bethau mewn ffordd newydd – eisiau 'gweld Duw yn yr haul' y mae'r mab ar y naill law, a mynd i 'lawr i'r nefoedd' (y fynwent!) y mae'r ferch. Archwilir posibiliadau ystyron y dywediadau diniwed hyn, gan rannu â'r darllenydd yr ymdeimlad o annigonolrwydd a ddaw i'w rhan hithau fel mam,[52] naill ai am na all eu hateb ar y pryd – 'sut ddyliwn [sic] ateb?' – neu am fod dywediadau'r plant yn nes ati, ac yn fwy dychmygus na byd yr oedolion:

> A thi sydd yn iawn:
> yn llunio dy nefoedd ar y ddaear,
> yn glanhau'n rhagrith â'th rialtwch,
> gan chwerthin â'th draed
> dros ddwyster
> ein tipyn beddau.[53]

Bron nad yr unig ymateb y gall ei gynnig yw'r ymateb barddol ynddo'i hun sy'n ymgorffori'r dywediadau hyn. Defnyddia'i llais fel mam i archwilio'r ysbrydoliaeth farddol y gall plant ei chynnig, ond yn ogystal er mwyn enghreifftio'r hyn a wêl hi yn hanfod barddoniaeth:

> Y plant unwaith eto'n llefaru,
> yn cymysgu'r ysbrydol a'r bydol . . .
> a'u gwneud yn un. Jest fel cerdd.[54]

Diweddwn felly gyda'r cysyniad o hunaniaeth gyfun – y 'fam' a'r 'bardd' – sy'n brawf nad endidau ar wahân mohonynt, chwedl Rich. Yn wir, gwelir cymaint y gorgyffwrdd sydd rhwng y ddwy hunaniaeth yn y byd go-iawn, y tu hwnt i'r cerddi, pan droir at eiriau cyfarch Menna i'w phlant ar ddechrau *Mynd Lawr i'r Nefoedd*:

> Cans gyda chi rwy ond yn hanner bardd
> Ond heboch chi does dim barddoniaeth.[55]

~

Ôl-Nodyn i'r llythyr

Wel Martha, wn i ddim beth yw dy farn ynghylch y bennod eto, ond dyma rai o'r pethau a'm trawodd i wrth ei hysgrifennu.

Yn gyntaf, ffalsrwydd y broses o ddosbarthu cerddi i gategorïau penodol. Gan fy mod i wedi penderfynu dilyn un trywydd penodol, sef llais y fam yn ei amryw weddau, roeddwn wrth wneud hyn yn cymryd yn ganiataol yn y lle cyntaf fod cerddi yno i gael eu dehongli. Ymhellach, roeddwn yn rhagdybio bod modd gwneud cysylltiadau rhwng cerddi a'i gilydd, a'i bod yn bosibl dod o hyd i 'dystiolaeth' parthed fy namcaniaeth ond imi edrych yn ddigon dyfal amdani.

Fel y gweli, mynd ar ôl llais y fam a wnes ond dychmyga, fi oedd wedi dewis darllen drwy'r 'categori' hwnnw ac felly roedd y darlleniad yn seiliedig ar ddewis cwbl oddrychol. Gallwn yn rhwydd fod wedi dewis dilyn pob cerdd yn dechrau â'r llythyren 'l' neu bob cerdd sy'n bymtheng llinell o hyd ac ystyried arwyddocâd hynny. Er mor ymddangosiadol wallgof yw'r syniadau hynny, ni fyddent yn wahanol iawn mewn gwirionedd i ddewis cerddi'r 'fam' fel man cychwyn oherwydd y mae hwnnw'n gategori llawn mor oddrychol. Confensiwn artiffisial ydyw'r categoreiddio hwn ac fe bennir y casgliad i raddau helaeth gan yr hyn y dewisa'r darllenydd ei weld neu fynd ar ei ôl. Yn ôl Simon Critchley:

> Betrayal is the fate of all commentary. For commentary is never neutral; it employs a meta-language which always derives from *choice* or *decision* – in short a critical judgement which focuses upon certain texts, themes and authors to the exclusion of others.[56]

A dyna fu hanes fy sylwebaeth i. Wrth wneud dewis ymwybodol i ysgrifennu darn thematig am famau, cefais fy arwain i feddwl mewn ffordd thematig benodol, ac o'r herwydd fy nghloi mewn 'meta-iaith' arbennig. Y thema oedd yn pennu cyfeiriad y gwaith mewn gwirionedd ac, i raddau, yn fy nghaethiwo.

Fel y gweli wrth ddarllen y bennod, euthum ar drywydd y fam fetonymaidd a'r fam fetafforig fel modd i drafod y gwahaniaeth rhwng y lleisiau mamol a geir yng ngwaith Menna. Serch hynny, cododd ambell broblem wrth ddosbarthu'r cerddi i'w dadansoddi, sef yn gyntaf, pa gerddi? Yn ail, pa gategorïau? Ac yn drydydd, a yw'r categorïau'n ddigonol?

Pa gerddi?

Roedd hi'n drafferth dewis, dethol a didoli'r cerddi. Wrth reswm, trwy ddilyn llais y fam chwiliwn am drosiadau a geiriau'n ymwneud â genedigaeth neu fagu plant, ac fe aeth hyn yn dipyn o obsesiwn gen i – yn famaholiaeth yn wir. A oes sôn am enedigaeth yma? Oes: tic. A oes sôn am fagu plant? Oes: tic. A heb yn wybod imi roeddwn i'n dechrau gwallgofi ac yn dymuno dehongli llais y fam ym mhob cerdd bron iawn! Euthum yn ôl drwyddynt eto a rhoi'r cerddi nad oeddynt yn ddiamheuol 'famol' o'r neilltu a chedwais restr o rai posibl i'w cynnwys petai cyfle i wneud hynny. Ystyria 'Cerdd Mam Bedydd, Llian Alys'. Gallwn yn rhwydd fod wedi ei hanwybyddu ond ar ôl ysgrifennu paragraff am famau yn gwarchod tra oedd y tadau yn y carchar cefais syniad am 'fam ddirprwyol' a phenderfynu taflu'r gerdd hon i'r grochan hefyd. Roedd sawl cerdd arall wrth gefn y gallwn fod wedi ei thrafod e.e. 'Erthylu' yn *Stafelloedd Aros* lle y trafodir y gwahaniaeth rhwng mam a ddiweddodd fywyd y plentyn yn ei chroth yn fwriadol a'r un a wnaeth hynny'n anfwriadol:

> Dwy wraig a dau orwel
> Ar erchwyn ei gilydd
> A gwyll anghyrhaeddol [sic] rhyngddynt.

Serch hynny, cyrhaeddais ddiwedd y bennod heb gyfle i gyfeirio at y cerddi hyn am na chefais hyd i le addas i'w stwffio i'r darn, felly eu hanghofio fu'n rhaid.

Yr hyn a'm trawodd fwyaf ynghylch y profiad hwn, Martha, oedd mor ddiddiwedd oedd y broses ddethol. Yn wir, ni ddaeth i ben tan i'r darn ynddo'i hun ddirwyn i ben. Er bod tuedd i feddwl am y broses ddarllen fel un sydd ar wahân i'r broses ysgrifennu (cofiaf dy eiriau dithau yn hyn o beth – 'rwy'n cymryd tridiau i "ddarllen" ar gyfer traethawd a thridiau i'w ysgrifennu'), mewn gwirionedd mae'r ysgrifennwr yn ddarllenydd hyd nes iddo orffen ei ddarn. Soniaf ragor am hyn yn y man!

Pa gategori?

Fel y gwyddost, roedd gen i ddau brif gategori – y 'metafforig' a'r 'metonymig' – a thasg anodd oedd penderfynu weithiau ym mha un y gosodwn gerdd. Roeddwn yn daer i weld cerddi'n disgyn i'r naill gategori neu'r llall er mwyn atgyfnerthu fy nehongliad, ac o'r herwydd rwy'n ofni imi ddewis gweld arwyddocâd metonymig a throsiadol mewn rhai cerddi dethol gan anwybyddu eraill yn fwriadol am nad oeddynt yn ffitio'n llwyr i'm dyhead deongliadol. Gwae'r dychymyg ewyllysgar!

Weithiau roedd rhai cerddi'n codi y gellid yn rhwydd eu gosod yn y ddau gategori a dyma'r lle'r oedd y problemau'n codi. Fel y gwyddost ti, rwy'n un ofnadwy am benderfynu, felly roedd gorfod gwthio cerddi i un o ddwy gorlan, fel defaid bach taclus, yn dra chymhleth ac euthum i bendroni, 'A ydw i mewn gwirionedd wedi bod yn rhy simplistig wrth awgrymu mai dau fath o fam yn unig a geir yma? Oes mwy na hynny ond nad oes gen i enw teilwng ar eu cyfer?' Dyma f'arwain at y pwynt nesaf . . .

A oedd y categorïau'n ddigonol?

Mewn gair, nac oeddynt. Problem ategol gyda chreu pennod o'r fath oedd imi godi mur rhwng y ddau fath gwahanol o fam ac awgrymu, yn sgil y rhaniad, fod hollt ddeuol rhyngddynt yn hytrach na bod modd dilyn datblygiad o un fam i'r llall ar gontinwwm. Wrth sôn am *Stafelloedd Aros*, er enghraifft, tybiwn i ddechrau mai'r fam fetonymig oedd ynddi, ac felly gosodais y gyfrol yn y categori hwnnw i'w thrafod yn ei chyfanrwydd. Ond wrth edrych ar y gyfrol eto, daeth yn amlwg fod Menna yn pendilio rhwng y ddau fath o fam, a hyd yn oed yn gwneud hynny ar lefel cerddi unigol. Cefais fy nhemtio'n fawr i anwybyddu'r sylweddoliad newydd yn enw creu pennod drefnus a ymrannai'n ddestlus yn ddwy ran, ond ni fyddwn wedi bod yn driw iawn i'm darlleniad newydd petawn i wedi gwneud hynny. Ei newid fu'n rhaid, ac felly'r ail fersiwn a gefaist ti. A dyma godi cwestiwn amwys: a oes raid i'r darllenydd academaidd fod yn driw i'w ddarlleniad ei hun? Oni allwn fod wedi twyllo fy narllenydd, yn enwedig y rheini nad ydynt wedi darllen y testunau'n fanwl, ac anwybyddu ambell gerdd nad oeddynt yn ffitio'n union i'm dehongliad? A allwn esgus fy mod wedi dod i gasgliad, er fy mod i'n gallu gweld tyllau mawr yn fy nadleuon fy hun?

Cefais fy nhynnu rhwng dau ddyhead, felly. Ar y naill law, dyhead i weld trefn a olygai fy mod yn dewis gweld Menna weithiau yn canu un ffordd neu'r llall yn y cerddi at bwrpas creu pennod gydlynol a threfnus, er bod rhai cerddi y gellid bod wedi dadlau o blaid eu gosod yn y ddau gategori neu yn y man canol rhyngddynt. Ond ar y llaw arall, fe'm plagiwyd gan ddyletswydd i fod yn driw i'm darlleniad fy hun sef cydnabod bodolaeth llawer o lwydni yn y gagendor hwnnw rhwng y categorïau ymddangosiadol ddu a gwyn. Mae hi gymaint yn haws gweld pethau'n ddu a gwyn, ac yn daclusach i'w trafod, ond eto roedd yn rhaid cyfaddef bod rhai cerddi'n perthyn i'r tir llwyd.

Wrth greu pennod o'r fath mae gofyn cuddio ansicrwydd a dewis un trywydd deongliadol penodol, ond canlyniad hyn i raddau yw taflu llwch i lygaid darllenwyr. Nid yw pennod yn gyfrwng sy'n caniatáu i'r awdur ailddarllen ac ailystyried, neu os ydyw rhywun yn ailystyried a'r gwaith heb fynd at wasg neu heb fod wedi ei rwymo'n derfynol, rhaid symud paragraffau o gwmpas a chuddio'r darlleniadau blaenorol. Nid amlygir y wir broses ddarllen mewn unrhyw ffordd ond awgrymir ei bod yn daclus a gorffenedig.

Rhaid imi gyfaddef, Martha, fod amheuon yn fy mhlagio wrth ailddarllen y gwaith. Sonia Stanley Fish am 'how easy it is to surrender to the bias of our critical language and begin to talk as if poems, not readers or interpreters, did things'.[57] Wrth edrych dros y bennod, sylwaf fy mod innau wedi cwympo i'r fagl honno, os 'bagl', gan faentumio yn rhy aml o lawer mai'r cerddi ynddynt eu hunain sy'n cyfathrebu, e.e. 'Cerdd ymwybodol gyfathrebol o ran ei gwneuthuriad yw . . .' Wrth gwrs, nid yw'r testun ei hun yn cyfathrebu am mai'r darllenydd a rydd ystyr iddo wrth ei ddarllen; ond mae'n anodd peidio â gwneud i'r peth swnio fel arall wrth ysgrifennu.

Wrth ailddarllen caf hefyd ysfa i edrych ar gerddi unigol ac ailfeddwl. Wrth edrych ar 'Cadwn y Bwystfil Rhag y Mur', rwy'n gweld bellach fod modd darllen teitl Menna fel cyfeiriad dwbl at waith Waldo – ei eiriau yn un rhan o 'Preseli' a'i gystrawen mewn rhan arall – 'Cadwn y Mur rhag y bwystfil/Cadwn y ffynnon rhag y baw.' Ond byddai cynnwys y manylion ychwanegol hyn yn golygu gorfod ailfeddwl ynghylch fy syniad fod yma wahaniaethu bwriadol rhwng teitl cerdd Menna a'r gerdd wreiddiol, ac nid oes gennyf mo'r awydd i fynd yn ôl i ymhél â hynny!

Rwy'n ailfeddwl hefyd ynghylch y categorïau cychwynnol. Ofnaf imi fentro'n rhy sydyn i feddwl bod modd dehongli llais y fam yn 'Cerdd Groeso', gan y byddai'n rheitiach trafod y gerdd yn nes ymlaen yn fy nhraethawd o dan deitl yr 'ymgyrchwraig heddwch'. Byddai modd ei thrafod eto yn y traethawd mewn cyd-destun gwahanol, ond efallai y byddai'r darllenydd yn gweld hynny fel gweithred ailadroddus.

Yn wir iti, Martha, ers ysgrifennu'r darn rwy'n hanner meddwl mai'r fam drosiadol a glywn drwy gydol gwaith Menna am fod ysgrifennu ynddo'i hun yn weithred drosiadol, a bod geiriau hefyd yn 'drosiadau'. Hollti blew yw parhau i fwydro fel hyn, a gwell fyddai tewi neu byddaf yn dadansoddi'r dadansoddiad o'r dadansoddiad ac wedi mynd llawer rhy bell gyda'r 'mamau' hyn!

Cyn cloi, mae'n werth crybwyll y gwahanol swyddogaethau darllen sy'n gorfod cydfodoli wrth i rywun ysgrifennu pennod 'academaidd' ei naws a'i golwg. Wrth ysgrifennu llythyrau atat ti, Martha, gallaf wrth reswm fod yn weddol anffurfiol ac yn eithaf gonest. Gyda phennod, er hynny, mae gofyn am arddull fwy ffurfiol, tôn sicr wrth gyflwyno dadl a throednodiadau, wrth gwrs, yn dystiolaeth i ddilysrwydd y ddadl. Mewn gair, mae gofyn chwarae rôl y darllenydd dysgedig a chydymffurfio â chonfensiwn traethawd academaidd er mwyn i bobl fy nghymryd o ddifrif. Ond mae o leiaf ddau fath o ddarllenydd yn ymgiprys â'i gilydd ynof wrth greu darn o'r fath: y darllenydd go-iawn a'r darllenydd sy'n chwarae rôl.

Cyfeiria Walker Gibson at fater tebyg wrth ddisgrifio'r gwahaniaeth rhwng 'the *author* of a literary work of art and the fictitious *speaker* within the work of art'.[58] Dadleua fod dau fath o ddarllenydd yn dod i'r amlwg ym mhob profiad llenyddol. Ar un llaw ceir y 'real reader . . . upon whose crossed knee rests the open volume, and whose personality is as complex and as ultimately inexpressible as any dead poet's'. Ac ar y llaw arall ceir y 'mock reader':

> The fictitious reader . . . whose mask and costume the individual takes on in order to experience the language. The mock reader is an artifact, controlled, simplified, abstracted out of the chaos of day-to-day sensation.[59]

Pwysleisir bod modd bod yn sawl person wrth ddarllen a'i bod yn bwysig i'r darllenydd fod yn ymwybodol o hyn:

> The literary experience is not just a relation between themselves and an author, or even between themselves and a fictitious speaker, but a relation between such a speaker and a projection, a fictitious modification of themselves.[60]

Y 'fictitious modification of themselves' sy'n mynnu tynnu fy sylw yma. Mae'r 'mock reader' yn ddarllenydd gwahanol i'r darllenydd greddfol, 'real' ynom; darllenydd sy'n ei greu ei hun yn unol â'r hyn sy'n ddisgwyliedig ydyw. Yn fy achos penodol i wrth ysgrifennu'r bennod, roedd yn rhaid gwisgo masg, chwedl Gibson, a darllen mewn modd a fyddai'n dderbyniol gan fy narllenwyr tybiedig sef yn y lle cyntaf fy nghyfarwyddwyr ac yn y pen draw, yr arholwyr. Thâl hi ddim gwneud sylw tebyg i 'ddim yn gwybod beth yffach mae'r awdur yn ei ddweud yma', er mai dyna yw'r teimlad 'real' ar brydiau. Mae gofyn bod yn ddarllenydd ffug. Ac mewn gwirionedd, mae gofyn i rywun hefyd fod yn ysgrifennwr ffug mewn achos o'r fath, neu'n 'speaker' chwedl Gibson. Proses o chwarae rôl ydyw ar ei hyd: fersiwn ffug o'r 'awdur' a geir yn y testun sy'n cael ei ddarllen, rhaid darllen gan fabwysiadu persona darllenydd 'ffug', a rhaid ysgrifennu am y testun hefyd fel ysgrifennwr 'ffug'.

Dyma, mi dybiaf, yw'r gwahaniaethau rhwng darllen er mwyn pleser a darllen 'academaidd' sy'n cymryd yn ganiataol fod testunau yno i gael eu hastudio a'u tynnu'n ddarnau. 'Ysgrifennu' yw prif amcan y darllenydd 'academaidd', er mwyn dangos ei fod wedi bod trwy'r broses ddarllen. Confensiwn pellach at ei alw ydyw creu darn 'newydd' trwy honni gwneud cysylltiadau rhwng testunau. Chwarae rôl a wna gan weld yr hyn sy'n siwtio'i ddadl ac anwybyddu rhai cerddi nad oes lle iddynt ar hyd ei drywydd thematig penodol, hynny yw, cerddi sy'n mynd yn groes i'w ddadl – a thwyllo'i ddarllenydd ei hun yn y fargen fod cerddi'n ymrannu'n adrannau destlus!

Erbyn meddwl, efallai nad yw'n dwyll i gyd. Mae rhesymau eraill, mae'n siŵr, pam nad yw beirniaid wrth ysgrifennu yn fodlon dangos olion igam-ogam eu taith, eu darlleniadau amodol, eu camddarlleniadau a'u hailddarlleniadau. Un yw eu dyletswydd dybiedig tuag at eu darllenwyr; disgwylir i'r beirniad egluro; disgwylir i'r beirniad lunio cyfanwaith gorffenedig. Rheswm arall yw bod cyrraedd darlleniad argyhoeddiadol yn peri i rywun fod yn anfodlon mynd yn ôl dros y daith. Fe'n cyflyrwyd hefyd gan gonfensiynau ysgrifennu academaidd a hyfforddiant ymchwil i gymryd mai afradu geiriau yw dweud 'Rwyf yn meddwl bod x yn bwysig' yn lle 'Mae x yn bwysig'.

Mae'n digwydd er hynny. Tybed ai cyd-ddigwyddiad yw hi mai mewn gwaith beirniadol gan fenywod y'i gwelir mor aml? Dyma Sioned Puw Rowlands yn adolygu *Rhwng Noson Wen a Phlygain* Sonia Edwards, er enghraifft:

> Mae yna linynnau naratif wedi eu clymu'n gywrain yma. Wyth stori sydd yn perthyn ac yn cynnal ei gilydd ydi'r gyfrol yn hytrach na rhes o ddominos un ar ôl y llall ... Er mwyn cadw llinyn rhyngddynt, mae'r darllenydd yn gorfod defnyddio tipyn ar ei ddychymyg ei hun, gan lenwi'r bylchau, ddim yn annhebyg i dechneg gwylio ffilm, ble mae'r naratif yn dibynnu ar allu'r gynulleidfa i greu cysylltiadau a phlethu trydydd dimensiwn i mewn i'r stori.[61]

A Fflur Dafydd yn ymateb i *Cadw Dy Ffydd, Brawd* Owen Martell:

> Hon yw'r nofel Gymraeg gyntaf i mi ei darllen ers misoedd lawer, ac a dweud y gwir, nid oedd ei chynnwys na'i phrif gymeriad yn apelio ataf ar yr olwg gyntaf. Mae'n rhaid cyfaddef fy mod i'n un o'r bobl arwynebol hynny sydd yn cofio am ddigwyddiadau ysgytwol a chymeriadau echreiddig i'm diddori. Ond wedi dweud hynny, ysgytwad o fath gwahanol a brofais wrth ddarllen y nofel hon.[62]

Yr hyn sy'n fy nharo i, Martha, yn sgil gweithio ar bennod y fam, yw bod prosesau darllen ac ysgrifennu yn mynd law yn llaw. Fel y sonia Jane P. Tompkins, 'reading and writing join hands, change places, and finally become distinguishable only as two names for the same activity'.⁶³ Ysgrifennwr a darllenydd yn un yw'r beirniad llenyddol, ac os oes tensiwn yn bodoli rhwng y ddwy rôl rhaid ei anwybyddu. Yn y bôn, darllenydd sy'n ysgrifennu categorïau i fodolaeth ydyw, a'r rheini'n oddrychol ac yn ddethol. Fel y crybwylla Norman Holland:

> The unity we find in literary texts is impregnated with the identity that finds that unity. . . . As readers, each of us will . . . have different ways of making the text into an experience with a coherence and significance that satisfies.⁶⁴

Mae hyn i gyd yn fy atgoffa am un wers arhosol, sicr – ac mae'n eithaf cysur. Nid oes y fath beth yn bod â darlleniad terfynol, digyfnewid, positifistaidd. Ni ellir dadelfennu cerdd fel y dadelfennir cyfansoddyn cemegol. Wyddost ti beth? Bron yn ddiarwybod imi fy hun, gwnes y pwynt hwnnw ar ddechrau'r llythyr hwn pan ofynnais iti beidio â darllen ymhellach nes darllen y bennod. Yn ein hawydd i fynnu bod agweddau ar waith awdur y mae'n ddilys inni sôn amdanynt – ac yn eu plith y syniad mai cynnyrch cyfnod ac amgylchiadau arbennig yw llenyddiaeth – mae perygl inni anghofio hanesoldeb ein hymateb ein hunain. Hynny yw, bod ein darllen ni ynghlwm wrth drefn amser. Gall newid am fyrddiwn o resymau: darllen pellach, cynefindra dyfnach, neu rywbeth mor elfennol â'n hawl gynhwynol i newid ein meddwl.

Gofynnais iti aros cyn darllen y llythyr hwn oherwydd heb iti ddod ato ar ôl darllen y bennod, byddai naill ai'n annealladwy neu, fan leiaf, yn lliwio dy agwedd at y bennod. Nawr rwyt ti wedi gweld rhai o'r triciau ar waith!

Ysgrifenna ataf yn fuan,

Rhiannon

Nodiadau

[1] Adrienne Rich, *Of Woman Born: Motherhood as Experience and Institution* (London: Virago, 1977), t. 36.
[2] Katie Gramich, *Twentieth-Century Women's Writing in Wales* (Cardiff: University of Wales Press, 2007), t. 152.
[3] Menna Elfyn, 'Y Geni', *Mwyara* (Llandysul: Gwasg Gomer, 1976), t. 52.
[4] Hélène Cixous, 'Le Rire de la Méduse' (1975); dyfynnir yma o gyfieithiad K. Cohen a P. Cohen, 'The Laugh of the Medusa', yn Hélène Cixous and

Catherine Clément, *The Newly Born Woman* (London: I.B. Tauris, 1996), t. 94.

[5] Domna Stanton, 'Difference on Trial: a critique of the maternal metaphor in Cixous, Irigaray and Kristeva', yn Jeffner Allen and Iris Marion Young (goln), *The Thinking Muse: Feminism and Modern French Philosophy* (Bloomington: Indiana University Press, 1989), tt. 156–79.

[6] Domna Stanton, 'From the Maternal Metaphor to Metonymy and History', yn Burford Norman (gol.), *FLS – The Mother in/and French Literature*, Vol. XXVII (2000), t. 2.

[7] Gw. Roman Jakobson, 'The Metaphoric and Metonymic Poles', yn René Dirven, Ralf Pörings (goln), *Metaphor and Metonymy in Comparison and Contrast* (Berlin: Mouton de Gruyter, 2003), tt. 41–8.

[8] Ibid., t. 43.

[9] Karin Voth Harman, nodyn 13 ar ddiwedd 'Delivering the Mother: Three Anthologies of Birth Poetry', yn Vicky Bertram (gol.), *Kicking Daffodils: Twentieth-century Women Poets* (Edinburgh: Edinburgh University Press, 1997), t. 188.

[10] Karin Voth Harman, 'Delivering the Mother', *Kicking Daffodils*, t. 182.

[11] Cyfeiria Karin Voth Harman at enedigaeth fel 'event which is commonly used as a metaphor for writing', yn 'Delivering the Mother', *Kicking Daffodils*, t. 182.

[12] Gw. sylwadau Bobi Jones yn *Cyfansoddiadau a Beirniadaethau Eisteddfod Genedlaethol Cymru 1977* (Wrecsam a'r Cylch), t. 76.

[13] '*Stafelloedd Aros* (Llandysul: Gwasg Gomer, 1977), t. 35.

[14] Ibid., t. 45.

[15] T. H. Parry-Williams, 'Y Diwedd', *Detholiad o Gerddi* (Llandysul: Gwasg Gomer, 1972), t. 18.

[16] '*Stafelloedd Aros*, t. 40.

[17] Ibid., t. 43.

[18] Ibid., t. 38.

[19] John William Corrington, 'For a woods colt miscarried', yn Charlotte F. Otten (gol.), *The Virago Book of Birth Poetry* (London: Virago, 1993), tt. 169–171.

[20] '*Stafelloedd Aros*, t. 41.

[21] *Eucalyptus* (Llandysul: Gwasg Gomer, 1995), t. 25.

[22] *Geiriadur Prifysgol Cymru*, t. 2664.

[23] Ibid., t. 2664.

[24] '*Stafelloedd Aros*, t. 39.

[25] Ibid., t. 47.

[26] Ibid., t. 36.

[27] Ibid., t. 36.

[28] Dyfynnwyd yn Séan Burke, *Authorship: From Plato to the Postmodern* (Edinburgh: Edinburgh University Press, 1995), t. 303.

[29] '*Stafelloedd Aros*, t. 42.

[30] *Tro'r Haul Arno* (Llandysul: Gwasg Gomer, 1982), t. 31.

[31] *Mynd Lawr i'r Nefoedd* (Llandysul: Gwasg Gomer, 1985), t. 54.

[32] Yr hyn sydd dan sylw yma yw'r pwyslais a rydd theoriwragedd megis Hélène Cixous a Luce Irigaray ar y cysyniad o 'écriture féminine'. Yn ôl y naill, rhaid i fenywod ysgrifennu 'o'r corff' er mwyn eu rhyddhau eu hunain rhag caethiwed patriarchaeth, ac yn ôl y llall, gellir gwneud hynny ar ffurf arddull wasgaredig, nad yw'n cydymffurfio â phatrwm llinol. Yn *'Ce Sexe qui n'en est pas un'*, pwysleisia Irigaray fod perthynas hanfodaidd rhwng benyweidd-dra a mynegiant hylifol – 'woman never speaks evenly. What she utters is flowing, fluctuating. . . . And you cannot hear her, except by losing the "right" and "literal" meaning.' tt. 116–17 yn y gwreiddiol, dyfynnwyd yn Jan Montefiore, *Feminism and Poetry* (London: Pandora Press, 1987), t. 150. Yn unol â'r fath syniadaeth nodweddir ysgrifennu 'benywaidd' gan bwyslais ar gyfleu'r emosiwn yn hytrach na llunio brawddegau neu linellau mewn cystrawen gonfensiynol.

[33] *Tro'r Haul Arno*, t. 51.
[34] *Mynd Lawr i'r Nefoedd*, t. 58.
[35] *Mwyara*, t. 29.
[36] Paula Caplan, 'Don't blame mother' yn Andrea O'Reilly and Sharon Abbey (goln), *Mothers and Daughters: Connection, Empowerment and Transformation* (Oxford: Rowman & Littlefield, 2000), t. 239.
[37] Ibid., t. 240.
[38] Virginia Woolf, 'Three Guineas', *A Room of One's Own, and Three Guineas*, t. 158.
[39] Emeline Pethick Laurence, 'On Motherhood and War', yn John Whiteclay Chambers (gol.), *The Eagle and the Dove: The American Peace Movement and United States Foreign Policy, 1900–1922* (New York: Syracuse University Press, 1991), t. 47.
[40] *Mynd Lawr i'r Nefoedd*, t. 60.
[41] Ibid., tt. 40–1.
[42] Ibid., t. 45.
[43] Cyfeiria Tony Conran at y tebygrwydd rhwng y ddau fardd yn y cyfweliad rhyngddo a Dafydd Johnston yn *Modern Poetry in Translation*, 7 (Spring 1995), t. 197. 'Menna Elfyn and Waldo have more in common than meets the eye. Both of them are from Dyfed, both of them passionate pacifists who are prepared to suffer for their beliefs.'
[44] *Tro'r Haul Arno*, tt. 16–17.
[45] Ibid., tt. 26–7.
[46] Ibid., tt. 56–7.
[47] *Aderyn Bach Mewn Llaw* (Llandysul: Gwasg Gomer, 1990), t. 97.
[48] Ibid., t. 116.
[49] *Mynd Lawr i'r Nefoedd*, t. 19.
[50] Ibid., t. 13.
[51] Ibid., t. 11.
[52] Digwydd hyn hefyd yn 'Diolch Draenog', *Tro'r Haul Arno*, t. 66, ac yn 'Shwd ych chi'n marw, mam?', *Mynd Lawr I'r Nefoedd*, t. 30. Yn y gerdd gyntaf cyfeddyf iddi ddweud wrth y plentyn mai byw'n wyllt a wnâi'r draenog ac yna'i weld eto wrth y drws: 'ni ddywedais wrth y fach –/cans, o wneud,/fe ddryswn fy hun.' Yn yr ail gofynnir iddi am farwolaeth, ac

ni all ateb, yn wyneb ei diffyg profiad o realiti marwolaeth – 'ni welais eto gorff oer/mud'; ond try at farddoniaeth am ateb a cheisio dihysbyddu'r pwnc.

[53] 'Lawr i'r Nefoedd', *Mynd Lawr i'r Nefoedd*, t. 11.
[54] 'Gyda'r Plant', *Mynd Lawr i'r Nefoedd*, t. 13.
[55] Gw. tudalen cyntaf *Mynd Lawr i'r Nefoedd*.
[56] Simon Critchley, *The Ethics of Deconstruction: Derrida and Levinas* (Oxford: Blackwell, 1992), t. 60.
[57] Stanley Fish, 'Interpreting the Variorum', yn Jane P. Tompkins (gol.), *Reader-Response Criticism: from Formalism to Post-Structuralism* (London: The Johns Hopkins University Press, 1980), t. 176.
[58] Walker Gibson, 'Authors, Speakers, Readers, and Mock Readers,' yn Jane P. Tompkins (gol.), *Reader-Response Criticism*, t. 1.
[59] Ibid., t. 2.
[60] Ibid., t. 5.
[61] Sioned Puw Rowlands, 'Cyfrinach Ynys Prydain', *Barn*, 440 (Medi 1999), t. 48.
[62] Fflur Dafydd, 'Fel Perl Disglair', *Taliesin*, 109 (Haf 2000), t. 124.
[63] Jane P. Tompkins, 'An introduction to reader-response criticism' yn Jane P. Tompkins (gol.), *Reader-Response Criticism*, t. x.
[64] Norman Holland, 'Unity Identity Text Self', yn Jane P. Tompkins (gol.), *Reader-Response Criticism*, t. 123.

Llythyr 11

Ionawr 3ydd

Annwyl Martha,

Blwyddyn Newydd Dda iti! Sut mae pethau? Diolch iti am dy gerdyn ac mae'n ddrwg gen i am beidio ag anfon gair cyn hyn – bu'r tymor diwethaf yn brysur tu hwnt. Efallai y bydd blwyddyn arall wedi pasio cyn y derbynni di'r llythyr hwn, gan fy mod i'n sownd gartref yn nhŷ fy rhieni mewn 'jêl' o eira, a lled-ddyfynnu Kate Roberts. Wir iti, nid oes modd gadael y pentref gan mor drwchus yw'r carped gwyn ar yr heol, a dim gobaith chwaith i'r postmon ddod heibio. Dyma ohebu â thi felly yn y gobaith y cyrhaedda hyn o lythyr ben ei daith rywbryd cyn y Nadolig nesaf.

Gan fy mod i eisoes wedi gwneud dyn eira, sledio a'r holl bethau eraill y disgwylir i bobl eu gwneud yn y fath dywydd, penderfynais wneud rhywbeth gwahanol heddiw sef darllen cerdd ddigon amserol gan Menna. Ei henw? 'Eira'![1] Tybed a wyt ti wedi ei gweld? Byddai'n werth iti gael golwg arni os oes modd, er mwyn iti ddeall yr arbrawf sydd gen i dan sylw yng nghwrs y llythyr hwn. Rhybudd! Rwy'n mynd i'th dywys unwaith eto ar drywydd darllen amgen, felly gwell iti dy baratoi dy hun yn feddyliol.

I ddechrau, efallai y dylwn esbonio pam fy mod am fentro ar drywydd 'impressionistic' neu 'impressionist criticism', neu feirniadaeth argraffiadol. Petaet ti'n troi at gerdd Menna fe welet fod yn y llinell gyntaf awgrym o fwriad pendant i ddiffinio 'eira' – 'mamolaeth heb freichiau yw'. Yn sgil y fath ddechreuad, hanner disgwylir i'r bardd fynd ati i ddihysbyddu'r pwnc a phennu ffiniau a chynodiadau 'eira', a dyna a wneir i raddau; ond wrth wneud rwy'n ofni y cwympa'r gerdd yn ddarnau dan bwysau'r dasg o ddiffinio a osododd y bardd ar ei chyfer ei hun. Wrth i ddelweddau gael eu pentyrru, fel caseg eira'n cynyddu, â'r delweddau'n drech na synnwyr. Yn wir, teimlwn fel petai fy mhen ar fin ffrwydro wrth geisio eu prosesu a'u cysylltu mewn llinyn rhesymegol.

Mae hi'n gerdd wirebol ei naws, a hynny mae'n siŵr am fod yma ymgais ar ryw olwg i efelychu'r hen englynion natur, 'Eiry Mynydd', a berthyn i'r canu gwirebol neu'r 'gnomic poetry'.[2] Beth yw nodweddion canu o'r fath? Yn ôl Kenneth Jackson, 'a *gnome* is a sententious statement about universals, whether about the affairs of men . . . or about external nature . . .',[3] ac felly cyfrifir mai barddoniaeth sy'n doethinebu ydyw'r 'gnomic poetry' i bob pwrpas a'i bod yn cynnig rhyw wirionedd am fyd natur ac am y natur ddynol. Medd Jackson: 'they are clearly not nature-poems at all as we understand the term, but descriptions of nature do occur mingled with the sententious verse which is their real substance.'[4]

Er nad englynion a geir gan Menna, mae ailadrodd 'Eira mynydd' ar ddechrau pob llinell yn dwyn i gof yr 'incremental repetition' y cyfeiria Jackson ato,[5] sef bod ailadrodd yn cyfrannu at greu effaith gynyddol mewn cerdd, gan adeiladu at ryw uchafbwynt o bosib neu wireb am fyd natur ac yn wir am fywyd. Mae cerdd Menna hefyd fel petai hi'n efelychu cystrawen y canu cynnar hwn o ran ei chynildeb, yn arbennig felly'r defnydd helaeth a wneir o frawddegau enwol, hynny yw llinellau nad ydynt yn cynnwys berf ac sydd o'r herwydd yn atgoffa rhywun o ddiarhebion. Mae'n siŵr dy fod yn gallu meddwl am rai: 'Cyfaill blaidd, bugail diog', ac wrth gwrs yr arwyddeiriau a ddefnyddir gan rai ysgolion a cholegau, e.e. 'Nid Byd, Byd Heb Wybodaeth'. O ganlyniad i'r holl frawddegau enwol yn 'Eira', mae hi'n gerdd dywyll braidd i'w dehongli gan ei bod yn darllen fel pentwr o osodiadau doethinebol ynghylch eira y mae'n anodd iawn canfod y llinyn cyswllt rhyngddynt.

Dyma feddwl wedyn pam y mae angen ceisio gwneud synnwyr a chanfod 'llinyn rhesymegol'? Oni ellir gadael cerdd fel y mae, heb i rywun fynd ati i'w thynnu'n ddarnau ac yna ei rhoi yn ôl at ei gilydd yn enw 'dadansoddi'? Sonia Susan Sontag yn ei hysgrif ogleisiol 'Against Interpretation' am y pwyslais mawr a roddir ar ddehongli celfyddyd sy'n golygu nad ydym yn gadael i ddarnau siarad drostynt eu hunain, fel petai. Medd:

> In most modern instances, interpretation amounts to the philistine refusal to leave the work of art alone. Real art has the capacity to make us nervous. By reducing the work of art to its content and then interpreting *that*, one tames the work of art. Interpretation makes art managable, comfortable.[6]

Awgryma felly yr ystyrir y broses ddehongli yn fodd i 'reoli' celfyddyd i raddau, a dofi ei natur anystywallt honedig. Honna fod y duedd 'philistaidd' hon i'w gweld yn arbennig ym maes beirniadaeth lenyddol:

> For decades now, literary critics have understood it to be their task to translate elements of the poem or play or novel or story into something else.⁷

Hynny yw, wrth ddadansoddi eir ati i drosi darn llenyddol yn rhywbeth arall, sef darn esboniadol, 'academaidd' yn aml iawn. Meddylia am y traethodau hynny y mae gofyn iti eu hysgrifennu – troi nofel neu gasgliad o gerddi yn 'rhywbeth arall' a wnei di wrth geisio olrhain hanes ysgrifennu'r darnau neu wrth iti amlinellu'r hyn sy'n digwydd yn y darn, yn unol â'th weledigaeth ar y pryd. Yr hyn y mae Sontag yn ei gwestiynu, rwy'n credu, yw pam y mae dadansoddi, dehongli ac esbonio darnau llenyddol yn swyddogaethau y teimla'r beirniad y dylai eu cyflawni? Crybwylla y dylid, yn hytrach, roi pwyslais ar bethau eraill yn y profiad darllen: 'what is important now is to recover our senses. We must learn to see more, to hear more, to feel more.'⁸ Yn hytrach na phositifistiaeth felly a gymer fod ateb i'w gael, a hwnnw'n un niwtral y gellir ei brofi, mae'r math o feirniadaeth a argymhellir gan Sontag yn dathlu lluosogrwydd a goddrychedd, gan ddangos mai'r daith, neu'r teithiau amrywiol, sy'n bwysig, yn hytrach na rhoi pwyslais ar gyrraedd y pen draw fel petai.

Rhaid imi ddweud bod y syniad yma o roi sylw i emosiwn ac ymateb gonest y darllenydd, yn hytrach na dadansoddi mewn ffordd nad yw'n cymryd arni gydnabod ymateb personol, yn apelio ataf i. Beth amdanat ti? Rwy'n teimlo pwl o egni wrth feddwl amdano! Ac wedi'r cyfan, fel y dywed R. M. Jones, rydym ni'n methu peidio ag ymateb i unrhyw destun fel yna yn reddfol:

> Nid yw'r un meddwl byth yn llonydd wrth ddarllen llenyddwaith. Cyn gynted ag y dechreuir darllen y frawddeg gyntaf y mae amser y gwaith yn dechrau rhedeg ac estyn ei hyd o'n blaen. Goddrych symudol yw'r goddrych, felly: y mae'r awdur yn angori'i feddwl mewn goddrych sy'n datblygu'n syniadol ac yn deimladol. Y mae iddo berthynas nid yn unig â'r hyn sydd o'i gwmpas ac â'i awdur, eithr hefyd â'i orffennol ei hun weithiau, ac yn sicr â'i ddyfodol sydd bob amser yn dyfod i'w ran. Ni all y goddrych fodoli mewn gofod heb fodoli yr un pryd mewn amser. Ac fel y gellir ymagweddu tuag at ei berthnasoedd gofodol yn ôl dulliau cyfyngedig iawn yn y bôn o edrych arnynt, felly y mae'r ffurfiau cyffredinol a chyson y mae amser yn llunio delwedd yn y meddwl eto yn gyfyngedig ac yn brin o ran nifer.⁹

Fy mwriad yn y llythyr hwn, felly, yw cynnal arbrawf bach a cheisio olrhain f'ymateb personol i 'Eira', heb ddarllen at bwrpas dadansoddol, fel y cyfryw. Rhyw ddarllen crwydrol os lici di, yn hytrach nag anelu at gyrraedd nod penodol; nid esbonio eithr gadael i'm meddyliau ffrwtian a nodi f'ymateb i'r testun wrth iddo godi. Y canlyniad, rwy'n credu, fydd rhyw lun ar feirniadaeth argraffiadol.

Beth yw nodweddion beirniadaeth o'r fath? Wel, yn ôl Gertrude Buck canolbwyntir ar y darllen yn hytrach nag ar y cyfansoddi:

> Impressionist criticism has no more concern with the process by which a book came into being than it has with a judgement of the book's value. It only revels in the unanalyzed effect produced by the book. When this effect is expressed in words for the benefit of other readers, we have a mere report of the critics's personal reactions to a work of literary art.[10]

Ceir yma islais cryf nad oes gan Buck ryw lawer o ffydd yng ngwerth y 'mere report', chwedl hithau, a gynigia beirniadaeth o'r fath. Mae'n werth arbrofi â'r syniad, er hynny, rwy'n meddwl, oherwydd gallai gynnig golwg amgen ar y broses ddarllen, a'r olwg honno'n un dipyn gonestach o bosib, na beirniadaeth fwy 'barnwrol' (*judicial*).[11] Honna William Hazlitt, hyrwyddwr beirniadaeth argraffiadol, fod greddf yn rhagori ar reswm wrth i rywun ddod at ddarn o gelfyddyd:

> You decide from feeling, and not from reason; that is, from the impression of a number of things on the mind . . . though you may not be able to analyze or account for it in the several particulars.[12]

Os felly, oni ddylid rhoi sylw i'r argraffiadau hyn a ddaw i rywun wrth ddarllen, mewn beirniadaeth lenyddol? Yn ôl M. Anatole France, 'le bon critique est celui qui raconte les aventures de son âme au milieu des chefs-d'oeuvre' (ddim yn siŵr sut siâp sydd ar dy Ffrangeg, felly cymer hyn o gyfieithiad fel canllaw – 'Y beirniad da yw'r sawl sy'n adrodd anturiaethau ei enaid ymhlith y campweithiau').

Y mae, o bosib, yn ymddangos yn weddol debyg i feirniadaeth ymateb y darllenydd yn y modd y rhydd sylw i'r broses ddarllen. Wyt ti'n cofio inni drafod y feirniadaeth honno y llynedd ar ddechrau dy flwyddyn gyntaf yn y coleg? Rwy'n credu, er hynny, fod dau brif wahaniaeth rhyngddynt. Yn gyntaf, mae beirniadaeth argraffiadol yn caniatáu lle posibl i fwriad yr awdur. Er enghraifft, gallet gynnwys brawddeg megis 'mae'r bardd yn gwneud imi deimlo'n drist' mewn beirniadaeth argraffiadol, a gymer mai'r 'bardd' sy'n creu'r ystyr hon, ac mai ei waith yw tarddiad y teimlad hwn. Hynny yw, bod ystyr ynghlwm wrth y testun eisoes a'i bod yn cael rhyw effaith ar y darllenydd. A dyfynnu Walter Pater yn ei ragymadrodd i *The Renaissance* (1873), rhaid gofyn:

> What is this song or picture, this engaging personality presented in life or a book to me? What effect does it really produce on me? Does it give me pleasure? How is my nature modified by its presence and under its influence?[13]

Gydag ymateb y darllenydd er hynny, y darllenydd sy'n pennu'r ystyr. Yr ail wahaniaeth yw bod beirniadaeth argraffiadol yn tynnu ar ystod eang o adnoddau sydd eisoes yn y meddwl, ac yn rhan o'r hyn sydd yng nghronfa'r darllenydd pan ddaw at y testun am y tro cyntaf. Gall y rhain fod yn bethau megis darllen a phrofiadau blaenorol, elfennau o ddiwylliant poblogaidd y mae'n gyfarwydd â nhw, atgofion ac yn y blaen. Mae'n fath o 'free association', chwedl Freud, lle y deffroir cysylltiadau yn y meddwl a lle y tynnir ar stoc o bethau sydd eisoes yn rhan o ymwybyddiaeth rhywun. Yn anad dim, gallant fod yn bethau personol a ymddengys, ar yr olwg gyntaf, yn berthnasol i brofiad yr unigolyn sy'n darllen y testun. Nid yw ymateb y darllenydd yn ei gyfyngu ei hun yn yr un ffordd, ac felly mae lle i ddod â gwybodaeth newydd i mewn sy'n deillio o ymateb i destun yn hytrach na'r 'argraff' gychwynnol yn unig. Dyna'r theori, ta beth. Fe gawn ni weld yn awr beth fydd y canlyniad wrth imi fynd ati i arbrofi gyda'r dull hwn o ddarllen. Dyma'r gerdd felly mewn print tywyll, a'm hymateb – neu deithiau f'enaid! – i'w chanlyn.

~

Eira mynydd, mamolaeth heb freichiau yw

Mae'r gair 'mamolaeth' yn mynnu tynnu fy sylw. Delwedd gariadus ydyw i mi ac yma mae breichiau yn dwyn i gof gofleidio, ond mae'r ffaith ei bod yn famolaeth heb freichiau yn peri imi deimlo'n anghysurus braidd. Ceir awgrym o rwystredigaeth wrth fethu ag estyn allan a'r unigrwydd a ddaw yn sgil hynny. O ran yr 'Eira mynydd' ar ddechrau'r llinell – rwy'n meddwl amdano fel rhywbeth pell i ffwrdd, yn uchel ar gopa mynydd, a neb llawer yn mentro ato. Efallai fod yn y gerdd ddyhead i groesawu eira, ond eto rhyw ddeuoliaeth oherwydd nid oes modd ei gofleidio (yn ffigurol) am ei fod yn dywydd rhwystredig, yn enwedig mewn lleoedd anghysbell, gan nad oes modd 'estyn allan' at eraill. Rwy'n teimlo bod yma awgrym o'r unigrwydd felly a all godi yn sgil eira, ond mae'r llinell hefyd yn cyplysu'r gwych a'r gwael parthed y tywydd hwn. A dweud y gwir mae'n cyfleu yn union sut rwy'n teimlo ar hyn o bryd – mae'n braf gweld yr eira ar y naill law ond ar y llaw arall rwy'n teimlo fy mod wedi f'ynysu braidd oddi wrth y byd mawr tu allan gan na welais neb heblaw fy nheulu ers dyddiau – *cabin fever*!

Treiners dan sang, traed plant ar weryd;

Mae 'treiners' yn air annisgwyl mewn barddoniaeth Gymraeg, a 'gweryd' yn hynafol braidd ond yn cyd-fynd â blas hengerddaidd 'Eira Mynydd'. Ystyr 'sang' yw ôl troed, rwy'n credu. Rwy'n dychmygu treiners dan draed felly, hynny yw, yn y ffordd yn y tŷ, ac yn niwsans am eu bod wedi bod mas yn cerdded yn yr eira. O ran ail ran y llinell, wn i ddim sut i'w chysylltu â'r rhan gyntaf (ac efallai nad oes angen imi wneud, wedi'r cyfan argraffiadau yw'r rhain!). Rwy'n cymryd bod traed ar 'weryd' yn golygu daear (neu fedd wrth gwrs – 'daeth awr i fynd i'th weryd' yn englynion coffa R. Williams Parry i Hedd Wyn), ond gall fod yn niwsans hefyd os yw'r ddaear honno'n wlyb ac yn fwdlyd dan draed y plant. Eto, efallai mai canlyniad eira yw bod plant eisiau mynd allan i chwarae. Ar ôl bod allan yn gwneud dyn eira y bore 'ma gallaf ddweud yn bendant mai welis yw'r unig esgidiau call pan fo'r tywydd fel hyn. Wedyn byddai hynny'n gwneud synnwyr: treiners 'dan sang' yn y tŷ a'r plant yn gwisgo welis tu allan 'ar weryd'. Aros funud, pam fy mod i'n cymryd yn ganiataol mai yn y tŷ mae'r treiners? Gall 'dan sang' yma olygu bod y treiners yn suddo yn yr eira, yn cael eu cau i mewn ganddo, fel y mae ystafell orlawn yn cael ei disgrifio fel 'ystafell dan ei sang'.

**Lluwch eira, carnedd o lythyron
Heb eu hanfon, yn addöeri'n ddoeth;**

Mae 'carnedd o lythyron', hynny yw, pentwr ohonynt, yn dwyn i gof eira gwyn yn pentyrru'n lluwchfeydd (fel y digwyddodd neithiwr!), ond hoffaf hefyd y syniad fod y llythyron 'heb eu hanfon' ac felly heb gyrraedd pen eu taith o ganlyniad i'r 'lluwch' (efallai mai dyna fydd hanes y llythyr hwn!). Wyddwn i ddim beth oedd 'addöeri', felly rwyf newydd edrych yn y geiriadur. Hen ferf yw 'addoeri' (heb y didolnod) sy'n golygu 'oeri, tymheru gwres',[14] a chaiff yr ansoddair 'addoer' ei ddefnyddio yn y canu cynnar. Mae'r syniad fod llythyrau'n cael amser i 'oeri' yn 'ddoeth' ar ôl i rywun eu hysgrifennu yn apelio ataf. Cyfansoddiadau sydd ynghlwm wrth amser penodol yw llythyrau, ac yn aml fe'u hysgrifennir yng ngwres y foment, eu selio a'u hanfon a does dim cyfle i'w cael yn ôl na'u newid er y byddai hynny'n aml yn beth 'doeth', chwedl y gerdd. Fel hynny rwy'n teimlo ynghylch rhai o'm llythyrau i atat ti: hoffwn yn fawr petawn i heb eu hanfon gan imi ailfeddwl sawl gwaith ynghylch yr hyn a ysgrifennais ynddynt, ond dyna ni: dull didroi'n-ôl ydyw. Yn y gerdd, caiff y llythyron gyfle i 'oeri', fel petai; ond yn llythrennol ni allant gyrraedd pen eu taith o achos yr oerni. Rwy'n hoffi cynildeb ac awgrymusedd y cwpled hwn yn fawr iawn.

Bras yr eira, ôl pigiadau'n cardota,

A dweud y gwir, nid yw'r llinell hon wedi cydio cymaint yn fy nychymyg â'r un flaenorol gan ei bod yn gwbl aneglur imi. Mae'r modd y rhanna'r llinell yn naturiol yn ddwy gyda'r atalnod, ac yna'r odl fewnol (eira/cardota), ynghyd â rhyw naws gwneud gosodiad yn rhoi i'r llinell naws hen ddihareb neu ddweud gwirebol. Gwna imi deimlo fel petawn i fod i dderbyn y peth fel gwirionedd na ddylid ei gwestiynu er nad yw'r peth yn taro unrhyw dant gyda mi o ran ei synnwyr. Aros eiliad. Rwyf newydd roi 'Bras yr eira' i mewn i Google a chanfod mai math o aderyn, sef 'snow bunting', ydyw. Dyna daflu goleuni newydd ar bethau. Mae modd ei ddarllen fel llinell sy'n cyfeirio at olion yr aderyn yn cardota am friwsion yn yr eira, a hwyrach fod yma wrthgyferbyniad rhwng 'bras' (yn yr ystyr o gyfoethog neu ffrwythlon) a llymder y gardod. Neu eu bod nhw'n edrych yn fwy o faint yn yr eira (bras) ond eu bod mewn gwirionedd ar eu cythlwng. Cofia, mae hi'n anodd ar adar yn ystod y tywydd hwn, yn enwedig y rhai lleiaf ohonynt. Bûm allan y bore 'ma yn llenwi tŷ bach yr adar gyda rhagor o gnau, ac roedd adar yr eira barus yn heidio atynt ar unwaith, a'r titwod tomos gleision druain yn cael eu gwthio i'r neilltu, ac yn methu â chael pigyn yn agos at damaid. Hwynt-hwy yw'r cardotwyr yma ta beth, gan na welais Fras yr Eira ar gyfyl y lle. Wel, efallai imi wneud yn ddiarwybod imi ond nad adnabûm i mohono!

Eira'r gors ar fynydd yn llawn starts,

Rwy'n hoffi'r cyfuniad annisgwyl o 'gors' a 'starts'. Ni feddyliais erioed glymu'r ddau air ynghyd! Wrth reswm mae cors fel arfer yn dir gwlyb, digon meddal, ac eto yn ôl awgrym y bardd mae'n llawn starts, ac felly yn gryfach o ran ei gyfansoddiad. Startsir deunydd fel arfer er mwyn ei gryfhau a'i wneud yn grimp, er enghraifft. Dyna a wna fy Nain i'w llieiniau bwrdd! Yr eira sy'n startsio yn yr achos hwn: y mae'n wyn, yr un lliw â starts felly, ac mae'n troi 'cors' yn grimp gan rew. Mae eira felly'n newid gwedd a chyfansoddiad pethau. Mae'r llinell yn f'atgoffa o'r ffordd y byddwn wrth fy modd yn neidio-redeg ar lawnt pan fyddai haen fach o eira arno, a hwnnw wedi rhewi'n gorn, a'r darnau o wair yn sbecian drwodd a'r rheini wedi newid cymaint o ran eu cyfansoddiad fel mai prin y symudent dan bwysau troed, heblaw am y sŵn crensian bendigedig hwnnw. (Wn i ddim pam imi ysgrifennu'r frawddeg flaenorol yn yr amser amherffaith – rwy'n dal i fwynhau gwneud hyn!) Mae'n bosibl hefyd fod y bardd wedi cael ei hysbrydoli gan y llinell enwog yn y canu englynol, 'Ry saif gwr ar un conyn . . .'

Eira mynydd, heb gesig ar garlam,

Wel, rwyf wedi troi at y cyfieithiad yma gan nad oeddwn yn siŵr a ddylwn ddarllen 'cesig' fel cyfeiriad at luosog 'caseg' yn golygu 'mare' yn Saesneg, ynteu sawl caseg eira. Y cyntaf o'r ddau a awgrymir yng nghyfieithiad Joseph Clancy o'r gerdd – 'No mares galloping', ac mae hynny'n gwbl resymegol gan mai llochesu a wna anifeiliaid mewn tywydd garw fel arfer. Ond nid yw'r cyfieithiad yn cydnabod bod ystyr arall i gaseg yn Gymraeg, yn enwedig wrth ymwneud ag eira, sef 'pelen eira'. Ni cheir yno lawer o gesig eira'n mynd ar garlam chwaith gan mai eira heb ei gyffwrdd gan blant yw eira ar fynyddoedd yn aml – chwarae mewn man llai peryglus a wnânt hwy efallai. Rwy'n dychmygu mai cyfeirio at eira llonydd, nad oes neb wedi ei gyffwrdd, a wneir yma. Hyd yn oed wrth ysgrifennu hyn o eiriau rwy'n edrych lan tua'r bryniau a'r mynyddoedd o gwmpas lle rwy'n byw ac yn gweld eira o'r fath ar y copaon. Perthyn rhyw dawelwch anghyffyrddadwy bron iddo.

Eira mynydd yn troi'n iaith heb eiriau,

Rwy'n fy nghanfod fy hun yn gofyn 'Beth yw iaith heb eiriau?' Cwestiwn dwys braidd, na ellir mo'i ateb yn hawdd, os o gwbl! Os cyfeirio at effaith yr eira a wna, nid oes modd adnabod lle'r wyt yn yr eira gan nad yw'r tirnodau a'r arwyddion daearyddol arferol yno – mae'n dwyn i gof 'Cwmwl Haf' Waldo a'r teimlad o fod ar goll yn y niwl. Os yw'n cyfeirio yn llythrennol at iaith heb eiriau, wel, nid ydyw'r hyn y disgwylir iddo fod, gan ei fod wedi newid i fod yn wahanol i'r hyn ydoedd. Yr un peth yw hanes eira'n toddi – nid yw fel ag yr oedd gynt. Tanseilir ei fodolaeth; diflanna ac nid oes 'defnydd' iddo. Rwy'n hanner hoffi llinellau o'r fath gan eu bod yn rhoi pos i'r ymennydd, ac mae'n rhaid gwneud cysylltiadau annisgwyl rhwng eira ac iaith yn y meddwl. Ond wrth fynd ati i astudio'r llinell yn rhesymegol rwy'n fy nghanfod fy hun mewn twll, ac yn dechrau cwestiynu beth yw iaith. A oes raid wrth eiriau? Onid yw synau neanderthalaidd hefyd yn gyfathrebiad o fath, ac yn 'iaith' heb eiriau? Aa! Rwy'n mynd ar drywydd rhyfedd iawn. Mae 'iaith heb eiriau' yn ganolog i arwyddeg neu semioteg. Nid yw llun sigarét a chroes drwyddi'n defnyddio geiriau, ond eto mae'n cyfathrebu. Wedi edrych eto, efallai mai tawelwch yw 'iaith heb eiriau' a bod llonyddwch hefyd yn perthyn i eira'r mynydd.

Eira ar ddraenen ddu heb egin,

Mae hyn eto'n dwyn i gof yr hen ganu a'r ysfa i wrthgyferbynnu du a gwyn. Mae eira ar ddraenen ddu yn cuddio'r ffaith ei bod yn ddu, ac yn gwneud iddi ymddangos fel petai'n wyn. Y mae eira'n newid gwir wedd pethau, a gwneud iddynt ymddangos yn harddach nag ydynt o bosib. Dyna sy'n digwydd i bopeth dan eira, yntê, a phob man fel cerdyn Nadolig. Mae'n dwyllodrus hefyd pan fydd pethau'n newid o ran eu gwedd, ac yn gwneud i bopeth ymddangos yn ddiniwed. Ond, aros funud, mae 'heb egin' hefyd yn awgrymu nad yw'n tyfu, ac yn peri imi dybio tybed a yw'r ddraenen ddu heb egin am ei bod hi'n aeaf, neu a yw wedi gwywo o achos y rhew (dyna sydd wedi digwydd i rai o'n coed ni gartref). Efallai nad oes dim byd yn dod ohono fel ffon fagl yr henwr – pren diffrwyth. Erbyn meddwl, a oes egin ar ddraenen yn y gaeaf? Nid yw garddio'n *forté* gen i, a does gen i ddim llawer o glem ynghylch planhigion! Af i edrych ar y we yn nes ymlaen.

Eira mewn encil, min-flas enamel,

I mi, nid yw dau hanner y llinell fel petaent yn gysylltiedig rywsut. Mae encil yn gwneud imi feddwl am fan efallai nad oes modd cyrraedd ato'n rhwydd, man wedi ei guddio, ond cyrhaedda'r eira hyd yn oed y man hwnnw yn ôl y bardd. A beth am ail hanner y llinell? Côt yw enamel sy'n gorchuddio metel, neu ddeunydd arall. Mae eira'n fath o enamel gwyn efallai, yn cuddio gwir ymddangosiad gwrthrychau. 'Min-flas' – blas ar wefus? Ddim yn siŵr beth i'w ddweud am hyn. Oes modd sôn ei bod hi'n rhewi'n galed fel enamel?

Eira ar fysedd, yn ddwy law'n erfyn,

Rwy'n mynnu gwneud cysylltiad rhyngdestunol gyda'r emyn hwnnw sy'n dechrau fel hyn: 'Dwy law yn erfyn sydd yn y darlun' (T. Rowland Hughes). Yn syth, teifl hynny wedd grefyddol ar bethau ac mae'r 'let it snow, let it snow, let it snow' (dychmyger llais Dean Martin) sydd wedi bod yn fy mhen ers rhyw ddeng munud bellach yn ymddangos braidd yn amhriodol! Mae'r weithred o ddod â dwy law ynghyd yn dwyn i gof weddïo, a'r eira ar fysedd felly'n troi'n brofiad ysbrydol, o bosib. Rhyw gymundeb â natur, efallai.

Eira'n llatai, heb le, heb lety,

Er mor annisgwyl ydyw, hoffaf y trosiad o'r eira fel 'llatai' neu negesydd serch. Eto, mae hyn yn fy nrysu ychydig oherwydd wn i ddim sut y gall eira fod yn negesydd ac yntau yn hanner cyntaf y gerdd, yn ôl fy nehongliad i, yn rhwystro llythyrau rhag cyrraedd. Wrth gwrs, nid oes raid bod yn gyson! Efallai ei fod yn llatai gan na all dim namyn yr eira ei hun fynd i bob man mewn tywydd o'r fath. Mae anfon elfen naturiol yn llatai yn dwyn i gof gywydd Dafydd ap Gwilym, 'Y Gwynt'.[15] Mae'r 'heb le, heb lety' wedyn yn f'atgoffa o 'Stafell Gynddylan' yng Nghanu Heledd lle'r ailadroddir 'heb . . . heb . . .', er enghraifft 'heb dan, heb wely'[16] a 'heb dan, heb deulu'.[17] O gofio hynny, mae i ail hanner y llinell gynodiadau o unigrwydd, ac o fod heb gartref. Mae'n awgrymu i mi nad oes croeso i'r llatai hwn.

Eira'n llethr – heb gâr, yn dismoeli.

Mae fy llygaid yn mynnu aros uwchlaw'r 'dismoeli' – dyna a dynnodd fy sylw yn gyntaf. I ddechrau fe'i darllenais fel 'dismoli' neu *'dishmoli'* fel y dywedir yn Sir Gâr, sef bod rhywun yn lladd ar un arall, neu'n pardduo'i enw. Buan y gwelais nad yw hynny'n tycio yn yr achos hwn oherwydd pam y byddai rhywun yn sôn am eira yn y fath fodd? Rwyf newydd droi at y geiriadur felly a gweld mai 'gwneud yn foel iawn, dadorchuddio'[18] yw 'dismoeli' – gair a oedd yn ddieithr imi cyn hyn. Wn i ddim a yw'r eira, wrth doddi, yn dadorchuddio'r hyn sydd oddi tano, ynteu a yw ei fodolaeth yn golygu bod y tirlun yn foel iawn – dau drywydd gwahanol iawn i'w gilydd! Yr hyn sy'n fy nharo hefyd yw y ceir disgrifiad o'r eira 'yn' llethr sy'n rhyfedd braidd am nad ydyw 'ar' fynydd fel y cafwyd ynghynt. Mae'n gwneud imi feddwl felly fod y tywydd yn fath o rwystr neu'n anodd ymgodymu ag ef fel y gall llethr fod ar brydiau. Neu, bod eira wedi lluwchio cymaint fel bod rhywun yn gweld yr ongl, wrth ei weld o'r ochr. Yr eira rwy'n cymryd sydd 'heb gâr', hynny yw, heb bobl yn ei garu o bosib. Mae'n niwsans felly, rwy'n credu. Rhaid dweud, er hynny, fod y diweddglo yn anfoddhaol braidd i mi gan na wn i sut i ddehongli'r 'dismoeli' (fel y soniais uchod). Pair hyn imi fod eisiau troi'n ôl ac edrych ar y gerdd unwaith eto o'r dechrau.

    A dweud y gwir, nid oes gen i syniad pendant ynghylch yr hyn a ddywed y gerdd wrthym am eira yn y pen draw. Mae popeth fel petai wedi ei orchuddio gan gwrlid o eira, a hynny mewn modd diogel, bron. Nid yw pethau fel y maent fel arfer, newidiant o ran eu hymddangosiad, neu ni fedrant gyrraedd pen eu taith. Rhywbeth dros dro ydyw – fel y famolaeth y cyfeirir ati yn y llinell gyntaf. Neu efallai fod modd i eira fod yn llawer o bethau gwahanol – fel yr hen ddyfalu yng ngwaith y Cywyddwyr – a bod y bardd yn arbrofi â nifer o drosiadau ac 'onglau' trosiadol.

Fy mhrif argraff ar y cyfan yw bod y gerdd yn f'atgoffa o gerddi eraill gan Menna lle'r amcenir dyfalu, sef mynd ati i ddadansoddi neu ddiffinio gwrthrych neu gysyniad. Yn ei gwaith cynnar eir ati i ddiffinio 'Cyd-Fyw', er enghraifft, trwy restru pethau diriaethol yn ymwneud â'r profiad: 'Cyd-fyw ydi/gwybod pryd i dewi/. . . sarnu coffi ar draws y gwely/. . . chwilio am dei ar frys' – law yn llaw â haniaethau 'gwybod am gaethiwed ac am ryddid,/gwybod am adfyd heb golli gwyddfid'.[19] Yn yr un modd, eir ati yn 'Siapau o Gymru' i ddiffinio'r wlad trwy bentyrru delweddau'n ymwneud â hi: 'Siapau yw hi siŵr iawn: yr hen geg hanner rhwth/neu'r fraich laes ddiog'.[20] Mae cerddi o'r fath gan Menna yn aml yn ymdebygu i awdlau a phryddestau diwedd y bedwaredd ganrif ar bymtheg lle y ceisia'r beirdd ddweud beth yw 'gwirionedd' neu 'gariad' neu 'dragwyddoldeb', neu'r *Rhodd Mam* sy'n dysgu plant am Gristnogaeth ar ffurf holi ac ateb. Er y gall eu darllen fod yn brofiad rhwystredig, efallai fod modd eu mwynhau heb fynd ati i archwilio pob llinell yn fanwl am 'neges y bardd', a'u derbyn fel cerddi sy'n gyfres o ddarluniau sy'n ymhelaethu ar eu teitlau. Ymchwiliad o bosibiliadau'r testun, ac o bosibiliadau'r geiriau 'eira', 'cyd-fyw' a 'Chymru', a geir yn y tair cerdd uchod. Yn hyn o beth maent yn f'atgoffa o'r darluniau 'brainstorm' neu fap meddwl hynny lle y ceir gair neu gysyniad yn y canol ac yna nifer o arwyddion yn ymestyn allan er mwyn ystyried cynodiadau'r teitl. A dyna fi wedi syrthio i'r fagl a dechrau 'dadansoddi' . . .

~

Wel Martha, beth wnei di o'r dull hwn o ddarllen? Wrth edrych yn ôl dros fy sylwadau rwy'n dyheu am droi'r 'argraffiadau' hyn yn ddarn mwy cydlynol sy'n dweud rhywbeth mwy sylweddol wrthyt yn hytrach na'r hyn sy'n ymddangos fel mân sylwadau wrth basio bron. A sylwaist ti sut y dechreuais danseilio fy arbrawf fy hun erbyn y diwedd? Cwympais i'r trap a throi'r testun gwreiddiol yn 'rhywbeth arall', chwedl Sontag: yn ddehongliad o fath. Er ceisio dilyn fy nhrwyn (a'r synhwyrau eraill!) drwy'r llinellau a'r amrywiol ddelweddau, nid oedd hynny ynddo'i hun yn ddigon gan fod y testun yn esgor ar amrywiol deithiau meddyliol dychmygus ac yn ennyn ynof ddyhead i osod darnau'r jig-so ynghyd. Teimlwn ysfa am gysondeb ac undod. Wrth d'arwain ar sawl trywydd gwahanol ni allwn beidio â theimlo bod yn rhaid imi gael 'sense, however undefined, of what one is reading towards,' chwedl Jonathan Culler.[21] Cefais fy mhlagio gan yr awydd i chwilio am drefn yng nghanol yr hyn a ymddangosai fel anhrefn lwyr, ac yn fwy na hyn, ddyhead i gyrraedd at gasgliad (hyd yn oed os oedd hwnnw'n un dros dro yn unig) ynghylch y gerdd.

Mwynheais y broses o ddarllen y gerdd felly ond cefais fy siomi braidd gan f'anallu i'w thrafod yn argraffiadol, a hynny mae'n siŵr o achos fy nyhead i chwilio am ateb neu olrhain rhyw ddatblygiad rhesymegol. Teimlaf rywsut, er gwaetha'r mwynhad a gefais wrth adael i'm meddyliau ffrwtian heb orfod dweud gair terfynol na dadansoddi'n academaidd, fy mod i mewn gwirionedd yn dyheu am wneud hynny! Hynny yw, roeddwn eisiau dweud wrthyt beth oedd pen draw fy nhaith feddyliol, a'r cysylltiadau rhyngdestunol a wnes er bod hynny'n ymylu ar 'ddadansoddi'. Roedd fel petawn i'n teimlo'r angen i grynhoi'r cwbl, ei aralleirio a dweud 'dyma beth rwy'n ei weld yn y gerdd hon' yn hytrach na dangos hanes y daith. Ymhellach, roedd ynof awydd i osod y gerdd mewn cyd-destun ehangach a dyna fynd ar drywydd dadansoddol unwaith eto. Rwyf wedi arfer â gwneud hynny cymaint nes ei bod yn anodd peidio!

Sylwaist, mae'n siŵr, imi droi at y geiriadur am sawl gair ac wrth wneud dyna groesi'r ffin o feirniadaeth argraffiadol i feirniadaeth ymateb y darllenydd. Deuthum â gwybodaeth ategol i mewn i'r dehongliad a oedd yn deillio o'm hymateb i'r testun yn hytrach na'm hargraff gychwynnol ohono. Serch hynny, ni theimlaf fod modd imi osgoi gwneud hyn gan fod y gerdd yn dibynnu i raddau helaeth ar wybod ystyr geiriau fel 'dismoeli' ac am enw aderyn a phlanhigyn. Mae hyn yn brawf efallai fod beirniadaeth argraffiadol yn ddull anodd ei ddefnyddio'n effeithiol pan fyddo'r gerdd dan sylw yn ymddangos yn dywyll i'r beirniad sydd wrthi'n dehongli.

Petai rhywun am fynd â'r dull argraffiadol hwn i'r eithaf mae'n siŵr y byddai'n tynnu sylw at ei emosiynau wrth ddarllen. Gallaf ei ddychmygu'n awr: 'O diar, bûm yn llefain am oriau gan mor drist oedd y sôn am eira, ac roedd yn f'atgoffa o'r adeg y trigodd fy nghath,' neu rywbeth cyffelyb. Yn anffodus (neu'n ffodus i ti!) nid un felly ydw i. Ceisiais, er hynny, roi cip iti ar rai o lwybrau fy meddwl. Hyd yn oed wrth wneud hynny teimlwn braidd yn egöistig, ac fe holwn fy hun yn aml – 'a yw Martha, neu unrhyw un o ran hynny, yn mynd i fwynhau darllen hwn?'!

Beth yw fy nghasgliad ar ôl darllen y gerdd gyfan mewn modd lled argraffiadol felly ? Wel, yn bennaf, ni theimlaf fy mod wedi dweud unrhyw beth o werth wrth wneud y fath arbrawf! Rwy'n ofni fy mod i'n swnio braidd fel Mr Bean (neu Dr Bean fel y'i gelwir ar gam) pan â ati i draethu am lun 'Whistler's Mother' (cer i edrych ar Youtube os nad wyt ti wedi ei weld eisoes). Y cyfan a gawn yn y pen draw yw ei argraffiadau personol – sef yn gyntaf, fod y llun yn fawr, a bod modd ei weld yn dda o'r herwydd, ac yn ail ei fod yn dangos aelod o deulu a'i fod yntau wedi dysgu bod teulu yn bwysig. Mae ei araith yn enghraifft o feirniadaeth argraffiadol ar ei gorau, ac er plesio aelodau lleyg y gynulleidfa, codi aeliau braidd a wna'r academyddion celf yn eu plith sy'n disgwyl sôn am ddeongliadau theoretig a rydd sylw i'r '-*isms*', chwedl hwy. O'm rhan fy hun, rhaid dweud y byddai gennyf gywilydd cyflwyno darn tebyg i'm harbrawf uchod at bwrpas academaidd, er gwaetha'r ffaith fod yma ddehongliad cwbl ddilys yn yr ystyr ei fod yn hollol 'onest'. Mae hynny, am wn i, am fod disgwyl i rywun ddangos a phrofi ei wybodaeth o'r '-*isms*' er mwyn argyhoeddi'r sawl sy'n marcio'r gwaith ei fod yn gwybod am yr hyn y mae'n sôn amdano. At hyn, disgwylir i rywun beidio â mynegi ei anhawster wrth ddod at gerdd, a gobeithir dod i gasgliad gwell na 'does gen i ddim syniad beth a ddywed y gerdd wrthym am eira'.

Erbyn meddwl, byddai hi'n eithaf anodd i ni'n dwy fabwysiadu dull cwbl argraffiadol, rwy'n credu, gan fod confensiwn ysgolheigaidd yn gofyn i fyfyrwyr fynd ati i 'ddadansoddi' gwaith. Dychmyga petaem ni'n mentro cyflwyno traethawd ar lenyddiaeth gan ddweud mewn cwta baragraff nad ydym yn credu y dylid 'dadansoddi' llenyddiaeth ac ein bod wedi darllen y testun ond nad ydym am ei drafod mewn dull confensiynol eithr sôn am deithiau ein heneidiau. Tybed beth fyddai'n digwydd? Mae'n ormod o risg . . .

Hwyrach fod mwy y tu ôl i'r dyhead i ddadansoddi na chyfyngiadau o'r fath yn ymwneud ag asesu. Wir iti, ofnaf fod rhywbeth ynof sy'n mynnu chwilio llinyn rhesymegol, ac sydd eisiau pennu hyd a lled testun, neu 'ei ddofi' a'i wneud yn hylaw, chwedl Sontag. Ai am imi gael fy nysgu i wneud hynny er pan oeddwn yn ddim o beth yr wyf yn cymryd yn ganiataol fod gwaith yno er mwyn ei ddehongli a'i werthuso? Ynteu ai rhywbeth greddfol ydyw? Mae'n anodd dweud. Crybwylla R. M. Jones mai '[t]uedd isymwybodol darllenydd yw ceisio synnwyr ynghanol y disynnwyr'.[22] Ac medd Tudur Hallam, 'er gwaethaf ymgais ambell theorïwr i orbwysleisio amwysedd a natur gyfnewidiol iaith, chwilir o hyd am werth'.[23] Erbyn meddwl, onid yw'r peth yn ymhlyg yn yr enwau – '*beirniad* llenyddol' a '*beirniadaeth* lenyddol' – mai swyddogaeth y ddau yw 'beirniadu'r' llenyddiaeth, a'i dadansoddi mewn rhyw ffordd? A dyna air mwys arall, 'dadansoddi'. Beth a olygir wrth hyn? Medd Christopher Norris, 'Interpretation is a quest for order and intelligibility among the manifold possible patterns of sense which the text holds out to a fit reader.'[24] Chwilio am synnwyr, felly, ac archwilio trywyddau posibl. A yw hi wir yn bosibl peidio â gwneud hyn wrth ddarllen, ac a oes yna ddewis arall?

Hyd yn oed wrth gynnig beirniadaeth led argraffiadol iti fel y gwnes yma, trôi'r testun o hyd yn 'rhywbeth arall' i bob pwrpas, chwedl Sontag. Er gwaethaf 'radicaliaeth' ymddangosiadol beirniadaeth argraffiadol, mae'n dal i fod yn fath o feirniadaeth yn y pen draw. Rwyf wedi bod yn pendroni tybed a oes modd llwyr osgoi dadansoddi a gadael i'r cerddi fod, ond mae'n amhosibl braidd. Tra bydd pobl am sôn wrth eraill am weithiau llenyddol, bydd yn feirniadaeth, hyd yn oed os nad ydynt am ddweud dim rhagorach nag 'Rwy wedi darllen cerdd am eira gan Menna Elfyn' mae'n dal i fod yn frawddeg am y testun, ac yn ei droi'n 'rhywbeth arall', on'd ydyw? Hm! Cwestiynau anodd! Os yw dy ben yn troi anghofia'r peth am y tro, a cher mas i fwynhau gwneud dyn eira (gyda llaw, mae cerdd gan Menna am hynny!).

Cofion cynhesach na'r tywydd,

Brrrhiannon

O.N. Yn y cyfnod byr ers imi deipio geiriau'r llythyr hwn, daeth fy nhad i'm hystafell gyda phaned o de imi, ac awgrymu mai math o blanhigyn yw 'eira'r gors', sef 'common cottongrass', sy'n wyn ac yn edrych yn eithaf tebyg i blu eira. Dyna fwrw cysgod dros fy nehongliad gwreiddiol ynghylch eira'n newid cyfansoddiad y gors a phrawf cadarn na wn i nemor ddim am blanhigion! Mae'n brawf hefyd fod beirniadaeth argraffiadol, fel pob math arall o ddarllen, yn digwydd mewn cyfnod penodol mewn amser, ac yn adlewyrchu gweledigaeth rhywun ar y pryd hwnnw, er efallai y penderfyna'r rhywun hwnnw anghytuno ag ef ei hun maes o law.

Nodiadau

1. Menna Elfyn, 'Eira', *Cusan Dyn Dall/Blind Man's Kiss* (Tarset: Bloodaxe Books, 2001), t. 66.
2. Gw. yr englynion yn Kenneth Jackson, *Early Welsh Gnomic Poems* (Cardiff: University of Wales Press, 1971), tt. 22–6.
3. Ibid., t. 1.
4. Ibid., t. 1.
5. Kenneth Jackson, 'Incremental Repetition in the Early Welsh Englyn', *Speculum XVI*, Vol. 16. No. 3 (July 1941), tt. 304–21.
6. Susan Sontag, 'Against Interpretation', *Against Interpretation and Other Essays* (New York: Farrar, Straus & Giroux, 1966), t. 8.
7. Ibid., t. 8.
8. Ibid., t. 10.
9. R. M. Jones, 'Moddau Llenyddol: Tywyll Heno', *Y Traethodydd*, 136 (1981), t. 155.
10. Gertrude Buck yn 'The Social Criticism of Literature', yn JoAnn Campbell (gol.), *Towards a Feminist Rhetoric: The Writing of Gertrude Buck* (Pittsburgh: University of Pittsburgh Press, 1996), t. 61.
11. 'Judicial criticism . . . attempts not merely to communicate, but to analyze and explain the effects of a work by reference to its subject, organization, techniques, and style, and to base the critic's individual judgments on specified criteria of literary excellence', yn Meyer Howard Adams and Geoffrey Galt Harpham, *A Glossary of Literary Terms* (Boston: Wadsworth, 2009), t. 62.
12. William Hazlitt, 'On Genius and Common Sense' (1824), *The Miscellaneous Works of William Hazlitt: Table Talk – Vol. 2* (New York: Derby & Jackson, 1859), t. 78.
13. Walter Pater, *The Renaissance*, yn wreiddiol ond dyfynnwyd yn Richard Shusterman, *The Object of Literary Criticism* (Amsterdam: Rodopi, 1984), t. 175.
14. *Geiriadur Prifysgol Cymru*, t. 33.
15. Thomas Parry (gol.), *Gwaith Dafydd ap Gwilym* (Caerdydd: Gwasg Prifysgol Cymru, 1952), tt. 309–10.
16. Ifor Williams (gol.), *Canu Llywarch Hen* (Caerdydd: Gwasg Prifysgol Cymru, 1953), t. 35.
17. Ibid., t. 36.
18. *Geiriadur Prifysgol Cymru*, t. 1048.
19. 'Stafelloedd Aros, t. 16.
20. *Eucalyptus* (Llandysul: Gwasg Gomer, 1995), tt. 98–100.
21. Jonathan Culler, *Structuralist Poetics* (London: Routledge & Kegan Paul, 1975), t. 163
22. R. M. Jones, *Mawl a Gelynion ei Elynion* (Abertawe: Cyhoeddiadau Barddas, 2002), t. 141.
23. Tudur Hallam, *Canon Ein Llên* (Caerdydd: Gwasg Prifysgol Cymru, 2007), t. 29.
24. Christopher Norris, *Deconstruction: Theory and Practice* (London: Routledge, 1993), t. 5.

Llythyr 12

Mawrth 20fed

Annwyl Martha,

Sut mae? Gobeithio iti fwynhau dy wyliau. Diolch o galon iti am dy gerdyn post lliwgar o Lundain ac am roi gwybod imi am dy ddarganfyddiad diweddaraf. Rwy'n cymryd iti gael cryn sioc o weld cerdd gan Menna ar y trenau tanddaearol yn y ddinas fawr ddrwg. Ydyn, mae ei cherddi hi'n teithio (yn llythrennol yn yr achos hwn!) i bob math o leoedd dan haul. Yn ôl erthygl yr wythnos diwethaf yn y *Western Mail*, mae cyfieithiad o 'Y cynta' i weld y môr' eisoes wedi ymddangos ar y Metro ym Mhortiwgal a gwelwyd y gerdd 'A Storm in Brooklyn' ar drenau tanddaearol dinas Washington.[1] Gwych fod bardd o Gymraes yn cael y fath sylw ar lefel ryngwladol, yntê?

Yn dy neges soniaist nad oeddet ti'n deall pam mai cyfieithiad o 'Broits' a ddewiswyd i'w arddangos ar drenau Llundain. 'Mae'r neges yn amwys,' meddet, 'ac nid ydw i'n gwybod pwy yw'r ddynes yr ysgrifennwyd y gerdd er cof amdani . . . Sut felly y gallaf i, a'm cyd-deithwyr, ei gwerthfawrogi'n llawn?' Fy nghwestiwn i ti yw: pam y mae angen gwybodaeth gefndirol arnat? Paid â dweud nad wyt ti'n cofio'r hyn a ddywedais wrthyt dro'n ôl am y Feirniadaeth Newydd, hynny yw beirniadaeth sy'n cymryd arni anwybyddu popeth ar wahân i'r testun ei hun?

Reit, dyma roi cynnig arall ar dy berswadio nad oes raid iti wybod am gefndir cyfansoddi cerdd. Dyma hi eto i'th atgoffa:

Broits[2]
(er cof am Stephanie Macleod)

Y mae lle i allanolion –
Clustdlysau, ambell fwclis,
Breichledau o feini bychain;

Ac eto, o'r meddal fewnolion
Y gweithiwn froits drwy fywyd –
Yn dlws atgof ar ôl ein dyddiau,

'roedd dy froits di yn un llachar [*sic*]:
Angerdd ar waelod bachyn,
Cadwen fach, rhag ei cholli.

Heddiw, eraill fydd yn ei gwisgo –
Y tlws a grëwyd o fynwes euraid,
Gan ddal llygaid yr haul – a'n dallu.

Petawn i'n darllen 'Broits' trwy lygaid y Feirniadaeth Newydd, byddai'n rhaid mynd ati i chwilio am gliwiau yn y testun. Un o'r pethau amlycaf sy'n fy nharo i i ddechrau yw bod yr is-deitl yn arwyddo mai marwnad o fath yw 'Broits'. Mae'r darllenydd gan hynny yn disgwyl i'r gerdd ymagweddu mewn ffordd arbennig. Yn sgil ein profiad blaenorol o ddarllen cerddi o'r fath byddwn yn disgwyl iddi goffáu'r sawl a fu farw, ei chanmol, a disgrifio sgil-effaith y farwolaeth gan nodi'r bwlch sydd ar ei hôl. Tic, tic, tic, felly! Mae'r tri pheth yma yn digwydd yn y gerdd i raddau: marwnad o fath ydyw sy'n crisialu cymeriad arbennig, ac yn cyfleu fel yr erys y cof amdani ar ffurf broits.

Yr ail beth y buaswn yn ceisio ei benderfynu fyddai i ba raddau y mae hi'n gerdd 'ddelweddol' neu'n gerdd 'uniongyrchol', chwedl John Gwilym Jones.³ Dyma a wna yntau wrth fynd ati i drafod 'Cwmwl Haf' Waldo, yn yr un modd â ninnau'n awr, 'yn oer, ddigefndir'.⁴ Yn achos 'Broits', nid yw'n hawdd ei dosbarthu i un categori rhagor un arall. Cychwynna'r gerdd yn ymddangosiadol 'uniongyrchol' – 'Y mae lle i allanolion' ac yna ceir rhestr o wrthrychau, ond tueddwn i'w gosod yng nghategori'r mynegiant 'delweddol' ar ôl hynny oherwydd erbyn yr ail bennill neidiwn i diroedd mwy haniaethol trwy sôn am greu gwrthrych sef broits o bethau na ellir creu broits go-iawn ohonynt. I raddau, felly, a dyfynnu John Gwilym Jones eto, mae 'delwedd yn dilyn delwedd heb i gysylltiad rhesymegol amlwg fod rhyngddyn nhw'.⁵

Y froits, wrth reswm, yw'r ddelwedd ganolog, a gweithreda fel symbol o gymeriad arbennig y sawl a gollwyd, o bosib. A dyna ni ar drywydd un o'r technegau yr hoelia'r beirniaid newydd eu sylw arnynt sef 'symbolau'. Efallai dy fod yn gofyn, beth yw'r gwahaniaeth rhwng symbol a throsiad? Wel, mae mymryn o wahaniaeth rhyngddynt yn dechnegol, ac fe welet hynny petaet ti'n dymuno mynd ar ôl tarddiad y geiriau. Gan ragdybio bod gennyt bethau gwell i'w gwneud, es ar eu holau yn dy le!

Daw trosiad neu 'metaphor' o'r gair Groeg 'metapherein', sy'n golygu 'trosi' neu 'drosglwyddo' yn Gymraeg. Mae'r pwyslais ar 'drosi' ystyr, felly, o un cyd-destun i'r llall. Gyda throsiad eir ati i gymharu gwrthrychau neu gysyniadau mwy haniaethol, weithiau gyda'i gilydd, ac esbonnir y naill yn nhermau'r llall. Er enghraifft, yn 'mae'r car yn llewpart cyflym' mae dau wrthrych gwahanol y mae'n rhaid iti feddwl amdanynt, a gwneud cysylltiad o ran ystyr rhyngddynt. Mae pwysau ar ddarllenydd felly i drosi ei ymwybyddiaeth o un er mwyn deall hanfod y llall. Medd Leland Ryke:

> Metaphor and simile place immense demands on a reader. They require far more activity than a direct propositional statement. Metaphor and simile first demand that we take the time to let the literal situation sink in. Then we must make a transfer of meaning(s) to the topic or experience the poem is about.[6]

Gall symbol ar y llaw arall fod yn rhywbeth diriaethol sy'n cael ei ddefnyddio i gynrychioli rhywbeth haniaethol neu anweladwy, o bosib. Dyna sy'n digwydd yn achos y gerdd hon, rwy'n credu. Defnyddir broits, gwrthrych 'real', i gyfleu haniaeth anweladwy megis cariad. Daw'r enw 'symbol' hefyd o air yn yr iaith Roeg, 'symballein', sy'n golygu 'gosod ynghyd' neu 'daflu ynghyd'. Mae hyn yn awgrymu bod arwyddocâd symbol yn rhan o'r peth ei hun yn hytrach na bod yn rhywbeth a gymerir neu a gyferbynnir â gwrthrych neu gysyniad arall. Saif symbol felly dros bethau eraill, ac mae ei ystyron eisoes yn ymhlyg yn y defnydd a wneir ohono. Medd Sallie McFague:

> Most simply, a metaphor is seeing one thing *as* something else, pretending 'this' is 'that' as a way of saying something about it. Thinking metaphorically means spotting a thread of similarity between two dissimilar objects, events, or whatever, one of which is better known than the other and using the better-known one as a way of speaking about the lesser known . . . Symbolical statements, on the other hand, are not so much a way of knowing and speaking as they are *a sedimentation and solidification of a metaphor*. For in symbolical or sacramental thought, one does not think of 'this' *as* 'that', but 'this' as *a part of* that. The tension of metaphor is absorbed by the harmony of symbol.[7]

Wn i ddim a yw ei 'most simply' ar ddechrau'r dyfyniad yn gwbl addas, oherwydd mynegi cysyniad digon cymhleth a wna! Wedi dweud hynny, ar ei symlaf, rwy'n credu y perthyn elfen o gymharu felly i drosiad a chyffelybiaeth ill dau (hynny yw, bod rhywbeth yn debyg i rywbeth arall), tra mae symbol yn rhywbeth cadarnach a rhyw ystyr benodol ynghlwm wrtho eisoes. Petai Menna'n dweud bod y froits yn belydryn o heulwen neu'n llygad neu'n seren, byddai hi'n defnyddio trosiad. Byddai hi'n dweud, 'Hei, mae hwn yn debyg mewn ffordd i hwn', fel petai'n ddarganfyddiad newydd sbon. Yn y gerdd, fodd bynnag, mae hi'n defnyddio'r froits i symboleiddio etifeddiaeth a pharhad a choffâd – sef tynnu sylw at ryw wirionedd cydnabyddedig am froits. Chwedl Sallie McFague, mae hi'n gwneud y froits yn beth solet, cydnabyddedig, yn rhan o'r diwylliant cyffredin. I raddau, mater diwylliannol yw'r gwahaniaeth rhwng trosiad (darganfyddiad) a symbol (cadarnhad). Mae symbol yn drosiad sydd wedi ennill ei blwyf yn y diwylliant.

Beth y gellir ei ddweud felly am arwyddocâd symbol y froits yn y gerdd hon? Wel, gwrthrych sentimental ydyw broits fel arfer, a drosglwyddir yn draddodiadol wedi i'r perchennog farw, ac er nad oes iddo ddirfawr werth materol o reidrwydd mae'n beth arbennig ac amhrisiadwy yn llygaid y rhai a ŵyr ei hanes unigryw. I'r sawl a'i hetifedda daw'r froits yn rhywbeth sydd ynghlwm wrth atgofion am ei pherchennog. Felly'r froits yn y gerdd hon – symbol yw hi sy'n cadw cof am gymeriad a chyfeillgarwch y sawl a fu farw. Cyflea arbenigrwydd cymeriad y sawl a gollwyd: y mae'n un drawiadol – un '[l]achar' ydyw, ac yn un sy'n serennu gymaint nes ei bod yn 'dallu'. Y cof am ei chymeriad a'i gwerthoedd felly a erys yn 'dlws atgof' ar ôl ei dyddiau.

Rhywbeth arall yr awn ar ei ôl petawn i'n edrych ar y gerdd trwy lygaid y Feirniadaeth Newydd yw'r deuoliaethau a'r cyferbyniadau sy'n frith drwy'r gerdd. Ceir awgrym o ddeuoliaeth y cymeriad yn y disgrifiad o strwythur y froits – er bod 'angerdd ar waelod y bachyn', ceir hefyd elfen o ofal, 'cadwen fach rhag ei cholli'. Daw elfennau gwahanol ynghyd felly i wneud broits yn gyflawn. Sylwa hefyd, Martha, fel y mae'r bardd yn cyfuno'r 'mewnol' a'r 'allanol' yma wrth ddisgrifio'r froits fel un 'a grëwyd o fynwes euraid'. Mae'r gerdd, felly, yn troi ar sawl 'eironi' – yn yr ystyr arbennig a roddir i'r gair hwnnw gan Feirniadaeth Newydd – y tyndra rhwng y gorffennol a'r presennol, presenoldeb y froits ac absenoldeb y sawl a'i gwisgai, ei hanes hysbys a'i hanes anhysbys, y mewnol a'r allanol, ac mae'r gair clo, 'dallu', yn gweithio felly ar ddwy lefel: sglein y froits ei hun a disgleirdeb ei pherchennog. Nid yn unig hynny: yn yr un modd awgrymir trwy estyniad fod y gerdd hithau, fel addurn, yn eiriau ar bapur ac yn fynegiant o golled. Yr eironi mwyaf, wrth gwrs, yw bod y gerdd hithau'n fath o symbol, er cof am berchennog y froits.

Ar ddechrau'r gerdd amlygir y tyndra rhwng yr 'allanolion' diriaethol a'r 'mewnolion' haniaethol, rhwng y prydferthwch gweladwy wedi ei greu ar y naill law a'r prydferthwch anweladwy ond naturiol ar y llaw arall. Awgrymir yn y pennill cyntaf fod i wrthrychau megis 'clustdlysau' a 'breichledau o feini bychain' eu lle ond bod gwir brydferthwch bywyd yn deillio o'r hyn nas crëir o fwynau ond yn hytrach o'r 'meddal fewnolion' – cariad efallai, neu rinweddau caredigrwydd a thrugaredd. O'r rhain y crëir 'broits' bywyd, medd y bardd, a dyna ni yn ein holau gyda'r symbol sy'n cyfleu prydferthwch cymeriad unigolyn, o bosib.

Ceir yma ymdriniaeth â natur prydferthwch a chyfoeth wrth i'r bardd gyferbynnu byrhoedledd bodau dynol a hirhoedledd gwrthrychau materol. Er bod i wrthrychau 'allanol' megis gemwaith werth materol a phrydferthwch arwynebol a bery'n hirach yn aml nag einioes meidrolyn, perthyn cyfoeth 'mewnol' i fodau dynol, a hwnnw'n gyfoeth hirhoedlog a bery er gwaethaf byrhoedledd eu bywydau. Caf fy nhemtio hefyd i'w darllen fel cerdd am adnabyddiaeth ac am y modd y gall pobl gyfoethogi bywydau eraill mewn ffyrdd na all y pethau materol mo'u gwneud. Yn wir, pe na bai enw wrthi rwy'n credu efallai y byddwn hefyd wedi ystyried ei darllen fel cerdd grefyddol, o bosib, a'r 'froits' yn symbol o Iesu, dyweder. Neu, efallai y byddwn wedi pendroni a oes yma gysylltiad Celtaidd gan y froits am fod gan y ddynes gyfenw Albaneg. Rhai awgrymiadau yw'r rhain, ac rwy'n siŵr y bydd gennyt ti dy ddarlleniad dy hun – edrychaf ymlaen at ei glywed!

Yr hyn rwy'n ceisio ei awgrymu yw hyn. Er bod ei his-deitl yn nodi mai cerdd goffa i Stephanie Macleod yn benodol yw hi, nid oes raid iti wybod am union amgylchiadau ei chyfansoddi na gwybod chwaith am berthynas y bardd â'r gwrthrych, os bu un o gwbl. Dethlir bywyd yr unigolyn ac awgrymir nad â'r bywyd hwnnw'n angof, hyd yn oed yn wyneb angau, tra pery'r cof am gyfoeth a phrydferthwch ei chymeriad. A gellir hawlio'r un peth am y gerdd ei hun.

Rwy'n tybio, er hynny, fod y bardd yn gyfarwydd â'r gwrthrych gan fod rhyw awgrym o adnabyddiaeth yn y cyfarchiad ail berson unigol yn y trydydd pennill – 'roedd dy froits di', a sylwer bod y sawl sy'n llefaru yn y gerdd yn ei gyfrif ei hun yn un o'r rhai a gaiff eu dallu yn y llinell olaf – 'a'n dallu'. Mae'n temtio rhywun i ddweud ei fod yn dangos didwylledd y canu ond eto, dilyn confensiwn y mae'r bardd trwy ganu fel sy'n weddus i rywun ei wneud mewn cerdd goffa. Thâl hi ddim inni chwilio am 'realiti' mewn gwirionedd, oherwydd y cyfan a erys yw'r gerdd, ac nid oes llawer o bwynt mesur ei didwylledd – ni ddywed hynny odid ddim wrthym yn y pen draw.

I raddau, rwy'n deall dy ddryswch di, Martha, gan nad yw rhai o gerddi Menna yn ildio ystyr amlwg ar un darlleniad weithiau. Yn debyg i rai o'i cherddi eraill, megis 'Ambr',[8] er enghraifft, cerdd wedi ei chanoli ar ddelwedd yw 'Broits' ac mae'r mynegiant yn gynnil. Pan fyddi di'n dod at gerdd, paid ag ofni canolbwyntio ar air neu ddau i gychwyn a cheisio deall sut y maent yn ffitio i'w gilydd. Efallai y byddi di'n meddwl ar brydiau nad oes digon o adnoddau gennyt i wneud darlleniad 'cyfoethog', ond paid â thybio bod diffyg gwybodaeth gefndirol o reidrwydd yn mynd i wneud y gwaith cyfan yn dywyll. Fel y mae'n digwydd, rwy'n gweithio ar ddarn yn trafod barddoniaeth dywyll ar hyn o bryd, felly fe'i hanfonaf atat pan fydd yn barod yn y gobaith y bydd yn taflu rhyw oleuni ar y materion hyn iti. Byddai hi'n braf clywed dy ymateb.

Rhaid imi fynd nawr, ond edrychaf ymlaen at dderbyn llythyr oddi wrthyt eto'n fuan.

Cofion gorau,

Rhiannon.

Nodiadau

[1] 'Welsh poet Menna Elfyn's work to be featured on Tube', *Western Mail*, 14 Mawrth 2009. Hefyd ar gael ar wefan *www.walesonline.co.uk/news/wales-news 2009/03/14.* Cyrchwyd 20 Mawrth 2009.
[2] Menna Elfyn, *Cell Angel* (Tarset: Bloodaxe Books, 1996), t. 16.
[3] John Gwilym Jones, 'Cwmwl Haf', *Y Traethodydd*, cyf. CXXVI, 540 (1971), t. 304.
[4] Ibid., t. 305.
[5] Ibid., t. 303.
[6] Leland Ryke, *How to Read the Bible as Literature* (Michigan: Zondervan, 1984), t. 95.
[7] Sarah Lucia Hoagland & Marilyn Frye, 'Introduction', yn Sarah Lucia Hoagland and Marilyn Frye (goln), *Feminist Interpretations of Mary Daly* (PA: Pennsylvania University State Press, 2000), t. 37. Daw'r dyfyniad yn wreiddiol o destun Sallie McFague, *Metaphorical Theology*, tt. 15–16.
[8] Menna Elfyn, *Cell Angel*, t. 52.

Llythyr 13

Mawrth 21ain

Annwyl Martha,

Gwn imi bostio llythyr atat ddoe, ond roeddwn ar frys: ystyria hwn yn atodiad gan un sydd wedi bod yn ailfeddwl ynghylch yr hyn a ddywedodd ac a bregethodd! Gobeithio nad oeddet ti'n meddwl fy mod i'n gorfodi darlleniad arnat ond yr hyn roeddwn yn ceisio ei bwysleisio yw bod modd darllen cerdd heb wybodaeth gefndirol. Ceisiais gyflwyno beirniadaeth destunol bur iti ddoe ond mae i hon ei diffygion, mi wn.

Nid yw beirniadaeth o'r fath, er enghraifft, yn cydnabod amgylchiadau'r darllen, ac mae'r rheini yn aml yn rhai llywodraethol wrth i unigolyn geisio pennu ystyr. Nid ystyriais ble yn union y gwelaist y gerdd na chwaith faint o amser a gefaist i'w darllen. Mae'r ffactorau hynny, wrth reswm, yn amodi dy ddarlleniad. Wn i ddim ai rhyw hanner gweld y gerdd ar drên a wnest pan oeddet ti'n ceisio dy orau i ddal yn dynn wrth y rheilen, wedi dy wasgu i un gornel fel sardîn, yn ceisio gwrando am enw'r orsaf nesaf, ynteu ai yn yr orsaf ei hun y'i gwelaist, ac iti gael cyfle i ddarllen drosti sawl gwaith. Byddai'r senario gyntaf yn sicr yn esbonio'r penbleth y soniaist amdano.

Cyfyd hyn gwestiwn parthed perthnasedd y gerdd i'w lleoliad. Fel y gwelaist, wrth ddadansoddi'r gerdd yn y llythyr diwethaf, mae gofyn ei hastudio a'i hailddarllen er mwyn dod at ddarlleniad boddhaol, ac o'r herwydd nid yw efallai'n un y gellir ymateb iddi yn dda iawn pan nad oes llawer o amser gan rywun, fel sy'n wir am orsafoedd prysur! Efallai y byddai cerdd fwy 'uniongyrchol', chwedl John Gwilym Jones, sy'n boddhau greddf y darllenydd i ganfod ystyr mewn llai o dro, wedi bod yn fwy addas.

Ta waeth, deuthum ar draws ambell fater 'alldestunol', fel petai, a all fod o ddiddordeb iti, ac a all beri iti ailystyried dy ddarlleniad o'r gerdd dan sylw. Efallai y dylwn fod wedi eu crybwyll ddoe, ond roeddwn yn daer i bwysleisio rhinweddau'r Feirniadaeth Newydd iti bryd hynny! Mae hynny'n beth cwbl annaturiol i'w wneud, erbyn meddwl, oherwydd nid bodoli mewn gwagle a wna'r gerdd, ac ni allaf dy rwystro rhag dod ar draws testunau sy'n 'goleuo'r' gerdd iti.

Roedd erthygl yn y *Western Mail* dro yn ôl yn cynnwys cyfweliad â Menna lle y sonia mai ffrind iddi oedd Stephanie Macleod a fu farw yn ei thridegau: 'Stephanie wore the most wonderful brooches and jewellery . . .'[1] Mae hynny, wrth gwrs, yn newid y darlleniad oherwydd mae gwybod hynny'n gliw pam y mae delwedd y froits mor arwyddocaol. Yn wir, efallai mai ei broetsys hi y mae Menna Elfyn yn wastad yn eu gwisgo! Wn i ddim amdanat ti, ond mae gwybod ei bod yn ffrind i'r bardd yn peri imi ymagweddu at y gerdd yn wahanol rywsut. Mae gwybod bod yma berthynas goiawn y tu ôl i'r gerdd ac nad rhyw gerdd gomisiwn ar gyfer trenau Llundain ydoedd yn wreiddiol yn gwneud iddi ymddangos yn 'ddilysach', o bosib, os dyna'r gair priodol. Ymhellach, mae gwybod bod Stephanie Macleod wedi marw'n ifanc yn ychwanegu haen o dristwch ychwanegol at 'Broits' imi. Am nad oes modd canfod yr wybodaeth yn y gerdd, tybiwn mai hen wraig ydoedd hi, yn bennaf, am fy mod i'n cysylltu broetsys gyda hen fenywod. Rhagfarn bersonol, mi wn! Dyma ddangos felly bod testunau ategol yn gallu taflu goleuni gwahanol ar gerdd, gan beri inni ddilyn trywyddau newydd yn y meddwl yn sgil eu darllen.

Byddai'n werth iti hefyd daflu cip ar yr hyn sydd gan M. Wynn Thomas i'w ddweud am y gerdd. Â yntau ati i ystyried cydberthynas rhywedd a'r testun, ac fe'i dehongla fel marwnad arloesol gan ei bod yn 'fenywaidd' ei naws ac yn dadansoddi profiad menyw:

> The elegy . . . assumes a new, feminine form in such poems as 'broits' . . . As well as quietly revaluing an object traditionally stigmatized as a mere piece of female frippery, the poem bodies forth woman's experience of the generative processes secretly proceeding within the concavities of her body and mind.[2]

Rhaid addef na feddyliais am hyn wrth ddarllen y gerdd am y tro cyntaf, ac nid oedd fy narlleniad testunol pur ddoe yn cydnabod dylanwad ffactorau hanfodaidd yn ymwneud â hunaniaeth yr awdur neu'r darllenydd megis rhywedd. Mae hwn yn ddehongliad teg, ond rhagdybia i raddau helaeth fod y fath beth â 'ffurf fenywaidd' i farwnadau. Pe na bai'r beirniad yn ymwybodol o rywedd y bardd, a gwrthrych y gerdd, Stephanie Macleod, tybed a fyddai wedi bod mor barod i'w disgrifio'n 'feminine'? Rhaid dweud na wn i beth y gellir ei gyfrif yn nodwedd 'feminine', fel y cyfryw. Os mai'r froits – 'traditionally stigmatized as a mere piece of female frippery', chwedl yntau – a barodd i M. Wynn Thomas alw'r gerdd yn 'feminine', rhagdybia hynny braidd fod pynciau penodol 'fenywaidd' i'w cael. A wyt ti'n cytuno tybed?

Hwyl am y tro,

Rhiannon

Nodiadau

[1] 'Welsh poet Menna Elfyn's work to be featured on Tube', *Western Mail*, 14 Mawrth 2009.
[2] M. Wynn Thomas, 'The Poetry of Gillian Clarke and Menna Elfyn', *Corresponding Cultures* (Cardiff: University of Wales Press, 1999), t. 203.

Llythyr 14

Mai 10fed

Annwyl Martha,

Diolch iti am dy lythyr ryw fis yn ôl. Braf oedd clywed bod y llythyrau a anfonais wedi bod o ryw fudd wrth iti ysgrifennu traethawd yn null y Beirniaid Newydd. Sut mae pethau erbyn hyn? Gobeithio'n fawr fod y gwaith yn mynd yn iawn ac nad yw'r arholiadau'n pwyso gormod ar dy feddwl. Os gallaf fod yn glust i wrando, cofia roi gwybod.

Chredi di fyth beth rydw i wedi bod yn ei wneud yr wythnos hon – ysgrifennu rhyw lun ar amddiffyniad achos llys! Fe ffoniodd rhyw Mr Cadwaladr yn fy ngwahodd i sgwrsio â'i ddosbarth nos.[1] Iawn, meddwn i, gan ofyn a oedd rhywbeth penodol yr hoffai imi ei drafod, a sôn gyda hynny fy mod i'n gweithio ar draethawd ymchwil ar waith Menna Elfyn. Ni chefais ymateb cadarnhaol iawn: y cyfan a wnaeth oedd sôn am ei anallu i ddeall ei barddoniaeth.

Gyda hyn, mentrais sôn am rai o rinweddau'r farddoniaeth, yn fy nhyb i – ond heb lawer o argyhoeddiad mae'n rhaid, oherwydd cynigiodd Mr Cadwaladr yn y diwedd: 'Beth am ichi esgus bod yn fargyfreithwraig mewn achos llys yn amddiffyn ei gwaith ac fe wnaf i eich croesholi maes o law?' Ni wyddwn beth yn iawn oedd ganddo mewn golwg ond aeth yn ei flaen fel hyn: 'Wyddoch chi, y math o beth a gafwyd yn Eisteddfod Eryri yn 2005,[2] pan roddwyd beirdd caeth – beirdd o'r iawn ryw, yndê! – "yn y doc", a Thwm Morys y Barnwr yn penderfynu ar eu tynged. Noson Barddas oedd hi os cofiaf. Ew, am noson dda! . . . Wrth gwrs, fedrwn ni ddim fforddio cael beirdd i ddod atom ni gan fod pethau braidd yn dynn arnom yn y dosbarth nos, felly opsiwn rhatach fydd eich cael chi i esgus actio eich amddiffyniad inni. Rhaid ichi fy mherswadio i, y darllenydd amheugar, fod modd deall barddoniaeth yr hen Fenna Elfyn 'na. Caiff y myfyrwyr fod yn rheithgor, ac fe berswadiaf fy ffrind Mr Schloss i fod yn farnwr.'

Mynegais fy amheuaeth ynghylch y fath syniad bisâr, oherwydd thâl hi ddim i rywun sy'n ceisio gwerthuso gwaith awdur fod mewn sefyllfa lle y maent yn gorfod amddiffyn y gwaith na chwaith yr awdur o ran hynny. Mae natur achos llys yn gofyn am ddewis o blaid neu yn erbyn, gwir neu au, du neu wyn – sut y mae myfyriwr llenyddiaeth sy'n ymhél yn fwy na heb â'r tir llwyd ac sy'n barod iawn i eistedd ar y ffens weithiau i fod i ymddwyn yn y fath achos? Ond eto, mae beirniadaeth yn defnyddio disgwrs cyfreitha: barnu, dadlau a dedfrydu, cyhuddo, amddiffyn, erlyn, apelio, tystiolaeth, moddion, cymhellion a chyfleoedd, bron heb sylwi, erbyn meddwl. Ta waeth, y cyfan a gefais yn ôl oedd 'ni allaf siarad rhagor, sori; mae Ann Griffiths yn galw ac mae angen imi baratoi swper ar ei chyfer. Dewch nos Wener am 7.'

Wn i ddim pam y mae'n honni ei fod yn gwneud swper i'r emynyddes – efallai ei fod wedi bod yn treulio gormod o amser yn ei lyfrau emynau ac wedi colli gafael ar realiti braidd. Gan dybio felly mai gwell fyddai peidio â chwestiynu ei syniad gwallgof ymhellach, es ati i ysgrifennu hyn o 'amddiffyniad'. Efallai fy mod i braidd yn rhy amddiffynnol ar adegau neu'n cymryd y senario yn rhy ysgafn; ond, wel, dyna natur y dasg ryfedd a osodwyd imi, am a wn i. Hoffwn wybod beth yw dy ymateb, os gweli di'n dda, ar ôl iti ei ddarllen.

Pob lwc iti yn yr arholiadau, a meddylia amdanaf yn y 'llys'!

Cofion gorau,

Rhiannon

Yr Amddiffyniad

Barchus farnwr ac aelodau'r rheithgor,
Safaf ger eich bron heno i amddiffyn barddoniaeth Menna Elfyn yn wyneb y cyhuddiad a wnaed yn ei herbyn gan y gŵr hwn, Mr Cadwaladr. Mae Ms Elfyn y bardd yn wynebu'r cyhuddiad a ganlyn: ysgrifennu barddoniaeth dywyll, astrus, na ellir deall ei hystyr yn iawn. Byddaf yn seilio fy amddiffyniad ar ddarlleniad o'r dogfennau isod:

1) 'Wnaiff y gwragedd aros ar ôl?'[3]
2) 'Y Lliaws sy'n Llosgi'[4]

Cyn bwrw ati gyda'r amddiffyniad, rhaid yw cydnabod y dystiolaeth a ddaeth i law oddi wrth dystion eraill sy'n ategu achos Mr Cadwaladr.

Y Tystion Eraill

Nid ydyw Mr Cadwaladr ar ei ben ei hun wrth wneud y cyhuddiad hwn yn erbyn natur astrus yr ieithwedd a geir ym marddoniaeth Ms Elfyn. Wrth ddarllen y dystiolaeth sydd ar glawr, gwelir sawl cwyn ynghylch tywyllwch neu ddryswch wrth geisio gwneud synnwyr o linellau ei cherddi.

Gadewch inni fynd drwyddynt yn sydyn. Fe ddechreuwn gyda Dafydd J. Pritchard. Er ei fod yn cydnabod ffresni delweddol barddoniaeth Ms Elfyn, dywed fel a ganlyn:

> Mae hi'n ymdrechu yn ei gwaith i fod yn gonsuriwr iaith digymrodedd. Canlyniad hyn, yn ei cherddi diweddar o leiaf, yw mynegiant sydd o bosib yn gofyn am lawer iawn mwy o ymdrech gan y darllenydd. A 'does dim byd o'i le ar hynny o gwbl, dim ond i'r bardd fod yn deg â'r darllenydd yn y lle cyntaf.[5]

Iddo yntau felly mynegiant y bardd sy'n rhannol ar fai am y diffyg eglurder honedig a wêl ef yn ei waith.

Mae Katie Gramich hithau, wrth adolygu *Cell Angel*, yn tynnu sylw at y 'breathtaking liberties taken with language' a'r modd y mae rhai o deitlau'r cerddi yn ymddangos yn 'abstruse or puzzling'.[6] Honna y perthyn rhyw ystyfnigrwydd i'r ystyr: '*Cell Angel* stubbornly avoids declaring its message, withholding itself from the reader and yet reverberating in the mind with powerful yet elusive images.'[7]

Yn yr un modd mynega Cathryn Charnell-White, wrth sôn am *Perffaith Nam*:

> Rhaid cyfaddef mai profiad cymysg oedd darllen y gyfrol hon oherwydd er mor ddyfeisgar a gwironeddol wefreiddiol yw sylwedd nifer o'r cerddi, teimlwn gryn rwystredigaeth wrth ymbalfalu i ddeall ystyr llinellau aneglur a dryslyd fan hyn, fan draw.[8]

Y tri phen i 'bregeth' Cathryn Charnell-White, fel petai, wrth fanylu ar yr anhawster hwn yw yn gyntaf, ddefnydd y bardd o 'ymadroddion anghystrawennol ac aneglur',[9] yn ail, fod 'geiriau bath diangen hefyd yn merwino'r glust',[10] ac yn drydydd 'linellau cynganeddol hunanymwybodol' sydd yn 'tynnu sylw atynt eu hunain ac yn tynnu oddi wrth y sylwedd, yn hytrach na'i atgyfnerthu'.[11]

Rhydd Robert Rhys hefyd sylw i elfennau arddullegol barddoniaeth Ms Elfyn, a honni:

Os ydym yn rhoi pris ar orffennedd disgybledig, ar gynildeb cain a chydlynedd geiriol pwrpasol, rwy'n ofni mai cael ein siomi a wnawn. Mae'r geiriog a'r gorymdrechgar yn rhy amlwg o lawer. . . . Y cyfuniad hwn o ddelweddu cynhyrfus a dweud cloff sy'n rhoi'r argraff anffodus mai bardd galluog yn tangyflawni sydd yma.[12]

Mae'n amlwg, felly, yn ôl y dystiolaeth a gyflwynwyd gan y bobl uchod, fod mynegiant y bardd yn cael ei weld fel diffyg yn ei gwaith, a bod hyn yn cyfrannu at ddiffyg dealltwriaeth o'r testun. Ond i ba raddau y gellir honni bod amwysedd o'r fath yn 'ddiffyg', fel y cyfryw? Mae syniad o annhegwch, dryswch, rhwystredigaeth a siom yn rhedeg trwy'r ymdriniaethau hyn – fel petai'r darllenwyr wedi prynu pecyn sy'n dweud 'barddoniaeth' ar y clawr ond sy'n cynnwys rhywbeth arall. Bron nad yw'n atgoffa rhywun o ddwyn achos dan y Ddeddf Disgrifiadau Masnach.

Wrth amddiffyn Ms Elfyn, hoffwn dynnu eich sylw, aelodau'r rheithgor, at yr hyn a ddywed Euros Bowen ar y mater. Wrth sôn am safonau beirniadu'r Eisteddfod yn ystod y ganrif ddiwethaf medd:

> Fe gymerir yn ganiataol fod barddoniaeth dywyll yn farddoniaeth sy'n ddiffygiol. Ceir y cyfystyron i gyd: 'niwl', 'mynegiant aneglur', 'astrus', 'dryswch', 'amwysedd', 'anallu i ddweud y meddwl yn glir', 'anneall-adwy', 'aneglurder', ac mae'r peth yma – y tywyllwch bob amser yn 'wendid', neu'n 'fai', neu'n 'anesgusodol'.[13]

Serch hynny, hyd y gwêl Euros Bowen, adlewyrchu a wna beirniad-aeth o'r fath wir sefyllfa beirniadaeth lenyddol:

> Does dim amheuaeth . . . fod safonau beirniadaeth lenyddol uniongred yng Nghymru, o leia lle y mae a wnelon-nhw â barddoniaeth yn arbennig yn gul ac yn gyfyngedig. . . . fe dderbynnir yn ddogma mai bai ar gerdd yw tywyllwch ac aneglurder.[14]

Nid ar y farddoniaeth ei hun y mae'r bai, felly, eithr ar y darllenwyr, eu disgwyliadau a'u dull o ddarllen. Yn wir, pwysleisia Bowen, nid oes raid wrth 'ddealltwriaeth' lwyr fel y cyfryw er mwyn gwerth-fawrogi testun:

> Mae'n sicr gen i . . . mai perygl parod dehonglwr barddoniaeth yw dadfarddoni'r cerddi y mae'n eu trafod, oherwydd y ffaith syml yw fod modd gwerthfawrogi a mwynhau cerdd heb ei 'deall' yn iawn, megis.[15]

Mynna ymhellach fod mwy nag un ffordd o fynd ati i ddarllen testun llenyddol a chyfyd amryw bwyntiau y dylid eu cadw mewn cof wrth ddarllen y farddoniaeth sydd dan sylw yn yr achos llys hwn, sef gwaith Ms Elfyn. Gwrandawer yn arbennig ar y dyfyniad a ganlyn: 'Y drwg yw fod 'na bobl sy'n disgwyl deall pob cerdd fwy neu lai yn yr un ffordd.'[16]

Tybed onid dyma a wna rhai o'r beirniaid a grybwyllwyd eisoes? Gadewch inni ein hatgoffa'n hunain o eiriau Katie Gramich: 'Cell Angel stubbornly refuses to declare its message' sy'n awgrymu mai swyddogaeth darn llenyddol yw datgan ei ystyr i'r darllenydd. A dyna Cathryn Charnell-White, wrth iddi sôn am 'ymbalfalu i ddeall ystyr rhai llinellau', yn rhoi'r argraff mai proses o chwilio a chanfod yw rhoi ystyr i destun. Meddyliwch wedyn am yr holl feirniaid llên eraill sydd wedi disgwyl deall darn o lenyddiaeth mewn un ffordd benodol dros y blynyddoedd a chan ddefnyddio'r un dulliau darllen. Medd Alan Llwyd wrth gyflwyno'i ddehongliad o gerdd gan R. Williams Parry, 'yn awr, dyna fy nehongliad i o'r gerdd, a chredaf hefyd mai dyna'r unig ddehongliad posibl.'[17] A chofiwn i Hugh Bevan ddatgan:

> Dylai'r beirniad ddeall y gwaith llenyddol a'i fwynhau, ac yna drosglwyddo'r math o fwynhad a gafodd i eraill, a dangos iddynt yr union fan i sefyll i weld gwir natur y gerdd, y nofel neu'r ddrama.[18]

Ond y gwir amdani yw nad *un* man i sefyll sydd, eithr *mannau*. Nid gwaith beirniad llenyddol yw nodi man gwylio, fel petai'n gosod un o'r symbolau glas hynny ar fap OS, gan ddweud 'dyma'r fan lle y gellir gweld yr olygfa ohoni'. Mae'n werth meddwl yn hytrach am feirniaid fel awduron taith – unigolion sy'n gallu cynnig dehongliad o'r golygfeydd a welsant ar eu teithiau amrywiol, a'r rheini'n dra gwahanol i'w gilydd. Wrth reswm, ni fydd yr olygfa a wêl pob unigolyn yr un fath gan na fyddant yn sefyll yn yr un fan yn union na chwaith yn profi'r un pethau. Efallai y bydd y tywydd yn braf un diwrnod, a chymylau'r diwrnod nesaf. Efallai y bydd un yn edrych trwy ysbienddrych a'r llall yn dibynnu ar ei lygaid gwantan ei hun. Hyd yn oed wedyn, ni allwn ni ddibynnu'n llwyr ar yr ysgrifenwyr taith hyn hyd nes inni fynd i rywle drosom ein hunain a dewis lle'r ydym ni am sefyll i edrych ar yr olygfa.

Gyda cherddi Ms Elfyn, a gaf i awgrymu, felly, y dylai aelodau'r rheithgor godi pac a mynd, bob un ei ffordd ei hun. Bydd angen offer gwahanol arnoch er mwyn delio â'r teithiau gwahanol a all godi gan fod corpws gwaith y bardd yn amlochrog, yn aml-leisiog ac ni ellir disgwyl taclo pob cerdd gan ddefnyddio'r un offer. Bydd rhai cerddi'n eithaf didactig eu naws ac yn ymddangos yn gymharol ddidrafferth i'w darllen, megis 'Wnaiff y gwragedd aros ar ôl?' Ar y llaw arall, gyda cherddi eraill megis 'Y Lliaws sy'n Llosgi' mae gofyn dyfalbarhau, ailddarllen a thrydydd-ddarllen. Hyd yn oed wedyn, efallai y byddant yn ymddangos yn eithaf amwys mewn rhannau. Yn y fath achosion, rhaid ichi ddibynnu ar eich gallu i lenwi'r 'gaps', chwedl Wolfgang Iser:

> The gaps function as a kind of pivot on which the whole text-reader relationship revolves. Hence the structured blanks of the text stimulate the process of ideation to be performed by the reader on terms set by the text.[19]

Os llenwi'r bylchau yw dyletswydd y darllenydd, y mae'n dilyn yn rhesymegol nad bai ar ran y bardd ydyw tywyllwch ac amwysedd. Dyna yw dadl Soon Peng Su wrth honni nad yw amwysedd yn rhan gynhenid o'r testun eithr fe'i hamlygir wrth i'r darllenydd ddod at destun:

> It is as Iser says, 'the convergence of text and reader [which] brings the literary work into existence'. Similarly, this convergence actualizes ambiguity which would, otherwise, remain potential, present in the text but not realized.[20]

Awgrymir felly mai dull darllen unigryw'r unigolyn (sy'n seiliedig ar ei hunaniaeth a'i brofiad darllen blaenorol ymhlith ffactorau eraill) sy'n gyfrifol yn aml am esgor ar 'amwysedd' mewn testun ac felly nad yr un fydd profiad pawb:

> The specific identity of a reader which constitutes his individuality influences the way he reads and can result in a response that is different from another reader's. . . . what is ambiguous to one person may not be so to another, and two persons who perceive ambiguity in a text may choose their preferred meaning differently.[21]

Felly, aelodau'r rheithgor: er i'r dystiolaeth a grybwyllwyd eisoes honni bod gwaith Ms Elfyn yn astrus, yn dywyll ac yn anodd ei ddeall, gan awgrymu mai'r bardd sydd ar fai – 'bardd galluog yn tangyflawni', yn ôl Robert Rhys fe gofiwch – hoffwn awgrymu'n gryf mai dulliau darllen y darllenwyr sydd ar fai mewn gwirionedd. Mae hyn yn arwain at bwynt llawn cyn bwysiced. Beth yw ystyr 'deall' – a beth yw ystyr 'ystyr' o ran hynny? Mae beirniadaeth y rhai a grybwyllwyd yn rhagdybio y dylid gallu aralleirio cerddi ac nad oes gwerth mewn ymateb ar lefel arall. Ond mae modd ymateb yn argraffiadol i destun heb 'ddadansoddi' fel y cyfryw a heb chwilio am 'yr ystyr'. Wedi'r cyfan, mae cerddi Ms Elfyn, o bryd i'w gilydd, yn cyfleu rhywbeth heb ei fynegi trwy greu ymateb annelwig, anniffiniol yn y darllenydd, yn debyg iawn i gerddoriaeth, dyweder.

Gadewch inni edrych yn fanylach ar yr hyn sy'n gallu arwain at amwysedd wrth ddarllen testun. Dengys tystiolaeth Soon Peng Su fod sawl elfen arddullegol i gerdd a all esgor ar amwysedd, megis trosiad, paradocs, eironi, arbrofion geiriol megis bathu geiriau, a chyfeiriadaeth nad yw'r darllenydd yn gyfarwydd â hi.[22] Wrth sôn am drosiadau, dadleua fod modd i fardd gyfyngu ar y cynodiadau posibl ond na ddaw dau ddarllenydd o hyd i'r un casgliad o reidrwydd:

> The poet can highlight, suppress, or construct a system of implications through which he guides the reader's interpretation of a given metaphor. Even so, there is no certainty that two readers will reach the same interpretation.[23]

Hynny yw, ni fydd dau berson fyth yn darllen yn union yn yr un ffordd ni waeth beth a wna'r bardd, gan fod amwysedd yn rhan annatod o'r broses ddarllen. Gellir mentro dweud hefyd fod cerddi'n gofyn am wahanol raddfeydd o ymrwymiad ar ran y darllenydd. Tra mae rhai'n cyfyngu ar ryddid y darllenydd i ddehongli, mae eraill yn caniatáu mwy o ryddid iddo ddefnyddio'i ddychymyg wrth fynd ati i lenwi'r bylchau, chwedl Iser. Fel y dywed Soon Peng Su: 'There are varying degrees of involvement of a reader or different readers in the text; and different texts vary in their demand on the reader.'[24] Barchus reithgor, gadewch imi enghreifftio hyn trwy droi at ddogfennau Ms Elfyn.

Ystyried y dogfennau perthnasol: dwy gerdd o eiddo Ms Elfyn

1) *'Wnaiff y gwragedd aros ar ôl?'*

Mae modd dod at ddarlleniad boddhaol o'r gerdd hon yn weddol hawdd, rwy'n credu. Ar y cyfan, nid oes yma lawer o'r elfennau a grybwylla Soon Peng Su a all esgor ar amwysedd. Ceir ynddi gyfeiriadaeth ond mae llinellau megis 'y sedd sy'n rhy fawr i ferched' yn weddol eglur i rai a ŵyr am sefydliad y capel, a phwysigrwydd y 'sedd fawr'. Nid oes yma unrhyw fynegiant paradocsaidd fel y cyfryw, prin yw'r trosiadau ac mae'r ergyd yn y rhan olaf yn weddol uniongyrchol:

> Gwrandewch chi, feistri bach,
> tase Crist yn dod 'nôl heddi
> byse fe'n bendant yn gwneud Ei de Ei hun.

Rwy'n ei darllen fel cerdd sy'n herio'r drefn yn y capel lle y gofynnir i'r merched aros ar ôl i weini'r te. Wrth reswm, mae croeso ichi ei dehongli yn eich ffordd eich hun gan nad un dehongliad sydd i'w gael. Mae'n bosib eich bod yn credu bod yma amwysedd neu dywyllwch, a'ch bod am ofyn wrth ddarllen y rhan olaf: 'A yw Crist yn ffeminydd, felly?' neu 'A oedd ef efallai'n dda yn gwneud te?' neu 'A oedd e'n ffyslyd efallai ynghylch y math o de a yfai ac y byddai'n well ganddo ei wneud ei hun?' Ond rwy'n amau hynny'n gryf! Efallai, ymhen blynyddoedd, wrth i'n cymdeithas droi'n fwy seciwlar fyth, y bydd darllenwyr yn canfod rhannau o'r gerdd yn aneglur am na fyddant yn deall y gyfeiriadaeth grefyddol sydd ynddi. Cawn achos llys eto bryd hynny. Am y tro, teg yw honni, ei bod yn gymharol brin o dechnegau sy'n gallu esgor ar amwysedd, ac nad yw o'r herwydd yn gofyn am ormod o ymdrech gan y darllenydd i'w dehongli.

2) *'Y Lliaws sy'n Llosgi'*

Gyda cherdd debyg i'r ail ddogfen dan sylw yma heddiw, fe all gymryd amser i ddod at ddehongliad boddhaol. Mi welwch fod y darlleniad sy'n dilyn yn betrus mewn mannau, yn sicrach mewn mannau eraill, ond fy mod yn tybio bod modd gwneud synnwyr o'r gerdd fel cyfanwaith.

Mae hi'n gerdd sydd wedi ei britho â geiriau bath – ystyriwch y gair 'ffwrno' yn y llinell gyntaf. Ar fy narlleniad cyntaf, edrychais arno braidd yn syn cyn parhau i weld a ddôi'r ystyr yn eglur o ddarllen y cyd-destun. Ni ddaeth ac felly estynnais am eiriadur. Dim lwc. Es yn ôl a cheisio dychmygu beth y gallai'r gair ei olygu gan ddychmygu cynodiadau'n ymwneud â gwres. Ni adewais i hynny fy rhwystro ac felly euthum ymlaen hyd at ddiwedd y pennill cyntaf cyn stopio a chasglu fy syniadau. Roedd y llinell olaf ond un yn awgrymu math o adnewyddiad: 'o'n haelodau crimp, tyfant eto groen newydd', ac wrth fynd yn ôl at y llinellau cynt gwelais fod awgrym tebyg yno, 'ein creisio/a'n ffurfio eto yn llaw'r ffurfafen'. Felly, mae yma ryw ddeuoliaeth, rhyw baradocs os liciwch chi: mae pethau'n medru ein 'llosgi'n fyw', ac eto nid cael ein difa a wnawn yn sgil hyn, ond cael ein 'ffurfio eto'. Bron nad yw'n ein hatgoffa o ffenics sy'n cael ei adnewyddu o lwch y tân, neu dân sy'n puro. Pam yr adnewyddu a'r llosgi hwn? Wel, mae'n siŵr ei fod yn rhywbeth i'w wneud â'r 'odyn' a grybwyllir yn yr is-deitl. Rhoi ffurf newydd i rywbeth trwy ei dwymo, neu ei 'ffwrno' efallai a defnyddio gair dychmygus y bardd, a wna odyn.

Awn ymlaen at yr ail bennill lle y parheir â'r ddelwedd o wres wrth i'r bardd sôn am 'wreichion yn ein cromgell'. 'Vault' yw cromgell yn ôl y geiriadur, ond pam *ein* cromgell? Delwedd o'r ymennydd sydd yma o bosib – cell sy'n crymu – a bod 'rhyw wreichion' yn tasgu ynddo. Y prif drosiad yn yr ail bennill yw 'odyn ar fryn yw creadur uwch traethell/yn cynnull ei einioes uwch sgradan y tonnau'. Sgradan? Beth yw hwnnw tybed? A beth am y creadur ar fryn y sonnir amdano'n drosiadol fel 'odyn'? O gofio'r syniad a gefais ynghylch adnewyddu yn y pennill cyntaf, mae'n rhesymol casglu bod modd ei ddarllen fel awgrym fod meddwl rhywun wrth iddo neu iddi sefyll ar y bryn uwch y traeth fel odyn yn creu rhywbeth newydd o hen atgofion. 'Er i'r sail barhau, ei drugareddau a chwelir' – mae rhyw hanfod yn parhau. Fel yn achos yr odyn mae hanfod y gwrthrych a losgir yn parhau, ond fe fydd yn aml yn bodoli ar ffurf newydd. Felly hefyd y mae pobl – mae ynddynt ryw hanfod ond byddant oherwydd rhyw brofiad gwael yn ail-greu ac adnewyddu eu hunaniaeth dro ar ôl tro, ac yn tyfu eto 'groen newydd', chwedl y pennill cyntaf.

'Mae ynom y gallu i amlosgi', medd y pennill nesaf, ac mae'n amlwg nad yw hyn yn llythrennol wir, ond sôn yn drosiadol a wna am allu pawb i'w hadnewyddu eu hunain, neu o bosib eu gallu i'w dinistrio eu hunain hefyd. Ceir wedyn, 'Beunydd,/bydd rhyw fflam yn tarddu o'r pethau bychain'. Mae'n bosibl darllen hyn fel sôn am ryfel yn dechrau am reswm pitw, neu hyd yn oed ryw ffrae fach ar lefel ddomestig.

Trown at linellau ola'r gerdd:

> A gwn mai un egwyl sydd raid wrth ddal y diwetydd
> Cyn i fflach ein byw droi'n llwch, heb weddill,
> A'n bathu drachefn wrth i'r ing droi'n fedydd.

Mae'r llinell olaf yn baradocsaidd iawn a'r awgrym yw bod rhywbeth newydd yn deillio o boen neu ddioddefaint. Cofiwn am y ddelwedd o'r odyn: rhywbeth newydd yn cael ei greu mewn tân. Os awn ni'n ôl at y llinell cyn hynny, awgrymir mor fregus a byrhoedlog mewn gwirionedd yw bywyd – 'fflach' sylwer – nid yw'n ddim o beth cyn iddo droi'n llwch. Beth am y 'bathu drachefn'? Hyd y gwelaf i, synio'n ddelweddol a wneir mai proses o adnewyddu drosodd a throsodd yw hanes datblygiad ein hunaniaeth, a hyd yn oed ar derfyn popeth caiff rhywbeth newydd ei eni o'r tân.

Am y 'gwn mai un egwyl sydd raid wrth ddal y diwetydd', mae'n rhesymol casglu mai 'egwyl' oddi wrth ffrae, neu gyfle i feddwl, yw'r cyfan sydd ei angen ar rywun er mwyn dod at ei goed. Hwyrach y daw pobl i sylweddoli hyn 'wrth ddal y diwetydd', hynny yw, wrth nesáu at ddiwedd dydd neu ddiwedd oes efallai.

I grynhoi, mae yma sawl ystyr bosib a sawl trywydd delweddol y gellid ei ddilyn. I ddechrau, ymddengys yr odyn fel delwedd ddigon amwys ond daw'n gliriach wrth i'r gerdd fynd rhagddi mai natur baradocsaidd yr odyn a ddethlir: mae'n creu rhywbeth newydd defnyddiol trwy ddefnyddio 'tân' – elfen sy'n gysylltiedig hefyd â dinistr. Yn yr un modd, gellir defnyddio 'pethau sy'n ein ffwrno/bob dydd' – rhyw bethau sy'n ein brifo dros dro, a'u troi yn bethau cadarnhaol a dysgu oddi wrthynt.

Dyna'r darlleniad y deuthum i iddo am y tro, a bydd hwnnw'n rhwym o newid wrth imi gydio yn y gerdd a'i hailddarllen maes o law. Mae'n siŵr fod gennych chi, aelodau'r rheithgor, ddeongliadau amgen. Pam y trywyddau amrywiol hyn? Wel, wrth edrych yn ôl dros y gerdd gwelwn fod ynddi amryw o'r nodweddion arddullegol y cyfeiriodd Soon Peng Su atynt a all esgor ar amwysedd. Mae hi'n drosiadol o'r cychwyn cyntaf, ac mae ynddi dipyn o eiriau bath neu eiriau anghyfarwydd. Serch hynny, medrwn lenwi'r bylchau a dychmygu beth yw ystyr geiriau fel 'ffwrno' a 'c[h]reisio'. Nid oeddwn chwaith yn gyfarwydd â'r gyfeiriadaeth a geir yn yr is-deitl 'ger yr odyn yng Nghwmtydu' – ni chlywais amdano, ac ni fûm i erioed yno, ond eto, nid yw'n hynny'n fy rhwystro rhag amgyffred a dehongli'r gerdd mewn modd sy'n fy mhlesio i. I mi, mae'n destun cwbl baradocsaidd sy'n dathlu deuoliaeth tân trwy bwysleisio ei allu dinistriol ond hefyd ei rym adnewyddol.

Wrth gwrs, erys rhannau amwys yr hoffwn eu taclo eto megis y llinell 'er difa ar dro, ffas ein gorwel'. Ac am y teitl, awgryma 'Y Lliaws sy'n Llosgi' fod mwy nag un yn llosgi ond nid yw'n eglur pwy ydynt. Gellir ei ddarllen fel cyfeiriad at yr erchyllterau sy'n digwydd ar draws y byd lle y mae pobl bob dydd yn llythrennol yn cael eu llosgi mewn fflamau – mae'r rhain oll yn bethau ofnadwy ac eto fe ddaw rhyw obaith allan o'r anobaith 'wrth i'r ing droi'n fedydd', chwedl y llinell olaf. Ac eto, gellir ei weld fel cyfeiriad mwy cyffredinol at y syniad llywodraethol yn y gerdd sef bod gan bawb y 'gallu i amlosgi', hynny yw, y gallu i'w trawsffurfio eu hunain, ac mai'r ddynoliaeth felly yw'r 'lliaws sy'n llosgi'.

Hoffwn bwysleisio, aelodau'r rheithgor, nad yw lluosogrwydd ystyr yn golygu nad yw hi'n gerdd 'dda', ac nid yw'r ffaith nad ydw i'n siŵr beth i'w wneud o rai llinellau ar hyn o bryd yn golygu bod 'bai' ar y mynegiant, neu fod y bardd yn oreiriog o reidrwydd. Nid darllen er mwyn canfod yr ystyr 'derfynol' a wnawn gan nad oes y fath beth yn bod – proses ddiddiwedd yw hi. Dadleuwn ymhellach nad oes yn rhaid chwilio ystyr pob gair yn unigol, eithr bod mwynhad i'w gael wrth amgyffred y gerdd yn ei chyfanrwydd. Yn ôl Helen Vendler:

> The aim of a properly aesthetic criticism . . . is not primarily to reveal the *meaning* of an art work or disclose (or argue for or against) the ideological values of an art work. The aim of an aesthetic criticism is to *describe* the art work in such a way that it can not be confused with any other art work . . .[25]

Ydy, mae 'Y Lliaws sy'n Llosgi' yn gofyn am dipyn o ymdrech o ran y darllenydd ond mae'n deg dweud nad diffyg mo hyn, ac yn sicr, nid yw hi'n llai o gerdd o'r herwydd. Yn wir, mae cryn bleser i'w gael wrth ddehongli cerdd sy'n cynnig y fath ryddid i'r darllenydd.

Gadewch inni yn awr ein hatgoffa ein hunain o'r cyhuddiad a wnaed yn erbyn Ms Elfyn, sef ei bod yn 'ysgrifennu barddoniaeth dywyll, astrus, na ellir deall ei hystyr yn iawn'. Gobeithio imi ddarlunio nad darllen er mwyn 'deall ystyr yn iawn' a wneir, oherwydd ansoddeiriau anodd eu cymhwyso at feirniadaeth lenyddol yw 'iawn' ac 'anghywir' fel y cyfryw. Rwy'n siŵr nad oes raid imi atgoffa'r sawl sy'n dwyn cyhuddiad yn erbyn Ms Elfyn o hyn, ac yntau'n diwtor sy'n dysgu llenyddiaeth Gymraeg, nad yw eglurder o reidrwydd yn rhinwedd a bod a wnelo llenyddiaeth ag amgyffred trwy ailddarllen os oes angen.

Yn wir, mae'r sylwadau a wnaed gan Mr Cadwaladr yn peri imi gredu'n gryf mai troi ein sylw at y gŵr hwn y dylid ei wneud ac ystyried paham iddo fynnu llusgo gwaith Ms Elfyn i'r llys yn gwbl ddianghenraid ac ar gam. Ai oherwydd rhagdybiau a rhagfarnau personol, tybed?

Ystyried sail cyhuddiad Mr Cadwaladr

Nid oes raid imi eich atgoffa chwi, aelodau'r rheithgor, am y dystiolaeth ar glawr sy'n datgan rhagfarn y gŵr hwn ynghylch canu rhydd: 'alla i ddim goddef y beirdd vers libre 'ma o gwbl'.[26] Rhydd i bawb ei farn ond fe ymddengys fod rhagor i'r mater na hyn. 'Yn wir,' meddai Mr Cadwaladr unwaith wrth gydnabod iddo, 'bardd ydw i, ac nid bardd yn y mesurau rhydd chwaith' – onid oes yma awgrym, yn y modd y pwysleisia ef nad yn y mesurau rhydd y bydd *ef* yn barddoni, ei fod yn tybio mai'r sawl a gân yn y mesurau caeth yw'r bardd *go-iawn*? Ac yntau'n gynganeddwr brwd, fe welwch, o edrych ar y dystiolaeth, ei fod yn ymfalchïo mai 'bardd yn y mesurau caeth ydw i, yn nhraddodiad Dafydd Nanmor, Tudur Aled a Goronwy Owen'.[27] Y 'mawrion'. Mae'n siŵr y tybia felly mai ei ddyletswydd yw parhau â'r hen draddodiad elitaidd y teimla ei fod yn rhan ohono.

Wn i ddim a wyddoch chi aelodau'r rheithgor ond mentrodd cyfoeswr inni gymharu ymlyniad beirdd at y grefft gynganeddol ag ymlyniad rhai at eglwysi uniongred:

> Mewn byd ansicr, mae'r eglwysi mwy uniongred yn gallu ymddangos yn fwy deniadol i nifer fawr o bobl. Yn yr un modd, yn y Gymru gymhleth, anodd sydd ohoni mae'r gyfundrefn farddol a ddeilliodd o oes wahanol, oes aur efallai, yn hanes y genedl, yn cynnig rhyw sicrwydd sy'n apelio at lawer ohonom.[28]

Awgryma'r fath gymhariaeth ddadlennol fod i'r grefft gynganeddol, yng ngolwg rhai, rym iachaol a bod gan y gyfundrefn felly'r potensial i gynnal y genedl yn ysbrydol yn ystod ei chyfnodau cythryblus. Tra pery'r gyfundrefn fe bery hen ysbryd y Cymry! Mae'n siŵr gen i mai felly y gwêl Mr Cadwaladr bethau wrth ei gysylltu ei hun â'r hen oes aur.

Mae hyn yn arwain rhywun i gredu mai dyn lled geidwadol yw Mr Cadwaladr yn y bôn sy'n ystyried mai rhywbeth i'w gadw, ei amddiffyn a'i fawrygu yw'r traddodiad. Dyna'n sicr yw'r awgrym a geir wrth ddarllen ei eiriau 'fe gyflwynwyd llenyddiaeth Cymru i'm gofal i'w throsglwyddo i'm disgyblion a disgyblion fy nisgyblion neu i'w plant ac i blant eu plant'.[29] Tybed ai dyma pam y mae'n amheus o ganu rhydd – am ei fod yn arbrofi ac yn gwyro oddi ar y llwybr sydd mor gyfarwydd iddo ef?

Barchus reithgor, credaf yn gryf y gellir cyfrif Mr Cadwaladr ymhlith y beirdd 'sefydledig, uniongred-gaeth' y cyfeiria Dafydd Pritchard atynt; y rheini nad ydynt 'yn dangos dyledus barch at waith rhai sy'n barddoni ond nad ydynt – boed hynny o ddewis neu beidio – yn cynganeddu'.[30] Y gynghanedd yw popeth, a naw wfft i unrhyw fath arall o ganu!

Gadewch inni droi ein sylw am ennyd at yr hyn a gwmpesir gan y gyfundrefn gynganeddol y rhydd Mr Cadwaladr gymaint o fri arni. Rhan annatod ohoni yw'r parch tuag at etifeddiaeth gan fod y mesurau y cenir ynddynt yn deillio'n ôl i'r hen 'oes aur'. Y mae felly, wrth reswm, yn gyfundrefn sy'n rhoi bri ar barhad, ac ar gynnal y *status quo* – efelychu yw'r nod. Y mae hefyd yn gyfundrefn y mae disgyblaeth yn chwarae rhan allweddol ynddi – mae yna ffordd gywir ac anghywir o lunio cynganeddion, ac mae modd dysgu gwneud y peth yn 'iawn'. Rhydd hyn yr argraff y gall cyfansoddi gael ei wneud 'yn iawn' a bod modd i gelfyddyd, felly, fod yn 'berffaith' a 'gorffenedig'. Serch hynny, cysyniad ffals ydyw hynny i raddau, ac ymgais i ddweud bod modd ffrwyno rhywbeth sy'n gynhenid anystywallt, sef iaith. Tybed ai am fod Ms Elfyn yn mentro oddi wrth y tiroedd sy'n gyfarwydd i Mr Cadwaladr y mae'n coleddu'r fath ragdybiaeth yn ei chylch?

Nid oes raid imi eich atgoffa y bu cyfundrefn y canu caeth, gan mwyaf, yn un batriarchaidd dros y canrifoedd. Dyna un o'r prif resymau yr aethpwyd ati yn y rhifyn arbennig o'r *Traethodydd* i 'goffáu'r llenorion benywaidd hynny a anghofiwyd neu a anwybyddwyd gan gopïwyr, cyhoeddwyr a golygyddion gwrywaidd, neu gan y beirniaid hwythau, boed hynny'n fwriadol neu beidio'.[31]

Mae hyn yn prysur newid heddiw, wrth i fwy a mwy o fenywod gael eu croesawu i'r cylchoedd barddol, a thybed ai dyna sy'n corddi Mr Cadwaladr? A ydyw, wrth olrhain ei gyndadau, yn ymfalchïo yn yr 'hogs' cynganeddol hyn, ac mewn gwirionedd yn eu gosod uwchlaw beirdd o fenywod? Hwyrach ei fod yn dilorni barddoniaeth Ms Elfyn am mai dynes yw hi sy'n mentro barddoni . . . ac och a gwae, yn waeth fyth, yn ddynes sy'n canu ar fesurau rhydd! Fel y dywed Jan Montefiore, mae gan bobl yn aml ragfarn yn erbyn dynes sy'n barddoni:

> People feel, however unjustifiably, that the woman poet is a slight and freakish phenomenon compared with her substantial sister the novelist, let alone her massive and poetic weighty grandfathers.[32]

Tybed ai 'slight and freakish phenomenon' yw Menna Elfyn i Mr Cadwaladr a'i gymheiriaid cynganeddol, am nad yw hi'n dilyn ôl traed y 'massive and poetic weighty grandfathers'?

Rhywbeth arall i'w ystyried ynghylch y gyfundrefn gynganeddol y cyfrifa Mr Cadwaladr ei fod yn rhan ohoni yw'r pwyslais mawr a roddir ar gystadlu – yn arbennig felly mewn eisteddfodau. Mae'n debyg yr ystyria yntau mai ennill cystadleuaeth y gadair yn yr Eisteddfod Genedlaethol yw'r nod uchaf un: ei uchelgais, meddai, 'yw ennill Cadair yr Eisteddfod Genedlaethol cyn 'mod i'n ddeugain oed. Does dim byd arall sydd mor bwysig imi.'[33] Digon teg, rhydd i bawb ei freuddwyd, ond beth am y rheini, fel Ms Elfyn dyweder, neu Bobi Jones a Grahame Davies, na fuont yn llwyddiannus yn y fath gystadlaethau? Ni ellir ystyried eu barddoniaeth yn eilradd o'r herwydd.

Cofiwch i Robert Rhys, wrth gyfeirio at y modd y disgrifiwyd Menna yn fardd y gellid ei gosod 'yn ddidrafferth ymysg rheng flaenaf beirdd Ewrop',[34] amau'r gosodiad gan ddweud, 'ond teg yw dyfalu i rai o'i darllenwyr Cymraeg ymateb gydag anghrediniaeth syn i'r fath honiad'. Gwnaeth hynny, mae'n debyg, oherwydd i'r bardd 'gystadlu'n achlysurol yng nghystadleuaeth y goron yn yr Eisteddfod Genedlaethol heb brofi llwyddiant'.[35] Yr ensyniad yw bod cystadleuaeth o'r fath, i ddarllenwyr Cymru, yn warant o safon llenyddol, ond diau y dywed hyn fwy am eu tueddiadau darllen hwy nag am y farddoniaeth na ddaeth i'r brig.

Mae'n werth cofio nad yw cystadlu o reidrwydd yn rhinwedd, oherwydd peth cymharol oddrychol yw 'gwerth' darn o lenyddiaeth yn y pen draw, ac ni ellir honni'n wrthrychol fod un darn yn rhagori ar un arall. Mae pwyslais ar feithrin doniau mewn eisteddfod, bid sicr, ond mae'r cystadlu llenyddol hwn yn awgrymu bod un darn yn gallu sefyll ar dir uwch nag eraill, tra mae modd i'r llenorion na ddaethant i'r brig wella trwy ddysgu ac efelychu. Ac yntau'n glynu wrth safonau eisteddfodol fel y gwna, mae perygl i Mr Cadwaladr anghofio mai gêm ydyw yn anad dim.

Ac i orffen, gadewch inni ystyried dulliau darllen y Mr Cadwaladr hwn. Mae'n deg dod i'r casgliad mai darllenydd digon diog ydyw – un o'r rheini sy'n disgwyl bod i destun ystyr sydd ynghudd ynddo ac y daw i'r golwg ar unwaith heb lawer o ymdrech o'i ran yntau. Yn ôl y ffynonellau sy'n hysbys inni yn sgil y ddeddf Rhyddid Gwybodaeth, fe soniodd ei gydnabod, Ann Griffiths, am y modd yr hoffai hi 'ddarllen rhywbeth yn y Gymraeg sydd yn fwy amlochrog, anystywallt, yn llawn o fanylion a dirgelion'.[36] Atebodd Mr Cadwaladr nad oedd yn dilyn ei ffordd o feddwl cyn dweud bod 'llenyddiaeth [iddo] yn real'.[37]

Efallai mai dyna yw gwraidd y broblem wrth iddo yntau, ac i amryw bobl debyg iddo, ddynesu at ddarn o waith Ms Elfyn, sef eu bod yn disgwyl darn realaidd y mae modd pennu ei ystyr yn o fuan. Nid ydynt am fynd ar drywydd dychmygus y cliwiau a geir yn y testun, a chofleidio natur anystywallt llên, gan fwynhau'r dirgelion a'r weithred o lenwi'r 'gaps', chwedl Iser.

Bu Mr Cadwaladr yn ddigon parod i feirniadu dulliau darllen ei gyd-Gymry ar hyd y blynyddoedd:

> Does gan neb ddigon o amynedd, yn enwedig yng Nghymru. Mae'n rhaid i bopeth fod mor rhwydd a slic ag episod o *Neighbours*. Does gan neb yr amynedd i feddwl yn Gymraeg bellach, hyd yn oed y rhai sy'n ymfalchïo yn eu Cymreictod.[38]

Ac eto onid dyma'r union beth a wna yntau wrth sôn nad yw'n hoffi gwaith Menna Elfyn am nad ydyw 'yn ei ddeall yn iawn'? Sonia fod darllenwyr Cymraeg yn 'ddiamynedd' ond dyma'n union sut y mae ef wrth ddarllen – yn awyddus i gael ystyr ar blât o'i flaen ac yn digio wrth y gwaith am nad yw'n cyfateb i'w ddisgwyliadau.

Cyfeiriodd Soon Peng Su at y duedd hon ymhlith darllenwyr:

It is often the case that the text will also frustrate the reader's expectation: some elements in the text will resist being integrated into the pattern of consistency expected and sought by the reader.[39]

Dyma'r gwir amdani yn achos Mr Cadwaladr: nid yw wedi cymryd at farddoniaeth Ms Elfyn, ac fe'i geilw yn aneglur ac yn dywyll am ei bod yn wahanol i'r patrwm sydd mor gyfarwydd iddo ef, ac yn gofyn am ragor o ymrwymiad ganddo fel darllenydd. Cofiwch eiriau doeth Gwyn Thomas: 'Fel rheol, pobl sy'n darllen barddoniaeth mor rheolaidd ag y byddant yn cael eu taro gan fellt sy'n galw beirdd yn dywyll'![40]

I gloi, efallai na ddylai'r 'Mr Beirniad Llenyddol'[41] hwn ofni cydio mewn darn o farddoniaeth nad oes modd canfod ystyr amlwg iddo ar y darlleniad cyntaf. Byddai'n werth hefyd iddo edrych y tu hwnt i'w 'draddodiad' er mwyn ehangu ei orwelion fel darllenydd. Yn y dystiolaeth, â ati'n aml i gondemnio rhai Cymry a dry at ddarllen llenyddiaeth Saesneg, a honni:

> Dydyn nhw ddim yn credu mewn awdur o Gymro neu Gymraes. Maen nhw'n meddwl mai deunydd eilradd yw llyfr Cymraeg. . . . Snobyddiaeth yw'r cyfan. Chawn ni byth fod yn genedl eto nes ein bod ni'n barod i ymfalchïo yn ein llenorion ein hunain ac anwybyddu'r lleill.[42]

Hoffwn awgrymu'n gryf mai Mr Cadwaladr yw'r snob oherwydd ei safbwynt ethnoganolog a'r modd y gesyd lenyddiaeth Cymru uwchlaw popeth arall am un rheswm, sef ei fod yn Gymraeg. Onid y ffordd i ddod i ddeall natur llenyddiaeth yn well yw darllen rhagor o lenyddiaeth, a hynny ym mha iaith bynnag y gellir gwneud hynny?

Hoffwn ddadlau'n gryf bod fy nghleient Ms Elfyn yn ddieuog o'r cyhuddiad a wnaed yn ei herbyn gan y gŵr rhagfarnllyd a cheidwadol hwn, Mr Cadwaladr. Hoffwn atgoffa'r rheithgor y dylid darllen y dogfennau perthnasol (hynny yw, cyfrolau Menna Elfyn) drosoch eich hunain cyn datgan eich dedfryd derfynol ar y mater. Cyfeiria Fflur Dafydd at syniad Foucault ynghylch yr 'author function', ac at 'allu enw awdur i'n gyrru at ddarn o lenyddiaeth'.[43] Mae'n siŵr fod y gwrthwyneb i hynny'n wir hefyd, ac felly gobeithiaf na fydd rhyw ragfarn bersonol ynghylch yr awdur yn llywio eich penderfyniad chi, aelodau doeth y rheithgor, wrth benderfynu ar y ddedfryd. Yma y terfyna fy amddiffyniad, o anrhydeddus farnwr.

Nodiadau

1. Yng nghwrs y darn hwn, mentrir ymateb i sylwadau'r cymeriad Mr Cadwaladr, yn Mihangel Morgan, *Dirgel Ddyn* (Llandysul: Gwasg Gomer, 1993).
2. Noson 'Beirdd yn y Doc' a drefnwyd gan *Barddas* yn y Galeri, Caernarfon, ar 1 Awst 2005. Ceir hysbyseb yn *Barddas*, 283 (Mehefin/Gorffennaf 2005), t. 22.
3. Menna Elfyn, 'Wnaiff y gwragedd aros ar ôl?', *Mynd Lawr i'r Nefoedd* (Llandysul: Gwasg Gomer, 1985), t. 27.
4. Menna Elfyn, 'Y Lliaws sy'n Llosgi', *Perffaith Nam* (Llandysul: Gwasg Gomer, 2005), t. 53.
5. Dafydd Pritchard, 'Canu Rhydd 1976–2006', *Barddas*, 288 (Mehefin/Gorffennaf 2006), t. 14.
6. Katie Gramich, 'Cell Angel', *Poetry Wales*, 1997, vol. 33, no. 1., t. 64.
7. Ibid., t. 64.
8. Cathryn A. Charnell-White, 'Bardd cydwybod a chydymdeimlad', *Barddas*, 283 (Mehefin/Gorffennaf 2005), t. 54.
9. Ibid., t. 55.
10. Ibid., t. 55.
11. Ibid., t. 56.
12. Robert Rhys, 'Menna Elfyn', yn Robert Rhys (gol.), *Y Patrwm Amryliw: Cyfrol 2* (Llandybïe: Gwasg Dinefwr, 2006), t. 238.
13. Euros Bowen, 'Barddoniaeth Dywyll', *Taliesin*, 10 (Gorffennaf 1965), t. 23.
14. Ibid., t. 23.
15. Euros Bowen, *Trin Cerddi* (Y Bala, 1978), t. 2.
16. Ibid., t. 30.
17. Alan Llwyd, *R. Williams Parry* (Caernarfon: Gwasg Pantycelyn, 1984), t. 64.
18. Yn Brynley F. Roberts (gol.), *Beirniadaeth Lenyddol: Erthyglau gan Hugh Bevan* (Gwasg Pantycelyn: Caernarfon, 1982), t. 1.
19. Gw. Wolfgang Iser, *The Act of Reading: A Theory of Aesthetic Response* (Baltimore: Johns Hopkins University Press, 1978), tt. 16–19.
20. Soon Peng Su, *Lexical Ambiguity in Poetry* (London: Longman, 1994), t. 97.
21. Ibid., t. 94.
22. Gw. y bennod 'Sources of Lexical Ambiguity' yn *Lexical Ambiguity in Poetry*, tt. 133–62.
23. Ibid., t. 137.
24. Ibid., t. 98.
25. Helen Vendler, *The Music of What Happens: Poems, Poets, Critics* (Harvard University Press, 1988), t. 2.
26. Mihangel Morgan, *Dirgel Ddyn*, t. 50.
27. Ibid., t. 50.
28. Dafydd Pritchard, 'Canu Rhydd 1976–2006', t. 12.
29. Ibid., t. 12.
30. Ibid., t. 12.

31 Kathryn Curtis, Marged Haycock, Elin ap Hywel, Ceridwen Lloyd-Morgan, *Y Traethodydd*, Ionawr 1986, t. 12.
32 Jan Montefiore, dyfynnwyd gan Sally Minogue, 'Prescriptions and proscriptions: feminist criticism and contemporary poetry' yn *Problems for feminist criticism* (London: Routledge, 1990), t. 181.
33 Ibid., t. 50.
34 Robert Rhys, 'Menna Elfyn', *Y Patrwm Amryliw: Cyfrol 2*, t. 234.
35 Ibid., t. 234.
36 Mihangel Morgan, *Dirgel Ddyn*, t. 50.
37 Ibid., t. 50.
38 Ibid., t. 126.
39 Soon Peng Su, *Lexical Ambiguity in Poetry*, t. 99.
40 Gwyn Thomas, *Dadansoddi 14* (Llandysul: Gwasg Gomer, 1984), t. 48.
41 Dyma yw geiriau Ann Griffiths wrth iddi ddilorni Mr Cadwaladr a'i ddealltwriaeth o natur ffuglen. Gw. Mihangel Morgan, *Dirgel Ddyn*, t. 113.
42 Mihangel Morgan, *Dirgel Ddyn*, t. 126.
43 Fflur Dafydd, 'Dyfeisio'r gwir: y ffin rhwng hunangofiant a ffuglen', *Taliesin*, 135 (Gaeaf 2008), t. 14.

Llythyr 15

Annwyl Ddarllenydd,

Gobeithio eich bod yn iawn ac nad ydych wedi cwympo i gysgu eto wrth ddarllen hwn. Iw-hw! Ie, gyda chi, y darllenydd, yr wyf am ohebu yn y llythyr byr hwn yn hytrach na chyda Martha a Menna. Mae'n ddrwg gen i am dorri ar y rhith am ychydig a'ch tywys yn ddirybudd o fyd y gohebu 'ffuglennol'. Teimlwn y byddai'n well imi ymyrryd a cheisio cyfiawnhau'r arbrawf blaenorol a wneuthum, rhag ofn ichi feddwl fy mod i'n llwyr wallgofi.

Pam esgus creu achos llys a pham defnyddio Mr Cadwaladr? Wel, dewisais senario achos llys yn syml iawn am fod gofyn siarad o blaid rhyw achos neu'i gilydd neu yn ei erbyn. Mae'n rhaid cymryd ochr, a pherthyn elfen o berfformio i'r holl beth. Mewn achos llys mae'n ofynnol i'r sawl sy'n cynrychioli'r unigolyn sydd wedi troseddu amddiffyn, nid o wirfodd neu er lles y ddynoliaeth bob tro, ond am fod yr unigolyn yn gwsmer. Credwn felly y byddai'n rhoi cyfle imi esgus amddiffyn gwaith Menna Elfyn rhag rhai o'r cyhuddiadau a wnaed yn ei herbyn – nid am fy mod i'n credu hynny yn fy nghalon o reidrwydd, ond am fod achos llys yn gonfensiwn defnyddiol y gellid arbrofi ag ef.

Pam dewis Mr Cadwaladr? Wel, pam lai? Rwyf wrth fy modd â'r cymeriad a grëwyd o ben a phastwn Mihangel Morgan, ac mae Mr Cadwaladr yntau'n cymylu'r ffin rhwng ffuglen a 'realiti' wrth wahodd Ann Griffiths, pwy bynnag yw hithau, i'w ddosbarth a'i fywyd. Mae hi lawn mor debygol y cawn innau wahoddiad i siarad gyda'i ddosbarth nos! Ond o ddifrif, mae'r ychydig sylwadau a ddaw o enau'r cymeriad yn y nofel yn ei ddarlunio, yn fy nhyb i o leiaf, fel dyn digon ceidwadol a chanddo werthoedd traddodiadol parthed llenyddiaeth Gymraeg. Roedd yn gynrychiolydd gwych felly ar gyfer y math o sylwadau a glywaf ar lawr gwlad wrth wneud fy ymchwil ar waith Menna Elfyn. Wn i ddim sawl tro mae rhywun wedi dod ataf â rhyw sylwadau am y bardd sy'n seiliedig ar ragfarn – sylwadau efallai na fyddai rhywun yn eu gwneud mewn cyfnodolyn safonol, a hynny am na fyddai'n dderbyniol ar y naill law, ac ar y llall, am nad ydynt yn bobl a fyddai'n cyfrannu i gyfnodolion academaidd. Mae'n ddifyr sut y mae llawer o bobl yng Nghymru yn gwybod am feirdd y wlad – naill ai yn eu cofio yn yr ysgol neu'r capel, neu'n gwybod am y teulu, neu wedi eu gweld ar y teledu – ac sy'n teimlo eu bod yn eu hadnabod ac felly'n gymwys i fynegi barn amdanynt. Rhag ofn pechu, a thynnu nyth cacwn yn fy mhen, dyma benderfynu y byddai'n fwy diogel cyfeirio'r sylwadau at gymeriad ffuglennol. Cewch chi bennu a fu'n llwyddiant ai peidio.

Dyna fi wedi dweud digon – gormod efallai. Hwyl ichi am y tro a phob hwyl gyda'r darllen sy'n weddill.

    Cofion gorau,

    Rhiannon

Llythyr 16

Mai 20fed

Annwyl Menna,

Gobeithio eich bod yn iawn ac yn mwynhau hoe cyn yr holl wyliau llenyddol hynny sydd o'ch blaen yr haf hwn. Cefais ar ddeall bod cystadleuaeth cyfieithu un o'ch cerddi ar droed ar hyn o bryd ac y bydd eich beirniadaeth arnynt yn cael ei chyhoeddi yng Ngŵyl y Gelli.[1] A dweud y gwir, rheswm cysylltiedig sydd y tu ôl i'r llythyr hwn. Carwn ofyn eich barn ar gyfieithiad y bûm yn gweithio arno. Na, nid gofyn yr ydw i er mwyn canfod tips ar gyfer sut i ennill y gystadleuaeth, ond am fy mod yn bwriadu cyflwyno papur ymchwil ar eich gwaith mewn cynhadledd yn Efrog Newydd ymhen ychydig wythnosau a bydd angen cyfieithiad o'ch cerdd 'Colli Cymro' arnaf.

Rwy'n bwriadu ysgrifennu papur ar y portread o famolaeth yn eich gwaith, ac yn arbennig felly'r hunaniaeth a amlygir gennych fel mam a berthyn i ddiwylliant lleiafrifol. Hyd y gwelaf i, mae modd darllen 'Colli Cymro' fel cerdd sy'n darlunio nid yn unig wewyr colli baban ond yn ogystal oblygiadau diwylliannol, ac ieithyddol, y fath golled.

Er imi edrych, ni chefais hyd i gyfieithiad ohoni yn eich cyfrolau hyd yma, felly euthum ati i'w throsi fy hun. Diawch, ni sylweddolais cyn hynny mor gymhleth yw'r broses! Hwyrach y dylwn fod wedi ystyried geiriau John Stoddart am natur lafurus cyfieithu:

> Ymgais i fynegi'r anfynegadwy (yn y bôn) yw barddoniaeth o'r iawn ryw ym mhob iaith ac y mae ceisio ailfynegi'r anfynegadwy hwnnw drwy gyfrwng iaith arall – yn enwedig pan fo'r ail iaith honno mor wahanol i iaith y gwreiddiol ag ydyw'r Gymraeg i'r Saesneg – yn gryn dreth ar adnoddau'r cyfieithydd, nid yn unig o ran ynni ac amser.[2]

Y broblem gyntaf oedd ceisio goresgyn y dyhead anochel hwnnw i fod yn gwbl driw i'r testun. Edrychwn ar y 'gwreiddiol' a phendroni sut y byddech *chi* am imi ei chyfieithu. A dyna ble'r oeddwn i yn ôl yn nheyrnas Bwriadolaeth, a'r hen fwgan o gwestiwn yn codi ei ben eto: 'Beth oedd bwriad y bardd pan ysgrifennodd hi'r gerdd?'

Yr hyn a'm tryblai hefyd oedd: pwy biau'r hawl ar y gerdd hon? Wedi'r cyfan, chi yw'r bardd ac felly chi 'piau'r' gerdd yn yr ystyr mai chi a'i lluniodd yn wreiddiol ac mai'ch enw chi sydd ar ei diwedd. Teimlwn felly ei bod hi'n ddyletswydd arnaf fod yn ffyddlon i ddyheadau perchennog y testun. Eto, nid chi 'piau' ystyr y gerdd chwaith oherwydd gellir dadlau mai wrth i'r darllenydd ddod at destun y pennir ystyr cerdd, ac mae'r ystyron hynny yn siŵr o fod yn oddrychol, yn fympwyol ac yn niferus. Fe'm cefais fy hun yn gofyn sawl gwaith felly – a oes modd i gerdd gael ei throsi'n union fel y mae, pan yw ystyr ynddi ei hun yn beth cwbl ansefydlog?

Pwysleisia Elin ap Hywel natur gymhleth y broses o geisio penderfynu ar ystyr y testun gwreiddiol wrth gyfieithu: 'You see a different configuration of colours depending on the angle where the light strikes it.'[3] Dyma'n wir oedd fy mhrofiad innau, oherwydd bob tro yr awn yn ôl dros eich cerdd Gymraeg (y 'Source Text' neu'r testun ffynhonnell, TFf) deuwn ar draws myrdd o ystyron posibl iddi, ac wrth geisio ei throsi sylwn fod myrdd o ystyron posibl i'm cyfieithiad Saesneg (y 'Target Text' neu'r testun targed, TT). Cefais fy mod, wrth newid strwythur llinell neu hyd yn oed ddewis un gair yn benodol a hynny ar draul sawl un arall posibl, yn gwneud penderfyniad a olygai fy mod naill ai'n cau allan ystyron posibl neu'n arwain y darllenydd yn rhy fwriadol ar drywydd deongliadol penodol. Yn fyr: poenwn fy mod yn ymyrryd gormod â'ch cerdd chi, y testun ffynhonnell, wrth ei chyfieithu.

Ni wyddwn a ddylid rhoi fy holl sylw i geisio cyfieithu'n ffyddlon o'r TFf neu a oedd gen i rywfaint o hawl i newid ambell idiom a chystrawen yn y cyfieithiad er mwyn sicrhau bod y TT yn gweithio fel darn o farddoniaeth yn yr iaith darged (ID). Pendronais a oedd gen i ryddid i greu cerdd gwbl newydd yn yr Iaith Darged (Saesneg) a ddeilliai'n llwyr o'r TFf ond nad oedd hi'n gwbl driw iddo. Yr hyn a'm tryblai felly oedd natur y berthynas rhwng fy nghyfieithiad a'ch cerdd chithau. Sylweddolwn fod yma ddeuoliaeth ryfedd: bod fy nghyfieithiad i (y TT) yn annibynnol ar eich testun chi (y TFf), ond eto'n perthyn iddo hefyd yn yr ystyr na fyddai'n bod hebddo.

Yn ôl Sherry Simon, ystyrir yn aml nad yw cyfieithiad yn sefyll ar yr un gwastad â'r 'gwreiddiol' ac mai'r awdur piau'r awdurdod dros y testun yn y broses gyfiethu: 'translation is consistently represented as an unequal struggle for authority over the text: the author is landlord, the translator simply a tenant.'[4] Nid oes syndod felly fy mod yn teimlo wrth gychwyn cyfieithu mai chi, Menna, sydd â'r awdurdod pennaf dros eich gwaith!

Honna Susan Bassnett a Harish Trivedi, serch hynny, mai ffactor a ddatblygodd yn sgil argraffu yw'r cysyniad o berchnogaeth ac awdurdod awdur dros ei destun: 'it arose as a result of the invention of printing and the spread of literacy, linked to the emergence of the idea of an author as "owner" of his or her text.'[5] O ganlyniad i'r broses hon o ddyrchafu'r awdur fel perchennog, hynny yw'r sawl a chanddo'r hawlfraint ar destun, newidiodd y meddylfryd hefyd ynghylch cyfieithu: 'such an author could no longer be simply and silently rewritten; he needed to be scrupulously, even faithfully translated.'[6] Cafwyd pwyslais felly ar gyfieithu mewn ffordd a oedd yn ffyddlon i'r testun gwreiddiol.

Gellid dadlau, er hynny, nad oes y fath beth â thestun 'gwreiddiol' mewn gwirionedd ond yn hytrach fod pob testun yn amrywiad ar destunau blaenorol. Honna Octavio Paz, er enghraifft, fod testunau bob amser yn rhan o glwstwr ehangach o destunau:

> each slightly different from the one that came before it: translations of translations of translations. Each text is unique, yet at the same time it is the translation of another text. No text can be completely original because language in itself, in its very essence, is already a translation – first from the nonverbal world, and then, because each sign and each phrase is a translation of another sign, another phrase.[7]

O ganlyniad, gellid ystyried nad yw cerdd yn rhagori ar y cyfieithiad ohoni gan mai'r hyn ydyw cyfieithiad yw fersiwn o gerdd sydd yn ei thro yn fersiwn ynddo'i hun o weledigaeth unigolyn, sydd wedi ei greu o eiriau, a'r geiriau hynny ynddynt eu hunain yn fath o 'gyfieithiadau' o'r hyn nad ydyw'n 'air'. I'r graddau hyn, mae modd honni mai cam arall yn y broses o greu testun ar ffurf newydd yw'r broses gyfieithu. Dyma'n wir a ddywed Rowan Williams: 'translation is always in one way the composition of a new poem – but a deeply parasitic one.'[8]

Yn wir, bron na ellid dadlau bod cyfieithu yn drosiad am y gwaith o bennu ystyr, ac yn drosiad am ddarllen beirniadol. Ystyriwch eiriau T. H. Parry-Williams:

> Nid oes neb o bwys meddyliol yn barod i ddal i ddadlau â chwi y dyddiau hyn heb ofyn i chwi cyn bo hir ddiffinio'ch termau. Ond nid yw diffinio termau yn ddim ond defnyddio termau neu eiriau eraill i

egluro'r termau hyn. A gwaeth na hynny, nid yr un ystyr a roddir gan bawb i'r termau sy'n egluro'r termau: felly dyna hi'n draed moch.[9]

Y casgliad y deuthum iddo yw nad oes modd cyfieithu na throsi cerdd yn 'berffaith' fel y saif hi yn y gwreiddiol, er gwaetha'r dyhead cychwynnol i geisio gwneud. 'This is not an exact science', chwedl Grahame Davies yn ei gyflwyniad i'r gyfrol *Oxygen*.[10] Cyfeiria Joseph Clancy hefyd at 'the obvious impossibility of rendering the totality of any verbal artefact, and especially a poem, into another tongue'.[11] Gwêl yntau'r broses gyfieithu yn debyg i actio neu gyfarwyddo dramâu a gyfansoddwyd gan eraill: 'I must make the play my own within the "language" of voice and movement (and without unwarranted improvisation) if I am to present it effectively to others.'[12] Awgryma hyn i raddau mai dehongli testun y bardd yw gwaith y cyfieithydd er mwyn cyflwyno'r testun mewn iaith arall i gynulleidfa ehangach.

Hyd y gwelaf i, y cyfan y gall cyfieithiad ei gynnig yw cip ar brofiad yr unigolyn sy'n cyfieithu o ddarllen y gerdd. Felly fy nehongliad i o'r gerdd a gaiff y darpar ddarllenwyr oherwydd yn yr un modd ag y mae darllen yn broses fympwyol sy'n ddibynnol ar brofiad unigolyn o'r testun, mae'r broses gyfieithu hefyd yn digwydd dan amodau tebyg. Gan mai fi oedd yn mynd ati i ddarllen eich cerdd mae'n dilyn yn rhesymegol y caiff fy nghyfieithiad ei ddylanwadu gan fy agenda i fel cyfieithydd.

Yn yr achos penodol hwn rwyf yn cyfieithu'r gerdd ar gyfer cynulleidfa darged yr wyf yn damcaniaethu nad oes ganddi afael ar y Gymraeg neu hyd yn oed wybodaeth amdani – cynulleidfa nad yw o reidrwydd yn gyfarwydd â Chymru a hanes ei diwylliant dros y degawdau diwethaf; a chynulleidfa a fydd ar y cyfan yn fenywod, fwy na thebyg. Mae'r gynulleidfa darged benodol hon felly yn golygu bod ystyriaethau parthed ôl-drefedigaethedd a rhywedd yn ddau ffactor ymhlith nifer a all ddylanwadu ar y cyfieithiad yr wyf yn ei lunio i'w gyflwyno iddynt.

Pwysleisia Maria Tymoczko bwysigrwydd trosi diwylliant yn y broses gyfieithu:

> Translation means translating cultures not languages . . . a literary translator . . . is concerned with differences not just in language (transposing word for word, mechanically), but with the same range of cultural factors that a writer must address when writing to a receiving audience composed partially or primarily of people from a different culture.[13]

Efallai mai'r dyma'r prif rwystr wrth gyfieithu 'Colli Cymro' sef ei bod yn gerdd sy'n gyforiog o gyfeiriadaeth ddiwylliannol Gymreig a Chymraeg y mae angen ceisio ei throsglwyddo i'r gynulleidfa darged. Ceir cyfeiriadau at gennin pedr, at brotestiadau arwyddocaol yn hanes Cymdeithas yr Iaith, ac at amcanion y mudiad yn ystod y blynyddoedd ar ddiwedd y 1970au, gan gynnwys 'sianel deledu' ac 'addysg' [Gymraeg]. Tipyn o dasg ydyw cyfieithu a chyfleu arwyddocâd y fath eiriau ac iddynt gynodiadau pwysig. Ni allaf gymryd yn ganiataol fod y gynulleidfa yn ymwybodol o hyn. Gellid cynnwys troednodyn esboniadol, ond y cwestiwn mawr yw: a yw hynny'n ymyrryd yn ormodol â rhyddid deongliadol y darllenydd? Ac ynghyd â hyn, i ba raddau y gellir mwynhau darllen cerdd os oes llwyth o droednodiadau eglurhaol hanesyddol wrth ei chynffon sy'n hwy na'r gerdd ei hun?

Agwedd arall ar yr ystyriaethau diwylliannol yw a ddylid cynnwys geiriau o'r Iaith Ffynhonnell (IFf) yn y Testun Targed (TT) ai peidio. Fel y gwelwch o edrych ar fy nghyfieithiad, opsiwn posibl yw cynnwys 'Cymro' yn hytrach na'i gyfieithu am nad yw'r enw Saesneg yn dod yn agos at grynhoi cynodiadau'r enw. Dywed Bassnett a Trivedi fod y cwestiwn hwn yn codi'n aml wrth gyfieithu: 'whether to take an audience to a text, or take a text to an audience.'[14]

Gellir dilyn un o ddwy strategaeth: y gyntaf yw strategaeth 'domestication' neu gyfaddasiad, sy'n golygu creu Testun Targed yn yr Iaith Darged mewn modd sy'n lleihau dieithrwch y TT i'r darpar ddarllenydd. Hynny yw, mynd â'r testun at y gynulleidfa neu, chwedl Lawrence Venuti, 'an ethnocentric reduction of the foreign text to target-language cultural values'.[15] Cyfieithiad anweladwy ydyw un o'r fath, i bob pwrpas, gan ei fod yn cuddio'r ffaith mai cyfiethiad ydyw ac yn ymdrechu at fod yn nes at ddiwylliant yr Iaith Darged.

Sylwais fod y strategaeth hon yn un a ddefnyddir ar brydiau gan rai sy'n cyfieithu eich cerddi chi. Fe'i gwelir yn arbennig ar waith yn y cyfieithiadau hynny lle'r eir ati i ddefnyddio idiomau neu gyfeiriadaeth Saesneg, megis 'Croesau Calonnau XXXXXXXXXX'.[16] Fe'i troswyd gan Elin ap Hywel i 'Cross My Heart and Hope to Die XXXXXXXXXX', adlais o idiom a berthyn i'r Iaith Darged nad oedd i'w chael o gwbl yn y gerdd Gymraeg (TFf). Mae cynnwys yr idiom yn dod â dimensiwn arall i'r TT oherwydd nid oes sôn uniongyrchol am gadw addewid neu gyfrinach yn y TFf, ond eto mae'n argyhoeddi fel teitl yn yr Iaith Darged.

Yn yr un modd, gellid dadlau mai cyfaddasiad Saesneg o'r gerdd 'Bronnau Ffug' yw'r cyfieithiad 'Falsies'[17] gan Elin ap Hywel am fod y TT wedi ei addasu at ddibenion y gynulleidfa darged. Yn y TFf cyfeiriad at 'fronglwm' yn unig a geir ond yn y TT try yn 'the itsy-bitsiest, teeny-weeniest/little polka dot brassière'. Ar unwaith, mae cynodiadau diwylliant poblogaidd y gyfeiriadaeth Saesneg yn arwain y darllenydd ar drywydd deongliadol eithaf gwahanol i'r hyn sydd yn y TFf, ond mae'n golygu o bosib fod y TT yn debygol o daro tant gyda'r gynulleidfa darged.

Yn hytrach na newid y TT i siwtio'r gynulleidfa darged, gellir dilyn strategaeth sy'n dieithrio'r darpar ddarllenydd trwy greu Testun Targed yn yr Iaith Darged ac ynddo elfennau o'r Iaith Ffynhonnell. A dyfynnu Lawrence Venuti: '[this] entails choosing a foreign text and developing a translation method along lines which are excluded by dominant cultural values in the target language.'[18] Tynnu sylw at y broses gyfieithu a wna dull o'r fath felly gan fod cynnwys geiriau neu ddywediadau Cymraeg mewn fersiwn Saesneg, dyweder, yn cyfleu'n eglur mai cyfieithiad ydyw.

Ceir esiampl ragorol o'r dull hwn yng nghyfieithiad y gerdd 'Geiriau Lluosog am Gariad' sef 'Ten Words for Love and Longing',[19] sydd i raddau helaeth yn dieithrio'r darllenydd di-Gymraeg ac yn ei hanfod yn tynnu sylw at y ffaith mai cyfieithiad ydyw. Tra mae'r gerdd Gymraeg yn cynnwys rhyw ddeg ar hugain o eiriau'n ymwneud â chariad, wrth fynd ati i'w chyfieithu dim ond deg gair cyfatebol a ddefnyddir yn y Saesneg. Mae'r TT sy'n frith o eiriau Cymraeg, e.e. 'cariad', 'serch', 'nwyd', 'angerdd', 'hiraeth', felly yn anfon y darllenydd di-Gymraeg 'dramor' i bob pwrpas, chwedl Venuti, ond yn ogystal mae'n fodd i bwysleisio diffygion y broses o gyfieithu testun o'r Gymraeg i'r Saesneg. Yn yr un modd tynnir sylw at ddiffygion y broses gyfieithu yn 'Neighbour', sef cyfieithiad Joseph Clancy o 'Cymydog'.[20] Anodd yw trosi'r idiom 'mae'n bwrw hen wragedd a ffyn', ac felly yn y cyfieithiad ceir 'it's raining (as we say in Welsh)/"old women and sticks"'. Tynna'r 'as we say in Welsh' sylw at y ffaith nad yw'r darllenydd yn darllen y gerdd yn yr iaith y'i cyfansoddwyd hi ynddi.

Ystyria Friedrich Schleiermacher fod y dull hwn o gyfieithu yn gadael llonydd i'r awdur a'r Testun Ffynhonnell i raddau ac yn annog y darllenydd i wneud rhagor o ymdrech i symud tuag at y TFf: '[such] a translator leaves the writer alone, as much as possible and moves the reader towards the writer.'[21] Mae modd dadlau, serch hynny, fod dewis strategaeth o'r fath yn benderfyniad gwleidyddol i raddau oherwydd bod cynnwys geiriau Cymraeg mewn testun Saesneg yn gosod yr iaith ffynhonnell uwchlaw'r iaith darged. Awgryma Munday fod dewis strategaeth o'r fath yn fodd i wneud safiad yn erbyn natur ormesol yr iaith Saesneg: 'the foreignizing method can restrain the "violently" domesticating cultural values of the English-language world.'[22] Honna ymhellach fod y dull hwn o gyfieithu yn pwysleisio arbenigrwydd diwylliant lleiafrifol ac yn gam tuag at ei warchod rhag ideolegau dominyddol a all fod yn gysylltiedig â'r Iaith Darged:

> [Foreignization] is a non-fluent or estranging translation style designed to make visible the presence of the translator by highlighting the foreign identity of the ST and protecting it from the ideological dominance of the target culture.[23]

Sylwais mai dyma'r strategaeth a ddefnyddiodd R. S. Thomas wrth gyfieithu 'Cân y di-lais i British Telecom',[24] cerdd y gellir ei darllen fel un sy'n mynegi pryder ynghylch grym y wladwriaeth Brydeinig ac sy'n cynnig cydymdeimlad â'r rhai di-lais a geisia siarad ieithoedd lleiafrifol yn wyneb Prydeindod. Yn y TT, hynny yw 'Song of a voiceless person to British Telecom', ceir deialog yn Gymraeg ar ddechrau'r gerdd am yn ail â Saesneg, ynghyd â geiriau Cymraeg yn frith yma ac acw drwy'r gerdd: 'Y Gymraeg' a '[ch]ynghanedd' ynghyd â'r ebychiad olaf 'a nawr, a ga i – y rhif yna yng Nghaerdydd?'. Mae hyn i raddau helaeth yn dieithrio'r darllenydd di-Gymraeg, ac o bosib, yn ei ansadio mewn ffordd na fydd ef neu hi efallai'n teimlo'n hollol gyfforddus â hi. Atgyfnerthu a wna hyn un o negeseuon y gerdd yn fy ngolwg i, sef nad yw pawb yn teimlo'n gyfforddus yn siarad iaith nad yw'n famiaith iddynt. Fel y dywed Bassnett a Trivedi am awduron ôl-drefedigaethol sy'n cynnwys eu mamiaith mewn testun[25] am yn ail ag iaith fwyafrifol:

> By defamiliarizing the language, post-colonial writers can bring readers face to face with the reality of difference and call into question the supremacy of the standard language.[26]

Dyma'n union a ddigwydd yng nghyfieithiad R. S. Thomas o'ch cerdd chi: trwy gynnwys geiriau Cymraeg yng nghanol y Saesneg tynnir sylw'r darllenydd at wahaniaeth ieithyddol ac mae'n fodd i bwysleisio nad iaith dra-arglwyddiaethol 'yr herwr yn tresmasu' mo famiaith pawb. Trwy ddefnyddio strategaeth o'r fath crëir gofod lle y gall mwy nag un iaith gydfodoli a lle y gellir clywed 'canu alaw arall ar draws y brif dôn', chwedl y gerdd. Mewn gair, crëir disgwrs heterogenaidd sy'n llawn bylchau, anghysonderau a gwrthddywediadau.

Yn fy fersiwn i o 'Colli Cymro', felly, fe welwch fod cynnwys enwau Cymraeg yn y TT nid yn unig yn tynnu sylw at y ffaith mai cyfieithiad yw'r gerdd ond yn ogystal yn pwysleisio cymhlethdod y broses o'i chyfieithu: hynny yw, bod rhai pethau na ellir mo'u cyfieithu'n uniongyrchol. Ond yn fwy na hyn, rhydd gip i'r darllenydd di-Gymraeg ar sefyllfa ieithyddol gymhleth y Cymry, a chan fod y gerdd yn sôn am golli'r iaith honno ystyriaf ei bod yn dra phriodol cynnwys yr enwau hyn.

Yr hyn sydd gennyf yma ichi fel atodiad i'r llythyr, Menna, yw'r fersiynau posibl o'r gerdd mewn cyfieithiad a fernais yn ddichonadwy. Gan fod modd cyfieithu rhai llinellau mewn sawl ffordd, penderfynais roi'r cwbl ynghyd mewn un ddogfen er mwyn cymharu'r gwahaniaethau a'r trywyddau ystyr amrywiol a ddaeth i'r amlwg wrth imi ddarllen y gerdd. Wrth lwc, nid oes gormod ohonynt a hynny, mae'n siŵr, am nad oedd y gerdd yn esgor ar ormod o amrywiadau. Hynny yw, teimlwn fod modd imi ddod at ddarlleniad boddhaol yn weddol sydyn (yn wahanol, efallai, i rai o'ch cerddi mwy amwys sy'n gofyn am ragor o ymrwymiad ar ran y darllenydd).

Rhoddais fy sylwadau wrth gwt pob pennill ichi gael rhyw syniad o drywydd fy meddwl. Os erys dryswch gobeithio ei fod yn adlewyrchu'r penbleth a wyneba'r cyfieithydd wrth geisio creu fersiwn safonol a therfynol o gerdd, a'r sylweddoliad a ddaw iddo wrth wneud mai fersiwn mympwyol ac amserol yn unig y gall ef ei gynnig.

Awgryma John Stoddart, y cyfeiriais ato ar ddechrau'r llythyr, 'fod mwy o gyfrifoldeb ar ysgwyddau'r sawl sy'n ceisio trosi barddoniaeth pobl eraill a'n bod ninnau, fel darllenwyr, yn fwy chwannog i gollfarnu eu cyfieithiadau hwy na gwaith yr "hunangyfieithwyr".[27] Gobeithio'n wir nad cael fy nghollfarnu fydd fy nhynged innau! Ni allaf felly ond gobeithio na fyddwch, fel awdur y gerdd wreiddiol ac fel darllenydd y cyfieithiad, yn rhy lawdrwm arnaf, ac y byddaf wedi gwneud rhywfaint o gyfiawnder â'ch gwaith. Wedi dweud hynny, gobeithio y cofiwch mai 'darlleniad' cymharol oddrychol yw cyfieithiad yn y pen draw, ac na fydd y ddwy ohonom felly yn gweld pethau yn yr un ffordd.

Edrychaf ymlaen at glywed eich ymateb.

Hwyl am y tro,

Rhiannon

O.N. Pob hwyl ichi wrth feirniadu'r gystadleuaeth gyfieithu, Menna!

Fersiwn Rhiannon o 'Colli Cymro'

Wele'r atodiad! Fe welwch, isod, rai o'm sylwadau wrth gyfieithu eich cerdd 'Colli Cymro'.[28] Gwnaeth Rowan Williams rywbeth cyffelyb yn 'Translating Waldo Williams',[29] a rydd syniad i'r darllenydd o gymhlethdod y broses a'r modd yr aeth yntau ati i daclo'r gerdd. Mae eich cerdd Gymraeg chi wedi ei **duo**, fy fersiwn i mewn *italig*, a'm sylwadau wrth eu cwt mewn ffont arferol.

Y teitl

'Colli Cymro' – *Losing a Welshman/Welsh person/Welsh speaker/Cymro*

Ymddangosai 'Welshman' yn amhriodol am mai'r profiad o golli baban a ddarlunnir yn y gerdd, tra mae 'Welsh person' yn ymddangos fel gorymdrech i fod yn wleidyddol gywir. Mae 'Welsh speaker' yn nes ati gan mai'r galar o golli darpar siaradwr Cymraeg a ddarlunnir yn y gerdd. Wedi dweud hynny, mae goblygiadau colli'r plentyn yn fwy na'r ffaith fod y fam wedi colli un a allai wneud cymwynas â'r iaith – mae'n un a gollodd y cyfle i fod yn rhan o'r diwylliant ac i ddysgu am ei 'etifeddiaeth'. Efallai mai 'Cymro' sydd orau yn y cyd-destun hwn gan ei fod yn enw sy'n cwmpasu'r 'siaradwr' a'r 'sawl sy'n perthyn i'r diwylliant' a gellid cael nodyn o eglurhad yn Saesneg ar ddiwedd y gerdd yn esbonio goblygiadau'r enw.

> **Ni allwn fforddio colli Cymro,**
> **Yr hyn a wnes**
> **Fis cennin pedr,**
> **Heb ddysgu iddo ferfau y genhedlaeth newydd,**

**Na dweud wrtho am 'gyfiawnder',
'tegwch' ac 'etifeddiaeth'.**

*I couldn't afford/We can't afford to lose a Cymro,
Which is what I did
In the month of daffodils/March
Without teaching him the verbs/rhetoric of the new generation,
Or telling him of 'justice',
'fairness' and 'inheritance'/'heritage'.*

Yn y llinell gyntaf, mae'r gwahaniaeth rhwng defnyddio person cyntaf unigol amser amherffaith 'gallu' (I couldn't) a pherson cyntaf lluosog amser presennol y ferf (we can't) yn allweddol. Tra mae'r naill yn awgrymu mai colled y fam fel unigolyn yw marwolaeth y baban, awgryma'r llall fod ei chydwladwyr hefyd yn gyfrannog yn y golled. Mae'r cysyniad o golled genedlaethol yn amlwg tua diwedd y gerdd hefyd, e.e. cymharer hon â'r llinell olaf ond un: 'ni allwn fforddio colli Cymry' – yno, enw lluosog a geir (Cymry) ac felly tueddwn i awgrymu mai 'we can't' fyddai orau yn y cyd-destun. Efallai fod cadw 'I couldn't' yn y llinell gyntaf yn well opsiwn, a chynnwys 'we can't' ar ddiwedd y gerdd fel cyferbyniad; fel hyn ceir mwy o ddatblygiad yn ystod y gerdd a symud tuag at sylweddoliad neu uchafbwynt erbyn ei diwedd.

Yn y drydedd linell, 'in the month of daffodils' yw'r cyfieithiad amlycaf a'r mwyaf uniongyrchol, ond i ddarllenwyr di-Gymraeg (yn enwedig rhai o'r tu allan i Gymru, efallai), tybed nad oes angen nodyn o eglurhad mai mis Mawrth ydyw? Efallai y byddai modd ymhelaethu ar oblygiadau mis y cennin pedr, sef awgrymu'r cysylltiad â Dydd Gŵyl Dewi, a bod hwn yn fis gwanwynol o enedigaethau ym myd natur, ond yn eironig ddigon nad yw hwn yn fis o ddechreuadau newydd i'r bardd. Gallwn gynnwys hynny mewn troednodyn, ond nid wyf am arwain y darllenydd yn ormodol na chyfyngu ar ei ryddid na tharfu ar rediad y darllen. Y cwestiwn mawr rwy'n ei ofyn i mi fy hun yw a oes gen i, fel cyfieithydd, hawl i wneud hyn?

Yn y bedwaredd linell, 'Verbs' wrth gwrs yw'r cyfieithiad llythrennol ond darllenaf y llinell fel cyfeiriad at gynnwrf gwleidyddol a phrotestiadau'r 1970au. I mi, felly, gallai 'rhetoric' gyfeirio at ddadleuon mudiadau amlwg y cyfnod a'r math o 'buzz words' a oedd yn boblogaidd yn y cyfnod, e.e. 'cyfiawnder', 'etifeddiaeth', fel y soniwch.

> Tri mis cythryblus y'i cenhedlwyd;
> Blaen-plwyf, Allt y Gaeaf, Nebo,
> Dim sianel deg teledu [sianel deledu deg],
> Dim addysg gyflawn iddo,
> Dim gwaith, dim tai,
> Dim iaith gain i gario [i'w chario/(iddo) i'w chario].

> *For three tumultuous months I carried him;*
> *Through (?) Blaen-plwyf, Allt y Gaeaf and Nebo:*
> *No television channel,*
> *No complete education for him,*
> *No work, no housing,*
> *No elegant/intricate/fine language to bear/for him to bear.*

I ddechrau, maddeuwch imi am ymyrryd â'r testun ffynhonnell yn y drydedd linell a'r llinell olaf ond nid ydynt yn taro deuddeg yn ramadegol. Mae'r llinell gyntaf hefyd braidd yn chwithig. Rwy'n cymryd mai 'sianel deledu deg' (a fair television channel) sydd dan sylw yn llinell tri ac nid yr hyn a fyddai'n cyfieithu i 'no ten television channel/channel of ten televisions'! Ymhellach, credaf fod 'i'w chario' yn gywirach gan mai cyfeirio at yr enw benywaidd unigol 'iaith' a wna'r rhagenw mewnol gwrthrychol trydydd person unigol.

O ran y cyfieithu, penderfynais gynnwys yr arddodiad 'through' ar ddechrau'r ail linell gan fod rhestru'r enwau lleoedd hebddo yn swnio braidd fel pe na bai'r enwau yn gysylltiedig â'r llinell flaenorol. Doeth hefyd fyddai cynnig esboniad ar arwyddocâd yr enwau lleoedd ar gyfer y rheini nad ydynt yn gyfarwydd â hanes protestio yng Nghymru. Fel arall mae'r pennill braidd yn annelwig. Wedi dweud hynny, yn ei nodiadau ar gyfieithu 'Mewn Dau Gae' Waldo Williams, gofynna Rowan Williams a oes gwir angen crybwyll yr enwau lleoedd Cymraeg yn y fersiwn Saesneg:

> Then what about the place names? . . . How much does the specificity matter? In one way greatly: this is a particular landscape at a particular moment seen by this man and no other. But the names, either in English or Welsh, seem to hold up the poem in translation, giving a moment either exotic or banal. I'm well aware of how particular Waldo's landscape is. But perhaps the whole poem can be allowed to create the landscape if there is no easy way of managing names.[30]

Yn achos eich cerdd chi, Menna, cynhwyswyd enwau lleoedd am y rheswm eu bod yn cofnodi lleoliad protestiadau arwyddocaol ac felly credaf na ddylid eu hepgor wrth gyfieithu.

> **Collgludiad yw treigl yr iaith**
> **Er ei gwarchod –**
> **Collodd ormod o waed-berw,**
> **I adennill einioes.**

> *Miscarriage is the way language ends*
> *Although she's protected/it's protected/we protect her/we protect it –*
> *She/It has lost too much blood*
> *to regain life/recover life/to live again*

Yn yr ail linell mae'r tri fersiwn posibl yn cyfleu gwarchodaeth dros yr iaith ond bod cynodiadau gwahanol iddynt. 'Although she's protected' – i mi, mae'n rhyfedd galw iaith yn 'she'. Wn i ddim pam yn union ond bron nad yw'n cael ei phersonoli trwy hyn. Mae'n well gen i 'it's protected' ond mae'n swnio ychydig fel anifail mewn sw dan warchodaeth nad oes a'i wnelo â'r sawl sy'n traethu yn y gerdd. Er bod 'although we protect it' yn newid rhywfaint ar ystyr y gerdd am fod y 'we' yn awgrymu bod y bardd yn ei chyfrif ei hun yn rhan o'r gwarchod hwn, tybiaf fod hyn yn iawn gan mai 'we' hefyd a geir yng nghwpled olaf y gerdd.

> **Ni allwn fforddio colli Cymry –**
> **Ond y mae Cymru eisoes ar goll.**

> *We can't afford to lose Welsh people/Cymry –*
> *But Wales is already lost/adrift.*

I raddau mae'r cwpled olaf Cymraeg yn effeithiol am fod 'Cymry' a 'Chymru' yn enwau tebyg o ran eu sain ond yn wahanol o ran eu hystyron. Diweddglo digon di-ffrwt sydd gen i yn Saesneg, rwy'n ofni, am na ellir chwarae ar 'Welsh people' a 'Wales' yn yr un modd. Mae blas amhersonol ar 'Welsh people' hefyd, rhaid cyfaddef, ond dyna ni! Cymeraf gysur yng ngeiriau Rowan Williams: 'It is entirely appropriate to end with an admission of total defeat. Poetic translation is like that.'[31]

Nodiadau

1. Gwefan Wales Arts International: *www.wai.org.uk/index.cfm?UUID=5984FD14-65BF-7E43-356C19D9672870FA*. Darllenwyd 20 Mehefin 2009.
2. John Stoddart, 'Ein Cyfoeth Cyfoes', *Barddas*, 223 (Tachwedd 1995), t. 14.
3. Elin ap Hywel, 'Translator's Comments', *Perfect Blemish/Perffaith Nam* (Tarset: Bloodaxe Books, 2007), t. 297.
4. Sherry Simon, *Gender in Translation* (London: Routledge, 1996), t. 9.
5. Susan Bassnett and Harish Trivedi,'Of colonies, cannibals and vernacular', rhagymadrodd y golygyddion i *Post-colonial Translation* (London: Routledge, 1999), t. 2.
6. Ibid., t. 9.
7. Octavio Paz, 'Traducción: Literatura y Literalidad' (1971); dyfynnir yma o gyfieithiad Irene del Corral, 'Translation: Literature and Letters', yn Rainer Schulte a John Biguenet (goln), *Theories of translation: an anthology of essays from Dryden to Derrida* (Chicago: University of Chicago Press, 1992), tt. 42.
8. Rowan Williams, 'Translating Waldo Williams', yn Damian Walford Davies a Jason Walford Davies (goln), *Cof ac Arwydd: Ysgrifau ar Waldo Williams* (Llandybïe: Cyhoeddiadau Barddas, 2006), t. 220.
9. T. H. Parry-Williams, *O'r Pedwar Gwynt* (Aberystwyth: Y Clwb Llyfrau Cymreig, 1944), t. 12.
10. Amy Wack a Grahame Davies (goln), *Oxygen* (Bridgend: Seren, 2000), t. 13.
11. Joseph Clancy, 'Lightning and Lightning-bugs', *Other Words: Essays on Poetry and Translation* (Cardiff: University of Wales Press, 1999), t. 102.
12. Joseph Clancy, 'Poetry as Translation', *Other Words: Essays on Poetry and Translation*, t. 6.
13. Maria Tymoczko, 'Postcolonial Writing and Literary Translation', yn Susan Bassnett and Harish Trivedi, *Post-colonial Translation*, tt. 20–1.
14. Susan Bassnett and Harish Trivedi, rhagymadrodd y golygyddion i *Post-colonial Translation*, t. 14.
15. Geiriau Laurence Venuti ond dyfynnir gan Jeremy Munday, *Introducing Translation Studies: Theories and Applications* (Routledge: London, 2001), t. 146.
16. Menna Elfyn, 'Croesau Calonnau XXXXXXXXXX', *Perfect Blemish/Perffaith Nam*, tt. 72–3.
17. Menna Elfyn, 'Bronnau Ffug', *Perfect Blemish/Perffaith Nam*, tt. 188–93.
18. Lawrence Venuti, 'Strategies of Translation', yn M. Baker and G. Saldanha (goln), *The Routledge Encyclopedia of Translation Studies* (London: Routledge, 1997), t. 242.
19. *Perfect Blemish/Perffaith Nam*, tt. 278–81.
20. *Eucalyptus* (Llandysul: Gwasg Gomer, 1995), tt. 28–9.
21. Friedrich Schleiermacher, 'Methoden des Übersetzens' (1813); dyfynnir yma o gyfieithiad Waltraud Barscht, 'On the Different Methods of Translating', yn Rainer Schulte a John Biguenet (goln), *Theories of translation: an anthology of essays from Dryden to Derrida* (Chicago: University of Chicago Press, 1992), t. 154.

[22] Jeremy Munday, *Introducing Translation Studies: Theories and Applications* (London: Routledge, 2011), t. 147.
[23] Ibid., t. 147.
[24] Menna Elfyn, 'Cân y di-lais i British Telecom', cyfieithiad R. S. Thomas, *Eucalyptus*, tt. 7–9.
[25] Gwelir y duedd hon i gynnwys sawl iaith mewn un testun at ddiben gwleidyddol yng ngwaith Gloria Anzaldúa. Yn ei thestun *Borderlands/La Frontera* defnyddia Saesneg a Sbaeneg hwnt ac yma am yn ail er mwyn ansadio'r darllenydd uniaith a chyfleu cymhlethdod ei hunaniaeth fel Chicana 'ar y ffin' ynghyd â'i sefyllfa ieithyddol.
[26] Susan Bassnett and Harish Trivedi, *Post-colonial Translation*, t. 14.
[27] John Stoddart, 'Ein Cyfoeth Cyfoes', t. 17.
[28] Menna Elfyn, 'Colli Cymro', *'Stafelloedd Aros*, t. 42.
[29] Rowan Williams, 'Translating Waldo Williams', *Cof ac Arwydd*, tt. 212–21.
[30] Ibid., t. 216.
[31] Ibid., t. 220.

Llythyr 17

Awst 9fed

Annwyl Martha,

Helo! Diolch iti am dy lythyr diweddaraf. Rhaid ei bod hi'n braf cael hoe o waith coleg a chael cyfle i ddarllen. Braf clywed iti gael blas ar waith Menna Elfyn, ond codaist bwynt hynod ddifyr ynghylch dwyg dwyieithog ei chyfrolau wrth ofyn beth yw gwerth y fersiynau Saesneg i'r darllenydd Cymraeg ei iaith. 'A ddylwn i fod yn darllen y ddau, achos weithiau maent yn fy nrysu?' meddet. Martha fach, paid â phoeni dim, mae'n gwbl naturiol! Mae amryw o feirniaid wedi tynnu sylw at y broses o ddarllen testunau cyfochrog – ystyria eiriau Angharad Price, er enghraifft:

> Ceir dwy gyfrol o fewn un clawr, felly. Dwy iaith yn gyfochrog. Dau destun yn cyd-fyw. Awdur a chyfieithydd yn cydfodoli. A'r darllenydd (dwyieithog) yn chwil yn y canol.[1]

Ai felly y teimlet tithau – yn 'chwil' yn eu canol? O'm rhan i, rhaid dweud na fedraf beidio â darllen y ddau weithiau, a hynny o ran chwilfrydedd yn anad dim – er mwyn gweld beth sydd yno i ryw raddau, ond hefyd er mwyn gweld a all oleuo'r fersiwn Cymraeg gwreiddiol mewn rhyw ffordd. Hei, beth am edrych yn fanylach, yng nghwrs y llythyr hwn, ar y profiad o ddarllen testunau cyfochrog? Fe roddaf sylw i brofiad beirniaid eraill ynghyd â rhai syniadau sydd gen i, a chawn edrych yn benodol ar ran o gerdd gan Menna er mwyn dangos y broses ar waith. Cei di ddweud wedyn a wyt yn cytuno ai peidio.

Wel, iawn 'te, sut brofiad yw darllen testunau pan fyddont ar dudalennau cyfochrog, a thithau'n deall y ddwy iaith? O'm rhan fy hun, rhaid dweud fy mod yn teimlo ysfa anochel i'w cymharu. Mae'n brofiad gwahanol i ddarllen cyfieithiadau o waith bardd sy'n ysgrifennu mewn iaith sy'n estron i'r darllenydd. Bûm yn pori mewn cyfrol o waith Pablo Neruda yn ddiweddar, a chan nad oes llawer o siâp ar fy Sbaeneg roedd y testun Saesneg cyfochrog yn ffon fagl wych a dywysai fy narlleniad: y cyfieithiad oedd yn fy nghynnal i bob pwrpas. Byddwn weithiau'n troi at y testun gwreiddiol er mwyn cael blas ar y Sbaeneg ond ar y cyfan rhoddais fy holl ffydd yn nwylo'r cyfieithydd.

I'r darllenydd dwyieithog, er hynny, mae'r profiad o ddarllen testunau cyfochrog yn gymhlethach, ac felly rwy'n deall dy ddryswch. Mae gofyn bod yn ddarllenydd hollt i raddau wrth geisio gwneud synnwyr o'r testun gwreiddiol drosot dy hun, cyn troi i weld beth yw dehongliad y cyfieithydd, os wyt yn dymuno gwneud hynny. Ar brydiau, gall arwain at ansicrwydd: yn aml, wrth ddarllen gwaith Menna byddaf yn amau fy narlleniad fy hun wrth ddarllen dehongliad y cyfieithydd, gan fod y darlleniad hwnnw mewn print i'w weld, ar un olwg, yn llawer dilysach na'm cyfieithiad diddalen a diawdurdod innau. Yn hytrach na bod yn ffon fagl, felly, gweithreda cyfieithiadau o'r fath fel pren mesur neu faromedr i'm deongliadau i.

Wn i ddim amdanat ti ond tueddaf i ddarllen llinell o waith Menna ar y tudalen chwith, ac yna yn awtomatig bron, droi fy mhen i'r dde tua'r cyfieithiad, yn enw cadarnhad yn aml. Mae'r peth bron fel eistedd y drws nesaf i ffrind yn yr ysgol wrth wneud prawf, ac edrych draw i weld a ydyn nhw'n dal wrthi a sicrhau nad ti yw'r unig un ar ôl yn y neuadd. Mae'n ffordd o chwilio cysur wrth ymhél â gorchwyl digon unig. Yn yr un modd gall darllen testunau cyfochrog, a'r rheini'n gyfieithiadau gan rywun heblaw'r bardd, fod yn brofiad cysurlon gan fod yno brawf i rywun arall fod wrthi'n ceisio darllen hefyd. Mae'n f'atgoffa ychydig o'r profiad darllen a ddarlunnir yn '"Gorchestion Beirdd Cymru" 1773', R. Williams Parry. Wrth ddarllen y cerddi gwreiddiol, tynnir sylw'r bardd at 'hynafol olion rhyw farwol law':[2] tystiolaeth y bu yno ddarllenydd o'i flaen. I raddau, gweithreda'r 'olion' hyn – math o nodiadau personol, rwy'n tybio – fel 'glòs' sy'n trawsnewid y profiad unig i fod yn uniad o fath â phrofiad darllenydd arall. I mi, dyna sut brofiad yw darllen cerddi mewn cyfieithiadau.

Cofia, sylwadau digon negyddol ynghylch darllen testunau yn gyfochrog sydd gan rai o'r beirniaid Cymraeg a aeth ati i adolygu cyfrolau dwyieithog Menna. Tynn sawl un sylw at sut y mae'r testunau cyfochrog yn amlygu gwahaniaethau mawr rhwng y cerddi gwreiddiol a'r cyfieithiadau. Wrth sôn am ei phrofiad hithau medd Lisa Tiplady:

> Teimlaf mai anodd yw gwerthfawrogi'r cerddi fel cyfanweithiau unig-ryw wrth weld y glannau bob ochr i'r bont, ac ni ellir osgoi gwyntyllu a phigo beiau wrth gymharu defnydd y beirdd o'r ddwy iaith. Tebyg ydyw i wylio rhaglen deledu gydag is-deitlau Saesneg sy'n peri i'r digwydd a'r mwynhad lithro i ebargofiant gan adael rhyw flinder rhwystredig ar ei ôl.[3]

Yr awgrym yw bod y cyfieithiad yn ymyrryd â'r profiad o ddarllen y gerdd wreiddiol, a hynny mewn ffordd negyddol, gan dynnu sylw at ddiffygion y broses gyfieithu rhagor ansawdd y gwreiddiol. Am y 'blinder rhwystredig' – ai dyma oedd dy brofiad dithau, Martha? I M. Wynn Thomas yntau, amlygu'r hyn a gollir o'r testun gwreiddiol wrth eu cyfieithu a wna'r cyfieithiadau:

> Hwyrach fod nifer o gerddi gorau Menna Elfyn yn colli rhyw gymaint o'u hegni llachar a'u moelni cynhyrfus o'u cyfieithu i'r Saesneg. Yn achos ei barddoniaeth hi, mae'r iaith honno'n tueddu i gymedroli ac i symleiddio'r dweud, ac wrth gwrs nid yw'r syniadau na'r testunau a drafodir yn ymddangos hanner mor herfeiddiol yn y cyd-destun Seisnig. Er bod y cyfieithiadau yn rhai cymen odiaeth, anaml y llwydda'r cyfieithwyr i atgynhyrchu'r cyfuniadau annisgwyl hynny – o nerfusrwydd ac agosatrwydd, swildod a beiddgarwch – sy'n gosod arbenigrwydd ar ei gwaith hi yn y Gymraeg.[4]

Cenfydd T. James Jones fod y cyfieithiadau yn gymorth i ddarllen y cerddi gwreiddiol: 'Yn aml iawn, teflir goleuni ar y cerddi Cymraeg gan y cyfieithiadau'.[5] Â yn ei flaen, er hynny, i restru'r diffygion a'r beiau a ddaw i'r amlwg wrth iddo eu cymharu: 'mae rhai o'r cerddi Saesneg yn gryfach o ran eu saernïaeth', ac ni wêl ynddynt '[d]diffygion gramadegol a chystrawennol iaith y cerddi gwreiddiol'.[6] Â ati i feirniadu'r cerddi gwreiddiol hyn yn llym gan fanylu ar y gwallau ieithyddol unigol cyn datgan mai 'sarhad ar iaith yw'r diffygion a'r diofalwch hyn, yr iaith y bu Menna Elfyn a'i thebyg mor ddewr yn ei hamddiffyn mewn llysoedd barn yn ystod chwarter olaf y ganrif ddiwethaf'.[7] Profiad negyddol felly yw'r profiad o ddarllen testunau cyfochrog iddo yntau gan ei fod yn amlygu diffygion y testun gwreiddiol. Daw i'r casgliad canlynol:

> Mae 'Cusan Hances' yn llawn eironi, a hwnnw'n anfwriadol. Nid trwy unrhyw 'len' y trof at gerddi Saesneg *Cusan Dyn Dall/Blind Man's Kiss*, gan ragdybio y collaf lawer gan mai cyfieithiadau ydynt. Yn aml iawn y mae'n rhaid i mi droi atynt, gan fod cynifer o wendidau'r cerddi gwreiddiol yn cymylu'r wefr y dylwn ei chael mewn cyfrol o farddoniaeth. I'r graddau y mae'r cerddi gwreiddiol wedi ysgogi dychymyg y cyfieithwyr, y maent yn ddyledus i Menna Elfyn. Ond y mae hithau'n fwyfwy yn nyled ei chyfieithwyr am iddynt, drwy eu doniau a'u proffesiynoldeb, roi iddi hithau ac i ninnau fwy na chusan drwy hances.[8]

Rhag ofn na wyddost ti, cyfeiria'r sylw uchod at gerdd Menna, 'Cusan Hances',[9] lle mynegir amheuaeth parthed sylw R. S. Thomas nad oes cymaint o wefr i'w chael wrth ddarllen cerdd mewn cyfieithiad, a'i fod felly yn debyg i brofi cusan drwy hances. Mae modd darllen cerdd Menna yng nghyd-destun yr hyn a ddeil R. Gerallt Jones mewn ysgrif ar gyfyngiadau cyfieithu, sef: 'Partial communication, which is what it will always be, is ultimately far better than no communication at all.'[10] Soniaf ragor wrthyt am y gerdd hon yn y dyfodol gan fy mod wrthi'n ysgrifennu darn arni ar hyn o bryd. Yr hyn sy'n berthnasol yma yw bod T. James Jones, wrth weld y testunau ochr yn ochr, yn cwestiynu delwedd Menna o'r broses gyfieithu, a'i fod mewn gwirionedd yn ystyried mai fel arall y mae pethau am fod y cyfieithiadau yn rhoi llawer mwy o wefr iddo na'r gwreiddiol.

Os edrychi di eto ar sylwadau'r tri beirniad a ddyfynnwyd, fe weli eu bod o hyd yn cymharu'r testun gwreiddiol â'r cyfieithiad, fel petai modd gosod un ar wastad uwch na'r llall. Dyna sydd i gyfrif am drafferthion Lisa Tiplady wrth ddarllen; dyna hefyd sy'n gyfrifol am y gwahaniaethau (er mor wahanol yw eu safbwyntiau) a wêl M. Wynn Thomas a T. James Jones rhwng y fersiynau. Cyfaddefais eisoes fy mod i'n neidio o'r Gymraeg i'r Saesneg ac yn ôl i'r Gymraeg ond nid er mwyn canfod beiau, na phennu gwerth un testun rhagor y llall, eithr er mwyn gweld a all y darllen hollt hwn gyfoethogi fy mhrofiad i o'r hyn sydd o'm blaen. Os rhywbeth, byddaf yn meddwl amdanynt nid fel cerddi ar wahân ond fel testunau cysylltiol sy'n rhannu'r un gofod, ac rwy'n eu derbyn ar y telerau hynny.

Gellid dadlau bod diwyg o'r fath yn tynnu sylw'r darllenydd dwyieithog at ran annatod o'r broses o ddarllen a phennu ystyr: rhyngdestunoldeb. Mae'r symud yn ôl ac ymlaen a wneir yn reddfol wrth ddarllen testunau cyfochrog yn adlewyrchu'r cymharu cyson sy'n digwydd yn y meddwl wrth ddarllen. Wyt ti'n cofio imi sôn wrthyt am ryngdestunoli lle'r eir ati i bennu ystyr i destun trwy ganfod tebygrwydd a gwahaniaeth rhwng yr hyn y mae rhywun yn ei ddarllen a'r hyn sydd eisoes yn hysbys iddo? Awgrymais bryd hynny mai yn y 'différence' y mae'r allwedd – ac mai yn y sut-mae-testun-yn-debyg-a-sut-mae'n-wahanol-i-bethau-yr-ydym-wedi-eu-darllen-o'r-blaen y ceisiwn bennu ystyr, ond bod yr ystyr hon yn hylifol ac felly'n cael ei hadolygu'n ddiddiwedd. Yn y broses o wibio rhwng testunau cyfochrog hefyd mae gofyn adolygu ein darlleniad ynghyd â'r casgliadau y down iddynt dro ar ôl tro ar ôl tro; dyma ran annatod o'r broses ddarllen.

Beth am edrych ar y broses ar waith? Tro at 'Coed Newydd' a 'New Growth' gan Menna Elfyn.[11] Mae'r sôn am Ho Chi Minh (Saigon gynt) yn gliw bod y gerdd wedi ei lleoli yn Fiet-nam, a'r sôn am America 'a ddaeth dros y mynydd' yn arwain yn naturiol at ei darllen yng nghyd-destun rhyfel Fiet-nam. Rhan annatod o hanes y wlad yn ogystal yw trefedigaethedd gan i'r wlad a'i phobl fod yn un o drefedigaethau Ffrainc. Mae modd darllen y gerdd felly yng ngoleuni'r fath gyd-destun a'r 'coed' yn y gerdd yn adlewyrchu tynged y bobl hwythau – cânt eu plygu, gorfodir pethau estron arnynt (y tamarind a'r eucalyptus), cânt eu llifio, ond yn y pen draw cymerir y gwreiddiau 'o ddwylo'r coloneiddwyr' ac eir ati i'w 'cymell yn ôl i'r pridd'. Wn i ddim beth a weli di ond i mi, mae hi'n gerdd sy'n darlunio ymdrech cenedl i ganfod ei gwreiddiau ei hun yn wyneb yr hyn a orfodir arni. Edrycha, er hynny, ar y llinellau olaf:

Dyma wlad a ddaeth at ei choed	Here's a country which came out of the woods
Ei hun. Gan wybod am y coed	herself. She knows about the wood that's beyond
Tu hwnt i bren, yn gyhyrau	mere timber, sinews
Ar ganghennau iach.	On healthy branches.
A'r sawl a blanna goed y berllan	She who plants orchard trees
A fydd hefyd yn blasu ffrwyth y pren.	Will taste of their fruit.

Maddau imi am fentro dy dywys trwy fy mhrofiad i o ddarllen yr hyn sydd uchod. Gwn nad yw'n rhwydd dilyn trywyddau igam-ogam y meddwl (yn enwedig meddwl rhywun arall!), ond gobeithio y bydd yn adlewyrchu cymhlethdod darllen testunau'n gyfochrog.

Wrth ddarllen y llinell Gymraeg gyntaf ar y chwith, mae 'daeth at ei choed ei hun' i'w weld yn drywydd delweddol addas yng nghyd-destun cerdd sy'n cyfeirio at ddychwelyd at wreiddiau. Mae'n dwyn i gof yr idiom Gymraeg sy'n dynodi bod rhywun yn gweld synnwyr. Mae hyn yn ennyn fy chwilfrydedd ac yn f'arwain i droi at y Saesneg. 'Came out of the woods' sydd yno – awgryma rhyw ddod allan o fan tywyll i fan goleuach heb rwystrau, ac rwy'n credu ei bod yn idiom am fod mewn lle diogel y tu hwnt i berygl. Rwy'n troi'n ôl ac yn meddwl eto am y dywediad Cymraeg a gymerais yn ganiataol cyn hyn – 'rhywun yn dod at ei goed'. Mae'n hysbys imi am imi ei glywed ar lafar, ac mae'n rhan o'm hymwybyddiaeth ddiwylliannol; ond nawr rwy'n pendroni ynghylch tarddiad y dywediad. Beth yw'r 'coed', a pham bod rhywun yn 'dod atynt'? Wrth droi'n ôl at y Saesneg, fedra i ddim peidio â theimlo bod adlais y 'daeth at ei choed' yn mynnu amharu ar fy narlleniad o'r geiriau Saesneg – rwy'n dechrau ystyried perthynas y dywediad hwnnw a'r dywediad Cymraeg, er na feddyliais erioed eu gosod ynghyd cyn hyn. Mae'n amhosib gweld tebygrwydd rhyngddynt gan nad ydynt yn gytras, ond hwyrach fod hyn yn arwydd o gymhlethdod cyfieithu ac yn awgrym fod rhai pethau na ellir eu trosglwyddo'n llwyr i'r iaith arall, megis idiomau. Maent yn rhan anesboniadwy o gynhysgaeth ddiwylliannol rhywun. Gallant fod yn ymddangosiadol ddisynnwyr (rwy'n meddwl yn benodol am 'dros ben llestri') ond byddant yn magu ystyr wrth i rywun ddod yn ymwybodol o'u hystyr 'gydnabyddedig' yn yr iaith honno. Mae eu cyfieithu bron yn dasg amhosib gan nad yw trosi'r 'geiriau' yn trosi eu gwir arwyddocâd. Er cyfieithu'r arwydd mae'n amhosib gafael hefyd ar yr hyn a arwyddir ganddo.

Symudaf ymlaen at 'Gan wybod am y coed/tu hwnt i bren yn gyhyrau/ar ganghennau iach' ac mae larymau yn dechrau canu yn fy mhen. Waldo Waldo Waldo. Mae'r 'pren' yn f'arwain yn syth i wneud cysylltiad â llinellau mewn testunau y tu hwnt i'r gerdd benodol hon felly – 'Beth yw adnabod? Cael un gwraidd o dan y canghennau',[12] a'r sôn am bobl yn trin y tir yn gytûn: 'yr oedd rhyw ffynhonnau yn torri tua'r nefoedd/ac yn syrthio'n ôl a'u dagrau fel dail pren'.[13] Rwy'n meddwl wedyn am y cyfeiriad Beiblaidd sydd i 'bren' (Datguddiad 22.2–3):

> Ar ddwy lan yr afon yr oedd pren y bywyd, yn dwyn deuddeg cnwd, gan roi pob cnwd yn ei fis; ac yr oedd dail y pren er iachâd y cenhedloedd. Ni bydd dim mwyach dan felltith.

Edrychaf yn ôl dros y gerdd eto, ac mae'r weithred o blannu coed – boed yn llythrennol neu'n ffigurol – yn dechrau magu arwyddocâd tra heddychlon. Ymbalfalaf am ystyr i linell Menna ac yn sgil gwneud y cysylltiadau â'r dyfyniadau uchod, credaf yn gryf fod modd gweld ynddi ymwneud ag adnabod, a pherthyn, a'r 'rhuddin' hwnnw y cyfeiria Waldo ato: 'Nid oes yng ngwreiddyn Bod un wywedigaeth/yno mae'r rhuddin yn parhau.'[14] Mae'r 'cyhyrau' yn fy nhaflu rywfaint ond eto, mae'n awgrym o gryfder, a hwyrach ei fod yn gysylltiedig mewn rhyw ffordd â gwydnwch y bobl a drafodir yn y gerdd.

Trof at y Saesneg ac ar unwaith caf f'ansefydlogi. Mae'r rhagenw 'She' yn annisgwyl, ac mae gofyn troi'n ôl ac ailystyried y fersiwn Cymraeg – a oes sôn amdani 'hi'? Rwy'n troi'n ôl eto at y 'she' – mae awgrym o bersonoli, gan mai'r niwtral ('it') a ddefnyddir fel arfer wrth sôn am wlad. Mae'n awgrym o rywbeth byw, ac felly'n cysylltu'n dda â'r 'sinews'. Trof yn ôl at y 'cyhyrau' Cymraeg, ac yna at y 'sinews' eto. I mi mae 'sinews' yn cyfleu rhywbeth sy'n anatomegol wytnach na chyhyr, gan mai dyma sy'n uno cyhyr ac asgwrn. Caiff ei ddefnyddio hefyd i gyfeirio at yr hyn sy'n cryfhau neu'n cynnal, neu hyd yn oed yr hyn sydd wrth wraidd rhywbeth – soniodd Cicero am arian fel 'sinews of war', ac areithiodd Churchill yntau yn ei dro am 'sinews of peace'. Mae'n peri imi feddwl am leoedd eraill y deuthum ar draws 'sinews' – calon y teigr rhyfeddol a ddisgrifir yng ngwaith William Blake, a'r dywediad hwnnw 'stiffen up the sinews'. Mae cymharu'r ddau air yn ddifyr er hynny, ac yn gwneud imi feddwl rhagor am yr hyn a arwyddir ganddynt, ynghyd â'r gwahaniaeth ystyr – y 'différence' – rhyngddynt. Ceisiaf bennu ystyr un wrth ei ystyried yng nghyd-destun y llall.

Am y llinell olaf: 'A'r sawl a blanna goed y berllan/a fydd hefyd yn blasu ffrwyth y pren.' Dyma ni'n ôl gydag un o nodweddion amlycaf barddoniaeth Menna Elfyn – gosodiadau gwirebol eu naws. Mae yma awgrym cadarnhaol: os bydd rhywun yn plannu daioni caiff fwynhau'r profiad o fedi'r hyn a dyf. Wrth droi at y Saesneg, unwaith eto mae'r 'She' yn f'ansefydlogi, a hynny'n fwy na'r tro o'r blaen. Efallai y dywed hynny lawer am fy rhagdybiau fel darllenydd, sef fy mod wedi cymryd 'sawl' i olygu dyn yn y fersiwn Cymraeg, er mai term digon niwtral ydyw. Mae darllen y 'cyfieithiad' felly yn tynnu fy sylw at bethau a gymerais yn ganiataol yn y 'gwreiddiol' ac yn peri imi ailystyried pam y deuthum i'r casgliad hwnnw. Mae'r sioc o weld 'she' a hynny mewn cyfuniad â 'fruit' yn peri imi feddwl yn syth am fenyw enwog a ffrwyth sy'n rhan o'm hymwybyddiaeth: Efa yn yr ardd. Ac mae hynny'n agor y llifddorau! Gweithred waharddedig oedd blasu'r ffrwyth yn yr achos hwnnw ac ai dyma sydd yma hefyd? Trof yn ôl at y Gymraeg ac mae'n amwys – gallai blasu ffrwyth y pren fod er gwell neu er gwaeth; nid yw o reid-rwydd yn weithred gadarnhaol fel y tybiwn ynghynt. Rwy'n mynnu darllen y cwpled olaf fel un amwys, felly, yn sgil darllen y fersiwn Saesneg.

~

Wrth edrych yn ôl dros y weithred o ddarllen rhan o destun cyfochrog, mae'n ddifyr nodi bod elfennau gwahanol yn tynnu fy sylw yn y fersiynau. Ar yr ochr Gymraeg, y 'pren' a dynnodd fy sylw fwyaf ac a'm tywysodd ar drywydd cyfeiriadaeth benodol, ond ni chanfûm yr un cyfoeth i 'timber' y Saesneg. Yno, y 'she' a'r 'sinew' a oedd yn ennyn fy chwilfrydedd ac yn f'arwain ar drywydd cyfeiriadaeth gwbl wahanol. Pair rhai geiriau yn y fersiwn Cymraeg imi ailystyried y Saesneg ac fel arall hefyd.

Yn wahanol i Alan Llwyd yn ei ysgrif, 'Y Grefft o Gyfieithu',[15] nid fy mwriad oedd troi o'r naill i'r llall yn enw cymharu er mwyn gweld a oedd yma 'gyfieithu da' neu 'anfoddhaol', chwedl yntau. Yn hytrach, ceisio darllen y ddwy gerdd fel petaent yn un testun a wnes, ac wrth wneud rhyfeddu eu bod yn gwneud imi feddwl rhagor am gymhlethdod iaith a'r modd yr eir ati i roi ystyr i air. Wrth newid o un iaith i'r llall, mae gofyn ailasesu'r hyn a olygir wrth eiriau unigol. Ni thelais nemor ddim sylw i'r 'sawl' Cymraeg i ddechrau, ond wrth weld 'she' es yn ôl ato, a gweld fy mod i wedi cymryd yr ystyr yn ganiataol. Drwy hynny, sylweddolais pa mor llithrig yw ystyr geiriau gan fod angen ailasesu ac ailfeddwl dro ar ôl tro, yn ddiddiwedd.

Nid y llithrigrwydd yn unig sy'n ddifyr eithr y cyfoeth o bosibiliadau o ran ystyr hefyd. Dywed Sioned Puw Rowlands:

> Translation is capable of much more than fulfilling the requirements of a necessary evil. On the contrary, it can move literature forward, in both directions: Jakobson's example of the Northeast Siberian Chuckchee's translation of the word 'watch' as 'hammering heart' shows how translation can stretch their language, but also has a refractive effect on the word in the original language, colouring the object in yet another way. Not so distant as we thought from the workings of poetry.[16]

Mae'r defnydd o 'refractive' uchod yn hynod addas, ac yn dwyn i gof wersi Ffiseg! Wyt ti'n cofio'r sôn am belydryn o olau yn pasi drwy brism ac yn ymddangos yr ochr draw fel saith lliw'r enfys? 'Refraction' oedd hynny. Yr ensyniad yma yw bod cyfieithu'n gweithio yn yr un modd ac yn gallu taflu goleuni newydd ar fyrdd o ystyron posibl geiriau yn y gwreiddiol – ac fel arall hefyd rwy'n credu, yn sgil fy mhrofiad o ddarllen y gerdd yn gynharach. Mae'r sylw olaf uchod yn ddifyr hefyd, sef bod cyfieithu fel barddoni, yn broses o droi gwrthrych yn rhywbeth arall cyfatebol iddo. Hynny yw, bydd beirdd yn defnyddio trosiadau mewn barddoniaeth, ac yn y gwahaniaeth rhwng y peth ynddo'i hun a'r trosiad y mae'r farddoniaeth.

Cofia, nid oes gan bawb mo'r amynedd i ymhél â chymhlethdod geiriau, a'r myrdd o bethau y gallant eu harwyddo ac felly gallaf ddeall na fyddent yn mwynhau'r broses o ddarllen cyfieithiadau. Fel yr awgryma Tudur Hallam, mae gofyn i'r sawl sydd am ddarllen testunau cyfochrog fod yn barod i fentro:

> only the most acrobatic *darllenwyr* will favour the bilingual texts of Menna Elfyn to her monolingual *cerddi* or poems; only those whose curious pleasure it is to perilously swing back and forth across the texts' divide, interpreting not the texts themselves but rather the translating text's deconstruction of the translated.[17]

Fel y gwelaist uchod, cefais f'ansefydlogi weithiau wrth droi o'r Gymraeg i'r Saesneg ac fel arall, ond roedd yn ddadlennol o ran y broses ddarllen. Tynnodd fy sylw at ansefydlogrwydd ystyr geiriau a bod angen ailystyried drwy'r amser wrth ddarllen gan fod modd cymryd pethau'n ganiataol.

Cyn cloi, dyma geisio rhoi gair o gyngor iti er mwyn lleihau dy ddryswch wrth ddarllen cyfrolau dwyieithog Menna. Wyt ti'n cofio imi sôn wrthyt dro yn ôl am baentiad 'Las Meninas' Velázquez? Rwy'n credu iti ddweud ychydig fisoedd yn ddiweddarach iti ei weld yn y Reina Sofia ym Madrid fel minnau. Wel, a welaist ti fersiynau Picasso o'r paentiad hwnnw tybed? Creodd tua 58 dehongliad o'r llun ac felly ymateb creadigol i waith creadigol ydynt i bob pwrpas. Efallai fod modd meddwl am y dehongliadau hyn fel cyfieithiadau a'r broses o edrych arnynt ochr yn ochr â'r 'gwreiddiol' yn debyg i ddarllen testunau cyfochrog. Mae'r 'gwreiddiol' a'r deongliadau ohono yn gwbl wahanol o ran eu harddull, ac felly nid ydym ar ein hennill wrth eu cymharu mewn modd gwerthusol fel Alan Llwyd, dyweder. Gwell gennyf eu derbyn fel paentiadau yn eu hawl eu hunain, ac ystyried y rhyngdestunoli diddiwedd sy'n digwydd ym meddwl y sawl sy'n edrych arnynt. Wrth wibio o ddarlun gwreiddiol Velázquez at y deongliadau arno, yn ôl at y gwreiddiol, ac yna at y deongliadau dro ar ôl tro, gorfodir rhywun i ailystyried ac i adolygu'r hyn a wêl o hyd. Ni fentra neb ddweud wrth Picasso nad yw ei fersiynau ef cystal â'r gwreiddiol neu'n well: rhaid eu derbyn ar eu telerau eu hunain, ac oni ellir gwneud yr un peth gyda chyfieithiadau?

Yng nghydberthynas y fersiynau y mae'r cyffro, ac fel y pwysleisia Katie Jones yng nghyswllt cerddi Bobi Jones, gall cymharu'r ddau gyfoethogi'r modd y darllenir barddoniaeth:

> Mae cymharu fersiynau Clancy â'r cerddi gwreiddiol yn ddifyrrwch diddiwedd sy'n ehangu ein gwybodaeth a'n hamgyffred â cherddi Bobi Jones, yn enwedig os ydym yn anghytuno â darlleniadau Clancy.[18]

Rwy'n siŵr fod y gwrthwyneb yn wir hefyd, a bod cerddi Bobi Jones yn eu tro yn dyfnhau amgyffrediad rhywun o gyfieithiadau Clancy, pa un ai a ydyw'n cytuno â hwy ai peidio – mater arall yw hwnnw!

Felly Martha, dos ati i fwynhau darllen gwibiol, ac yn hytrach na meddwl am y cyfieithiad fel gelyn meddylia amdano fel canllaw a chwmni iti. Fel mae'n digwydd rwyf wedi cael fy nerbyn i gynhadledd ar gyfieithu a bydd yn rhaid imi ysgrifennu papur yn sôn am agweddau tuag at gyfieithu mewn diwylliant lleiafrifol. Cei di ei weld os wyt ti'n dymuno darllen rhagor am gyfieithu.

Cofion gorau,

Rhiannon

Nodiadau

[1] Angharad Price, '"Juxtaposed with U"', *Taliesin*, 114 (Gwanwyn 2002), t. 163.
[2] R. Williams Parry, '"Gorchestion Beirdd Cymru" 1773', yn Thomas Parry (gol.), *The Oxford Book of Welsh Verse* (Oxford: Oxford University Press, 1995), t. 446.
[3] Lisa Tiplady, 'Cell Angel', *Y Traethodydd*, CLII/642 (1997), tt. 184–5.
[4] M. Wynn Thomas, 'Dwy yma ar Lun Dameg', *Barddas*, 223 (Tachwedd 1995), t. 23.
[5] T. James Jones, 'Cusanau Eironig', *Taliesin*, 112 (Haf 2001), t. 137.
[6] Ibid., t. 128.
[7] Ibid., t. 134.
[8] Ibid., t. 137.

9 Menna Elfyn, 'Cusan Hances', *Cusan Dyn Dall/Blind Man's Kiss* (Tarset: Bloodaxe Books, 2001), tt. 122–3.
10 R. Gerallt Jones, 'The Problems of Translation', yn Dafydd Johnston (gol.), *Modern Poetry in Translation*, No. 7 (Spring 1995), t. 74.
11 Menna Elfyn, *Perfect Blemish/Perffaith Nam* (Tarset: Bloodaxe Books, 2007), tt. 36–9.
12 Waldo Williams, 'Pa Beth yw Dyn?', *Dail Pren* (Aberystwyth: Gwasg Aberystwyth, 1957), t. 67.
13 Waldo Williams, 'Mewn Dau Gae', *Dail Pren*, t. 27.
14 Ibid., t. 64.
15 Alan Llwyd, 'Y Grefft o Gyfieithu', *Y Grefft o Greu* (Llandybïe: Cyhoeddiadau Barddas, 1997), tt. 77–89.
16 Sioned Puw Rowlands, 'A Necessary Evil', *The Poetry Ireland Review*, 62 (Autumn 1999), t. 63.
17 Tudur Hallam, 'When a Bardd Meets a Poet', *Slanderous Tongues: Essays on Welsh Poetry in English 1970–2005* (Bridgend: Seren, 2010), tt. 98–9.
18 Katie Jones, 'Traddutore, Traditore?', *Barn*, 300 (Ionawr 1988), t. 28.

Llythyr 18

Tachwedd 9fed

Annwyl Martha,

Sut wyt ti? Gobeithio iti fwynhau'r penwythnos i ffwrdd gyda'th hen ffrind ysgol. Rwyf innau'n mynd ar antur fach ddiwedd yr wythnos, draw dros Glawdd Offa i'r gynhadledd ar thema cyfieithu y soniais amdani. Rwy'n bwriadu cyflwyno papur (hynny yw math o ddarlith fer – sori, dylwn fod wedi esbonio hynny yn fy llythyr blaenorol!) ar agweddau llenorion Cymraeg tuag at gyfieithu trwy ganolbwyntio'n benodol ar un gerdd gan Menna Elfyn ac un arall gan Twm Morys. Soniaist yr hoffet fwrw golwg drosto felly fe'i hatodais i'r llythyr hwn.

Mae'r profiad o ysgrifennu papur o'r fath wedi bod yn un defnyddiol ac eto'n rhyfedd braidd. Rhaid oedd ymddieithrio a chamu y tu allan i'm cocŵn arferol a sylweddoli nad yw'r bobl y byddaf yn eu cyfarch yn darllen gwaith Menna Elfyn bob dydd fel finnau. Wrth gamu'n ôl ac esbonio pwy yw Menna Elfyn a Twm Morys, teimlwn fel 'tour guide' yn tywys rhywun o gwmpas y traddodiad Cymraeg o'r newydd – rhyw 'If you look to the right here you'll see an endangered species' ac yn y blaen! Wrth reswm, pan fydd rhywun yn cyflwyno i gynulleidfa nad oes ganddi afael ar y Gymraeg, ac nad ydyw chwaith yn debygol o wybod llawer am Gymru a'i llên, mae gofyn addasu gogwydd y deunydd. Mae'n siŵr fod yn rhaid i Menna hithau wneud hyn pan â ar ei theithiau – ni all gymryd yn ganiataol fod pobl yn gyfarwydd â'r Gymraeg a'i llenyddiaeth. Felly finnau. Rwy'n crybwyll Bendigeidfran, er enghraifft, ond rhaid ei esbonio'n fras i'r rhai nad ydyw'r ffigwr chwedlonol yn rhan o'u cynhysgaeth ddiwylliannol. Fel y gweli di hefyd, mae darn ar gynghanedd yn y papur – crefft ddigon cymhleth i'w hesbonio yn Saesneg mewn cwta baragraff.

Roedd y profiad o ysgrifennu'r fath ddarn felly yn gyfle i roi pethau mewn persbectif o'm rhan i, fel rhywun sy'n ysgrifennu traethawd hirfaith ar waith un ddynes ac sy'n anghofio nad yw pawb yn gwneud hynny. Ond yn fwy na hynny, fe'm gorfododd i feddwl yn ehangach am sut y mae'r ddadl ynghylch cyfieithu yng Nghymru yn arddangos tueddiadau tebyg i ddiwylliannau lleiafrifol eraill, yn arbennig felly ddiwylliannau ôl-drefedigaethol.

A dyma fi'n crybwyll termau mawr eto. Dyma rybudd iti cyn dechrau darllen – efallai y byddi di'n hen gyfarwydd â rhai o'r pethau a grybwyllir am y diwylliant Cymraeg ac y bydd rhai sylwadau yn ymddangos yn elfennol iti gan dy fod yn fyfyrwraig sy'n astudio llenyddiaeth Gymraeg. Gofynnaf iti gadw mewn golwg na fydd gan fy nghynulleidfa dybiedig y fantais hon. Wedi dweud hynny, rwy'n ofni mai arbenigwyr mewn cyfieithu fydd rhai sy'n bresennol felly taflais enw ambell theorïwr i'r pair yma ac acw er mwyn swnio'n argyhoeddiadol; efallai y bydd y rhain yn newydd i ti ond gobeithio na fyddant yn dy ddrysu'n ormodol. Edrychaf ymlaen at ddarllen dy sylwadau.

Hwyl am y tro,

Rhiannon

A handkerchief kiss, a warm embrace, or the kiss of death?: translating Welsh-language poetry

'To translate or not to translate?' is the big question that faces contemporary Welsh-language poets. With the publication of the *The Bloodaxe Book of Modern Welsh Poetry* [1] in 2003, a 'for/against translation' divide emerged in Welsh literary circles: the poets whose work is included in the volume seen as being in favour of translation, and those who opposed it being conspicuous by their absence.

This paper will consider the implications of translating poetry from a minority language like Welsh, and the tensions that have arisen regarding this process. The translation debate will be explored by focusing on two contemporary Welsh-language poets: Menna Elfyn (1951–) and Twm Morys (1961–), who stand at opposite ends of the spectrum in their attitudes towards translation. Finally, the nature of their individual translation processes will be considered, along with the 'political' decisions made when translating a poem from a minority source language into a more dominant target language.

The case for and against translation

It is fitting to begin with Menna Elfyn, one of the editors of the *Bloodaxe Book*. The book's format (Welsh poetry with facing-page

English translations) provides an indication of her position in the debate. Described by Tony Conran as 'the first Welsh poet in fifteen hundred years to make a serious attempt to have her work known outside Wales',[2] Menna Elfyn is an interesting figure in the history of the translation of Welsh poetry. Her list of publications is impressive and includes eight volumes of poetry in Welsh as well as five bilingual English/Welsh volumes. Her work has been translated into over a dozen languages, she has held residencies in the United States and holds regular international readings. As a rule, she doesn't translate her own work, but has a talented team of translators including noteworthy figures such as Joseph Clancy, Tony Conran, Gillian Clarke and the late R. S. Thomas.

One of her translators, Elin ap Hywel, describes her as 'a witty, gentle, compassionate gatekeeper between Wales and the wider world, her work as a poet constantly explaining, excusing, and extolling, each to the other'.[3] Menna Elfyn's triple role as a mediator, explicator – and, to some extent, arbiter – is central to her understanding of translation as the construction of bridges between cultures, and is particularly apparent in the poem-as-manifesto, 'Cusan Hances/Handkerchief Kiss':

Cusan Hances[4]

Anwes yn y gwyll?
Rhyw bobl lywaeth oeddem

Yn cwato'r gusan ddoe.
Ond heddiw, ffordd yw i gyfarch

Ac ar y sgrin fach, gwelwn
Arweinwyr y byd yn trafod,

Hulio hedd ac anwes las;
Ambell un bwbach. A'r delyneg

O'i throsi nid yw ond cusan
Drwy gadach poced, medd ein prifardd.

Minnau, sy'n ymaflyd cerdd ar ddalen
Gan ddwyn i gôl gariadon-geiriau.

A mynnaf hyn. A fo cerdd bid hances
Ac ar fy ngwefus

Sws dan len.

The following gloss of mine provides a literal English translation of the poem, and as can be seen it differs from the 'official' translation by Gillian Clarke which follows. Its aim is to guide the non-source language reader through the original poem.

Cusan Hances
Kiss of Handkerchief

Anwes yn y gwyll? Rhyw bobl lywaeth oeddem yn cwato'r gusan ddoe.
Caress in the darkness? Some people timid were-we in hiding the kiss yesterday

Ond heddiw, ffordd yw i gyfarch ac ar y sgrin fach, gwelwn arweinwyr
But today, [a] way it is to greet and on the screen-small, see-we leaders [of]

y byd yn trafod, Hulio hedd ac anwes las; ambell un bwbach.
the world in discussing, arranging peace and caress blue;[an] occasional one bogeyman.

A'r delyneg o'i throsi nid yw ond cusan drwy gadach poced,
And the lyric of her translating not is but [a] kiss through [a] kerchief of pocket,

medd ein prifardd.
says our chiefpoet.

Minnau, sy'n ymaflyd cerdd ar ddalen gan ddwyn i gôl gariadon geiriau.
Me/I, is in seizing poem on page by bringing to lap lovers of words

A mynnaf hyn.
And I wish this.

A fo cerdd bid hances ac ar fy ngwefus sws dan len.
If there be [a] poem let there be a handkerchief and on my lip [a] kiss under [a] veil.

'Pe gallwn, mi luniwn lythyr'

Handkerchief Kiss (trans. Gillian Clarke)
A poem in translation is like kissing through a handkerchief.
R. S. Thomas

A caress in the dark.
What a tame lot we were,

With our secretive yesterday's kisses.
Today it is a common greeting,

And we watch on the small screen
World leaders deal peace

With a cold embrace,
Or an adder's kiss. The lyric

Translated is like kissing
Through a hanky, said the bard.

As for me, I hug those poems between pages
That bring back the word-lovers.

Let the poem carry a handkerchief
And leave on my lip

Its veiled kiss.

I shall turn to the process of translation in due course, but it is worth making a few preliminary remarks about Menna Elfyn's attitude to translation. Elfyn emphasises the communicative nature of the translation process through the image of a kiss. She notes that in the past – 'yesterday' – kisses and caresses (i.e. translation) were 'secretive' and 'in the dark', but that 'today, it is a common greeting'. Where the literature of a culture used to be confined to those who practised it and who understood the language, now through translation, a 'greeting' or a connection can be made with other literatures too. Although the epigraph echoes R. S. Thomas's dismissive remark that 'a poem in translation is like kissing through a handkerchief', Menna Elfyn uses the final two couplets to embrace the enterprise – 'Let the poem carry a handkerchief/And leave on my lip/Its veiled kiss.' Thomas's focus is the unnaturalness of the act; for Elfyn it is the sincerity of the motivation.

In the original Welsh version, the line 'A fo cerdd bid hances . . .' (not conveyed in Gillian Clarke's 'Let the poem carry a handkerchief'), which could provisionally be rendered as 'Let that which would be a poem be a handkerchief', echoes Bendigeidfran, the legendary giant from the tale of Branwen, the Second Branch of the medieval Welsh prose legends known as the *Four Branches of the Mabinogi*. On his way across the waters to claim back his sister, Branwen, from Matholwch the king of Ireland, Bendigeidfran declares: 'a fo ben bid bont', literally: 'He who would be leader, let him be a bridge.' Since he is the leader he lies down, and becomes a bridge, allowing his troops to walk over him and cross safely to the other side. The reference to this legend in Elfyn's poem therefore emphasises her view that translation serves to make a link, indeed a 'bridge', between cultures, and literatures of different languages.

Significantly, Elfyn was the first poet to publish a volume of her Welsh work with facing-page English translations. This was already common practice in the case of other Celtic literatures such as Irish and Scots Gaelic (Sorley Maclean's famous *Dàin do Eimhir* was a notable experiment in 1943), but in Wales this was a new departure. Welsh poems had previously been translated into languages such as English, but this was the first time for the 'original' poems and their translations to be published at the same time.

However, her decision to publish bilingual texts has caused controversy, and she has endured criticism from certain Welsh poets and literary critics for this. As Robert Minhinnick put it:

> The fact that she publishes her original Welsh with facing-page English translations, and that some of her books come from an English publisher, are seen by some as an inevitable contribution to language decline. For a few, it is a form of heresy. Or betrayal.[5]

R. S. Thomas's squeamishness and Robert Minhinnick's reference to the questionable integrity of literary translation from Welsh to English are prompted by a common concern regarding cultural imperialism and the perceived threat of giving in to the dominant English-language culture by opening the door to translation. Indeed, in postcolonial criticism, translation is a contested site for questions of representation, power and historicity. Roshni Mooneeram notes that:

> Since translation has at its heart the discursive practices which animate interactions between peoples and nations speaking different languages,

in a postcolonial context the practice of translation becomes a political and cultural site of contestation, deconstructing colonial perceptions of cultural otherness and positing alternative views to the colonial translation process.[6]

The contemporary Welsh-language poet Twm Morys's personal stance against translation is a graphic example of colonial difference. He refused to allow his work to be included in the Bloodaxe anthology mentioned previously. Although he is mentioned in glowing terms as 'a prominent figure on the Welsh poetic scene',[7] in the foreword to the volume, the absence of his poems is telling.

Morys has memorably remarked that – for him – English versions of strict metre poetry 'lose so much in translation as to make the effort almost worthless, like passing round a bottle of non-alcoholic wine. Whenever I've seen pieces of mine in English, I've only dimly recognised them, like friends who've been in some terrible accident'.[8] Like R. S. Thomas, he employs the discourse of unnaturalness and alienation, but he makes another point here, too, about perceptions of cultural history as a process of oppression and resistance. Further, in an openly defiant statement on the colonial difference inherent in translation, Morys states:

> When I have occasionally wanted to reach an audience that doesn't speak Welsh, I've written in English. Otherwise I write in Welsh because I'm speaking with other Welsh-speaking people. If others would like to join in, well they can bloody well learn the language! The vast English-speaking world will be none the poorer for not being able to read the cywyddau of Twm Morys. But the little Welsh world, in my opinion, keeps a little more of its integrity if one or two of us elect to live out on the Graig Lwyd with Llywelyn ab y Moel.[9]

Llywelyn ab y Moel was an early fifteenth-century Welsh strict metre poet, reputed to have played a role in the Owain Glyndŵr rebellion which attempted to promote Welsh independence. Following the uprising, the poet is thought to have spent time with other outlaws in the woods of the 'Graig Lwyd' near Oswestry. When Twm Morys talks of joining Llywelyn ab y Moel, he offers something tantamount to a syllogism:

1) his choice of Welsh strict-metre poetry ('cywyddau') is an act of deliberate cultural isolation from 'the vast English-speaking world';

2) in a colonial context, his choice is that isolation becomes outlawism;
3) his strict-metre poetry, a political act, is a subversive political act.

For Morys, translation is perceived as a threat since it might deter people from learning the minority source language. More importantly, translation is code for an unequal power relationship between the two languages and challenges the strategic essentialism of elected difference which he employs as a safeguard. The translation process thus becomes synonymous with being a threat to the minority language, and a specifically English threat at that.

As Heather Williams has remarked with reference to the corresponding power relationship between Breton and French, for people who belong to a minority culture – 'translating out of a minority language, and into a dominant linguistic and cultural system, is not just political, but rather it amounts to a perpetuation of the colonizing process'.[10]

Twm Morys's objection is inscribed, too, in the fabric of his work. Unlike Menna Elfyn, he is primarily a strict-metre poet, composing his works according to the 24 traditional metres bound by the system of consonantal correspondence known as 'cynghanedd'. *Cynghanedd* is essentially a concept of word harmony and sound-arrangement within one line, which emphasizes alliteration and rhyme. It adopts the playful discipline of a game, accruing rules, restrictions and prohibitions, known as 'beiau gwaharddedig' (forbidden errors). Critic R. M. Jones has called its practitioners 'strwythurwyr mwyaf eithafol Ewrob' (the most extreme structuralists in Europe),[11] while Twm Morys extols the tradition claiming that 'the strict metre poet's work is at least three quarters as old as Christ . . . his craft has become another language yet again within the language'.[12] The fact that poems are written in *cynghanedd* complicates translation since the mode of composition is quintessentially Welsh, and loses its effect when translated. The medium is the message.

It is no coincidence that what has been called the *cynghanedd* 'renaissance' in the 1970s coincided with the evolution of a distinct form of cultural nationalism. Following two jolts to national identity, namely the investiture of the Prince of Wales in 1969 and the failure of the 1979 referendum to secure a Welsh assembly government, the poetry of the period that followed became imbued with political tones as poets reacted to what T. Gerald Hunter describes as the 'failure of Wales as a nation to defeat and transcend the passive, subservient mentality imposed upon them by years of English rule'.[13] Poets like Gerallt Lloyd Owen, for instance, in his *Cerddi'r Cywilydd* (literally translated as 'Poems of the Shame', 1972), attempted to prick the conscience of his fellow compatriots to shake them out of their servility to the monarchy and Britishness.

The very act of writing poetry through the medium of Welsh therefore became loaded with political implications, particularly the act of composing strict metre poetry. The poetic society, Cymdeithas Cerdd Dafod, comprised almost exclusively of male strict-metre poets, was founded in 1976 and it, along with its monthly magazine, *Barddas,* 'accrued the status of literary institutions', writes T. Gerald Hunter, 'playing a major role in the public and political aspects of contemporary Welsh literary life'.[14] Thus writing in the old strict metres became, for its practitioners, a means of making a connection with the past and continuing an old tradition considered to have been at its most accomplished between the second quarter of the fifteenth century and the Act of Union in 1536. It is significant therefore that Morys has chosen to adhere to this old tradition by using strict metre verse to convey his objection to translation in the following poem of three parts, the first of which is written in the metre of the *cywydd*. It can be read as a parody of the tripartite version of Menna Elfyn's 'Cusan Hances' above:

'Three Poems with literal translations into English and Notes'[15]

1
Y Sawl Sy'n Fy Nhrosi i

Erbyn iddo 'nerbyn i,
A 'mennydd a 'nhu mewn-i
Wedi mynd, a heb waed mwy,
Heb anadl, yn bibonwy,
Gall hwn, fel meddyg â lli,
Fy agor heb gyfogi,
A heb lanast, trawsblannu,
Tywallt ei hun i'r twll du.
Wedi gwneud y gwniadwaith,
Ni welwch ôl ei law chwaith.
A rhoed y doctor wedyn
Arnaf i yr enw a fyn.

2
Author's literal translation and notes:
To the One Who is in My Translating

By to him my receiving,
my brain and my insides
after going, without blood (any) more,
without breath, in ice,
this one will-be-able, like a surgeon,
to my opening without nausea.
And without mess, transplant,
put himself into the hole black.
After doing (of) the needlework,
Not you-will-see trace (of) his hand, either.
May-put the doctor then
On me the name which he-wishes.

This is a poem about a poem about to be translated! By the time it lands on the translator's desk, it will have been prepared ready for the operation by being put into English. The poem in English is like a note for the surgeon attached to the (dead) body. But in the original language, this hasn't happened yet, of course! The poem in Welsh tells us what the surgeon will do to it, after it's been 'prepared'.

3
To My Translator

Now you've received me, doctor,
With my brain and my insides
Removed, with no more blood
Or breath, in ice,
You can go ahead
And operate without nausea.
Perform a tidy transplant
Of yourself into the hole.
And when the needlework is done,
Nobody will see a trace of your hand.
Then you can make up
A name for me.

The poem can be viewed as a triptych. In essence, it consists of the 'same' poem repeated three times but the lexical variation from one to the next offers a striking illustration of how complex, artificial, distorted and inadequate the translation process can be. In the first 'panel' or 'screen', the Welsh poem, written in strict-metre verse, tells of a poem that is about to be translated from the poem's point of view. The second panel also purports to do the same thing, but its meaning collapses under the weight of literalism as it attempts to 're-enact' the syntactical structure of the Welsh original. It distorts into a gloss. The third panel, a revised version of the English translation, makes grammatical and syntactical sense, but is far removed from the initial Welsh poem, since it seems to be directly addressing the translator in the first person, unlike the previous two. It certainly goes to prove Twm Morys's point that his poems in translation are travesties of the original.

Seen together, the three panels make a political point about variant readings. Bilingual readers can see how far the poem has 'travelled', the effect is comic and revelatory. The poem is a visible illustration of Morys's point that the *cynghanedd* and strict metres cannot be translated since they are completely lost during the translation process into English. Non-Welsh readers, who will only truly understand the third panel, will be aware that it is an imperfect copy of an incomprehensible original that has passed through an intricate but unfathomable process.

The poem in its entirety is therefore a deliberate act of parallel cultural alienation and inclusion, an illustration of R. S. Thomas's kiss before and after the handkerchief is placed across the lips. In alienating readers who cannot understand Welsh, it simultaneously draws attention to the utter inadequacy of the so-called 'translation and notes'. The poem both demonstrates the limitations of the translation process, and reaffirms Morys's objection. Although he caricatures the translation process, he illuminates an interesting aspect of the relationship between the original text and its translation, and how different the reading experience is for the bilingual English-Welsh reader by comparison with the non-Welsh reader.

Elfyn v Morys?

As we have seen, the strategies employed in Elfyn's and Morys's poems are markedly different, and derive from their contrasting views of translation. Elfyn's poems are all English-facing text, hence she takes the text to her target audience with no attempt at alientation. Morys, by contrast, even in the concession of translation, adopts a foreignization strategy that entails, as Venuti puts it, 'choosing a foreign text and developing a translation method along lines which are excluded by dominant cultural values in the target language'.[16] He renders alien the non-Welsh reader throughout most of his poem of three parts while implying that the original Welsh is accessible. In the first two parts, the non-Welsh reader is forced to come to the text and be confounded by a foreign language in the first part, followed by a nonsensical structure in the second part. In the final part the poet-translator seems to be attempting to take the text to the reader, if only to emphasise that translating a poem is tantamount to its death. One conclusion, in the words of Joseph Clancy, is that 'the non-Welsh reader is an eavesdropper if not an unwelcome intruder'.[17]

Twm Morys's three-part poem draws attention to its own limitations as a 'translation'. Menna Elfyn also acknowledges the limitations – hence the image of kissing through a handkerchief – but despite these, it remains at the very least, an attempt at articulation. One might not get the whole experience but at least the sentiment is there.

Linked by a common concern

The seemingly stark contrast in their views regarding translation masks a common concern regarding the importance of preserving Welsh culture, particularly the Welsh language. The strategies differ, not the problem to which they are applied nor the outcome they seek. Morys's vehement anti-translation comments would suggest that he is the more passionate of the two regarding this matter, but Menna Elfyn has also strongly voiced her concern about the future of the language over the last three decades. She played an instrumental role in the direct action protest campaigns of Cymdeithas yr Iaith (the Welsh Language Society) during the 1980s and was subsequently imprisoned for her involvement. These are experiences that she writes about in her work,[18] hence her poetry too has strong political undertones.

It would appear that initially Elfyn, like Morys, was sceptical of translation but later realised that translation could prove to be a means of dealing with the perceived threats to Welsh culture, posed by the waves of English immigrants who flocked to west Wales during the Thatcher years:

Writers such as Menna Elfyn (originally extremely resistant to the translation of her own work into English) eventually came to feel that translation might be the means of introducing the newcomers to the indigenous culture and inducting them into it.[19]

Whereas Morys fears that translation into English will deter people from learning Welsh, for Elfyn, translation could encourage people to learn the language since she regards it as a means of assimilating non-Welsh speakers into Welsh culture and literature. For her, translation alerts those outside Welsh-speaking Wales to what's happening, in the hope that they will be motivated to join in. Indeed, this is one of the main arguments that has been put forward in favour of translating literature written in the minority language. Joseph Clancy, for example, notes that:

> This is, I suppose, the greatest difference between translating Welsh and translating other cultures into English – that one value of translation is that it enables Welshless Welsh readers to discover their own literature, and, one can hope, encourages them to acquire the language in which to read the originals. . . . It is one way of strengthening national identity and status within Wales itself. It is also, of course, a way of asserting that identity and achieving status internationally.[20]

The suggestion that the translation of Welsh literature could play an instrumental role in securing the future of Welsh language is also something that eminent Welsh critic Aneirin Talfan Davies had advocated as far back as 1968:

> Dyma'r modd sicraf o 'achub' yr iaith – ei gwneud hi'n werth ei darllen ac yn gyfrwng diwylliant eang.[21]
>
> *This is the most sure way of 'saving' the language – making it worth reading, and a medium for global culture.*

Of course, the other side of the coin is that translation into a more dominant target language is perceived to be a threat to the minority source language, as was seen in Morys's concerns. He is not alone in this. In Gwyneth Lewis's imaginative sequence of poems *Y Llofrudd Iaith* (*'The Language Murderer'*) a detective tries to find out who is responsible for killing the Welsh Language. One conclusion is: 'O edrych nôl, rwy'n beio'r cyfieithu'[22] ('Looking back, I blame the translating').

The future of translation

In 1999, M. Wynn Thomas warned that in order for translation to play a key role in the development of a 'genuinely diglossic, bicultural Wales', it would 'have to involve the abandonment by Welsh people of the remnants of a colonial mentality, otherwise Welsh-English translation is likely to serve, as it did in late nineteenth-century Ireland, only to increase marginalization and to hasten the disappearance of Welsh'.[23] However, more than a decade on, in post-devolution Wales, the translation scene seems livelier than ever in some respects. Diane Davies notes that:

> What many of today's [authors] realise, I think rightly, is that there is no future in imagining an artificial Wales, but only in engagement with the real nation in all its diversity . . . there is more collaboration between the English-language and Welsh-language writers of Wales today than ever before.[24]

Menna Elfyn, for example, has been involved in translation projects with Anglo-Welsh poet Gillian Clarke, whereby the former translates the latter's work from English into Welsh and vice versa.[25] Moreover, creative collaboration in volumes such as contemporary Welsh-language poets Grahame Davies and Elin ap Hywel's *Ffiniau/Borders*,[26] where both translated one another's work into English and presented it in a facing-page format, illustrates that certain Welsh poets aren't shy of innovation and experimentation in terms of translating.

Nonetheless, some authors remain sceptical of such translation and collaboration. Emyr Lewis, a contemporary strict-metre poet, states his fears regarding the translation process and its potential negative impact on Welsh-language literature:

> Mae angen, wrth gwrs, ei phobl PR ar ein hiaith ac ar ein llên, ond mae yna beryg weithiau ein bod ni'n gwneud cymaint i ddangos i'r byd mawr (yn arbennig y rhan honno ohono sy'n Saesneg ei hiaith), mor wych ydym, nes ein bod yn anghofio mai prif (ac efallai priod) gynulleidfa ein llenyddiaeth yw'r un Gymraeg ei hiaith . . . Mae yna beryg bod barddoniaeth yn cael ei hysgrifennu ar gyfer ei chyfieithu, neu, a bod yn fwy cywir, ar gyfer cynulleidfa ehangach (darllener 'Saesneg').[27]
>
> *Our language and literature, of course, need PR people, but there's a danger sometimes for us to endeavour so hard to show the big world outside (especially*

that part of the world which uses English as its mode of communication), how fantastic we are, so much so that we forget that the main (and possibly the proper) audience of our literature is a Welsh-speaking one. . . . There is a danger that poetry is being composed solely for the purpose of translation, or, to be more precise, for a wider audience (read 'English').

Evidently, the 'remnants of a colonial mentality' that M. Wynn Thomas warned against are, to a certain degree, as complex today as they were four decades ago in Welsh-speaking Wales. It would appear that the translation debate continues . . .

Conclusion

This paper has concentrated on two Welsh-language poets on opposite ends of the translation spectrum: one consenting to the translation process, and the other strongly opposing it. But it could be argued that they are representative of a larger more general debate over the uncertain future of the minority language in which they write, and what needs to be done to ensure its survival. It is a debate between risk-taking and venturing to communicate with other cultures on the one hand, and on the other, the value of playing safe and protecting the *status quo*.

This tension might be best summed up through the analogy of the Welsh poetic tradition, and indeed the Welsh language, as a castle. While some like Menna Elfyn wish to lower the drawbridge, creating links between the literature of different lands and cultures through translation, others, both wordsmiths and critics, remain, like Twm Morys, intent on guarding the walls of their fortress, protecting it from foreign incursion.

Nodiadau

[1] Menna Elfyn and John Rowlands (goln), *The Bloodaxe Book of Modern Welsh Poetry: 20th-century Welsh-language poetry in translation* (Tarset: Bloodaxe Books, 2003).
[2] Tony Conran, 'Preface', *Eucalyptus* (Llandysul: Gwasg Gomer, 1999), t. xi.
[3] Elin ap Hywel, geiriau ar glawr *Perfect Blemish/Perffaith Nam* (Tarset: Bloodaxe Books, 2007).
[4] Menna Elfyn, *Cusan Dyn Dall/Blind Man's Kiss* (Tarset: Bloodaxe Books, 2001), t. 122. Cyfieithiad gan Gillian Clarke, t. 123.

[5] Robert Minhinnick, *Turning Tides* (Cardiff: Wales Arts International, 2004), t. 44.
[6] Roshni Mooneeram, 'Negotiating Shakespeare's Hypercanonicity in Creole', Nigel Armstrong and Federico M. Federici (goln), *Translating Voices, Translating Regions* (Rome: Aracne, 2006), t. 337.
[7] John Rowlands, 'Introduction', *The Bloodaxe Book of Modern Welsh Poetry*, t. 24.
[8] Twm Morys, 'A Refusal to be Translated', *Poetry Wales*, Vol. 38, No. 3 (Winter 2003), t. 55.
[9] Ibid.
[10] Heather Williams, 'Between French and Breton: The Politics of Translation', *Romance Studies*, Vol. 27, No. 3 (July 2009), t. 231.
[11] R. M. Jones, *Meddwl y Gynghanedd* (Llandybïe: Cyhoeddiadau Barddas, 2005), t. 5.
[12] Twm Morys, 'A Refusal to be Translated', t. 55.
[13] T. Gerald Hunter, 'Contemporary Welsh Poetry: 1969–1996', yn Dafydd Johnston (gol.), *A Guide to Welsh Literature c.1900–1996* (Cardiff: University of Wales Press), t. 119.
[14] Ibid., t. 126.
[15] Twm Morys, 'Three Poems with literal translation into English and notes', *The EMLIT Project* (London: Brunel Press, 2003), tt. 629–31. Gw. hefyd: http://arts.brunel.ac.uk/gate/entertext/supplement/welsh.pdf. Cyrchwyd 10 Chwefror 2010.
[16] Lawrence Venuti, 'Strategies of Translation', in M. Baker & G. Saldanha (goln), *The Routledge Encyclopedia of Translation Studies*, t. 242.
[17] Joseph Clancy, 'Modern Welsh Poetry: Observations of an American Translator', *Other Words: Essays on Poetry and Translation* (Cardiff: University of Wales Press, 1999), t. 74.
[18] See Menna Elfyn, *Cell Angel* (Tarset: Bloodaxe Books, 1996).
[19] www.bwlet.net/syniadaethcyfieithu.htm. Cyrchwyd 15 Gorffennaf 2010.
[20] Joseph Clancy, 'The Value of Translation', t. 122.
[21] Aneirin Talfan Davies, 'Ar Ymyl y Ddalen', *Barn*, 67 (Mai 1968), t. 173.
[22] Gwyneth Lewis, 'Cyfweliad â'r Bardd', Y *Llofrudd Iaith* (Llandybïe: Cyhoeddiadau Barddas, 2000), t. 14.
[23] M. Wynn Thomas, 'Translating Welsh Literature into English', *Corresponding Cultures* (Cardiff: University of Wales Press, 1999), t. 154.
[24] Diane Davies, 'Towards Devolution: Poetry and Anglo-Welsh Identity', yn Keith Cameron (gol.), *National Identity* (Exeter: Intellect Books, 1999), t. 25.
[25] Gw. gwefan Llenyddiaeth Cymru am gyfieithiadau Menna Elfyn o waith Gillian Clarke: www.literaturewales.org/bardd-cenedlaethol-cymru/i/130563/. Cyrchwyd 15 Gorffennaf 2010.
[26] Grahame Davies ac Elin ap Hywel, *Ffiniau/Borders* (Llandysul: Gwasg Gomer, 2002).
[27] Emyr Lewis, 'Tacsi i'r Tywyllwch', *Taliesin*, 117 (Gaeaf 2002), t. 8.

Llythyr 19

Rhagfyr 5ed

Annwyl Martha,

Helo! Sut wyt ti? Diolch o galon iti am dy lythyr caredig ac am dy sylwadau amrywiol. Ceisiaf ymateb i'th sylwadau yn gyntaf cyn sôn rhagor wrthyt am y gynhadledd.

Dyna ddifyr dy fod di'n credu bod Menna yn swnio'n wahanol wrth ddarllen amdani mewn iaith arall. Soniaist dy fod yn meddwl bod fy nisgrifiad Saesneg ohoni yn gwneud iddi swnio'n llawer mwy nodedig na'r hyn a dybiet! Mae'n dwyn i gof sylw Robert Rhys am bennod M. Wynn Thomas lle'r â ati i gymharu Menna a Gillian Clarke yn Saesneg: 'rhaid i'r darllenydd annibynnol ei farn beidio â moesymgrymu o flaen traethu mor addurnol â hyn, hyd yn oed os yw'n gorfod estyn am ei eiriadur'.[1] Wyt ti'n amau fy nehongliad felly? Crybwyllaist imi sôn am Menna mewn modd ffafriol iawn, ac na fyddai rhai Cymry efallai'n cytuno â'r disgrifiad ohoni. Digon teg, ond efallai y tâl hi iti gofio bod gen i agenda hefyd yn hyn i gyd i ryw raddau: roeddwn am i bobl fy nghymryd o ddifrif ac nid oeddwn am iddynt feddwl mai peth eilradd yw llenyddiaeth Gymraeg. Cefais sawl profiad yn y gorffennol o'r math yna o beth, felly teimlwn i raddau fod angen argyhoeddi pobl nid yn unig fod Menna Elfyn yn llenor gwerth ei hastudio, ond bod maes llenyddiaeth Gymraeg yn un llewyrchus a theilwng o sylw academaidd. Efallai fod a wnelo hyn rhywbeth â theimlo'n israddol mewn cyd-destun Prydeinig, wn i ddim, ond mae'n siŵr y gellid dehongli'r cymhleth hwn gan gymryd trefedigaethedd i ystyriaeth yn rhywle!

Aethost yn dy flaen wedyn i honni fy mod i'n ymdebygu braidd i Menna Elfyn trwy fy addasu fy hun er mwyn cael mynd i sôn amdani mewn gwledydd eraill. 'Rwyt ti'n union 'run fath â hi!' meddet, cyn mentro awgrymu imi gefnu ar fy ngwlad, ac y byddai'n rheitiach imi fynd i gynhadledd Gymraeg yng Nghymru. Rwy'n cymryd mai gyda Llywelyn ab y Moel yr wyt ti'n sefyll felly? Roedd pobl yn y gynhadledd o bob math o wledydd a Saesneg oedd un o'r ychydig ieithoedd oedd gan bobl yn gyffredin. Cyfrwng hwylus i drafod syniadau gyda phobl a rannai fy niddordebau ymchwil ond na siaradent Gymraeg ydoedd, yn anad dim, yn hytrach na bod yn ddewis gwleidyddol a strategol i droi at iaith dra-arglwyddiaethol!

Wedi dweud hynny, yn anuniongyrchol efallai fod rhywfaint o 'wleidyddiaeth' yn perthyn i'r mater oherwydd mewn sefyllfa ryngwladol o'r fath deuthum i gael fy ystyried fel unigolyn a 'gynrychiolai' Gymru i bob pwrpas gan mai fi oedd yr unig Gymraes a oedd yn bresennol. (Mae'n rhyfedd sut y mae hynny'n digwydd; hynny yw, fod un 'hanfod' yn amlycach nag eraill mewn sefyllfa benodol – trafodais hyn gyda thi o'r blaen!) Roedd elfen o esbonio'r diwylliant felly'n rhan annatod o'r cyflwyniad – efallai yr âi rhai cyn belled â'i alw'n 'genhadu', ond nid wyf yn or-hoff o'r term hwnnw gan nad oedd yn weithred gwbl fwriadol o'm rhan i. Cei di feddwl yr hyn a fynnot ond gobeithio bod rhywbeth cadarnhaol yn y ffaith fod rhai pobl bellach yn gwybod rhagor am y Gymraeg a'u bod yn gallu amgyffred y gwrthwynebiad tuag at gyfieithu i iaith holl-bresennol fel y Saesneg, a hynny, yn eironig ddigon, am i rywun fynd ati i gyfieithu. Efallai y byddi di'n anghytuno â mi, felly trof yn syth at hanes y gynhadledd cyn inni ffraeo!

Roedd tipyn go lew o bobl yn bresennol, ac roeddwn i'n nerfus iawn, rhaid cyfaddef, wrth godi i draddodi a gweld môr o wynebau o'm blaen. Gofynnaist beth oedd ymateb pobl i'r papur. Wel, digon brwdfrydig, rhaid dweud. Soniodd un a ddeuai o Loegr nad oedd wedi meddwl am Gymru fel gwlad 'ôl-drefedigaethol' cyn hyn ac nad oedd yn gwybod llawer am y wlad – arwydd efallai o feddylfryd trefedigaethol!

Un cwestiwn a gefais oedd: a oes goblygiadau gwahanol i'r broses o gyfieithu o'r Saesneg i'r Gymraeg? Yng ngwres y foment honnais fod y pwyslais yn wahanol braidd gan na chyfieithir i'r Gymraeg er mwyn esbonio'r Saesneg fel y cyfryw. Cymerir yn ganiataol fod Cymry Cymraeg yn medru'r Saesneg hefyd, ac felly nid cyfieithu er mwyn 'deall' y Saesneg a wneir o reidrwydd. Bûm yn meddwl rhagor am y peth ers hynny ac rwy'n dal i feddwl hyn. Cyfieithir o'r Gymraeg i'r Saesneg yn rhannol er mwyn cynnig canllaw i 'ddeall' iaith leiafrifol y gwreiddiol, ond o droi'r broses fel arall rwy'n credu mai cyfieithu testunau o'r Saesneg i'r Gymraeg a wneir pan gyfrifir y byddai'r testun gwreiddiol Saesneg yn llwyr deilyngu cael ei drosi i'r Gymraeg. Rwy'n meddwl, er enghraifft, am rai o'r cyfieithiadau y mae Theatr Genedlaethol Cymru wedi bod yn eu defnyddio dros y blynyddoedd diwethaf – cyfieithiad Gareth Miles o *Romeo and Juliet*, a *Gwlad yr Addewid* sef cyfieithiad Sharon Morgan o *House of America* Ed Thomas – onid cyfieithu er mwyn cael fersiynau Cymraeg o'r hyn y byddai rhai'n eu hystyried yn 'glasuron' a wneir? Wedi dweud hynny, mae'n ddigon posibl fod rhai yn gwrthwynebu troi testunau o'r Saesneg i'r Gymraeg ac yn gweld llenyddiaeth o'r math yma yn eilbeth i ddarn a grëwyd yn Gymraeg. Yn ôl Sioned Puw Rowlands, cyfarwyddwraig Cyfnewidfa Lên Cymru:

> It has been argued on several occasions that our public funding possibilities should go towards nurturing a home-grown, organic if you like, literary produce, without relying so heavily on ready-made stories or narratives from the outside.[2]

Gofynnodd un arall tybed nad rhagfarn 'wrth-Seisnig' sydd y tu ôl i'r gwrthwynebiad i gyfieithu, yn enwedig sylwadau Twm Morys – 'would his view remain the same with regards to translation into other languages?' Cwestiwn da. Wn i ddim gan nad yw'n sôn y naill ffordd neu'r llall am hynny yn ei faniffesto gwrth-gyfieithu 'A Refusal to be Translated'. Gwrthwynebu cyfieithu a wneir, boed hynny i iaith leiafrifol arall neu un dra-arglwyddiaethol, rwy'n credu'n bennaf ar sail y mesurau a ddefnyddia. Ceisiais ddadlau mai'r gynghanedd sy'n rhannol gyfrifol am ei safbwynt eithafol a bod cyfansoddi yn y mesurau caeth yn cymhlethu cyfieithu. Ar y cyfan, rwy'n ofni nad oedd hon yn ddadl 'ddealladwy' i'r gynull-eidfa. Soniais fod y mesurau'n gwbl strwythuraidd ac na ellid eu cyfieithu'n rhwydd, ond rywsut nid oedd hyn yn tycio, a hynny, am a wn i, am nad oeddynt yn deall y sentiment a'r swyn a deimla'r Cymry ynghylch y gynghanedd. Ochri gyda Menna Elfyn a wnaethant yn anad dim. Ond dyna ni – pwy all eu beio? Cyfieithwyr oedd llawer ohonynt ta beth ac fe fyddent wrth reswm o blaid eu proffesiwn, ac yn amharod i ystyried bod gwrthwynebiad iddo! Rwy'n methu peidio â meddwl, er hynny, y byddai'r ymateb wedi bod yn wahanol iawn petai yno lond ystafell o bobl o gefndiroedd eraill – er enghraifft, pabell lên yn llawn pobl y Pethe. Y cyd-destun yw popeth!

Yn olaf, holwyd beth oedd fy nheimladau personol i ynghylch y mater. Ni feddyliais cyn hyn fod gen i safbwynt pendant ar y mater fel y cyfryw. Fy unig fwriad oedd cyflwyno'r ddadl ac nid ystyriais fod fy marn yn dod trwodd yn y gwaith wrth ei ysgrifennu. Crybwyllais felly fy mod i'n gallu gweld dwy ochr y ddadl; ond dywedodd un ysgolhaig enwog fod fy mrwdfrydedd ynghylch y pwnc ynghyd â gogwydd fy mhapur yn awgrymu fy mod i o blaid cyfieithu. Pam arall y byddwn i wedi tywyllu cynhadledd ar gyfieithu, a gwneud hynny trwy gyfrwng y Saesneg?! Rhyfedd, yntê, nad oeddwn i'r awdur yn tueddu'n ymwybodol o blaid y naill safbwynt na'r llall, ond bod y sawl a oedd yn gwrando, ac yn 'darllen' fy ngwaith i bob pwrpas, yn anghytuno . . .

Wel, rhaid imi fynd, ond diolch iti eto am dy sylwadau. Nadolig Llawen iti, rhag ofn na chaf amser i ysgrifennu atat cyn hynny.

Cofion cynnes,

Rhiannon

Nodiadau

[1] Robert Rhys, 'Menna Elfyn', *Y Patrwm Amryliw: Cyfrol 2* (Llandybïe: Gwasg Dinefwr, 2006), t. 246).
[2] Sioned Puw Rowlands, 'A Necessary Evil', *The Poetry Ireland Review*, 62 (Autumn 1999), t. 62.

Llythyr 20

Ebrill 3ydd

Annwyl Martha,

Sut mae? Soniaist dy fod am ddarllen fy mhennod ddiweddaraf. Dyma hi! Atodais lythyr hefyd yn trafod y broses o'i hysgrifennu, ond da ti, paid â throi ato tan iti ddarllen y bennod yn gyntaf!

Pob hwyl,

Rhiannon

'Rwyf yma dros achos': y bardd a'r brotest

Pan ofynnwyd i Fflur Dafydd ddisgrifio ei phlentyndod, cofiodd ei siom pan na allai ei mam, Menna Elfyn, fynychu ei chyngerdd ysgol un flwyddyn oherwydd ei chludo i ffwrdd ychydig oriau ynghynt gan yr heddlu yn sgil ei gweithredu gwleidyddol yn enw Cymdeithas yr Iaith Gymraeg. 'I knew the reality of the situation all too well – my mother had been arrested (again) for painting slogans at a demonstration, and would not be accompanying me to my school concert.'[1] Gwelir yn yr atgof hwn o Fenna'r brotestwraig, y gorgyffwrdd rhwng y sfferau 'personol' a'r 'gwleidyddol' wrth i weithred wleidyddol gyhoeddus o brotest effeithio ar fywyd personol, domestig, bob dydd.

Amcan y bennod hon yw ystyried agweddau pellach ar y gorgyffwrdd hwn rhwng y cyhoeddus a'r preifat, y diwylliannol a'r gwleidyddol sy'n rhedeg fel llinyn trwy gerddi protest Menna Elfyn. Wedi'r cyfan, dywed mewn ysgrif: 'As poet and protester, my aim was not only to change the status of the language, but society as well.'[2] Mentrir yma fwrw golwg ar yr 'achosion' penodol yr ymdrinnir â hwy yn ei gwaith, gan ddadansoddi datblygiad cyfochrog ei hunaniaeth fel bardd a phrotestwraig, a'r gwahanol ddisgyrsiau a gyfyd mewn cerddi y gellir eu darllen fel rhai 'gwleidyddol'.

Canolbwyntio ar hunaniaethau penodol a wneir yn y bennod hon – y 'Gymraes genedlaetholgar sydd am achub yr iaith a'r diwylliant

Cymraeg', y fenyw o ffeminydd a'r heddychwraig. Serch hynny, nid yw dosbarthu'r cerddi i gategorïau mor syml â hynny yn gwneud cyfiawnder â chymhlethdod yr hunaniaeth wleidyddol a amlygir yng ngwaith Menna drwyddo draw, a go brin y gellir dod i gasgliadau pendant am ei hunaniaeth wleidyddol, gan ei bod yn hylifol iawn ei naws ac yn newid yn unol â chyd-destun penodol. Mewn erthygl-adolygiad o waith y bardd Kath Walker dywed Menna Elfyn:

> Barddes. Benyw. Aboriginal. Tybed pa gynneddf sy'n hawlio blaenoriaeth? Anodd yw pennu eu hamryfal bwysigrwydd, ond gwyddys bod y ffactorau oll yn goferu ar draws ei gilydd.[3]

A chyfnewid 'Aboriginal' am 'Gymraes', diau y gellir dweud peth cyffelyb am yr elfennau hanfodaidd a ddewisa Menna Elfyn i gynrychioli ei hunaniaeth hithau yn ei cherddi gwleidyddol. Wedi'r cyfan, goferu ar draws ei gilydd a wna'r 'farddes', y 'fenyw' a'r 'Gymraes' yn aml, heb anghofio'r heddychwraig. Ar brydiau, dewis cynrychioli menywod a wna, gan ddatgan y gormes a'u hwyneba hwythau, ond bryd arall ei chenedligrwydd yw'r cerdyn trymp, fel petai, wrth iddi lefaru ar ran Cymry a chrybwyll y gormes a wyneba hwythau. Mae union natur yr anghyfiawnder a'r safbwynt a fynegir yn dibynnu'n aml ar yr hanfod y mae Menna'n ei ddewis i'w chynrychioli. Yr hyn y gellir mentro ei ofyn felly yw a yw persona'r 'brotestwraig' yn caniatáu iddi wisgo'r hunaniaethau amrywiol hyn.

Wrth ddadansoddi datblygiad y canu protest hwn, tynnir ar waith Mikhail Bakhtin, ac yn arbennig felly'r cysyniad bod ymwybyddiaeth unigolyn o achos, dyweder, yn broses o symud oddi wrth ddisgwrs awdurdodol (*authoritative discourse*) tuag at ddisgwrs mewnol-berswadiol (*internally persuasive discourse*):

> It happens more frequently that an individual's becoming, an ideological process, is characterized precisely by a sharp gap between these two categories: in one, the authoritative word (religious, political, moral; the word of a father, of adults and of teachers, etc.) that does not know internal persuasiveness, in the other internally persuasive word that is denied all privilege, backed up by no authority at all, and is frequently not even acknowledged in society (not by public opinion, nor by scholarly norms, nor by criticism), not even in the legal code. The struggle and dialogic interrelationship of these categories of ideological discourse are what usually determine the history of an individual ideological consciousness.[4]

Mentrir awgrymu mai dyma a welir yn digwydd yng nghwrs canu protest Menna. Wrth i ymwybyddiaeth y bardd o'r 'achosion' ddatblygu gwelir symud oddi wrth ddisgwrs awdurdodol, sy'n benthyg awdurdod blaenorol canu 'gwleidyddol' Cymraeg (y 'words of the fathers' i bob pwrpas), tuag at ddisgwrs mewnolberswadiol canu personol sy'n cymryd arno fod yn brofiad unigolyn, 'one's own word',[5] chwedl Bakhtin.

Rhaid wrth air cyn hynny am yr achosion 'gwleidyddol' yn ei gwaith. Yr oedd yr iaith yn 'achos' yn nwy ystyr y gair: yn ganolbwynt i'w phrofiad cyntaf o brotest ac yn fodd iddi feithrin ymwybyddiaeth brotestgar ehangach. Awgrymir yn 'Rhif 257863 H.M.P' i'r ymwybyddiaeth wleidyddol amlweddog hon gael ei lliwio a'i dylanwadu gan gyfnod a dreuliodd yn y carchar.[6] Cerdd yw hon sy'n fynegiant ymddangosiadol ddathliadol o'r profiad o fod yn y carchar. Nid edifarheir ac ni chywilyddir ynghylch y drosedd, a datgenir na fyn y bardd gydymdeimlad: 'nid Pasternak mohonof/na Mandelstam chwaith'. Ceir awgrym coeglyd o fwynhad (fel Gwenallt, *Plasau'r Brenin*!) wrth sôn am y 'gwesty rhad ac am ddim', cyn rhoi gair o 'ddiolch', tafod mewn boch, i berchennog y llety hwn – y Frenhines. Cloir trwy ddatgan y geiriau y gellid eu darllen fel rhai a ddadlenna drobwynt yn ei hanes fel protestwraig: 'Rwyf yma dros achos, ond des o hyd i achosion newydd'. Yr iaith Gymraeg oedd yr 'achos' y bu'r bardd yn gweithredu'n wleidyddol drosto yn ddiwyd yn ystod y tri degawd diwethaf o leiaf, a thrafodir ei oblygiadau yng nghwrs ei gwaith. Serch hynny, yn sgil ei charcharu yn enw'r achos hwn, daw'n fodd iddi sylweddoli bod achosion eraill hefyd yn deilwng o'i sylw.

Amlygir perthynas Menna Elfyn y bardd ag achosion gwleidyddol eraill mewn modd trawiadol yn y *collage*-bortread ar glawr ei chyfrol ddwyieithog gyntaf, *Eucalyptus*. Yn y gornel chwith uchaf ceir deilen, ac oddi tani golomen wen yn cario brigyn o goeden olewydd. Draw wedyn i'r dde ac i lawr mae menyw â slogan heddwch yn baent ar ei hwyneb (un o ferched Greenham o bosib), a'r drws nesaf iddi lun treisgar, canoloesol o bosib, o filwyr yn erlid menywod a'u plant â chleddyfau. Ar yr ochr dde, dyna fathodyn tafod y ddraig yn amlwg ar faner Cymdeithas yr Iaith a chriw mawr y tu ôl yn protestio gan gario hysbyslenni, ac uwchben hwnnw lun o Menna a golwg bryderus ar ei hwyneb yn gafael mewn copi o'r *Faner*. Y tu ôl i Menna dyna amlinelliad du a gwyn o wyneb Nelson Mandela, ac yn ganolbwynt i'r clawr, ceir llun arall o'r bardd ei hun a bandana am ei phen, yn ystrydeb o 'brotestwraig'. Crea'r cyfuniad hwn o luniau a'r geiriau sy'n gefnlen i'r cwbl – dyfyniadau o gerddi sy'n sôn am 'ryddid', 'gwaith merch', 'roots' a 'land' – yr argraff ei bod, a defnyddio geiriau Katie Gramich, yn fardd 'engagée',[7] sydd yn effro iawn i broblemau ei hoes ac yn ymateb iddynt ar ffurf barddoniaeth. O ddarllen y clawr fel metadestun i'w gwaith, sydd bron fel petai'n cyhoeddi'r cynnwys, gellir casglu ei bod yn fardd sy'n ymboeni ynghylch achosion 'gwleidyddol' yn ymwneud â Chymru a'r Gymraeg, hawliau merched, heddwch a rhyfel a gorthrwm ar sail hil. Dyma yn fras fydd prif feysydd trafod y bennod a ganlyn.

~

Er na chlywir llais protestgar fel y cyfryw yn *Mwyara* (1976), ceir rhyfaint o ymwneud ag 'achos' Cymru a'r Gymraeg. Ni chrybwyllir gweithredu gwleidyddol fel y ceir mewn cerddi diweddarach, ond dadlennir yma wladgarwch ac awydd i adfer anrhydedd y genedl, ac yn hyn o beth, nid yw'n annhebyg i ganu gwladgarol diwedd y cyfnod Fictoraidd a dechrau'r cyfnod Edwardaidd. Ystyrier, er enghraifft, 'Y Goeden Waedlyd',[8] lle y cyfeirir at ywen Nanhyfer, y goeden a fydd, yn ôl y chwedl, yn gwaedu tan i'r Cymry adennill y tir a gollwyd ganddynt. I'r bardd, try'r goeden yn symbol o golled a dioddefaint y Cymry – 'y cof am wrhydri'r ormes', a hynny am ei bod yn adlewyrchu eu hanes gwaedlyd – 'ywen sy waedlyd a rhisglog ei hanes'. Yn y pennill olaf, datgenir ei bod hithau'n 'wreiddyn o bren yr hen ywen', a chofleidia'r sialens o symud ymlaen at gyfnod newydd yn hanes ei chenedl:

> Trosti y trown ein doe yn llawen,
> Hawliwn y tir, boed gwir yr awen.

Mae'n dwyn i gof ganu tipyn cynharach, megis 'Mynnwch y ddaear yn ôl' (1892) o eiddo R. J. Derfel a'r pwyslais ar adfer yr hyn a gollwyd:

> Dangoswch, Frythoniaid, i'r byd
> nad ydych yn llwfr nac yn ffôl –
> ymunwch i gyd fel un gŵr,
> a mynnwch y ddaear yn ôl.[9]

Yng ngherddi cynnar Menna felly gwelir egin y brotestwraig yn dod i'r golwg: dyhead am newid sydd hefyd yn ddyhead am lais. Nid oes yma weledigaeth ddofn. Rhydd y penillion tair llinell olaf a'u hodlau syml naws ffwrdd-â-hi i'r gerdd, ac ymateb digon naïf yw dal mai'r cyfan sydd raid ei wneud i ddatrys problemau'r genedl yw ennill tir a throi hanes o wae yn ddyfodol llawn llawenydd. Er hynny, gellir darllen y pennill olaf fel dyhead i gofleidio'r her a wyneba'r genedl ac i weithredu ar ei rhan gydag eraill o gyffelyb fryd.

Ymdrinnir â dyhead i weld newid yn 'Emyn Gŵyl Ddewi' hefyd, cerdd lle mynegir gobaith 'ar wŷl ein iraidd [sic] sant' am weld y wlad yn cael ei thrawsffurfio. Dymuna'r bardd weld Duw yn bendithio Cymru, a gofyn iddo roi grym i'r wlad ac ennyn ynddi 'newydd gân'.[10] Ceir y teimlad ar brydiau yn y gerdd hon mai'r odl seml sy'n rheoli a bod 'sandalau hedd' wedi ei gynnwys am y rheswm ei fod yn odli'n gyfleus â'r 'cledd' yn y llinell flaenorol yn fwy na dim. Bid a fo am hynny, mae modd synhwyro awydd i weld cyfnod newydd yn gwawrio: 'pâr iddi droi ei hwyneb tua'r wawr', ac felly gellir synied bod yma ryw lun o amgyffred problemau'r wlad, yng nghanol y rhamantu gwladgarol.

Nid yw'r canu cynnar hwn yn nodedig o wreiddiol. O'i ddarllen yn ei gyd-destun hanesyddol gwelir mai atgynhyrchu rhethreg a themâu a oedd yn boblogaidd ymhlith beirdd y cyfnod a wna Menna i raddau helaeth, ac o bosib gyfnod cynharach na hyn. Yn y degawd cyn cyhoeddi ei chyfrol gyntaf, disgrifia Alan Llwyd y math o ganu a ddaeth yn boblogaidd fel 'barddoniaeth wladgarol, brotestgar, barddoniaeth codi morâl a dangos cefnogaeth'.[11] Canu 'gwleiddyddol' ydoedd yn ymateb i broblemau'r Gymru a oedd ohoni megis dyfodol yr iaith Gymraeg, ond yn ogystal i ddigwyddiadau a ystyrid fel ysgytiadau difrifol i hunaniaeth genedlaethol y Cymry megis boddi Capel Celyn (1963) a'r Arwisgo (1969). Rhydd geiriau Emyr Llywelyn yn ei 'Lythyr at y Cymry "Da"' gip dadlennol ar y math o ddisgwyliadau gwleidyddol a oedd ynghlwm wrth waith bardd yn ystod y cyfnod hwn: 'os wyt fardd, rho gefnogaeth dy gân'.[12] Dyna hefyd a ddarlunia T. Gerald Hunter wrth sôn am feirdd 'stepping into the role of visionary prophet and dreaming, writing or singing a new, imagined Wales into a literary existence'[13] neu, yng ngeiriau D. Tecwyn Lloyd:

> Heddiw, yng Nghymru, mae gennym gorff o ganu protest a gwrthryfel sy'n prifio'n gyflym. . . . Canys wele eto, fel yn nyddiau'r glêr, ganu

uniongyrch i'n harwain allan o dywyllwch a drysi mewnddrychol cymaint o'n barddoniaeth er tua diwedd y rhyfel. . . . A'r gwir, fel y gwelaf i ef, yw fod y canu hwn yn dwyn barddoniaeth yn ôl o feysydd astrusrwydd digon diffrwyth . . . i gyrraedd swrn y genedl.[14]

Gellir synied amdano fel canu dirprwyol, sy'n cynnig llais dros bobl eraill y genedl, ac sy'n cymryd yn ganiataol gydsyniad ei gynulleidfa. Ystyrier defnydd Gerallt Lloyd Owen o'r person cyntaf lluosog yn 'Etifeddiaeth': 'cawsom wlad i'w chadw', 'troesom ein cenedl', ac yn y blaen. Er y dadleua rhai mai procio cydwybod ei gyd-Gymry a wna, mewn gwirionedd mae'n llefaru dros ddarllenwyr sydd eisoes yn cyd-fynd â'i safbwynt ac i bob pwrpas yn darparu sloganau iddynt.

Addas efallai yw aros gyda gwaith Gerallt Lloyd Owen am ennyd, gan fod modd olrhain rhai o brif nodweddion disgyrsiol canu gwleidyddol y cyfnod yn ei waith. Canu ymddangosiadol gyfathrebol a geir ganddo yn amrywio ar y themâu canlynol:

1) Pwyslais ar ddinistrio cenedl a cholli iaith,[15]
2) Gormes Lloegr a Seisnigrwydd neu Brydeindod,[16]
3) Aberth – a chlodfori aberth eraill,[17]
4) Cywilydd ynghylch cyd-Gymry – gwaredu rhag Cymry di-asgwrn-cefn, heb egwyddorion.[18]

Nodweddion canu ôl-drefedigaethol ydynt, a gellir eu canfod yn eu crynswth, neu amrywiad arnynt, mewn cerddi eraill y cyfrifir eu bod yn perthyn i ganu protest neu wleidyddol y cyfnod. Ystyrier, er enghraifft, gerdd Iorwerth C. Peate, 'I Trefor Beasley yng Ngharchar',[19] ar adeg ymgyrch Cymdeithas yr Iaith i gael trwyddedau moduron Cymraeg. Dethlir ei aberth fel unigolyn ar ran yr iaith Gymraeg: 'Cariaist yr iaith yn faich . . ./Hyhi nis bradychaist', a hynny yn wyneb y bygythiad o ochr draw'r ffin: 'Nid byth iti'r . . . mynych gelwyddau/na throi at y Sais fel petai yn uchel dduw', cyn cloi gyda datganiad o gywilydd ar ran ei gyd-Gymry: 'plygwn mewn c'wilydd wrth ganfod cydwybod hwn'.

Er nad ymddengys barddoniaeth Menna tan y degawd dilynol, cyfyd yr un themâu yn rhai o'i cherddi cynnar hithau. Cymerer 'Y Dwthwn Hwn',[20] lle y cyfosodir sefyllfaoedd gwleidyddol yn Iwerddon a Chymru. Cyfeirir ar y naill law at y dioddefaint a'r lladd ynghlwm wrth wrthryfel yn Iwerddon, ond wrth drafod Cymru, amrywiad ar y rhestr uchod yn ei chyfanrwydd a geir eto. Ceir sôn am yr iaith yn colli '[c]oron 'Steddfod ei hurddas'; y frwydr yn erbyn 'grym y bonedd gleision', sef llywodraeth Geidwadol Prydain yn San Steffan o bosib, neu'r heddlu, neu adlais o Frad y Llyfrau Gleision; y cywilyddio – 'roeddem ni'n dystion o'r lladd/yn cadw cotiau gwaedlyd y llabyddwyr'; a'r defnydd o'r person cyntaf lluosog – 'roeddem', fel petai'r bardd yn llefaru ar ran ei chenedl. Yn y llinell olaf y ceir yr awgrym cryfaf ei bod dan ddylanwad rhethreg a themâu canu protest ei chyfnod, gyda'r gosodiad gwirebol ei naws: 'nid gwlad na fo'n wlad o aberth.'

Ceir yma yn ogystal adlais o farddoniaeth a berthyn i gyfnod cynharach. Awgryma teitl y gerdd, 'Y Dwthwn Hwn', gysylltiad â chwpled olaf soned R. Williams Parry, 'Adref':

> Digymar yw fy mro drwy'r cread crwn,
> Ac ni bu dwthwn fel y dwthwn hwn.

Mae'r 'dwthwn' tymhestlog y cyfeiria Menna ato yn bur wahanol i un Williams Parry a thybed ai ar hyn y mae'r pwyslais? Eto, ni theimlir ei bod hi'n cyfeirio at y soned 'Adref' mewn modd y gellid ei ystyried yn 'ôl-fodernaidd', hynny yw, yn ailweithio'r testun gwreiddiol i ddiben beirniadol bwriadol er mwyn tynnu sylw at ragdybiau'r testun gwreiddiol neu gynnig gwedd newydd, eironig arno. Yn hytrach, gellir ei ystyried yn fath o ailymweld hiraethus, boed hynny'n fwriadol ai peidio, ac yn dyst fod yma waith bardd ifanc dan ddylanwad beirdd eraill y traddodiad.

Mae'r adleisio hwn yn frith drwy'r gwaith cynnar, ac felly gellid dadlau bod Menna Elfyn yn benthyg awdurdod y rhai a fu o'i blaen. Medd Bakhtin am ddisgwrs awdurdodol:

> The authoritative word demands that we acknowledge it, that we make it our own; it binds us, quite independent of any power it might have to persuade us internally; we encounter it with its authority already fused into it. The authoritative word is located in a distanced zone, organically connected with a past that is felt to be hierarchically higher. It is, so to speak, the word of the fathers. Its authority was already acknowledged in the past. It is a prior discourse.[21]

Ystyrier y modd yr efelycha Menna eiriau 'tadau'r' traddodiad Cymraeg yn ei cherdd deyrnged, 'Saunders Lewis'.[22] Trafodir methiant Saunders i argyhoeddi ei gyd-Gymry o'i genadwri, pwnc y cyffyrddwyd ag ef yng ngherddi dau fardd a grybwyllwyd eisoes,

R. Williams Parry a Gerallt Lloyd Owen, y naill yn y soned 'J.S.L'[23] a'r llall yn 'Y Gŵr Sydd ar y Gorwel'. Talu teyrnged ar lun ymddiheuriad ar ran ei chyd-wladwyr y mae Menna a phwysleisir y gagendor rhwng Saunders a phobl Cymru, gan roi iddo statws breiniol uwchlaw 'ni wermod y werin', chwedl hithau. Gwelir ei bod yn drwm dan ddylanwad y beirdd uchod wrth nodi ei phwyslais ar 'arwahanrwydd' Saunders a'i darlun ohono fel un a wrthodwyd gan y werin, a honno'n werin anniolchgar (dyma ni'n ôl eto gyda'r rhestr a grybwyllwyd eisoes).

Diau fod modd darllen cerddi 'gwleidyddol' cynnar Menna felly fel ymgais i chwilio am lais: canu ydyw sy'n adleisio rhethreg a chonfensiynau canu gwleidyddol, cenedlaetholgar ei chyfnod a'i bwyslais ar ormes a cholled, ar aberth unigolion ac ar ddifaterwch y 'werin'. Fe'i nodweddir gan arddull ddeialogaidd ar y cyfan, yn yr ystyr ei fod yn ganu ac iddo naws gyfathrebol, sy'n cymryd arno lefaru ar ran cyd-Gymry'r bardd, ond y mae i bob pwrpas yn batrwm o ufudd-dod i'r canon Cymraeg. Y mae iddo awdurdod dirprwyol, am ei fod yn adleisio disgyrsiau a ddilyswyd yn flaenorol, a'i fod, ac ailadrodd Bakhtin, 'with authority already fused into it'.[24]

~

Wrth ddod at drydedd gyfrol Menna, *Tro'r Haul Arno* (1982), ymddengys nad yr haul yn ei theitl yn unig a gaiff ei gynnau ond y switsh protestgar hefyd. Cynydda nifer y cerddi sy'n ymwneud â gwleidyddiaeth yn sylweddol, ac nid â dyfodol cenedl ac iaith yn unig y mae a wnelont eithr â gorthrwm ar ferched a hiliaeth yn ogystal. Dyma bynciau *Mynd Lawr i'r Nefoedd* (1986) hefyd, lle'r ychwanegir 'heddwch' at y rhestr hon o achosion gwleidyddol. Mae'r ddwy gyfrol ynghyd felly yn dynodi ymhelaethiad thematig a dechrau cyfnod newydd yng nghanu gwleidyddol y bardd. Yn wir, gwneir i rywun feddwl tybed ai dyma sydd gan y bardd mewn golwg yn y gerdd a grybwyllwyd eisoes, lle y datgenir y geiriau: 'rwyf yma dros achos ond des o hyd i achosion newydd'.[25]

Mae cyd-ymddangosiad achosion newydd ffeminyddiaeth, hiliaeth a heddychiaeth yn ystod y cyfnod dan sylw yn arwyddocaol gan ei fod yn dynodi ymwybyddiaeth o'r hyn a oedd ar droed yng nghyd-destun y mudiad rhyddid merched tua'r un pryd. Wrth sôn am y datblygiad yn estheteg y beirdd ffeminyddol yng nghyd-destun y 'women's movement' ym Mhrydain nodir fel yr ysbrydolwyd y farddoniaeth honno gan weithredu gwleidyddol ac ymwybyddiaeth o anghyfiawnderau – 'fuelled by work of women in the Campaign for Nuclear Disarmament, Vietnam Solidarity Campaign and left wing groups'.[26] Mae ymwybyddiaeth wleidyddol y menywod yn goferu ar draws sawl achos, nid 'ffeminyddiaeth' yn unig, ac y mae ymwybyddiaeth o'u safle fel menywod yn cael ei lliwio gan ymwybyddiaeth wleidyddol ehangach, ynteu'n esgor arni. Adlewyrchir hyn i raddau helaeth yng ngwaith Menna hefyd, gan fod modd darllen cerdd am heddychiaeth megis 'Cân i Reagan',[27] dyweder, hefyd fel cerdd sy'n trafod rôl menywod mewn rhyfel.

Yn wir, un o'r pethau trawiadol am gerddi gwleidyddol y cyfnod yw bod i rywedd y bardd le amlycach a'i bod hi yn aml yn llefaru'n benodol fel menyw ar ran menywod eraill. Nid sôn am ganu'n fenywaidd neu'n wrywaidd a olygir wrth hyn ond bod y bardd yn gwneud pwynt o'i diffinio'i hun fel menyw. Gynt, llefarai ar ran ei chyd-wladwyr mewn cerddi 'gwleidyddol', gan ei diffinio'i hun yn ôl ei chenedligrwydd yn hytrach na'i rhywedd. Mae bron fel petai 'protestwraig' yn troi'n label sy'n herio hanfodaeth. Hynny yw, mae'n label hylifol sy'n caniatáu i'r bardd ei diffinio ei hun fel Cymraes, ond hefyd fel menyw neu fel un sy'n cydsefyll â lleiafrifoedd eraill. Mae'n allwedd felly iddi gamu y tu allan i'r Gymru y trig hi ynddi.

Law yn llaw â newid thematig, gwelir newid hefyd yn nhermau disgwrs yn ystod yr ail gyfnod hwn yng ngherddi protest y bardd. Ni chlywir bellach gymaint o adleisiau o waith beirdd Cymraeg ag a gafwyd yn flaenorol ac a roddai iddi fath o awdurdod dirprwyol, sy'n awgrym o bellter oddi wrth y canon Cymraeg. Yn wir, gwelir yn ystod y cyfnod hwn ymgais i dynnu sylw at gyfyngiadau'r traddodiad llenyddol Cymraeg o safbwynt ffeminyddol, a hynny trwy adleisio beirdd benywaidd o'r tu hwnt i Gymru Gymraeg. Y mae'r bardd yn dal i ddibynnu ar 'awdurdod benthyg' felly ond fe'i benthycir o fan gwahanol. Wedi dweud hynny, ceir rhywfaint o wyro tuag at y disgwrs mewnol-berswadiol yn ystod y cyfnod hwn, wrth i'r bardd roi pwyslais ar yr hyn a ymddengys fel profiad personol o brotest. Nodweddir canu'r ail gyfnod hwn felly gan ddau lais cyferbyniol: ar y naill law ceir canu deialogaidd, y llais 'protest' awdurdodol, ond ar y llaw arall ceir canu ymsonol, ymddangosiadol bersonol sy'n fonologaidd ei naws.

Er sôn yma am y symud oddi wrth y canon Cymraeg, camargraff yw tybio bod y bardd yn ymbellhau yn llwyr oddi wrth achos ei chyd-wladwyr oherwydd ceir yma eto ganu ar eu rhan. Yn 'Neges' anogir y Cymry, os ydynt yn dymuno marw, i wneuthur hynny 'gydag urddas', nid 'igian wylo lliprynnod'.[28] Nid yw'r pwnc yn dra gwahanol i'r hyn a drafodwyd yn y gwaith cynnar oherwydd ymdrinnir â thranc iaith eto, ond synhwyrir yma fwy o uniongyrchedd yn y defnydd helaeth o ferfau gorchmynnol: 'Gwrandewch . . . gadewch'. Y pwyslais sydd wedi newid, yn hytrach na'r egwyddor gyffredinol o wrthryfela yn erbyn y drefn bresennol, a throir at y penodol, ac yn aml, at y personol.

Yn 'Gadewch i'n plant fod yn blant, os gwelwch yn dda',[29] er enghraifft, codir llais yn benodol yn erbyn y modd yr arestiwyd rhieni plant mewn ymgyrch yn ymwneud â dyfodol yr iaith ar Sul y Blodau 1979. Ymetyb y bardd i'r digwyddiad yn uniongyrchol gan ymdrin â sgil-effeithiau'r gweithredu ac annhegwch yr arestiad trwy dynnu sylw at ei effaith ar wragedd a phlant. Erfynnir ar i'r heddlu – neu'r wladwriaeth o bosib – y cyfeirir atynt fel 'bwcïau bo', ystyried goblygiadau'r 'curo ar ddrysau' sy'n 'dychryn' plant, ac yn eu hamddifadu o'u diniweidrwydd. Cyfleir eu diniweidrwydd yn y modd y defnyddir mwyseiriau, e.e. 'glas cas' a'r 'Tŷ Mawr', i guddio llymder y realiti sy'n cynnwys heddlu a charchar. Teifl hyn gip newydd digon annisgwyl ar realiti ymgyrchu, ac fe'n hatgoffir o deimladau Fflur Dafydd uchod adeg arestio ei mam. Cloir y gerdd â her i'r 'bwcïau bo' hyn, ac fe'n hatgoffir o siant protest gydag ailadrodd y llinell olaf:

> Gadewch i'n plant
> Fod yn blant
> Yn gyntaf
> Yn gyntaf
> YN GYNTAF.

Wrth gwrs, cafwyd gan y bardd cyn hyn ganu cymharol ddeialogaidd ei naws a gymerai arno ganu ar ran ei chyd-Gymry ond perthyn mwy o her i gerdd debyg i'r un uchod, a theimlir bod y bardd wedi ystyried goblygiadau gweithredu drosti ei hun, yn hytrach nag aildwymo hen rethreg. Yma y gorwedd cryfder ei chanu 'gwleidyddol' yn y modd y rhydd hi wedd amgen ar 'achos' sy'n ddigon treuliedig erbyn hyn.

Yn yr un modd, cyflwynir gwedd newydd ar yr achos hwn yn y cerddi a ymetyb i ddigwyddiadau penodol eraill, sef arestio'i gŵr yn 'Bore Cas, 1977',[30] ac yna'r achos llys dilynol yn 'Wedi'r Achos (Blaenplwyf), 1978'.[31] Mae'r ddwy yn troi ar ymdeimlad o absenoldeb, a bod y digwyddiadau uchod wedi dod i darfu ar 'normalrwydd'. Yn 'Wedi'r Achos' ceir defnydd helaeth o 'wall ymdeimladol', chwedl John Rowlands, i gyfleu bod byd natur yn adlewyrchu'r teimlad nad yw pethau fel ag y dylent fod: rhewa glannau afon Teifi 'mewn anufudd-dod sifil', triga'r eogiaid 'o dor calon', â'r glaw 'i bwdu' a chaiff y cathod 'bwl o argyfwng gwacter ystyr!' Canolbwyntir ar y prif beth sydd o'i le yn y pennill olaf, sef bod y sawl a gyferchir yn y gerdd yn gaeth tra 'aeth deuddeg o reithwyr/i'w cartrefi'n rhydd'. Yn 'Bore Cas', er hynny, ymdrinnir ag amodau'r arestiad – 'deffro i gnocio brwd/dau blismon' – ac ymateb y wraig i'r carchariad:

> A'm gadael
> Yn dost yn y gwely,
> Yn edifar am anwybyddu ddoe.

Er nad ymddengys y cerddi fel rhai sy'n ymwneud yn uniongyrchol â phrotest mae iddynt le allweddol yng nghorff canu gwleidyddol y bardd gan eu bod yn darlunio sgil-effeithiau gweithredu ac yn cynnig gwedd bersonol ar yr achos, yn ei 'ddyneiddio' i bob pwrpas. Archwilir yr ochr bersonol hon i brotest hefyd mewn cerddi megis 'Llety Ystumllwynarth'[32] (ac iddi'r is-deitl 'h.y. Carchar Abertawe') ac i raddau helaethach yn 'Dyw e ddim yma'[33] lle y darlunnir gwae 'gwraig unig' i brotestiwr cydwybodol a garcharwyd ac sy'n ceisio dod i delerau â 'hiraeth dilafar' a gorfod datgan: ''Dyw e ddim yma'.

O ystyried y cerddi yng ngoleuni'r slogan a oedd yn boblogaidd ymhlith yr ail don o ffeminyddion sef 'the personal is political', mae modd dadlau bod i'r portread hwn o'r 'personol' yng ngwaith Menna wedd wleidyddol. Medd Adrienne Rich, un o ladmeryddion y slogan uchod:

> No true political poetry can be written with propaganda as an aim, to persuade others 'out there' of some atrocity or injustice . . . As *poetry*, it can come only from the poet's need to identify her relationship to atrocities and injustice, the sources of her pain, fear, and anger, the meaning of her resistance.[34]

Hwyrach mai 'true political poetry', yn ôl diffiniad Rich, sydd yn y cerddi uchod, gan mai'r hyn a ddarlunnir yw'r bardd yn ceisio dod i delerau ag anghyfiawnder, trwy archwilio'i effeithiau personol. Law yn llaw â'r disgwrs protest deialogol felly, perthyn mynegiant mwy ymsonol ei naws i'r ail gyfnod hwn yng nghanu gwleidyddol y bardd, wrth iddi droi'r brotest ar i mewn, gan gyflwyno gwedd bersonol ar yr ymgyrchu. Yn hyn o beth, mae barddoniaeth wleidyddol Menna yn ystod yr ail gyfnod hwn yn adleisio tueddiadau beirdd o fenywod eraill a ganai tua'r un pryd. Honna Thomas Vernon Reed i ymwybyddiaeth ffeminyddol yn yr Unol Daleithiau ddatblygu dan ddylanwad tair ysgol o farddoniaeth:

1) Barddoniaeth berfformiadol y 'beat poets': 'This process was then taken up by many protest poets in the 1960s, particularly antiwar poets and poets in the black arts and other cultural nationalist movements'. Gwaith Allen Ginsberg, er enghraifft.
2) Barddoniaeth gyffesol: 'personal psychological exploration that played well into the intimate psychological dynamics of emerging feminist experience', e.e. y math o gerddi a ysgrifennwyd gan Sylvia Plath ac Anne Sexton.
3) Y 'Black Mountain poets': 'begun moving poetry away from rigid formal lines to more open, free-verse forms. These forms were both better suited to the open explorations of self-in-society of feminist poets, and less daunting than rigid metrical poetry for women excluded from formal literary training'.[35]

Pendilio rhwng barddoniaeth berfformiadol gyfathrebol (tebyg i rif un uchod), a chanu mwy ymsonol ei naws (fel rhif dau) a wneir yng ngherddi gwleidyddol Menna yn ystod y cyfnod dan sylw, ac yn sicr ceir symud tuag at ddefnydd helaethach o *vers libre* na chynt.

O ran yr 'achosion newydd' hyn a drafodir yn ystod y cyfnod hwn, y cerddi mwyaf niferus yw'r rhai sy'n ymwneud â gormes yn erbyn menywod a'r swyddogaethau y disgwylir iddynt eu cyflawni. Mae'n werth oedi gyda'r cerddi 'ffeminyddol' hyn gan eu bod nid yn unig yn dynodi cyfnod thematig newydd yng nghanu gwleidyddol Menna ond yn ogystal yn gyfraniad cwbl arloesol yng nghyd-destun y traddodiad barddol Cymraeg. Wedi'r cyfan, ar adeg eu hymddangosiad ar ddechrau'r 1980au, prin oedd y menywod a gyhoeddai farddoniaeth, heb sôn am rai a dynnai sylw at ormes yn erbyn menywod yn eu gwaith. Pwysleisia Dafydd Elis Tomos [sic] y newydd-deb hwn yn ei ragymadrodd i *Tro'r Haul Arno* ac er mai gormodiaith braidd yw sôn am y bardd yn 'ailddiffinio llenyddiaeth Gymraeg o safbwynt benywaidd',[36] mae bodolaeth cerddi sy'n herio patriarchaeth, ac sy'n tynnu sylw at safle menywod mewn sefydliadau Cymraeg a Chymreig, yn sicr yn ddatblygiad cyffrous. Eir ati mewn sawl cerdd i herio'r syniad fod rhai dyletswyddau y disgwylir i fenywod eu cyflawni. Canu'r mân wrthryfeloedd ydyw, wedi ei wreiddio mewn cyd-destun penodol, unigol a'r foeswers ffeminyddol yn deillio o weithred unigol sy'n chwalu'r drefn arferol, fel y gwelir yn y gerdd, 'Poli, Ble mae dy Gaets di?'[37] sy'n ymateb i eiriau'r llenor George Bernard Shaw:

> If we have come to think that the nursery and the kitchen are the natural sphere of woman, we have done so exactly as English children came to think that a cage is the natural sphere of the parrot because they have never seen one anywhere else.[38]

Cychwynnir â phennill yn disgrifio lleoliad pawb: tra mae Poli y parot yn y caets, mae mam yn y gegin 'yn berwi cawl mochyn' a 'Deio yn cael napyn'. Rhydd yr odl, a rhythm y llinellau, naws hwiangerddol i'r darn, gan ensynio mai dyma'r 'norm'. Torrir ar y naws hwiangerddol, er hynny, a derfydd yr odl pan ddiainc Poli o gaethiwed ei chawell gan ddatgan ei bod 'am weld y byd'. Yn sgil y digwyddiad chwyldroadol hwn ceir awgrym fod y fam hefyd yn gwrthryfela yn erbyn ei rôl ddisgwyliedig ac yn gadael i'r 'cawl i [sic] ferwi'n sych'. Ymddengys y gerdd yn un ddigon ffarsaidd ac ysgafn ar un olwg, ond eto mae'n ymgais i wyrdroi syniadau traddodiadol parthed rôl y fenyw. Gellir ei darllen fel chwedl neu ddameg sy'n cymryd arni herio sylw Shaw trwy ddangos i blant nad oes yn rhaid i barot fod mewn caets a chynnig darlun amgen o rôl y fam. Mae'n gerdd sy'n tanseilio disgwyliadau trwy danseilio confensiwn ei ffurf ei hun.

Trafodir swyddogaethau disgwyliedig y ddau ryw yn 'I bob dyn sy'n ffyddlon' lle y cyfosodir gweithgareddau hamdden traddodiadol wrywaidd gyda'r hyn y disgwylir i fenywod ei wneud. Cyfeirir at y tasgau domestig diflas, diddiwedd, y disgwylir i'r menywod eu cyflawni, megis coginio a gofalu am blant, tra mae'r gwŷr yn gwylio gêm neu'n yfed mewn tafarn. Cyfleir dioddefaint y menywod yn y disgrifiadau ohonynt fel rhai 'ar faliwm', neu 'adre'n gweiddi/ewch i'ch gwlâu cyn mod i'n gelain' neu '[â] gwedd/lliw dŵr golchi llestri/yn aildwymo bwyd fel ei bywyd'. Cynydda nifer y menywod sy'n dioddef drwy gydol y gerdd, ac erbyn cyrraedd yr uchafbwynt gyda'r 'pum morwyn' yn y rhan olaf ceir trobwynt tra annisgwyl yn y pennill olaf. Hanner disgwylir i'r bardd grybwyll mai dynion sydd ar fai ac mai hwy sy'n gyfrifol am y caethiwo domestig hwn, ond awgrymir mai'r menywod eu hunain sy'n rhannol gyfrifol amdano. Honna na fedr y merched weld 'eu cam' ac nad ydynt yn sylweddoli eu caethiwed gan eu bod yn 'dyheu am y pethau uchod' sef y dyletswyddau domestig, ac yn datgan gyda dynion 'nid yw rhai merched BYTH yn fodlon'.[39] Heria'r gerdd felly nid yn unig y modd y rhydd cymdeithas ddyletswyddau domestig ar ysgwyddau'r fenyw ond yn ogystal cyfeirir at apathi'r menywod hynny sy'n ddall i'w sefyllfa ac nad ydynt yn cefnogi eu 'cyd-chwiorydd' yn eu brwydr i newid hyn.

Er mor newydd fyddai ymddangosiad cerddi'n ymwneud â gormes tuag at fenywod yn Gymraeg, mae'r cerddi yn debyg i raddau i waith beirdd ffeminyddol yn Lloegr ac America yn ystod y cyfnod hwn. Cymerer, er enghraifft, 'The Five Day Rain' Denise Levertov, cerdd o brotest yn erbyn caethiwed domestig menywod. Disgrifiad o'r golch a naws o ddiflastod a geir ar ddechrau'r gerdd:

> The washing hanging from the lemon tree
> in the rain
> and the grass, long and coarse.

Try'r gerdd yn fwy cyfathrebol ei thôn, er hynny, wrth i'r bardd ddatgan yr angen am newid :

> Wear scarlet! Tear the green lemons
> off the tree! I don't want
> to forget what I am, what has burned in me
> and hang a limp and clean, an empty dress.[40]

Yng ngherdd Menna, 'Diwrnod Du', mynegir y dyhead hwn i gamu allan o hen rigol ddomestig, ac fe'i gwneir yn nhermau newid gwisg yn debyg i gerdd Levertov. Yn hytrach na 'gwisgo'r duwch [sic] arferol' penderfynir ei bod am newid:

> Ryw ddydd,
> Coeliwch fi,
> Af allan a phrynu ffrog felen!

> I brofi i'm rhyw (– ac i ryw-un)
> 'mod i'n rhydd!⁴¹

Yn yr un modd, gwelir y bardd yn benthyg awdurdod ffeminyddion nad ydynt yn perthyn i'r traddodiad Cymraeg yn 'Anhysbys – An sy'n hysbys', sy'n brotest yn erbyn tueddiadau patriarchaidd ysgolheictod. Cyfeirir at ddarlithwyr yn sôn am gerddi 'anhysbys', gan ofyn 'pwy oedd e?' gan gymryd yn ganiataol mai dyn sydd y tu ôl iddynt a honni mai 'dyn yn dior [sic]/hawlio'i gân/neu lais coll hanes' ydynt. Heria'r bardd y gred hon trwy awgrymu mai dynes yw'r 'anhysbys', ac y cyfansoddai hi yn y dirgel heb dynnu sylw ati hi ei hun:

> tynnu geiriau
> o dan lawes profiad
> a'u hysgar
> cyn cuddio hances
> ei hunaniaeth.⁴²

Gelwir ar yr 'hyddysg rai, a'r diradd [sic]' i ailystyried eu safbwynt gan fod 'An yn hysbys'! Adleisio cysyniad a gyfyd yng ngwaith Virginia Woolf, sef mai dynes oedd 'anonymous',⁴³ a wna'r bardd mewn gwirionedd. Mae'n adlais dadlennol, er hynny, gan ei fod yn awgrymu bod y bardd dan ddylanwad gweithiau ffeminyddol a oedd yn boblogaidd y tu hwnt i Gymru yn ystod y cyfnod hwn, neu o leiaf yn ymwybodol ohonynt. Byddai hynny i'w ddisgwyl, mae'n siŵr, ond yr hyn sy'n ddiddorol yng ngwaith Menna yw ei bod yn ceisio cymhwyso naws y canu ffeminyddol hwn at ffigyrau a sefydliad y traddodiad Cymreig.

Un o'r sefydliadau patriarchaidd dan y lach yw'r capel Cymreig. Yn 'Wnaiff y gwragedd aros ar ôl?'⁴⁴ tynnir sylw at swyddogaethau cyferbyniol y menywod a'r dynion a berthyn i sefydliad y capel: tra mae'r dynion yn flaenoriaid 'moel, meddylgar' (synhwyrir yma gryn ddychanu!) neu'n ŵr sy'n llefaru 'o'i bulpud', rhaid i'r menywod chwarae rôl oddefol. Eir ati i ddychanu sawl agwedd ar y capel megis y 'sedd sy'n rhy fawr i ferched' a'r modd y disgwylid i fenywod aros ar ôl ar ddiwedd yr oedfa i weini'r te. Defnyddir y ddefod hon o aros ar ôl i enghreifftio'r pethau eraill y disgwylid i fenywod sydd ynghlwm wrth grefydd eu gwneud dros y canrif-oedd:

> . . . Gweini wrth y bedd
> Wylo, ger y groes . . .
>
> Ar ôl,
> Ar ôl y buom,
> Yn dal i aros,
> A gweini
> A gwenu, a bod yn fud,
> Boed hi'n ddwy fil o flynyddoedd,
> Neu boed hi'n ddoe.

Yn debyg i'w cherddi gwleidyddol cynnar, felly, fe gawn Menna Elfyn eto yn canu ar ran carfan benodol yma, sef menywod yn yr achos hwn. Perthyn mwy o her ac uniongyrchedd, er hynny, i'r cerddi diweddarach hyn wrth i'r bardd awgrymu gwrthryfela yn erbyn y drefn a chodi llais – 'beth am weud gyda'n gilydd . . .' a chynnig slogan ar eu cyfer:

> Gwrandewch chi, feistri bach
> Tase Crist yn dod nôl heddi
> Byse fe'n bendant yn gwneud ei de ei hun.

Er bod yma naws ddigrif ac ysgafn ar ddiwedd y gerdd, ceir elfen o feirniadaeth ar ddogma crefyddol yn ymhlyg yn y modd yr erfynia ar y menywod i lafarganu'r geiriau uchod, sy'n hyrwyddo cydraddoldeb, fel 'salm *newydd*'. Awgryma hyn y chwery'r hen salmau sy'n bodoli eisoes, a'r 'pwnc' chwedl hithau, rôl yn y broses o fytholi mythau parthed rôl draddodiadol menywod. Ynghudd yn yr hiwmor felly ceir yma ymdriniaeth â'r modd y mae'r sefydliad crefyddol yn trin menywod.

Fel y crybwyllwyd eisoes, nid yw'r canu deialogol hwn a welir yng ngwaith Menna yn annhebyg i ganu beirdd o fenywod eraill a berthyn i'r un cyfnod. Ystyrier y canu perswadiol, er enghraifft, ar ddiwedd 'Wnaiff y gwragedd aros ar ôl?' lle'r anogir y menywod i wrthryfela yn erbyn y ddefod o orfod darparu te i'r dynion: 'Beth am ddweud gyda'n gilydd . . .' Mae'n dwyn i gof yr elfen berswadiol a berthyn i gerdd Sheila Rowbotham, 'The Role of Women in the Revolution defined by some Socialist men', lle y dychenir yr hyn sy'n ddisgwyliedig gan y menywod:

> Let us find girls to make the tea
> Let us explain to them
> The nature and limits of emancipation.[45]

Cafwyd canu cymharol ddeialogaidd ei naws yn y cerddi gwleidyddol cynnar lle y cymerai'r bardd arni siarad ar ran ei chyd-Gymry, ond erbyn yr ail gyfnod hwn fe'i disodlir gan ganu sy'n llawer mwy uniongyrchol, wedi ei fritho yn aml â ffurfiau gorchmynnol berfau, ac sy'n debyg iawn i ganeuon protest ar brydiau. Rhaid cwestiynu, er hynny, ar ba sail y gellir galw rhai o'r darnau mwy didactig yn 'gerddi' a beth yw eu gwerth llenyddol. Yn y gerdd fer 'Eneidgan',[46] er enghraifft, cyferbynnir gorffennol menyw gyda'i phresennol er mwyn awgrymu'r newid a ddaeth yn sgil ymwybyddiaeth o'r gormes a fu arni: 'bûm ddiasgwrn ferchetaidd/ bellach rwy'n gry'. Cysylltir ei phrofiad unigol â phrofiad merched eraill, gan weld yn ei sefyllfa hithau adlewyrchiad o broblem ehangach: 'bûm ddi-rym oddefol/fel fy rhyw di-lais', a chloir y gerdd â'r geiriau o her uniongyrchol: 'Ond, gwylia dy gam, fy mrawd!' Mewn gwirionedd ymddengys darn o'r fath fel bygythiad yn hytrach na cherdd. O ran estheteg ni cheir delwedd ganolog nac ychwaith dystiolaeth o grefft eiriol, a theimlir felly mai 'rant' ydyw yn anad dim. Wedi dweud hynny, perthyn gwerth hanesyddol iddi fel dogfen 'greadigol' sy'n arwyddo ysbryd protestgar y cyfnod.

Agwedd bwysig ar ganu protest y bardd yn ystod yr ail gyfnod hwn yng nghanu Menna'r brotestwraig yw ei chanu heddychol, gwrth-ryfel. Ymateb i ryfel ac i beryglon arfau niwclear a wneir mewn cerddi cyfathrebol megis 'Rhwng Dau'[47] a 'Cân i Reagan'.[48] Yn y gyntaf o'r ddwy trafodir y modd y mae rhyfel yn gêm i'r rhai mewn grym tra saif y mwyafrif o bobl y wladwriaeth yn ddi-lais ac yn y tywyllwch: 'ŷm feidrolion mud/i'r taflegrau taro fuddsoddwyd/gennych'. Fe ymddengys mai siarad ar ran y bobl fud a wneir yn y gerdd, a chynigir cyngor i'r rhai mewn grym parthed oferedd rhyfel:

> Cymerer gyngor [sic] llysgennad,
> Fel mewn rhyfel niwcliar
> Fydd dim enillydd.

Ceir cyfeiriadaeth wleidyddol yn ymwneud â rhyfel – 'arfogaeth', 'taflegrau', 'tanforolion', '[l]lenni haearn' a 'Thŷ Gwyn' – sy'n arwain rhywun i feddwl y darlunia'r gerdd gyfnod y Rhyfel Oer, law yn llaw ag ymadroddion sy'n atgoffa rhywun o berthynas bersonol – 'strategaeth serch', 'rhyfel y rhywiau', a 'cariad a gyst'. Tybed ai cyplysu'r cysyniad o ryfel gwleidyddol gyda rhyfel personol a wneir; troi'r personol yn wleidyddol ac fel arall? Mae yma safiad pendant felly yn erbyn rhyfela a'i effeithiau, boed hwnnw'n rhyfel gwleidyddol neu'n un personol 'rhwng dau', ac awgrym cryf mai ofer ydyw ac nad oes raid iddo ddigwydd: 'ni raid i'r seiren wallgof honno/ddod o gwbl/ddod o gwbl.'

Yn 'Cân i Reagan' hefyd codir llais yn erbyn dioddefaint y diniwed yn ystod rhyfel, gan fynegi gwrthwynebiad i Arlywydd America yng nghyfnod y Rhyfel Oer. Llefarir yn benodol ar ran menywod ac mae'n werth nodi'r modd y pwysleisir hunaniaeth y bardd fel menyw yn llawer o'r cerddi 'heddychlon' hyn. Sonia Tim Kendall am y modd y darlunnid rhyfel fel gêm i ddynion mewn llenyddiaeth ffeminyddol:

> The feminist writers who emerged with voices liberated by the women's movements of the 1960s and 1970s . . . were temperamentally allergic to the cold war's male power games and militarization of culture.[49]

Portreadwyd menywod fel rhai hanfodol heddychlon, gyda rhyfel yn cael ei gyflwyno fel gêm a grëwyd gan ddynion ac i ddynion. Mae'r cysyniad hwn yn un canolog yng ngwaith Virginia Woolf hefyd oherwydd pwysleisia yn *Three Guineas* fod rhyfel yn hanfodol wrywaidd ei naws.[50]

Yng ngherdd Menna, cyfleir mai i'r dynion y perthyn grym mewn rhyfel, tra mae'r menywod diniwed yn dioddef:

> Gwragedd ydy gweithwyr mwya'r byd
> mewn rhyfel dioddefwn',
> . . . maen nhw wrthi'n bomio
> Cyn ein treisio.
> . . . mae na [sic] wŷr sy'n chwarae grym
> Fel chwarae â'u cerrig,
> Cerrig niwcliar mawr, perig ydynt.

Mae'r gyffelybiaeth ffalig uchod yn dwyn i gof gysyniadau a gyfyd yng ngwaith menywod eraill a brotestiai yn erbyn y defnydd o arfau niwclear, sef honni bod cysylltiad rhwng rhyfel a phrofi grym rhywiol gwrywaidd. Cyfeiria Patrick Mannix at y 'body of responsible opinion that would see involvement in nuclear war – or any war – as a subconscious sexual expression'.[51] Dyna'n wir a awgryma'r ymgyrchwraig wrth-niwclear, Helen Caldicott, yn y llyfr ac iddo'r teitl dadlennol *Missile Envy*:

> These hideous weapons of killing and mass genocide may be a symptom of several male emotions: inadequate sexuality and a need to continually prove their virility plus a primitive fascination with killing. . . . The names the military uses are laden with psychosexual overtones: missile erector, thrust-to-weight ratio, soft lay down, deep penetration, hard line and soft line.[52]

Er na pherthyn i gerdd Menna gyfeiriadaeth rywiol debyg i'r hyn a grybwyllir gan Caldicott, mae'r sôn am dreisio menywod a'r gyffelybiaeth ffalig yn ei gosod ymhlith y garfan y cyfeiria Mannix ati.

Er gwaetha'r sefyllfa oddefol y gwthir menywod iddi gan ryfel trwy ddisgwyl iddynt chwarae rôl ddomestig benodol – 'rwy wedi rhoi fy nhŷ i mewn trefn ta pun/dyna fydden nhw am i ni ferched wneud ynte [*sic*]' – eir ati i herio'r drefn. Yn hytrach na 'ffrwydro gyda'r llu' paratoa'r persona yn y gerdd farwolaeth amgen i'w theulu, ac mae'r weithred hon yn herio'r rhyfel niwclear a'i effeithiau. Cloir gan awgrymu mai'r Arlywydd ei hun sy'n gyfrifol am beri iddi fynd i'r fath raddau eithafol:

> Mae arlywydd sy'n meddwl ei hun yn arwr
> Yn troi mam gyffredin
>   gariadus
>   gecrus
>   garcus
> fel fi
> YN LLOFRUDD.

Mae'r gân a'r weithred sydd yn ymhlyg ynddi yn brotest yn erbyn polisïau'r arlywydd.

Agwedd nodedig ar y canu heddychlon, gwrth-niwclear yw Comin Greenham. Unwaith eto gwelir pwyslais ar y cysylltiad honedig rhwng benyweidd-dra a heddwch, a hynny mae'n siŵr am mai dyma oedd ffocws y brotest yn erbyn arfau niwclear yng Nghomin Greenham yn sgil ei chychwyn ym 1981 gan grŵp o fenywod o Gymry, 'Women for life on Earth'. Y gân brotest amlycaf yw 'Cadwn y bwystfil rhag y mur'. Ynddi cenir ar ran y protestwragedd a chyfosodir eu heddychiaeth hwy gyda natur wrywaidd rhyfel:

> Buom adre'n bur
> Tra bu'r baedd
> Yn tyllu'i leidfyd.

Ceir pwyslais ar y corff benywaidd yn y datganiad heriol: 'wynebwn y bwystfil â'n bronnau', ac atgyfnerthir y gwahaniaeth rhwng y benywaidd heddychol a'r gwrywaidd grymus yn y frwydr rhwng y rhagenwau isod:

> Ein gwên – ei wg,
> Ein tawelwch – ei ddirmyg,
> Ein hyder – ei ofn,
> Ein cryfder – ei arfau,
> Ein ffydd – ei anobaith,
> Ein dagrau – ei drais.

Cloir y gerdd â datganiad heriol i'r sawl a feirniada'r merched protestgar ac a eilw arnynt i ddychwelyd at eu dyletswyddau domestig:

> Daw'r gri
> "ewch adre, magwch eich plant"
> Gwnewch eich rhan, talwch y dreth –
> A'n hunig ateb i hyn yw –
> I BETH?[53]

Ymestyniad o'r brotest yn Greenham yw'r gerdd. Nid yn unig y 'baedd' o ryfel, a'i daflegrau niwclear, sy'n cael eu herio, ond yn ogystal y sawl a geisia ddifrïo'r protestwragedd.

Yn y cerddi eraill a berthyn i'r cyfnod protest hwn yn Greenham, er hynny, ni cheir yr un naws gyfathrebol o brotest. Yn hytrach gweithredant fel sylwebaeth ar y brotest a bron na theimlir bod y bardd yn cyflawni swyddogaeth debyg i fardd y llwyth. Awgrymir hyn yn y modd yr adleisia'r cwpled canlynol ganu Aneirin, bardd i lwyth tra gwahanol:

> A chwiorydd o Gymru a aeth
> Yn sobr, nid fel gwŷr Catraeth.

Mae'n ddifyr nodi'r cyferbyniad rhwng y ddau 'lwyth': merched yw'r rhain a aeth i Greenham yn enw heddwch, yn wahanol i'r gwŷr a berthynai i lwyth y Gododdin. Daw'r cwpled uchod o'r gerdd goffa 'Ffiniau',[54] a gyflwynir er cof am Helen Thomas a fu farw yn Greenham. Ni sonnir yn benodol am y wraig yn y gerdd hon, ond mae'r gerdd 'Cennad Heddwch'[55] ar y llaw arall yn farwnad bersonol iddi. Yn honno, sonnir amdani fel un a 'weithiodd yr arwyddlun' – 'bathodyn newydd yr ysgol' – ac yng nghwrs y gerdd awgrymir y try'r arwyddlun hwnnw yn gof amdani ac yn fath o ysbrydoliaeth i'r menywod eraill: 'Heddiw, hi yw'r arwyddlun/sy'n gweithio ynom'. Fel sy'n weddus i fardd y llwyth ei wneud, felly, coffeir ar ffurf cerdd un a fu farw yn ystod y brotest.

Cedwir cof am naws ac awyrgylch y gwersyll heddwch yn 'Sul y Mamau yn Greenham'.[56] Cyfleir y bwrlwm a'r cyffro ond yn ogystal y caledi a wynebai'r menywod:

> Brwydro yn erbyn y symbylau
> . . . creu anheddau o brennau a blancedi
> . . . sgwrsio a chanu
> Creu a chrio
> Cadw tŷ di-do.

Fe'n hatgoffir gan y sôn am 'gadw tŷ' uchod am 'cadw tŷ mewn cwmwl tystion' Waldo Williams, a diau mai bwriadol hynny, gan mai'r hyn sydd dan sylw yng ngherdd Menna, fel yng ngwaith Waldo, yw pobl yn byw'n gytûn. Dyma ni'n ôl gyda'r canon yn cynnig awdurdod dirprwyol i ganu Menna, ac yn atgyfnerthu ei phrotest. Eto, pwysleisir y 'chwaeroliaeth' ac i raddau'r tynerwch a berthynai i'r brotest, hynny yw, bod y menywod yn brwydro yn erbyn 'Y Ffens' ddur gydag ysbryd o gariad cymunedol: 'a'n dwylo ar wifren/yn ei dyneru [sic].' Pwysleisir y benyweidd-dra yn 'Deilen a deilen a deilen' hefyd, cerdd 'I Ferched Comin Greenham',[57] lle y disgrifir y menywod fel a ganlyn:

> Carnedd o ddail
>   Gwaedlifus
>   A choch eu gwewyr;
> Misglwyf yn drwm,
>   Dagrau hidl croth,
>   O golli cynnull Bywyd.

Unwaith eto, felly, cyfleir natur hanfodol heddychlon menywod yn nhermau'r corff benywaidd.

Yn 'Sul y Mamau yn Greenham', sonnir am y brotest fel 'cerdd' – 'cerdd o allgaredd yw':

> Cerdd a allai fynd ymlaen drwy'n bywyd ydi hon
> A wnaeth neb mo'i sgwennu
> Perthyn i bawb 'wna
> Fel y comin
> Ar erchwyn y di-dangnef
> Yn Greenham

Naratif neu hanes y brotest yw'r 'gerdd' hon, nad yw'r peth yn orffenedig eto, heb 'ei sgwennu', rhywbeth y gall pawb fod yn gyfrannog ohono. Cân yn codi o ferw'r brotest ydyw, yn datgan bod yn rhaid parhau â'r frwydr. Mae hi'n arddangos rhai o nodweddion pennaf canu 'protest' yr ail gyfnod: uniongyrchedd, bwrlwm, ysfa i newid y byd, a chred bod lle allweddol i fynegiant.

Er hynny, diau fod 'Ffiniau', sydd hefyd yn ymwneud â Greenham, yn gerdd a berthyn i'r cyfnod nesaf yng nghanu gwleidyddol y bardd: y cerddi wedi'r brotest. Cadw cof am y gwersyll a wneir bellach, am daith y protestwragedd a'r ymgyrch ar ei hyd, cyn datgan bod y brotest ar ben: 'hawliant y Comin/a hawlfreintioch yn werddon'. Llais y cyfnod ôl-brotest sydd yma, a'r 'ni' y perthynai'r bardd iddo ynghynt wedi troi bellach yn 'chi'. Teimlir rhyw gamu'n ôl oddi wrth yr achos wrth i'r bardd amlinellu dechrau a diwedd yr ymgyrch ac, yn anochel, rywfaint o dynnu casgliadau. Ni pherthyn i'r cerddi yma yr un tanbeidrwydd ag sydd yng ngherddi'r ail gyfnod. Yno, gwelwyd brwdfrydedd a chodi llais, yn erbyn achosion neu o'u plaid, mewn modd uniongyrchol a didactig. Erbyn y trydydd cyfnod symuda'r bardd oddi wrth y carfanau penodol y bu'n pledio eu hachosion cyn hyn, gan droi oddi wrth y cyhoeddus at gerddi sy'n fwy personol eu naws, a chanu ymsonol.

Yng ngherddi'r trydydd cyfnod, cyflwynir delwedd neu sefyllfa yn aml ar ffurf profiad personol, ac felly gellir dadlau bod Menna Elfyn yn mentro'n sicr i dir y disgwrs mewnol-berswadiol. Yn hytrach na bod yn brotest awdurdodol, gweithreda cerddi'r cyfnod hwn fel damhegion 'gwleidyddol'. Gyda hyn o ddatblygiad newidia natur y berthynas rhwng y darllenydd a'r testun: nid pregeth brotestgar ar blât i'r darllenydd a geir mwyach ond hanesyn sy'n llawn awgrymusedd gwleidyddol. Ymhlith y cerddi 'damhegol' hyn ceir 'Blwyddyn Genedlaethol i'r Ystlum'[58] ac 'Mae pethau wedi newid Mr Frost'.[59]

Mae'r ddwy fel ei gilydd yn ymateb i sefyllfa'r tai haf, a mewnlifiad pobl ddi-Gymraeg. Yn y gyntaf, ceir hanes y bardd yn mynd ati i ryddhau ystlum o gaethiwed y tŷ drws nesaf. Sonnir mewn termau negyddol am 'drwst y tresmaswyr', yn y 'tŷ gwyliau' y drws nesaf i dŷ'r bardd, ond eto teimlir dyletswydd i'w helpu, wrth gofio am y gorchymyn 'Câr dy gymydog fel ti dy hun'. Yn y pen draw, er hynny, uniaetha'r bardd â'r ystlum a chyffelyba ei sefyllfa hithau fel Cymraes i'w eiddo yntau:

> Cans crogi peniwaered a wnaf innau
> Gan storio'r Gymraeg o'r golwg;
> Ac weithiau agorir drws arnaf
> A'm drysu, am im fyw
> Yn ddiniwed ddi-nod.

Gwêl wedd wleidyddol yn y personol, a thry'r sefyllfa benodol hon yn ymwneud â rhywogaeth brin yr ystlum yn broffwydoliaeth am ddyfodol y Cymry:

> Daw, dydd y bydd –
> Blwyddyn Genedlaethol i'r Cymry
> Pan fydd teithwyr yn tuthio'n dawel
> I sbïo o hirbell arnom – yn trigo.

Terfynir ar nodyn eironig, brathog: 'gelli di, o leiaf ehedeg', sy'n llawn amwysedd. Efallai mai cyferbynnu'r ystlum â'r Cymry a wneir trwy awgrymu ei fod yntau'n gallu dianc rhag y bygythiad ond na allant hwy. Neu efallai mai'r bardd sydd wedi cael llond bol ar y 'tresmaswyr' o bant a ddaw i dreulio eu gwyliau y drws nesaf iddi. Gwelir felly nad yw'r 'brotest' cyn amlyced ag y bu yn ei gwaith, ond diau y gellid ei darllen fel cerdd wleidyddol sy'n darlunio gwedd negyddol ar dai haf.

Tebyg yw'r gân yn 'Mae pethau wedi newid Mr Frost'. Awgryma Robert Rhys fod yma 'berthynas ryngdestunol lac' â 'Mending Wall' Robert Frost:

> Myfyrdod awgrymus ar natur cymdogaeth a ffiniau rhwng tiroedd a geir yn y gerdd honno (fe'i cyhoeddwyd ym 1914), ac mae Menna Elfyn yn addasu, yn diweddaru ac yn trawsblannu'r ddelwedd wreiddiol fel ei bod yn cyfeirio at y wal sy'n rhannu (ac yn uno yn bensaernïol, o ran hynny) ei chartref hi mewn 'tŷ pâr' a'i 'gefail o garreg' sy'n dŷ haf.[60]

Sefyllfa bersonol a geir yma unwaith yn rhagor, a defnyddir cwestiwn diniwed y mab – 'wel, pwy yw'n cymdogion ni?' – fel dechreubwynt i fyfyrdod ynghylch natur cymdogion. Cyfleir na ŵyr y plant beth yw cymydog am nad 'cymdogion' yw'r rhai a ddaw i breswylio mewn tŷ haf: 'rhywun . . . a ddychwelodd mor chwim â'r Tiwbs' fu yno neu 'fwci' a 'ddiflannodd i'r gwyll'. Dyheir am weld teulu'n ymgartrefu, ac y 'daw'r plant i wybod/bod enwau cyntaf i gymdogion'. Yna daw cwestiwn rhethregol chwareus:

> . . . a ddaeth yr awr
> Inni fentro byw i'r dre
> Yn lle marw-fyw yn y wlad
> Fel y gallwn gasglu cymdogion
> A theimlo calennig-bob-dydd caredigrwydd?

Datgan y bardd yn agored fod 'rhywbeth rhyngof a thŷ haf: gwn mai wal ydyw' sy'n awgrymu'n gryf fod yma wrthwynebiad cryf i effeithiau'r mewnfudo, ond diau mai yn ei chynildeb a'i hawgrymusedd y gorwedd y 'brotest' yn erbyn tai haf yn y gerdd hon. Darlunia sefyllfa bersonol gan adael i'r darllenydd ddod i'w gasgliadau ei hun.

Yn 'Cân y di-lais i British Telecom', gwelir yr un pwyslais ar y profiad personol pan adroddir hanes gofyn i'r cwmni ffôn am rif yn Gymraeg a chael yr ateb: 'Speak Up!' Ystyria'r bardd hyn yn orfodaeth i droi at ei hail iaith – 'siarad lan, wrth gwrs, yw'r siars i siarad Saesneg' – a mynegir ei rhwystredigaeth:

> Dedfrydaf fy hun i oes
> O anneall, o ddiffyg llefaru,
> Ynganu, na sain na si . . .
> di-lais wyf, heb i'm grasnodau
> na mynegiant na myngial.

Try'r sefyllfa benodol hon yn fyfyrdod ynghylch pobl a sieryd ieithoedd lleiafrifol eraill a'r modd y'u gorfodir hwythau i gornel gan 'iaith yr herwr' sy'n 'tresmasu':

> Gwelaf fod cenhedloedd mewn conglau mwy
> Yn heidio'n ddieiddo;
> cadachau dros eu cegau,
> cyrffiw ar eu celfyddyd,
> alltudiaeth sydd i'w lleisiau.[61]

Deuir i'r casgliad mai'r un yw eu trafferthion: 'gwelaf fod yna GYMRAEG rhyngom ni', a cheir yma rywfaint o godi llais ar ddiwedd y gerdd wrth i'r bardd ddefnyddio'i hiaith fel arf yn erbyn yr iaith dra-arglwyddiaethol, sy'n ein hatgoffa o'i cherddi cyfathrebol blaenorol. Wedi dweud hynny, nid oes yma ymgais fwriadol i berswadio pobl eithr cryn gynildeb; dameg neu alegori yw'r gerdd am ddinodedd ieithoedd lleiafrifol yn wyneb grymoedd mwy eu maint. Mae'r cyfeiriad at *'British* Telecom' ynddo'i hun yn awgrymog oherwydd gellir darllen y gerdd nid yn unig fel cerdd unigolyn yn erbyn cwmni penodol, ond fel cerdd a ddarlunia ddinodedd llais y Gymraes a foddir gan Brydeindod.

Yn yr alegorïau gwleidyddol hyn gwelir datblygiad o gymharu â'r cerddi gwleidyddol cynnar. Yn hytrach na dibynnu ar adleisio rhethreg wleidyddol boblogaidd, neu godi llais yn uniongyrchol yn erbyn achos, cyflwynir hanesyn ymddangosiadol bersonol ac iddo islais gwleidyddol. Symudir oddi wrth 'Authoritative Discourse' Bakhtin tuag at 'Internally Persuasive Discourse' (Disgwrs Mewnol-Berswadiol), sef, yn ôl Donald Wesling, 'when the speaker of a poem claims to own his or her own experience, and there is a good likelihood the claim is correct'.[62] Mae'r ffocws wedi newid: nid pregethu awdurdodol, a gymer yn ganiataol fod y gynulleidfa'n cytuno, ond barddoniaeth fewnblyg a gymer arni siarad ar ran yr unigolyn, yn hytrach na charfan.

Gellir olrhain cymaint y datblygiad a fu yng nghanu Menna yn y cyswllt hwn wrth gymharu ei gwaith cynnar gyda'r cerddi a gynhwysir yn *Cell Angel.* Honna Katie Gramich:

> Menna Elfyn has fought through to recognition even by those pillars of the patriarchal literary establishment who not many years ago dismissed her as a mere symbol, a brash women's-libber who would presumably go away if they ignored her vigorously enough. She has certainly not gone away but has gone on to mature and refine her poetic voice, heard to stunning effect in her most recent, bilingual collection, *Cell Angel.*[63]

Llais 'ôl-brotest' yn llythrennol yw'r llais aeddfetach hwn. Fe'i clywir yn 'Blodau Gwylltion' wrth i'r bardd ddarlunio'n gynnil iawn ei phrofiad yn y carchar yn sgil cael ei harestio am weithredu gwleidyddol. Nid sicrwydd y sawl a berthyn i garfan sydd yma, fel cynt, na thraethu awdurdodol a gymer fod y gynulleidfa'n cytuno. Yn hytrach, clywn lais unigolyn eiddil ar ei phen ei hun mewn cell wedi'r brotest, yn ceisio cyfiawnhau ei gweithredoedd, ond yn ofer. Sonia am y 'barnwyr lleyg' sef y carcharorion eraill o bosib, yn asesu'r hyn y bu hi'n ei wneuthur, ond y 'ddedfryd' a gaiff yw: 'Nid dewr ond dwl wyf. A dall.' Dyma gyferbyniad llwyr â delwedd y brotestwraig eofn gynharach. Darlun gwrtharwrol ohoni a geir bellach: hi yw'r 'llestr gwannaf un' yn wyneb ei gwrthwynebwyr nad ydynt o'r un anian â hithau. Cyfeirir at y gwahaniaeth rhwng y bardd a hwy yn nhermau blodau: hwynt-hwy yw'r 'blodau gwylltion' gwydn a allodd wrthsefyll pethau garw – 'petalau a brofodd wayw corwynt a chraith', tra mae hithau'n flodyn bregus, y tosturir wrth ei 'sepalau', yn 'babi tawel'. Dyma eironi mwyaf y brotestwraig a fu gynt mor barod i herio'r drefn. Pan gaiff gyfle i geisio argyhoeddi eraill, y tu allan i'w chylch o brotestwyr, fe'i trewir yn fud: 'myfi, y pabi Cymreig sy'n cuddio/ei bochau gan ddiffyg dewrder ei chlefyd melyn.'[64]

~

Annwyl Martha,

Gobeithio iti ddarllen y bennod cyn agor y llythyr hwn. Rwy'n mawr obeithio nad ydw i wedi dy ddiflasu di gyda'r bennod hirfaith 'na, ac nad ydw i wedi dy ddrysu gyda'r sôn am Bakhtin – gwn nad wyt yn or-hoff ohono! Edrychaf ymlaen, ta beth, at ddarllen dy sylwadau maes o law.

Duwcs, mae'n braf cael newid cyfrwng ac ysgrifennu ar ffurf llythyr. Mae natur wasgaredig y *genre* hwn yn caniatáu llawer mwy o ryddid i fynd ar ôl trywyddau'r meddwl na'r hen bennod academaidd y bûm yn llafurio drosti'n ddiweddar. Pam roeddwn i'n teimlo fel petawn i'n dringo allan o ogof danddaearol i lygad yr haul wrth deipio'r atalnod llawn olaf? Pam roedd yn gymaint o ben tost tynnu popeth ynghyd i drafod 'y bardd a'r brotest', yn hytrach nag esgus fod popeth yn dod ynghyd yn gyfanwaith rhesymegol?

Wel, a dweud y gwir wrthyt, y prif reswm am fy rhwystredigaeth gyda'r bennod hon oedd bod sawl ffordd o ymdrin â'r pwnc yn cystadlu am fy sylw. Ysgrifennais ar bynciau 'cenedl' a 'rhywedd' o'r blaen i berwyl arall ryw dair blynedd yn ôl, ac er imi gael fy nhemtio i wneud 'cut and paste' anferth o'r traethawd hwnnw, teimlwn reidrwydd i ysgrifennu pennod o'r newydd: yn gyntaf am fy mod yn cyflwyno'r darn ar gyfer gradd, ac yn ail am fy mod i'n teimlo bod fy syniadau wedi newid ac wedi datblygu ers ysgrifennu'r darn cynnar.

Y drafferth wrth geisio symud ymlaen ac 'ailddarllen' oedd canfod bod y darlleniad blaenorol yn mynnu tynnu fy sylw ac yn amharu ar fy ngallu i ddarllen rhai cerddi mewn ffordd 'newydd'. Mae gen i hen arfer o ysgrifennu nodiadau i mi fy hun ar ochr tudalennau mewn llyfrau (cafodd cyn-diwtor, a ystyriai fod llyfrau yn sanctaidd, ffit biws wrth fy ngweld yn gwneud hyn un tro!). Ta beth, wrth ddarllen yn ôl dros y testunau a chanfod '*pwysig* – *ffeminyddol*' neu '*cenedl* – **angen cofio cynnwys hon**' yn syllu yn ôl arnaf, fe'm hatgoffid o hyd o'm darlleniad blaenorol a chawn fy nhemtio'n arw i ddilyn yr hen lwybr a oedd yn gyfarwydd imi yn hytrach nag agor cwys newydd. Hyd yn oed ar ôl rhwbio'r pensil ro'n i'n dal i weld ychydig o'i olion, ac yn cael f'atgoffa o'r hyn a nodais yn flaenorol. Sori, rwy'n crwydro ond efallai fod yr hanesyn hwn yn drosiad o fath am y broses o ailddarllen, hynny yw, bod olion y darlleniadau cynt yn dal i fod yno a bod rhaid ymgodymu â nhw wrth geisio darparu darlleniad diweddarach.

Mewn trafodaeth ar oblygiadau'r broses 'ailddarllen' medd David Galef, 'rereading is necessary to catch the nuances we miss the first time',[65] ac eto, rai tudalennau'n ddiweddarach awgryma fod i'r weithred ei hanfanteision hefyd: 'rereading has a warping effect'.[66] Yn sgil hyn cyfyd dau gwestiwn tra phwrpasol:

1) How does our perspective change after the initial experience?
2) What distortions emerge through repetition?[67]

Wrth imi gymhwyso'r cwestiynau hyn at fy mhrofiad fy hun o ailddarllen, yr hyn sy'n fy nharo yw bod 'cynefindra' yn un ateb allweddol. Mae Bedwyr Lewis Jones, gan ddilyn Rhamantwyr Lloegr o bosib, yn sôn am farddoniaeth yn 'difa gorchudd gor-gynefindra . . . tynnu'r cen oddi ar ein llygaid . . . golchi'r synhwyrau . . . ein deffro i brofi a gweld'.[68] Popeth yn iawn, ond wrth ddarllen yn ôl dros gerddi am yr wn-i-ddim-faint-fed tro, roedd y ffaith fod llawer o'r cerddi yn hen gyfarwydd imi (ar ôl bod yn eu trafod gyda myfyrwyr, neu eu crybwyll mewn papurau ymchwil) yn esgor ar ddisgwylgarwch a theimlad cartrefol. Rhyw deimlad o ganfod dilledyn sydd wedi mynd ar goll yng nghefn y cwpwrdd a chofio am ei bwrpas blaenorol, cyn meddwl 'Beth fedra' i wneud â hwn nesaf?' Ar ôl y profiad cychwynnol o ddarllen felly, roedd pob darlleniad arall yn rhannol yn broses o chwilio newydd-deb, a phethau a gollwyd cyn hynny, ond hefyd yn broses o atgofio'r pethau a ganfuwyd o'r blaen, a cheisio eu cymathu.

Y cynefindra hwn oedd hefyd yn rhannol gyfrifol am y 'distortions', y cyfeiria Galef atynt. Wrth ddarllen yn ôl dros destun cyfarwydd canfûm nad oedd fy sgiliau dadansoddol mor effro ag y buont, a bod y cynefindra yn peri imi gymryd pethau'n ganiataol, a neidio i gasgliadau nad oeddynt bob amser yn gwbl gydnaws â'r pwnc. Er enghraifft, ystyria'r gerdd 'Rhwng Dau'[69] (rwy'n mynd i gyfeirio llawer at hon yng nghwrs y llythyr hwn, felly gwell iti droi ati!). Yn sgil ei darllen o'r blaen fe'i rhoddais yn y categori 'heddwch' a 'gwrthryfel' yn fy mhen, ac wrth fynd yn ôl drosti deuthum i'r casgliad y gallai hi fod yn gerdd am y Rhyfel Oer, ac felly dyma sgriblo hynny mewn pensil ar ochr y ddalen. Yn sgil hyn, trois at 'Cân i Reagan' am ychydig, cyn troi'n ôl at 'Rhwng Dau' a meddwl bod yno hefyd gysylltiad â Reagan. Dyna feddwl wedyn pwy oedd mewn grym ym Mhrydain ar yr adeg honno, a chyn pen dim tybiwn mai Reagan a Thatcher oedd y 'Ddau' y cyfeirir atynt yn nheitl y gerdd. Wrth dwrio, ac ail-ail-ailystyried, collais bersbectif yn llwyr a charlamu ar grwydr meddyliol a oedd yn amherthnasol yn y pen draw. Hynny yw, yn amherthnasol i'r bennod (am na fedra' i ddweud yno am y penbleth hwn a brofais), er ei fod mewn gwirionedd yn rhan go-iawn o'r profiad.

A dyma ddod at y pwynt nesaf, sef nad oes modd dangos yn onest natur y weithred o ailddarllen mewn pennod academaidd oherwydd y rheidrwydd i gydymffurfio â normau, a chyflwyno dadl mewn modd cydlynol, llinol ac unionsyth yn hytrach na dilyn pob trywydd meddyliol. Yn wir, awgryma Galef y gall y ddyletswydd academaidd wyrdroi'r ailddarllen:

> if one is assigned to reread a work that one doesn't like, the mind's defensive strategies often rework the original appraisal. The unconscious resolution of cognitive dissonance, for instance, may cause the rereader to think the poem is good in order to avoid the position of subordinacy.[70]

Llond ceg o osodiad. Dweud y mae fod rhywun, wrth lunio traethawd, dyweder, yn dewis gweld pethau da mewn gwaith llenyddol er nad dyna oedd eu profiad o ddarllen yn wreiddiol.

Arbrawf iti. Tynn y gitâr yna sydd gen ti o'r gornel a rho gynnig ar ganu'r dilyniant cordiau hyfryd: G Em Am DMaj7. Cras, yntê? Mae dy fysedd yn ysu am ganu D neu Dm; ond gan fy mod i'n dweud bod y rhediad yna'n hyfryd, bydd rhywbeth seicolegol ynot ti'n chwilio am esgus i glywed perseinedd. Rwyt ti am osgoi 'subordinacy', sef creu'r argraff dy fod yn ansensitif. A dyna, medd Galef, sy'n digwydd wrth ddarllen. Mae'r meddwl yn ymyrryd i weld synnwyr yn y testun. Yn achos fy mhennod i, ceisiais fod yn weddol gadarnhaol fy agwedd tuag at y cerddi ar y cyfan, i raddau am fy mod yn ofni petawn i'n chwilio beiau ynddynt y byddai hynny'n edrych fel diffyg ar fy rhan i. Clywais sawl G Em Am DMaj7, ond stwffiais fy mysedd yn fy nghlustiau.

Dyma enghraifft neu ddwy. Am 'Rhwng Dau' a grybwyllwyd eisoes, roeddwn i wir eisiau dweud nad oeddwn i'n gallu gwneud pen na chynffon ohoni, ond eto'n teimlo y byddwn yn edrych yn well, ac y byddai mwy o hygrededd i'm pennod, petawn i'n gallu rhoi rhyw 'esboniad' awdurdodol yr olwg arni. Soniais yn y darn fod modd ei darllen fel cerdd am y Rhyfel Oer neu gerdd am ryfel personol rhwng dau, ond wir iti, mae'n gwbl aneglur i mi. Bron nad yw'r ddau linyn yn cystadlu â'i gilydd am fy sylw fel ymyrraeth ar y radio, pan fydd di ar y ffin rhwng dwy orsaf, a dim un o'r un o'r ddwy yn dod trwodd yn glir.

I gychwyn, mae safbwynt traethydd y gerdd yn gwbl amwys, a'r newid rhwng y trydydd person lluosog ('bodolant'), y person cyntaf lluosog ('ni wyddom'), ac yna'r ail berson lluosog ('prun ohonoch') yn gwneud i rywun gwestiynu pwy yw'r ni, y chi a'r nhw a grybwyllir yma. Yn ogystal, mae tuedd y bardd i fod yn rhy gynnil yn dramgwydd wrth iddi chwarae â chystrawen a pheri iddi ymbellhau oddi wrth naturioldeb y Gymraeg. Ystyria 'Strategaeth serch ni wyddom': nid yw'n gwneud llawer o synnwyr hyd y gwelaf i ac oni fyddai cynnwys arddodiad yn hwyluso'r dweud (a'r darllen) e.e. 'strategaeth serch na wyddom amdani', neu 'ni wyddom am strategaeth serch'? Nid wyf eisiau swnio fel hen buryddes bedantig ond rwy'n credu ei bod yn haws i'r darllenydd bennu ystyr cerdd pan fo'r bardd yn glynu at reolau gramadeg y mae pobl yn gyfarwydd â nhw! Dyna oedd byrdwn adolygiad Gruffydd Aled Williams o'r gyfrol ddwyieithog, *Cell Angel*; er canmol nifer o gerddi mynega fod y 'cerddi gwreiddiol Cymraeg weithiau yn wallus eu treigladau, yn ansicr eu cystrawen ac yn flêr eu hatalnodi'[71] ac felly'n amharu ar y profiad darllen.

Yn y gerdd dan sylw ceir sawl gwall megis defnydd diangen o'r rhagenw mewnol gwrthrychol yn 'Nis gallwn ddweud, amcan na chyfrif', ynghyd â'r llinell ramadegol dramgwyddus, 'cymerer gyngor llysgennad', lle y treiglir yn ddiangen ar ôl y ferf amhersonol yn y modd gorchmynnol. Yn yr olaf o'r ddwy linell, ni wn chwaith ai'r cyflwr cyfarchol sydd yn ymhlyg yma ac mai 'lysgennad' a ddylai fod, gyda choma o'i flaen efallai. Hynny yw, a yw'r bardd yn ceisio cyfarch llysgennad yn y gerdd, ynteu a yw hi'n cyfrif mai hyhi yw'r llysgennad? Os yr olaf, yna onid cynnig 'cyngor llysgenhadol' sy'n gywir? Dwyseir y dryswch gan nad yw'n hysbys chwaith pwy a gyferchir yng nghwrs y gerdd.

At hyn, ceir yma ddefnydd helaeth o ffurfiau cryno, hynafol braidd, sy'n taro rhywun yn rhyfedd yng nghanol cerdd gymharol sgyrsiol ei naws mewn mannau, er enghraifft 'un peth a wn, cariad a gyst'. Nid bod unrhyw beth o'i le ar ddefnyddio ffurf gryno trydydd person unigol y ferf 'costio' ond teimlaf fod ffurfiau o'r fath braidd yn anghydnaws â rhannau eraill o'r gerdd. Mae anghysondeb yr ieithwedd a'r duedd i fod yn orgynnil yn llyffetheirio'r darllenydd.

Gallaf fynegi'r ansicrwydd a'r feirniadaeth yma wrthyt ti mewn llythyr fel hyn ond byddwn yn gyndyn i'w cynnwys mewn pennod academaidd, oherwydd rhyw deimlad mai pwysleisio cryfderau testun sy'n briodol. Fel y soniais gynnau, nid ydwyf am arddangos fy niffyg deall oherwydd byddai hynny'n gwneud imi ymddangos yn israddol fel 'beirniad' llenyddol, ac nid ydwyf chwaith am feirniadu'r bardd yn ormodol. Ni ellir anwybyddu'r ffaith mai rhan o'm hagenda yw dangos bod gwaith y bardd yn werth ei ddarllen neu fel arall bydd yn tanseilio gwerth fy mhrosiect fy hun! Ar ben hyn, rwy'n hoff iawn ohoni fel person ac yn ofni ei thramgwyddo, ac mae hynny'n llercian yng nghefn fy mhen wrth ysgrifennu. Hwyrach mai dyma un o broblemau mawr y Gymru Gymraeg, a'r '[b]ychander teuluol', chwedl John Rowlands, lle y mae'n anodd mynegi barn heb 'sathru ar gyrn rhywun neu'i gilydd o hyd'![72]

Crybwylla Geoffrey Hartman y cymhlethdod dyrys a deimla pan ddaw yntau at destun i'w ddehongli: 'Confession', meddai, 'I have a superiority complex vis-à-vis other critics, and an inferiority complex vis-à-vis art.'[73] Yng ngweddill yr ysgrif eir ati i ddychanu arferion a chonfensiynau ysgrifennu academaidd, gan ddisgrifio'r 'interpreter' â'i dafod yn ei foch:

> He subdues himself to commentary on work or writer, is effusive about the *integrity of the text*, and feels exalted by exhibiting art's controlled, fully organized energy of imagination. What passion yet what objectivity! What range yet what unity! What consistency of theme and style! His essays, called articles, merchandized in the depressed market place of academic periodicals, conform strictly to the cool element of scholarly prose. They are sober, literate, literal, pointed. Leave behind all fantasy, you who read these pages.
> He is writing after all, criticism not fiction. He will not violate the work of art by imposing his own, subjective flights of fancy, however intriguing these may be.[74]

Da, yntê? Disgrifio ymddygiad a disgwyliadau y mae Hartman. Tybed a wyt ti weithiau'n teimlo bod yn rhaid iti ysgrifennu mewn ffordd arbennig yn dy draethodau, yn union fel y mae disgwyl iti gydymffurfio ag arferion arbennig wrth y bwrdd bwyd mewn cinio ffurfiol, dyweder? Mae'n ategu'r broblem a grybwyllais parthed dyletswydd i fod yn 'wrthrychol', a chynnig darlleniad awdurdodol sy'n tynnu sylw at 'undod' testunau a chysondeb o ran y 'themâu' a drafodir, er gwybod nad yw hynny'n adlewyrchu'r broses ddarllen o gwbl. Ymhellach, mae'n codi pwynt difyr parthed y modd y disgwylir 'gwrthrychedd' mewn darn beirniadol o'i gymharu â 'ffuglen', fel petaent yn ddisgyblaethau cwbl ar wahân i'w gilydd. Ensynnir ei bod, fel arfer, yn berffaith gymwys i rywun grybwyll teimladau mewn ffuglen ond nad yw'n ddisgwyliedig na chwaith yn dderbyniol mewn darn beirniadol.

Rhaid dweud bod y ffin hon rhwng yr hyn a ystyrir yn ddarn beirniadol 'ffeithiol' a'r hyn a ystyrir yn 'ffuglen' yn fy niddori, gan fod modd dadlau mai proses o ddefnyddio geiriau yw'r naill fel y llall, a'r ddau lawn mor 'greadigol' â'i gilydd. Yn wir, honna Oscar Wilde:

> Criticism is itself an art . . . just as an artistic creation implies the working of a critical faculty, and, indeed, without it cannot be said to exist at all, so criticism is really creative in the highest sense of the word.[75]

Beth wnei di o hynny? Tybed a ellid cyfuno'r hyn a ystyrir yn 'ffuglen' a'r hyn a ystyrir yn 'feirniadaeth'. Os trown ni'n ôl at Hartman am eiliad, yn enwedig at linell olaf y dyfyniad: 'He will not violate the work of art by imposing his own, subjective flights of fancy, however intriguing these may be.' Rwy'n pendroni, oni fyddai'n braf petai modd canfod dull mwy gonest o ysgrifennu'n ddadansoddol yn hytrach na'r penodau melltith hynny? Mae'n rhaid bod yna *genre* y gellid ei ddefnyddio'n 'greadigol' ac yn 'ffeithiol' ac a fyddai'n cyfleu cymhlethdod a mwynhad a thaith igam-ogam y broses ddarllen . . .

A dweud y gwir, bûm yn pori yn *The Intimate Critique* y bore 'ma: llyfr sy'n trafod confensiynau ysgrifennu academaidd a'i gyfyngiadau. Yr hyn sy'n codi mewn sawl ysgrif yw'r pwysau i gydymffurfio â'r confensiynau er nad ydynt yn adlewyrchu realiti darllen ac ymchwilio. Ystyria eiriau Frances Murphy Zauhar, er enghraifft:

> Many of us – when we decided to leave the world of the leisurely reader to become English majors and then English professors – learned that the way we responded to literature as professionals ought to be authoritative, objective, and engaging, but that we should not focus on ourselves as readers or on the way that a particular book may have affected us personally. The language of enthusiasm, of heightened sensitivity, has no place in our professional writing and was not involved in an articulate, perceptive analysis of/response to literature. We might write in strong words about our subject, we might even be enchanting in the arguments we make, but if we are personal, intimate, if we try to create for our readers, or between our readers and ourselves, the affiliation we feel with the texts more important to us – we will be emoting, we will not be working, we will not be writing criticism.
>
> However, what our reading, early and subsequent, has taught many of us is that this is simply not the case. Our reading and a variety of other experiences in our lives do connect to make us very capable, dynamic respondents to the worlds around us and within us – and effective, learned readers of the texts we study.[76]

Mae eraill yn amlinellu'r math o ddatblygiadau yr hoffent eu gweld. Crybwylla Susan Koppelman, er enghraifft, y dymuna weld pobl yn defnyddio ffurf y llythyr mewn gweithiau academaidd:

> Why do you write long essays that are speeches or position papers instead of writing letters to each other? . . . Is it the patriarchy that teaches that discussion of literature has to take that kind of impersonal form, that nondialogic form, that emotional-after-the-fact form?[77]

Safbwynt ffeminyddol hanfodaidd braidd, ond mae'n debyg mai dyna a wna Koppelman, ac â yn ei blaen i annog pobl i ymuno â hi yn y fenter:

> Why don't all of you who write articles and essays and books and reviews and all that stuff stop for two years. Instead, let us have an intense correspondence in which we discuss all the great issues and questions that are at the centre of our radical literary political work ... in which we have no formal requirements to which we have to adhere or in which we must encase our ideas. At the end of that period, let us publish in book form what we have done. And then let us start a periodical ... and turn it into a correspondence journal.[78]

Dychmyga petai pobl yn mynd ati i ysgrifennu llythyrau yn hytrach na thraethodau hirion! Efallai y dylem ni ddechrau ffasiwn newydd, Martha! Er, wn i ddim beth a ddywedai ein darlithwyr ...

Dywed Olivia Frey yn yr un gyfrol fod ofn mentro yn gallu bod yn llyffethair, a rhestra'r llu o ffactorau a all atal creadigrwydd:

> I have no quarrel with those who knowingly adopt traditional structures, although those are the structures I infrequently choose and infrequently read with pleasure. What distresses me the most, however, is knowing that there are women who know what they are doing, hate it, but are afraid to do something different. These women fear that their degrees will be denied, their dissertations blocked. They fear that their articles and conference proposals will be rejected. They fear that they won't be hired, tenured, promoted. They fear for their careers and livelihoods.[79]

Mae'r rheini'n ystyriaethau pwysig, wrth reswm. Wedi'r cyfan, mae'n siŵr y byddet ti, fel minnau, yn ofni mentro i wthio ffiniau'n ormodol mewn traethawd rhag ofn i'r sawl sy'n ei farcio feddwl dy fod di'n wallgof, ac nad oeddet yn deall natur y dasg a osodwyd. Ond wedyn, mae'n ddiflas peidio â mentro o gwbl! A dyfynnu Grahame Davies:

> Nid oes raid i lenor herio'r gwerthoedd sydd o'i amgylch, ond bid sicr, dyna lle mae'r cyffro i'w gael. Y tyndra sy'n creu'r gelfyddyd, ys dywedodd Saunders Lewis un tro wrth yr R. S. Thomas ifanc. Dylai llenyddiaeth dda fod fel newyddiaduraeth dda, neu wleidyddiaeth dda, neu grefydd dda – dylai aflonyddu, herio, holi a cheisio newid.[80]

Efallai fod modd dweud yr un peth am feirniadaeth lenyddol hithau.

Duwcs, sori rwy'n crwydro, ond pwy a ŵyr, mae'n bosibl y bydd hyn yn plannu rhyw hedyn yn dy ben. Efallai y gallet ti aros i wneud gradd ymchwil ar ôl iti orffen dy radd, ac ystyried rhai o'r pethau y soniais amdanynt ...

Fel y gweli di felly, o'r hyn a grybwyllais cyn mynd bant ar drywydd beirniadaethau llenyddol amgen, y drafferth gyda'r bennod y bûm yn gweithio arni oedd bod sawl dehongliad posibl o gerddi yn tueddu i gystadlu â'i gilydd, a rhwng popeth, fe'm cefais fy hun yn cael fy nhynnu i dri chyfeiriad yr un mor annerbyniol â'i gilydd. Yn gyntaf, roedd llais bach yn fy mhen yn fy ngheryddu am beidio â bod yn fwy craff; yn ail, roedd dod ar draws nifer o wallau iaith yn gwneud imi amau a oedd gwerth ceisio pennu ystyr i'r gerdd o gwbl; ac yn drydydd, teimlwn bwysau 'assigned' – fel y dywed Galef – i ddatgan 'dyma sy'n digwydd yng ngherddi protest y bardd'. Fe'm gyrrwyd gan deimlad mai dyma a ddisgwylir mewn traethawd ar Menna Elfyn, ac felly fod angen imi fod yn weddol bendant fy nehongliad, a dweud 'cerdd am bla bla bla yw hon' er nad oeddwn i o reidrwydd yn credu hynny. Rwyf yn dra ymwybodol o berthnasedd geiriau Liz Yorke i'm sefyllfa, a theimlais ei bod yn gymwys eu cynnwys mewn llythyr atat ac iddo islais *caveat lector*:

> I am aware that, in offering reading of poems, I identify and thus temporarily fix meaning. This, in effect, privileges one reading out of many possible readings. To present a reading necessarily represses other readings I or others might have made . . . The interpretations I offer are therefore of a kind that could always be otherwise: they are always and inevitably incomplete, open-ended, time-bound and specific to the moment. . . . The readings I offer can only be considered tentative, exploratory, part of an ongoing dialogue or intertextual exchange within a community of other readers – and are in no sense the final word.[81]

Os wyt ti, felly, wedi dod ar draws adrannau lle rwy'n dweud 'cerdd am . . . yw hon', plîs bydd yn ymwybodol imi gael fy nal gan ddyhead i fod eisiau datgan gair terfynol er fy mod i'n gwybod yn iawn (ac yn ceisio fy ngorau i'th ddarbwyllo di) nad yw'r fath beth yn bod.

Ysgrifenna ataf yn fuan,

Cofion cynnes,

Rhiannon

Nodiadau

1. Cyfweliad Mary B. Valencia gyda Fflur Dafydd, 'The Foreignness Within', *New Welsh Review*, 78 (Winter 2007), t. 17.
2. Menna Elfyn, 'Writing is a Bird in Hand', yn Jane Aaron, Teresa Rees, Sandra Betts a Moira Vincentelli (goln), *Our Sisters' Land: The Changing Identities of Women in Wales* (Cardiff: University of Wales Press, 1994), t. 282.
3. Menna Elfyn, 'Kath Walker – Mae'r Wawr Gerllaw', *Barn*, 142 (Awst 1974), t. 462.
4. Mikhail M. Bakhtin, 'Voprosy literatury i estetiki' (1975); dyfynnir yma o gyfieithiad Saesneg Caryl Emerson a Michael Holquist yn *The Dialogic Imagination: Four Essays* (Austin: University of Texas Press, 1981), t. 342.
5. Ibid., t. 345, 'internally persuasive discourse – as opposed to one that is externally authoritative – is, at it is affirmed through assimilation, tightly interwoven with "one's own word."'
6. Menna Elfyn, 'Rhif 257863 H.M.P', *Cell Angel*, t. 32.
7. Katie Gramich, adolygiad o *Eucalyptus* yn *Modern Poetry in Translation*, 7 (Spring 1997), t. 206.
8. Menna Elfyn, 'Y Goeden Waedlyd', *Mwyara*, t. 16.
9. R. J. Derfel, 'Mynnwch y ddaear yn ôl', yn T. Robin Chapman, 'Edrycher Arno: Cymry Cyffredin fel Arwyr Anymwybodol: 1891–1940', *Y Traethodydd*, 159 (2004), t. 47.
10. *Mwyara*, t. 22.
11. Alan Llwyd, *Barddoniaeth y Chwedegau* (Caernarfon: Cyhoeddiadau Barddas, 1986), t. 98.
12. Emyr Llywelyn, 'Llythyr at y Cymry "Da"', *Y Faner* (9 Mai 1968), t. 5.
13. T. Gerald Hunter, 'Contemporary Welsh Poetry: 1969–1996', yn Dafydd Johnston (gol.), *A Guide to Welsh Literature*, t. 119.
14. D. Tecwyn Lloyd, 'Golygyddol', *Taliesin*, 19 (Nadolig 1969), t. 6.
15. 'Troesom ein cenedl i genhedlu/estroniaid heb ystyr i'w hanes . . . a throesom iaith yr oesau/yn iaith ein cywilydd ni.' Yn Gerallt Lloyd Owen, 'Etifeddiaeth', *Cerddi'r Cywilydd* (Caernarfon: Gwasg Gwynedd, 1972), t. 11.
16. 'Y ni o gymedrol nwyd/Yw'r dynion a Brydeiniwyd', 'Fy Ngwlad', *Cerddi'r Cywilydd*, t. 24.
17. 'O gallwn, gallwn golli/Y gwaed hwn o'th blegid di', 'Fy Ngwlad', *Cerddi'r Cywilydd*, t. 24. Aberth Saunders Lewis yn benodol – 'Y gwrol un a gâr wlad/a gwerin na fyn gariad', 'Y Gŵr Sydd Ar Y Gorwel', *Cerddi'r Cywilydd*, t. 25.
18. 'Gymru ddifraw, daw y dydd/y gweli dy gywilydd', 'Y Gŵr sydd ar y Gorwel', *Cerddi'r Cywilydd*, t. 25. 'Gwymon o ddynion heb ddal tro'r trai', 'Etifeddiaeth', *Cerddi'r Cywilydd*, t. 11.
19. Cyhoeddwyd yn gyntaf yn *Y Faner* (2 Mawrth 1967), t. 1. Fe'i dyfynnir hefyd yn Alan Llwyd, *Barddoniaeth y Chwedegau*, t. 102.
20. *Mwyara*, tt. 31–2.
21. Mikhail Bakhtin, *The Dialogic Imagination: Four Essays*, t. 342.

22 *Mwyara*, t. 23.
23 R. Williams Parry, *Cerddi'r Gaeaf* (Dinbych: Gwasg Gee, 1952), t. 76.
24 Mikhail Bakhtin, *The Dialogic Imagination: Four Essays*, t. 342.
25 Menna Elfyn, 'Rhif 257863 H.M.P', *Cell Angel*, t. 32.
26 Claire Buck, 'Poetry and the women's movement in post-war Britain', yn James Acheson a Romana Huk (goln), *Contemporary British Poetry: Essays in Theory and Criticism* (NY: State University of New York Press, 1996), t. 84.
27 *Mynd Lawr i'r Nefoedd*, t. 40.
28 *Tro'r Haul Arno*, tt. 20–1.
29 Ibid., tt. 16–17.
30 Ibid., t. 23.
31 Ibid., tt. 22–3
32 '*Stafelloedd Aros*, t. 22.
33 Ibid., t. 30.
34 Adrienne Rich, mewn ysgrif ar waith Judy Grahn, 'Power and Danger: Works of a common woman', *On Lies, Secrets, and Silence* (London: Virago, 1980), t. 251.
35 Thomas Vernon Reed, 'The Art of Protest: Culture and activism from the civil rights movement to the streets of Seattle' (Minneapolis: University of Minnesota Press, 2005), tt. 96–7.
36 Dafydd Elis Tomos, 'Rhagair', *Tro'r Haul Arno*, t. 2.
37 Menna Elfyn, *Mynd Lawr i'r Nefoedd*, t. 50.
38 Dyfynnir y geiriau ar ddechrau cerdd Menna Elfyn, 'Poli, Ble mae dy Gaets di?', *Mynd Lawr i'r Nefoedd*, t. 50.
39 *Mynd Lawr i'r Nefoedd*, t. 59.
40 Denise Levertov, 'The Five Day Rain', *Evergreen*, Volume 3, Issues 9–10, t. 35.
41 *Tro'r Haul Arno*, tt. 32–3.
42 Ibid., tt. 36–7.
43 'For most of history, anonymous was a woman', Virginia Woolf, *A Room of One's Own* (London: Granada, 1983), t. 48.
44 *Mynd Lawr i'r Nefoedd*, t. 27.
45 Cerdd Sheila Rowbotham, 'The Role of Women in the Revolution defined by some Socialist men', dyfynnwyd yn Jane Dowson ac Alice Entwhistle, *A History of Twentieth-century British Women's Poetry* (Cambridge: Cambridge University Press, 2005), t. 142.
46 *Tro'r Haul Arno*, t. 38.
47 *Mynd Lawr i'r Nefoedd*, t. 28.
48 Ibid., tt. 40–1.
49 Tim Kendall, *The Oxford Handbook of British and Irish War Poetry* (Oxford: Oxford University Press, 2007), t. 646.
50 Gweler Virginia Woolf, *Room of One's Own/Three Guineas*, t. 120.
51 Patrick Mannix, *The Rhetoric of Antinuclear Fiction: Persuasive Strategies in Novels and Films* (London: Associated University Presses, 1992), t. 156.
52 Gweler Helen Caldicott, *Missile Envy* (New York: Morrow, 1984), t. 297.
53 *Mynd Lawr i'r Nefoedd*, t. 45.

54 *Eucalyptus*, t. 76.
55 *Aderyn Bach Mewn Llaw*, t. 130.
56 *Mynd Lawr i'r Nefoedd*, t. 14.
57 Ibid., t. 32.
58 *Eucalyptus*, tt. 2–4.
59 Ibid., tt. 88–90.
60 Robert Rhys, 'Menna Elfyn', *Y Patrwm Amryliw: Cyfrol 2*, t. 242.
61 Menna Elfyn, *Eucalyptus*, tt. 6–8.
62 Donald Wesling, *Bakhtin and the Social Moorings of Poetry* (Cranbury, NJ: Rosemont, 2003), t. 34.
63 Katie Gramich, '"The Shapes She Makes": Contemporary Welsh Women Poets', *Poetry Ireland Review*, 62 (1999), t. 68.
64 Menna Elfyn, *Cell Angel*, t. 26.
65 David Galef, 'Observations on Rereading', yn David Galef (gol.), *Second Thoughts: A Focus on Rereading* (Detroit: Wayne State University Press, 1998), t. 17.
66 Ibid., t. 18.
67 Ibid., t. 17.
68 Bedwyr Lewis Jones, 'Cyflwyniad', yn *Cerddi T. Glynne Davies* (Abertawe: Cyhoeddiadau Barddas, 1987), t. 4.
69 *Mynd Lawr i'r Nefoedd*, t. 28.
70 David Galef, 'Observations on Rereading', *Second Thoughts*, t. 25.
71 Gruffydd Aled Williams, *Golwg*, 9/25 (6 Mawrth 1997), t. 19.
72 John Rowlands, 'Rhagymadrodd', *Sglefrio ar Eiriau*, t. ix.
73 Geoffrey Hartman, 'The Interpreter: A Self-Analysis', *The Fate of Reading* (Chicago: The University of Chicago Press, 1975), t. 3.
74 Ibid., t. 9.
75 Oscar Wilde, *The Critic as Artist* (New York: Mondial, 2007), t. 40.
76 Frances Murphy Zauhar, 'Creative Voices: Womens Reading and Women's Writing', yn Diane P. Freedman, Olivia Frey, Frances Murphy Zauhar (goln), *The Intimate Critique: Autobiographical Literary Criticism* (Durham NC: Duke University Press, 1993), t. 105.
77 Susan Koppelman, 'Letters to Friends', yn *The Intimate Critique: Autobiographical Literary Criticism*, t. 77.
78 Ibid., tt. 77–8.
79 Olivia Frey, 'Beyond Literary Darwinism: Women's Voices and Critical Discourse', yn *The Intimate Critique: Autobiographical Literary Criticism*, t. 57.
80 Grahame Davies, 'Wythnos yng Nghymru'r Byd', yn Angharad Price (gol.), *Chwileniwm: Technoleg a Llenyddiaeth* (Caerdydd: Gwasg Prifysgol Cymru, 2002), t. 99.
81 Liz Yorke, *Impertinent Voices: Subversive Strategies in Contemporary Women's Poetry* (London: Routledge, 1991), t. 32.

Llythyr 21

Ebrill 10fed

Annwyl Martha,

Sut mae? Diolch o galon iti am dy ymateb cyflym. Holaist am y trywyddau posibl eraill a ystyriais ar gyfer y bennod ar brotest. Roeddwn wedi eu hanghofio a dweud y gwir, ond gan dy fod wedi gofyn, dyma geisio eu cofio a manylu arnynt.

Un trywydd y gallwn fod wedi ei ddilyn fyddai ystyried arwyddocâd barddoniaeth wleidyddol Menna yng nghyd-destun y rhagymadrodd i'w thrydedd gyfrol, *Tro'r Haul Arno*; hynny yw, defnyddio hwnnw fel testun allweddol i oleuo'r cerddi a datblygiad 'gwleidyddol' y bardd. Dafydd Elis Tomos (ie, dyna'r sillafiad yn y testun!) yw'r awdur, gŵr a fu'n gefnogol iawn i waith Menna ar hyd y blynyddoedd, fel y tystiodd yn ei gyfweliad â hi yng Ngŵyl y Gelli – wyt ti'n cofio? Nid oes syndod felly fod yma eiriau canmoliaethus sy'n ymylu ar ormodiaith. Bid a fo am hynny, fel y disgwylir mewn rhagymadrodd, cyfeirir at gynnwys y gyfrol o gerddi, ac eir ati i fapio tirwedd bynciol y bardd. Datgenir mai canu yn erbyn mathau o gaethiwed ac anghyfiawnder a wna'r bardd a deuir i'r casgliad fod yr agweddau uchod yn gyfystyr â'i gilydd o ran pwysigrwydd gan mai 'gormes yw gormes ar iaith, hil, cenedl, rhyw a dosbarth'.[1] Diffinnir y bardd felly fel un a gân yn erbyn gormes.

Wrth ddarllen y darn ar ei hyd fe'm hatgoffwyd o eiriau Jacques Derrida am y rhagymadrodd fel testun: 'Or sous sa forme de bloc protocolaire, la préface est partout, elle est plus grande que le livre.'[2] ('Felly, o dan ffurf ei floc protocolaidd, mae'r rhagair ym mhobman, mae'n fwy na'r llyfr.') Ergyd y gyffelybiaeth yw bod rhagair fel petai'n llifo dros ymylon y gofod a bennir iddo yn y bloc o deip a ddefnyddir i'w greu. Hynny yw, bod ei ddylanwad yn llawer mwy pellgyrhaeddol na bod yn rhyw *rag*ddarn o 'warm up act' a ddaw o flaen *y darn* ei hun. Yma y datgenir amcan, yma y ceir eglurhad, ac yma y ceir addewid o'r hyn sydd i ddod. Y mae felly, a chymryd ei fod yn cael ei ddarllen, yn amodi darlleniad unigolyn o'r cychwyn cyntaf.

Dyma ddechrau meddwl, tybed a ellid darllen rhagymadrodd Dafydd Elis Tomos yng ngoleuni'r dyfyniad uchod. Er nad ydyw yn fwy na chwta ddau dudalen a hanner, mae i'w eiriau yntau gryn ddylanwad ar ddarlleniad o destun Menna gan eu bod yn amodi darlleniad rhywun ar unwaith ac yn creu cyd-destun 'gwleidyddol' i'r cerddi. Digwydd hyn, nid yn unig oherwydd ei fod yn mapio tirwedd bynciol y bardd ac yn pwysleisio ei hymrwymiad i achosion gwleidyddol, ond yn ogystal oherwydd ei bersonoliaeth 'wleidyddol' yntau. Gwyddost, wrth gwrs, fod yr Arglwydd Dafydd Elis-Thomas (y sillafiad presennol, yn wahanol i'r hyn a geir yn y rhagymadrodd) yn bersonoliaeth 'wleidyddol' ddylanwadol, ac yntau'n gyn-Lywydd y Senedd, ond ym 1982, ar adeg cyhoeddi'r llyfr, efe oedd Aelod Seneddol Meirionnydd. Mae ei gysylltiad â'r gyfrol felly yn rhwym o esgor ar ddarlleniad 'gwleidyddol' ei ogwydd o gerddi Menna.

Tyn Robert Rhys sylw at y rhagymadrodd hwn ac awgrymu ei fod 'yn gam yn y datblygiad a fyddai'n cynhyrchu ffenomen "Menna Elfyn" erbyn diwedd yr ugeinfed ganrif'.[3] Anodd dirnad natur ei 'ffenomen' annelwig yntau, yn niffyg diffiniad o'r gair. Serch hynny, ni chredaf mai gyda chynhyrchu 'ffenomen' y gorwedd gwir bwysigrwydd y rhagymadrodd ond yn hytrach yn ei rôl fel testun disgrifiadol a diffiniol. Crybwylla Patrick McGuinness natur ddylanwadol rhagymadroddion yn hyn o beth:

> They are, or want to be, the book world's performative utterances: defining what they claim only to reflect, they make the things they speak of come to pass.[4]

Yng ngoleuni'r dyfyniad hwn, mae i ragymadrodd Dafydd Elis Tomos le blaenllaw yn y broses alldestunol o ddiffinio Menna fel bardd a gân yn erbyn gormes ac anghyfiawnder. Wedi'r cyfan, er i Menna gyhoeddi dwy gyfrol o farddoniaeth cyn *Tro'r Haul Arno*, yn y gyfrol hon y cawn ragymadrodd sy'n diffinio cwmpas pynciol ei cherddi am y tro cyntaf. Y portread hwn ohoni fel un sy'n canu yn erbyn 'gormes' yw ei lansiad 'swyddogol' i raddau fel bardd sy'n canu yn erbyn anghyfiawnder.

Yn yr un modd, yr unig ragymadrodd Saesneg a geir i'w gwaith hyd yn hyn yw'r eiddo Tony Conran ar ddechrau ei chyfrol ddwyieithog gyntaf, *Eucalyptus*. Yn debyg i'r rhagymadrodd Cymraeg cyntaf, y mae i bob pwrpas yn mawrygu gwaith y bardd ac yn amddiffyn ei bwriad i lansio cyfrol o'r fath:

> Poets in Welsh, as in other languages, sometimes give the impression that Welsh poetry is a kind of exclusive male club – with, at most, a few

token poetesses . . . Menna Elfyn is not that sort of poet. She was more or less forced to go bilingual.[5]

Dechreuais feddwl wedyn, tybed i ba raddau y mae'r ddau destun yn fath o amddiffyniadau ar ran y bardd a'i gwaith, sydd i bob pwrpas yn awdurdodi Menna a'i cherddi fel ei gilydd? Yn achos rhagymadrodd Dafydd Elis Tomos, sy'n sêl bendith ar waith y bardd, ystyriais tybed a oedd y ddogfen yn drobwynt ac yn ffactor allweddol a yrrai Menna yn ei blaen i greu cyfrol arall debyg iddi rai blynyddoedd yn ddiweddarach? Hynny yw, a wyddai hi yn sgil hyn ei bod ar drywydd llewyrchus ac felly a barhaodd yn fwriadol i ganu yn y dull hwn? Ystyriais wedyn a oedd y rhagymadrodd i raddau yn rhagfynegi, yn anfwriadol, yr hyn a oedd i ddod yng ngwaith diweddarach Menna – yn arbennig felly'r sôn amdani'n canu yn erbyn anghyfiawnder ac yn dangos gwedd bersonol ar y gwleidyddol . . . Yna, penderfynais mai digon yw digon! Damcaniaethau oedd y cyfan a hyd yn oed petai modd eu profi go brin eu bod yn dweud rhywbeth gwerth-chweil am y farddoniaeth. Gadewais y syniad hwn felly a mynd ar hyd y trywydd arall.

Rwyf wedi bod yn meddwl tipyn am dy sylwadau dithau ar y bennod, Martha. Codaist bwynt da trwy awgrymu bod perygl cysylltu Menna Elfyn y person gyda'r bardd a glywn yn y cerddi. Dyna a bregethais wrthyt yn ôl ar ddechrau'n gohebiaeth os cofiaf yn iawn, pan oeddwn yn awyddus i'th gael i anghofio am yr holl syniad o ddarllen trwy lens bwriad yr awdur! Wrth ddarllen yn ôl dros y bennod, rwy'n rhagweld y gallai rhywun fy meirniadu ac awgrymu ei bod yn beryglus cymryd bod y cerddi yn ddrych o wir gredoau'r bardd. Yn wir, dyma yw dadl Tudur Hallam:

> O safbwynt gwahaniaethu rhwng ffuglen a ffaith, y mae i'r broses hon o ddefnyddio'r testun llenyddol yn ffynhonnell ar gyfer creu testun o fywyd y bardd beryglon, wrth gwrs, pan anghofir y gall fod gan awdur ddychymyg ac nad meddyliau ei gymeriadau o anghenraid yw ei feddyliau 'ef'.[6]

Gobeithiaf er hynny nad ydwyf wedi 'creu testun o fywyd y bardd' trwy chwilio yn ei cherddi am dystiolaeth o'i phrotestio go-iawn. Derbyniaf yn gwbl glir nad oes modd cysylltu 'ffuglen' a bywyd 'go-iawn' yr awdur, ni waeth beth fo'u tebygrwydd. Yn hytrach, y bwriad oedd cyfleu sut y mae llais y bardd-brotestwraig yn datblygu yn y farddoniaeth, heb gymryd bod y farddoniaeth honno'n ddrych o 'realiti', beth bynnag yw hwnnw . . .

Rwy'n ddiolchgar tu hwnt iti am d'ymateb ta beth, ac edrychaf ymlaen at glywed rhagor oddi wrthyt yn fuan.

Pob lwc gyda'r adolygu!

Rhiannon

Nodiadau

[1] Dafydd Elis Tomos, 'Rhagair', *Tro'r Haul Arno*, t. 2.
[2] Jacques Derrida, *La Dissémination* (Paris: Seuil, 1972), t. 56.
[3] Robert Rhys, 'Menna Elfyn', *Y Patrwm Amryliw: Cyfrol 2*, t. 237.
[4] Patrick McGuinness, 'Colloquially Speaking', *London Review of Books* (1 April 1999), tt. 29–30.
[5] Tony Conran, 'Preface', *Eucalyptus*, t. xi.
[6] Tudur Hallam, *Canon Ein Llên*, t. 12.

Llythyr 22

Mehefin 15fed

Annwyl Martha,

Sut mae? Gobeithio i'r arholiadau fynd yn dda, a'th fod yn cael cyfle i ymlacio nawr. Rwy'n dal i fod wrth yr ymchwil, ac yn dechrau gwallgofi, rwy'n ofni. Chredi di fyth ond rwyf hyd yn oed wedi bod yn breuddwydio am Menna Elfyn yn ddiweddar! Neithiwr, mewn breuddwyd rhyfedd tu hwnt, cefais fy nghomisiynu gan Syr Alan, neu'r Arglwydd Sugar fel y'i gelwir bellach, i greu parc thema Menna Elfyn. Roedd am imi geisio marchnata ei gwaith, ac felly roedd yn rhaid imi fynd ati i ystyried ei 'Unique Selling Point'. Ers deffro o'r epig-freuddwyd, bûm yn meddwl rhagor am sut yr eir ati i farchnata awduron gan ystyried ei fod yn effeithio ar y modd y trown at waith awdur. Rhaid dweud nad oedd hyn yn rhywbeth y telais lawer o sylw iddo cyn hyn. Beth amdanat ti? Wedi'r cyfan, mae rhywun yn cymryd yn ganiataol fod llyfrau yn cyrraedd silffoedd siopau neu lyfrgelloedd trwy ryw rym hudol, er mwyn inni gael eu darllen, heb feddwl mewn gwirionedd am y broses y tu ôl i'r cyhoeddi a'r angen i farchnata'r awdur a'r llyfrau fel ei gilydd.

Bûm yn meddwl yn benodol am sut y caiff cynnyrch Menna Elfyn ei farchnata, a'r rôl a chwery hi fel awdur yn hyn o beth. Cyn mynd ymhellach, gad imi sôn rhywfaint wrthyt am lyfr y deuthum ar ei draws rai dyddiau'n ôl, *Marketing the Author*, er mwyn iti gael dilyn trywydd fy meddwl. Mae'r rhagymadrodd yn hynod o ddiddorol a chynhwysfawr – byddai'n werth iti gael golwg arno os cei di gyfle. Yno â Marysa Demoor ati i olrhain y modd y newidiodd y cysyniad o 'awduraeth' yn chwarter olaf y bedwaredd ganrif ar bymtheg yn Lloegr, a chyda hynny'r rôl y disgwylid i awdur ei chwarae. Awgryma fod newidiadau sosio-wleidyddol megis twf y diwydiant cyhoeddi, ynghyd â'r pwyslais cynyddol ar hysbysebu a gwerthu, yn golygu bod yn rhaid i'r awduron eu haddasu eu hunain trwy farchnata neu wynebu methiant: 'as a result of the changes in the publishing world authors knew they had to adapt or die.'[1] (Hoffaf y dyfyniad hwn!) Ta beth, cafwyd ymateb hollt ymhlith awduron y cyfnod: tra gwrthwynebai Tennyson y newidiadau yn fawr ('O you the Press! . . . what power is yours to blast a cause or bless!'), roedd Charles Dickens, ar y llaw arall, yn agored i bosibiliadau newydd: 'an author who saw and understood the market forces and thrived in them.'² Prif effaith y newidiadau oedd gweld mwy o bwyslais ar yr 'awdur' fel personoliaeth, a chafwyd o'r herwydd dwf mewn asiantaethau llenyddol a ystyriai'r llyfr neu'r testun yn eilbeth, gan fod angen gwerthu'r 'awdur' yn gyntaf: 'The personality of the author, whether real or fictional, was what mattered.'³ Cafwyd pwyslais felly ar daflunio delwedd gyhoeddus a rheoli'r ddelwedd honno'n ofalus. Daeth Dickens, er enghraifft, yn feistr ar greu 'discursive selves for himself, narrative alter egos in fiction as in life, and loved to perform them'; a sylweddolai George Bernard Shaw yntau bwysigrwydd cynnal persona cyhoeddus awdur oherwydd cynghora mewn llythyr at ffrind o ddramodydd: 'always interview yourself if you can'.⁴ Crybwylla Demoor i fenywod yn arbennig ymelwa o'r newid hwn, gan fod iddynt fwy o annibyniaeth i fentro i diroedd newydd: '[to] conceive narrative personae or authorial identities which transgressed the societal rules women were expected to observe . . . liberating . . . and allowing them to improve their social and economic position.'⁵

Peryglus yw amcanu gwneud cysylltiadau uniongyrchol rhwng yr hyn a ddigwyddodd yn y byd cyhoeddi yn Lloegr a'r hyn a oedd ar gerdded yng Nghymru yn yr un cyfnod oherwydd natur hanfodol lai'r diwydiant cyhoeddi yng Nghymru, fel y gwyddost. Hefyd, wrth gwrs, yr enwadau oedd prif ffynonellau llenyddiaeth, lle'r ymddangosai uniongrededd yn bwysicach na phersonoliaeth – neu eisteddfodau lle'r oedd beirdd, wrth reswm, yn ddienw nes iddynt ennill, a hefyd yn cyhoeddi ar bynciau gosod. Mwy peryglus fyth yw ceisio gwneud cysylltiad uniongyrchol rhwng diwedd y bedwaredd ganrif ar bymtheg a'r cyfnod presennol, gan fod amodau cyfansoddi'r awduron yn bur wahanol yn ystod y ddau gyfnod. Serch hynny, diau fod rhyw debygrwydd yn y modd yr aethpwyd ati yng Nghymru'r bedwaredd ganrif ar bymtheg i hyrwyddo persona'r awdur – William Rees (Gwilym Hiraethog), dyweder, poblogeiddiwr y ddarlith gyhoeddus a'r golofn newyddiadurol. Yr hyn sy'n bwysig, rwy'n credu, yw bod modd cymryd y newid a welwyd yn y cysyniad o awduraeth, chwedl Demoor uchod, a'r pwyslais ar addasu delwedd yr awdur yn sgil ymwybyddiaeth o newid yn y farchnad, a'i drawsosod i amodau'r cyfnod presennol.

Oni bai dy fod wedi bod yn byw dan garreg mewn ogof yn ystod y blynyddoedd diwethaf fe ddylet ti fod yn dra ymwybodol o wawr yr e-gyfnod yn ystod y degawd a hanner a aeth heibio, a olyga fod popeth sy'n cyfrif bellach yn prysur ddiflannu o'r byd diriaethol ac i'w gael yn hytrach mewn rhithffurf haniaethol ar y we fyd-eang: hyd yn oed llyfrau. O'r herwydd rhaid i bopeth sydd am lwyddo gael tudalen ar-lein yn ei e-hysbysebu a rhaid i bob un sydd am fod yn e-Rywun sicrhau bod modd cael gafael arnynt ar e-gyfeiriad. Proffwydir gwae ynghylch newidiadau'r oes yn un o gerddi Menna Elfyn:

> A fydd y Llyfrgell Gen. wedi hen gau
> O ddiffyg diddordeb mewn dalennau;
> Nes chwysu'r cyfan yn wenfflam, un noson?[6]

Ac eto, mae hi'n awdur sydd wedi llwyddo i addasu ei delwedd yn sgil y datblygiadau electronig hyn. Dylid cofio iddi ddangos ei pharodrwydd i fod yn gameleon, ac i'w haddasu ei hun at amrywiol gyfryngau, cyn hynny oherwydd ers dechrau ei gyrfa bu'n weledol yn y cyfryngau Cymraeg. Fel colofnydd newyddiadurol defnyddiodd y cyfrwng i drafod ei syniadau ar amrywiol bynciau, yn *Pais* i ddechrau, ac yn ddiweddarach yn y *Western Mail*.[7] Yr hyn a ddaw trwodd yn y colofnau yw'r parodrwydd i fynegi barn ar faterion cyfoes, megis rôl menywod yn y byd barddoni yn y naill, a phob math o bynciau dan haul yn wir yn y llall. Bu'r colofnau (yn enwedig rhai'r *Western Mail*) mewn ffordd yn fodd i Menna reoli'r persona y myn hi ei daflunio er mwyn ategu ei gwaith barddonol, sef persona bardd *engagé* a'i bys ar bỳls y byd o'i chwmpas. Diau mai'r parodrwydd hwn i gyhoeddi ei hymateb personol i ddigwyddiadau cymdeithasol a gwleidyddol, boed ar lefel blwyfol, genedlaethol, neu ryngwladol, a'i gwnaeth yn bersonoliaeth addas a chymwys ar gyfer rhaglenni trafod materion cyfoes megis *Pawb a'i Farn* y BBC. (Gyda llaw, welaist ti hi ar y rhaglen yn ddiweddar?) Prin iawn yw'r llenorion eraill sy'n ymddangos ar raglen o'r fath yn rhinwedd eu gwaith llenyddol yn unig. Cymerer Robin Llywelyn, er enghraifft. Fel dyn busnes yn anad dim yr ymddangosodd ar y rhaglen honno dro yn ôl, ond yn achos Menna Elfyn, yno fel 'bardd' yr oedd i gynnig ei sylwebaeth bersonol ar faterion cyfoes. Hyd y gwelaf i, mae hi'n ymddangos yn barod iawn i chwarae rôl 'y bardd fel sylwebydd cymdeithasol', ar gyfryngau'r teledu a'r papurau newydd.

Gwelir ei hawydd i fentro ac i ymaddasu at gyfryngau newydd yn ei pharodrwydd i gyflwyno ei gwaith mewn modd amlgyfrwng. Gwnaeth ddefnydd o gyfrwng clywedol y gryno ddisg yn *Mae'n*

Gêm o Ddau Fileniwm [8] lle y cafwyd darlleniad ganddi o rai o'i cherddi ynghyd â phwt o drafodaeth ysgrifenedig am ei gwaith. Yn yr un modd cofleidiodd gyfrwng gweledol a chlywedol y DVD yn y prosiect arloesol *In Person,*[9] sy'n amcanu cyflwyno 'your own personal interactive poetry festival', chwedl y broliant, trwy gyfosod testunau gyda disg o ffilmiau o'r awduron yn darllen eu gwaith. Rhoddaf fenthyg y DVD iti rywbryd os wyt ti'n dymuno. Menna Elfyn a Gwyneth Lewis yw'r unig Gymraesau ynghlwm wrth y prosiect cyffrous hwn – arwydd efallai o'u blaengaredd.

Yn ei defnydd helaeth o'r we yn ei hamrywiol weddau y gwelwn gymaint y mae Menna yn barod i fentro gyda'r cyfryngau newydd. Soniwyd eisoes iddi gael ei ffilmio yn darllen ei cherddi ac mae modd gweld rhai o'r rhain, ynghyd â chlipiau eraill o'r bardd, ar YouTube.[10] Hwyrach mai mater o amser ydyw cyn y ceir App. ac arno bodlediadau ohoni'n darllen ei gwaith! Os ei di i *www.mennaelfyn.co.uk* fe weli fod ganddi wefan hynod broffesiynol yr olwg, yn debyg iawn i'w merch Fflur Dafydd, sydd hefyd yn gwneud defnydd helaeth o'r cyfrwng. Yno cei ddarllen ychydig o'i hanes, cael cip ar ei gwaith, gweld lluniau ohoni, darllen am ei theithiau, gweld ei dyddiadur, a gwneud hyn oll yn hwylus â chlic botwm.

Yn yr un modd, gwna Menna ddefnydd effeithiol o gymunedau cymdeithasol ar-lein megis 'facebook'. Gwn yn iawn, ar ôl ein sgwrs dro'n ôl, nad wyt ti, Martha, yn cytuno â'r cyfrwng newydd hwn gan ei fod yn peri i'r llinell rhwng y 'preifat' a'r 'cyhoeddus' bylu, gan olygu bod pobl yn troi'n fusneslyd ac yn pori llawer gormod ym mywydau eraill. Cofia, er hynny, mai *dewis* ymuno â'r rhwydwaith a wna pobl ac y gall hynny fod yn ddoeth i rai sydd am hybu rhyw achos neu'i gilydd. Amcangyfrifa Clara Shih fod dros 150 miliwn o bobl bellach yn defnyddio 'facebook', ac awgryma 'as a business person you *need* to be where your customers are, and increasingly, your customers are spending time on facebook'.[11] Trwy fod yn aelod o'r rhwydwaith cymdeithasol hwn felly gall Menna hyrwyddo ei gwaith a gall pobl gymryd diddordeb yn ei symudiadau o ddydd i ddydd fel bardd os dewisant wneud hynny. Ynghyd â hyn mae modd cysylltu â hi'n uniongyrchol drwy'r cyfrwng ac felly i raddau helaeth mae'r gagendor rhwng bardd a'i gynulleidfa yn cael ei bontio. Hyd y gwn i, nid yw hi'n trydar hyd yma, ond efallai y bydd hi ymysg yr adar hyglyw eraill yn y dyfodol agos! Yr hyn a'm tery am hyn oll, Martha, yw ei bod hi, drwy ymroi i'r gymuned electronig fel hyn yn sicrhau ei bod 'ar gael' os bydd rhywun yn dymuno gwybod ychydig amdani neu am gael gafael arni. Mewn gair: mae'n hysbyseb dda. Wrth sôn am ddatblygiadau ym maes technoleg a goblygiadau hynny i'r byd marchnata medd David Meerman Scott:

> Many new forms of online media have burst onto the scene, including blogs, podcasts, video, and virtual communities. But what all the new Web tools and techniques have in common is that together they are the best way to communicate *directly* with your marketplace.[12]

Ac ymhellach:

> The web allows any organization – . . . as well as companies large and small, candidates for public office, government agencies, schools, artists and even job seekers – to reach buyers directly.[13]

Mae'r cyhoeddusrwydd a roddir i waith Menna ar y we yn fodd i wneud cysylltiadau amgen gyda'i darllenwyr, sydd i bob pwrpas yn gwsmeriaid iddi, boed hynny yng Nghymru neu ben draw'r byd. Maent yn arbennig o ddefnyddiol i lenor o ddiwylliant lleiafrifol sy'n ysgrifennu mewn iaith leiafrifol gan nad oes gofyn dibynnu ar sefydliadau, gweisg na chylchgronau yn unig i ledaenu ei henw.

Y peth trawiadol am hyn oll, er hynny, yw'r pwyslais a roddir ar yr awdur a hynny'n aml ar draul y gwaith llenyddol. Golyga'r datblygiadau ym myd y we fod awduron fel Menna yn llawer mwy rhydd i reoli eu delwedd a'r hyn y maent am ei daflunio i'r byd mawr gan nad yw gwefan yn gyfrwng sy'n mynnu gwrthrychedd o reidrwydd. Yr hyn a dery rhywun ar yr olwg gyntaf am wefan Menna hithau yw'r modd yr ymddengys y wefan yn un gymharol wrthrychol. Sonnir am Menna yn y trydydd person yn y bywgraffiad ohoni, a cheir dyfyniadau ar ochr y tudalen gan lenorion ac academyddion nodedig megis Gwyneth Lewis ac M. Wynn Thomas, sy'n gweithredu fel 'soundbites', ac yn ymddangos fel petaent yn warant o'i dilysrwydd llenyddol. Gan fod y rhain ar ochr y tudalen ac yn mynnu tynnu sylw rhywun, mae'n ein gwahodd i ddarllen gweddill y tudalen hefyd fel petai iddo'r un 'awdurdod' â'r dyfyniadau. O'r herwydd mae brawddegau megis 'Un o feirdd mwyaf llwyddiannus Cymru, a Chymraes sy'n adnabyddus ledled y byd erbyn hyn', yn ymddangos yn argyhoeddiadol iawn. Er hynny, mewn gwirionedd nid ydynt o werth mawr i'r academydd gan ei bod hi'n amwys iawn pwy sy'n gyfrifol am hyn o fywgraffiad ac ar ba sail y gwnânt yr honiadau.

Ar wefan o'r fath, mae rhyddid i'r bardd ddewis a dethol yr wybodaeth y mae hi am ei chynnig i'w chynulleidfa, a gall wrth gwrs, ddewis peidio â thynnu sylw at agweddau llai cadarnhaol. Ystyria di'r cyfeiriadau at adolygiadau: y rhai canmoliaethus a ddyfynnir yn ddi-ffael megis adolygiad Elinor Wyn Reynolds o *Perffaith Nam*.[14] Nid oes sôn o gwbl am adolygiad llai ffafriol Cathryn Charnell-White o'r un gyfrol.[15] Felly, er ei bod hi'n ymddangos fel gwefan wrthrychol, gwelwn yn yr hyn sydd ar goll, a'r hyn nad yw'n cael ei ddweud, mai cyfrwng nodedig o oddrychol ydyw mewn gwirionedd.

Yn yr un modd ar dudalen 'facebook' Menna ceir *collage* neu frithwaith i bob pwrpas sy'n cynnwys tameidiau o wybodaeth amdani, a dyfyniadau ffafriol gan adolygwyr, academyddion a beirdd. Eto, yr un yw'r gân felly; dewis a dethol yw'r amcan a hynny hwyrach am mai hysbysebu a gwerthu yw'r nod yn y pen draw. Ceir yn ogystal ambell gerdd ar ei thudalen proffil, ac ys gwn i ai tamaid i aros pryd yw'r rhain ac mai'r gobaith yw yr â'r darllenydd sydd am brofi'r wledd allan i brynu'r llyfr? 'Throw a sprat to catch a mackerel,' ys dywedai hen ŵr o Gardi a redai far y gweithiwn ynddo un haf. Ei bwynt oedd hyn: er na hoffai roi unrhyw beth i'w gwsmeriaid am ddim, nid oedd wahaniaeth ganddo wario arian ar brynu'r cnau halltaf yn y byd a'u rhoi iddynt heb dâl oherwydd byddai hynny'n codi syched aruthrol a olygai y byddent yn gwario ffortiwn ar ddiodydd!

Mae'n debyg fod awduron yn manteisio ar y we yn y fath fodd, megis yr awdur o Ganada, Michael Winter:

> One of a growing number of authors who are trying to drag the book into the 21st century by using the Internet to supplement the traditional process of writing, publishing and distribution, and by using blogs and other Web tools to build relationships with readers.[16]

Defnyddiodd Winter rwydwaith 'facebook' er mwyn ennyn awch ei ddarllenwyr cyn cyhoeddi ei nofel *The Architects are Here* yn 2007. Rhyddhâi Winter ddarnau tua 300 gair bob yn dipyn ar y safle er mwyn ennyn ymateb y darllenwyr yn y gobaith y prynent y nofel gyflawn. Ef oedd yr awdur cyntaf i ddefnyddio'r rhwydwaith i'r pwrpas hwn ond nid yw'n syniad annhebyg i'r cyhoeddi fesul pennod a welwyd ar ddiwedd y bedwaredd ganrif ar bymtheg gan Dickens yn Lloegr a Daniel Owen yng Nghymru. Nid ydyw chwaith yn annhebyg i'r modd y cyhoeddodd Alexander McCall Smith benodau byrion o *Scotland Street* yn *The Scotsman* yn 2004, ac yn ddiweddarach *Corduroy Mansions*, bob dydd yn y *Telegraph* ac ar wefan y papur newydd hwnnw, rhwng Medi 2008 a Chwefror 2009.

Ennyn diddordeb oedd y nod: denu darllenwyr, a oedd yn brynwyr hefyd, ond o ran llenyddiaeth Gymraeg gyfoes wn i ddim a yw'r un peth yn wir ar draws y sbectrwm. Tybed ai gwir yw geiriau Gwyneth Lewis, sef mor 'hollol groes i raen anian a diwylliant y Cymry [sydd] yn rhoi pwyslais mawr ar hanes, ar barhad traddodiad' yw technoleg sydd 'yn galluogi pob math o hunan-ddyfeisiad'?[17] Yn sicr gwelwn fod Menna Elfyn yn barod i'w hailddyfeisio ei hun, ond efallai mai ceisio gwneud ei barddoniaeth yn fwy hygyrch y mae wrth wneud hyn yn hytrach na hysbysebu a gwerthu ei gwaith fel y cyfryw. Os ei di i wefan Robin Llywelyn yntau,[18] fe weli yno ddarnau cyflawn o ryddiaith anghyhoeddedig, ynghyd â rhannau o nofelau a gyhoeddwyd eisoes, ar gael yn rhad ac am ddim. Ymddengys yno mai hygyrchedd yw'r nod, denu pobl at lenyddiaeth Gymraeg yn hytrach nag annog gwerthiant. Fe'i gwelir yn digwydd hefyd ar wefannau llenorion eraill megis Owen Martell a Samantha Wynne Rhydderch.[19] Tybed felly a oes elfen o hybu delwedd yn rhannol y tu ôl i'r penderfyniad hwn oherwydd y canmolir 'am-ddim-rwydd'?

Erbyn meddwl, efallai fod dwy ffordd wrthgyferbyniol o synio am farchnata llenorion Cymraeg unigol. Ar y naill law, gellir meddwl amdano fel rhan o ymgyrch fwy cyffredinol (a chyfun) i 'farchnata' llenyddiaeth Gymraeg fel y cyfryw. Wedi'r cyfan aeth yr Academi, neu Lenyddiaeth Cymru fel y'i gelwir bellach, o fod yn gymdeithas ddethol i lenorion cydnabyddedig (24 yn unig i gychwyn) i fod yn asiantaeth dan yr arwyddair 'hybu llên'. Chwedl y wefan:

> Mae Llenyddiaeth Cymru yn cynnig ysgoloriaethau, gwybodaeth a help wrth baratoi llawysgrifau. Mae'n rhedeg Gwobr Flynyddol Llyfr y Flwyddyn, ac yn cynnal y Cynllun Awduron ar Daith sy'n gosod awduron mewn canolfannau cymdeithasol, ysgolion a lleoliadau eraill ar draws y wlad. Mae'n cyhoeddi cylchgrawn *Taliesin* ac yn rhedeg ei rhaglen ei hun o wyliau, lansiadau llyfrau, darlleniadau, gweithdai a dathliadau llenyddol eraill.[20]

Ychwaneger at yr uchod gystadlaethau a chynadleddau, digwyddiadau Diwrnod y Llyfr, creu Bardd Cenedlaethol a Bardd Plant Cenedlaethol, ymweliadau cyfnewid rhyngwladol, prosiect carchardai, sgwadiau sgwennu – a chyhoeddi *A470* fel cyfeiriadur i'r holl ddigwyddiadau hyn. Gellir meddwl felly am farchnata awduron gan y diwydiant cyhoeddi fel cyfraniad at achos mwy cyrhaeddbell o blaid llenydda yn y Gymraeg ac mae modd dadlau bod 'hunanfarchnata' Menna'n beth cyfundrefnol a gymeradwyir gan y diwylliant y cymer arni ei gynrychioli.

Ar y llaw arall, mae marchnata, wrth reswm, yn pwysleisio'r 'pwynt gwerthu unigryw' ac mae Menna yn ei chyflwyno'i hun mewn ffordd ddethol. Mae'r modd yr â ati i gynnal darlleniadau amlieithog ledled y byd yn gwneud iddi ymddangos bron fel llysgennad sy'n creu cysylltiadau rhwng Cymru a gwledydd eraill.[21] Yn ogystal, mae'r sesiynau y cymer hi ran ynddynt yng Nghymru yn aml yn adlewyrchu natur ryngwladol y cylchoedd barddol y try hi ynddynt trwy ddod ag elfen 'dramor' i Gymru. Mewn digwyddiad yng Nghaerdydd yn ddiweddar, er enghraifft, Menna a gadeiriai'r noson farddonol 'De Affrica: Lleisiau Cenedl', i ddathlu cysylltiad rhwng beirdd o Gymru a De Affrica, ac mae'n debyg mai hyhi a fu'n bennaf cyfrifol am ddewis dathlu gwaith y bardd o Affrica, Antjie Krog, a fyddai wedi siarad ei hun ar y noson oni bai i'r llosgfynydd amharu ar ei theithio. Ta waeth am hynny, yr hyn a'm trawodd i oedd rôl lysgenhadol Menna Elfyn yn y cyswllt hwn: fe â hi, fel Bendigeidfran gynt, i gynrychioli Cymru dramor, ac ar ei thir ei hun hyhi sy'n croesawu'r tramorwyr mewn digwyddiadau tebyg i'r un y soniwyd amdano yma. Difyr yw sylwi i'r cyn-Weinidog Diwylliant, Jenny Randerson, wrth ddymuno'r gorau i Menna gyda'i chyhoeddiad *Cusan Dyn Dall/Blind Man's Kiss* rai blynyddoedd yn ôl bellach, ddymuno'n dda i'r 'truly international poet . . . in her future international work on behalf of Welsh culture'.[22] Gwelir felly fod ei phersona cyhoeddus, a'r modd y caiff ei marchnata[23] fel bardd 'rhyngwladol', yn creu ac yn cynnal delwedd ohoni fel bardd sy'n pontio'r gagendor rhwng diwylliannau a'i gilydd.

Yn sgil y fath ddatblygiadau amlgyfrwng sy'n gymorth i liwio ac i hyrwyddo delwedd awdur, rhaid gofyn beth yw'r newidiadau a ddaw i ran y darllenydd. Yr hyn sy'n digwydd, dybiwn i, yw bod y cyfryngau amrywiol hyn yn ffactorau alldestunol sy'n effeithio ar y modd y deuir at y testunau llenyddol. Yn wir, fe ddadleuwn i fod y cyfryngau marchnata hyn bron yn fath o fetadestunau y mae'n rhaid i'r darllenydd hidlo drwyddynt wrth ddod at y gwaith llenyddol. Un o'r prif drafferthion gyda'r safleoedd electronig hyn, o safbwynt y darllenydd, yw eu bod yn cael eu rheoli naill ai gan y llenorion eu hunain neu gan eu hasiantaethau, ac felly nid oes iddynt lawer o hygrededd fel ffynonellau gwrthrychol fel y soniwyd eisoes. Cyfeiria'r awdures Ru Freeman at ei phrofiad hithau:

> Tis the season when people who have things to sell – . . . Independent booksellers or, indeed, authors – have to give their wares an extra push.
> . . . But after the zillionth status update in the course of three months about one book or another streaming onto my screen via Facebook's live news feed, I realized that we were all descending, en masse, into a vast swamp of self-promotion that is just not becoming of the writerly class.[24]

Er bod ysbryd tafod-mewn-boch i raddau i'w darn yn ei gyfanrwydd, tynn y dyfyniad hwn sylw at broblem a gyfyd gyda'r cyfryngau newydd hyn, sef bod gan awduron ryddid rhyfeddol i reoli a hyrwyddo eu delwedd eu hunain, er gwell neu er gwaeth, a bod gofyn i'r darllenydd felly fod yn wyliadwrus o'r llif o negeseuon cymysg anawdurdodedig a dreiddia i'w ymwybod.

Tua diwedd ei oes sylwodd R. S. Thomas fod y byd llenyddol yn prysur newid o'i gwmpas ac meddai mewn llythyr at Raymond Garlick adeg Nadolig 1993, 'Technology and media have produced a shallow generation'.[25] Tybed? A ninnau'n awr yn anterth yr e-gyfnod, a 'glamour' dros-nos rhaglenni teledu realaidd, mae perygl inni golli persbectif trwy roi gormod o bwyslais ar greu a chynnal delwedd a hynny ar draul sylwedd. Yn oes y cymunedau electronig, mae perygl inni roi gormod o fri ar y 'face' yn hytrach na'r 'book'.

Gan gyfeirio at dueddiadau'r bardd uchod, dyma a ddywed John Barnie:

> In the technological, consumerist profit-driven world we live in, we need great poetry more than ever . . . but it is the art we need, not the artist . . . R. S. Thomas . . . understood this better than most. He never held a creative writing fellowship, rarely lectured or discussed his poetry in public, his readings were minimalist and austere, keeping his audience at arm's length. In this way he reserved his privacy, the necessary creative space out of which the poems came.[26]

Safbwynt gwahanol braidd a welir wrth edrych ar weithgarwch llenyddol Menna Elfyn: un a fu (ac un sydd, rwy'n credu) yn gymrodor ysgrifennu creadigol, ac sy'n cynnal darlleniadau rif y gwlith ar ei gwaith. Yn wir, dywed Dafydd Pritchard ei bod 'siŵr o fod wedi perfformio a darllen ei gwaith o flaen mwy o bobl na neb arall sy'n ysgrifennu yn Gymraeg heddiw – neu erioed o bosib.'[27] Ond efallai na ellir ei beio?

Rwy'n teimlo'n anghysurus braidd wrth sôn am oblygiadau economaidd gwaith awdur neu fardd a'r pwyslais sydd ar farchnata delwedd. Mae tuedd, wedi'r cyfan, i feddwl am weithiau llenyddol fel cynnyrch yr awen, ac am y bardd fel un sy'n barddoni o'r galon ac sy'n byw ar ysbrydoliaeth, yn hytrach na'r angen neu'r awydd i ennill ei fara menyn. Dyna ergyd Caron Wyn Edwards wrth ddweud bod 'canu Menna Elfyn yn llifo mor rhwydd ac mor huawdl fel bod ei cherddi'n llithro'n gwbl naturiol o'r genau ac o'r galon'.[28] Bron nad yw'n synio am farddoni fel rhywbeth a lunnir gan y bardd er lles ei henaid! Mae sôn felly am ennill bara menyn, a'r modd yr eir ati i geisio gwneud hynny, yn torri ar y rhith rywsut ac yn gwneud imi edrych fel sinig mawr nad yw'n credu yn yr 'hud llenyddol'. Serch hynny, fe ymddengys, Martha, nad ar fara'n unig y bydd byw bardd, ond ar bob rhyw grant. Yn wyneb y fath sefyllfa, os caf ddyfynnu o'r llyfr y cyfeiriais ato ar y dechrau, efallai mai'r unig ddewis i awduron yw 'adapt or die'.

Rhaid imi fynd ond edrychaf ymlaen at dy lythyr nesaf – oni bai dy fod am anfon e-bost ataf? Sori, dim ond tynnu coes! Gwn fod yn well gennyt lythyru, felly fe barhawn fel hyn am y tro, tra pery'r papur a'r inc.

Hwyl am y tro,

Rhiannon

Nodiadau

[1] Marysa Demoor (gol.), *Marketing the Author – Authorial Personae, Narrative Selves, and Self-Fashioning, 1880–1930* (New York: Palgrave Macmillan, 2004), t. 4.
[2] Ibid., t. 4.
[3] Ibid., t. 5.
[4] Ibid., t. 5.
[5] Ibid., t. 7.
[6] Menna Elfyn, 'Hen daith gyda henadur', *Perfect Blemish/Perffaith Nam* (Tarset: Bloodaxe Books, 2007), tt. 258–62.
[7] Maent i'w cael bellach ar wefan *walesonline.co.uk/cymraeg*.

8 Myrddin ap Dafydd ac Iwan Llwyd (goln), *Mae'n Gêm o Ddau Fileniwm* (Llanrwst: Gwasg Carreg Gwalch, 2002).
9 Neil Astley (gol.), *In Person: 30 poets*, ffilmiwyd gan Pamela Robertson-Pearce (Northumberland: Bloodaxe Books, 2008).
10 Gweler er enghraifft: *www.youtube.com/watch?v=-LvPY7rgsUc&feature=related*. Cyrchwyd 10 Mai 2010.
11 Clara Shih, *The Facebook Era* (Boston: Pearson, 2009), t. 3.
12 David Meerman Scott, *The New Rules of Marketing and PR* (New Jersey: Wiley, 2007), t. xxii.
13 David Meerman Scott, *The New Rules of Marketing and PR*, ailargraffiad (New Jersey: Wiley, 2010), t. 26.
14 Gweler adolygiad Elinor Wyn Reynolds o *Perffaith Nam* ar wefan *www.gwales.com*. Cyrchwyd 12 Mai 2010.
15 Cathryn Charnell-White, Adolygiad o *Perffaith Nam* – 'Bardd cydwybod a chydymdeimlad . . .', *Barddas*, 283 (Mehefin/Gorffennaf 2005), 54–6.
16 'Can Authors use Facebook to reach readers?' Blog: *www.mathewingram.com/work/2007/09/04/can-authors-use-facebook-to-reach-readers/*. Ymwelwyd 2 Mehefin 2010.
17 Gwyneth Lewis, 'Barddoniaeth a Thechnoleg', *Taliesin*, 111 (Gwanwyn 2001), t. 55.
18 Gweler gwefan Robin Llywelyn: *www.llywelyn.com/index.htm*. Cyrchwyd 12 Mai 2010.
19 Gweler *www.owenmartell.com* a *www.rhydderch.com*. Cyrchwyd 12 Ionawr 2011.
20 Gweler gwefan Llenyddiaeth Cymru: *http://www.literaturewales.org/gwybodaeth*. Cyrchwyd 27 Mai 2011.
21 Nid oes ond angen taflu cip sydyn ar y 'Dyddiadur' ar ei gwefan i weld cyn brysured yw hi fel llenor teithiol: *www.mennaelfyn.co.uk/Digwyddiadur.html*. Cyrchwyd 12 Mai 2010.
22 'Culture Minister applauds Bilingual Literary Ambassador', ar wefan *http://new.wales.gov.uk/news/archivepress/localgovculpress/locgovpress2001/75407*. Ymwelwyd 27 Mehefin 2008.
23 Gweler, er enghraifft, ei gwefan ddwyieithog: *www.mennaelfyn.co.uk*, lle sonnir amdani fel 'the best-known, most travelled and most translated of all modern Welsh-language poets.'
24 Ru Freeman, 'Facebook etiquette for authors', *www.huffingtonpost.com/ru-freeman/facebook-etiquette-for-au_b_398318.html*. Ymwelwyd 2 Chwefror 2010.
25 Jason Walford Davies (gol.), *Letters to Raymond Garlick* (Llandysul: Gwasg Gomer, 2009), t. 148.
26 John Barnie, 'The Writer's Dubious Friends', *Planet*, 144 (December 2000/January 2001), t. 5.
27 Dafydd Pritchard, 'Canu Rhydd 1976–2006', t. 14.
28 Adolygiad Caron Wyn Edwards o *Perffaith Nam*: *www.bbc.co.uk/cymru/adloniant/llyfrau/adolygiadau/515-perffaith-nam.shtml*. Ymwelwyd 2 Mehefin 2010.

Anfonwyd y neges electronig hon o FwyarenDdu Rhiannon – 22/1, 10.05 y.b.

Helo Martha!

Sut wyt ti? Mae gen i newyddion cyffrous! Nid oes pwynt imi ysgrifennu llythyr gan fy mod i'n mynd i fan lle na fydd blwch post o fewn cyrraedd. Dyma e-bost cyflym felly i ddweud wrthyt na fydda' i ar gael am gyfnod. Rwyf wedi rhoi'r ymchwil o'r neilltu am y tro gan fy mod i wedi blino ar y broses ddiddiwedd o dynnu casgliadau am waith Menna Elfyn a'u newid drachefn. Wedi'r cyfan, fel y gwyddost, amodol yw pob casgliad, ac maent yn rhwym o newid gyda threigl amser. Ac ar ben hyn, mae'r bardd yn dal i gyhoeddi'n ddiwyd!

I ble rydw i'n mynd felly? Wel, cefais gynnig mynd ar daith dra anghyffredin i ymweld â Syr Meurig Grynswth.[1] A ydw i wedi sôn wrthyt amdano? Arferai fod wrth ei fodd yn ysgrifennu llythyrau flynyddoedd lawer yn ôl ond bu'n ddistaw iawn yn ddiweddar. Mae e'n pryderu tipyn ynghylch dyfodol y llythyr yn yr oes sydd ohoni, ac yn awyddus iawn i weld sut beth yw *iPad* a sut y mae'n gweithio. Estynnodd wahoddiad imi felly i fynd lan i'w helpu ac rwyf wedi prynu *App*. 'Y peiriant cynganeddion' iddo gael ei roi ar ei declyn newydd. Rwyf wrth fy modd â'i lythyrau, ac yn edrych ymlaen yn arw at drafod barddoniaeth yr oes sydd ohoni gydag ef.

Talodd am fy nhocyn, chwarae teg iddo, ac ar hyn o bryd, ys dywed Cân i Gymru un flwyddyn – 'O dwi ar y bws i'r lleuad, ddim yn siŵr pryd dwi'n dod yn ôl'. Mae'n gerbyd digon cyfforddus (a'r 'diwifr' yn gweithio'n dda!) – dylwn fod yno'n fuan. A dyfynnu englyn Syr M ei hun:

> Yn y lloer mewn lle eirian – godidog
>   Dedwydd wyf fi rŵan;
> Uwchlaw beirdd oruchel byd,
> Onid hyfryd yw 'hofran'.[2]

Ie, hyfryd yw hofran – gwell o lawer na chael y ddaear yn sownd dan dy draed, cred di fi, a rhyw deimlad braf, rhydd bellach yw'r profiad o ddarllen!

Pob lwc iti gyda'r ymchwil, Martha – mae'n hynod gyffrous dy fod yn ysgrifennu'r traethawd ar ffurf llythyrau dychmygol. Edrychaf ymlaen at ei ddarllen!

T@a tan toc . . .

Rhiannon

Nodiadau

[1] Gweler Hugh Bevan (gol.), *Gohebiaethau Syr Meurig Grynswth* (Caerdydd: Gwasg Prifysol Cymru, 1948). Ynddynt mabwysiada Ceiriog bersona 'Syr Meurig' – gŵr llengar sy'n trigo ar y lleuad – er mwyn gohebu drwy lythyrau â thrigolion y ddaear. Eir ati i drafod problemau'n ymwneud â barddoniaeth yn y llythyrau a cheir dogn dda o hiwmor wrth iddo ddychanu arferion cyfansoddi'r oes. Defnyddia ohebiaeth ffuglennol felly i gyfleu ei feirniadaeth lenyddol.

[2] Ibid., t. 23.

Ôl-Nodyn

Aberystwyth, Mawrth 2011

Annwyl Menna,

Diolch ichi am y gwahoddiad i noson lansio eich cyfrol, *Merch Perygl*, ar y 7fed o Ebrill. Edrychaf ymlaen at fod yno gan fy mod wedi cytuno i ysgrifennu adolygiad o'r llyfr i gyfrol 143, cylchgrawn *Taliesin*.

Fel y gwyddoch, ers ein cyfarfyddiad yn y cnawd, fel petai, bûm yn ysgrifennu traethawd PhD ar eich gwaith yn ystod y tair blynedd a hanner diwethaf, ac o'r diwedd rwyf wedi ei orffen. Diolch byth imi wneud hynny cyn i'ch cyfrol newydd ddod allan neu byddai'n rhaid imi gynnwys trafodaeth ar honno hefyd, ac ailystyried rhai o'm safbwyntiau blaenorol. Dyna brawf efallai ba mor anodd yw 'cloriannu' gwaith awdures sy'n fyw gan fod ei chasgliad o gynnyrch llenyddol yn parhau i dyfu. Mae'n peri imi deimlo'n anesmwyth gan fod perygl i'm gwaith ymddangos fel petai wedi dyddio yn barod, er nad wyf ond newydd ei orffen. Dyna natur darllen, mae'n siŵr, sef ei fod yn digwydd ar adeg benodol mewn amser. Wedi dweud hynny, mae teimlad o'r fath o'm rhan i yn brawf cadarn nad oes y fath beth â darlleniad terfynol!

Darllenais yn *Llên Cymru* eich bod chithau wrthi ar hyn o bryd yn paratoi eich gwaith er mwyn ei gyflwyno am radd PhD.[1] Dyma anfon fy nhraethawd atoch er mwyn ichi gael bwrw golwg drosto os dymunwch wneud hynny. Pwy a ŵyr, efallai y gwelwch yn dda i'm cynnwys mewn troednodyn. Wedi'r cyfan, fel y dywedodd Islwyn Ffowc Elis – 'mae rhywfaint o anfarwoldeb, cofiwch, mewn bod yn nodyn ar waelod dalen mewn traethawd PhD'.[2]

Fe sylwch wrth fynd trwyddo imi ddefnyddio dull annisgwyl braidd, sef 'beirniadaeth epistolaidd'. Cymerais arnaf ysgrifennu llythyrau atoch sy'n beth ymddangosiadol ryfedd, mi wn, ond efallai na fydd yn gwbl ddieithr ichi oherwydd sylwais y cynhwysir llythyr ffuglennol, o fath, yn eich cerdd 'Tlodi Newydd'.[3] Fel y cofiwch, mae'n siŵr, portreada'r gerdd Nadezdha, gwraig y bardd o Rwsiad, Osip Mandelstam, y sawl a guddiodd gerddi ei gŵr yn ystod cyfnod cythryblus yn hanes y wlad, 'fel y gallai'r gerdd, ryw ddydd gerdded'.[4] Yn yr ail hanner, eir ati i ddychmygu'r math o lythyr y byddai hithau wedi ei anfon at ei gŵr: 'Pe gallwn, mi luniwn o inc yr India/Ei llythyr olaf ato . . ./gan wybod mai geiriau i'r gwagle oeddynt,'[5] ac yna ceir y 'llythyr' yng nghorff y testun. Yn yr achos hwn, fel yn fy llythyrau innau, erfyn yw'r 'llythyr' sy'n fodd i gyfathrebu ymateb personol i fater penodol, a hynny'n fwy er diddordeb i ddarllenwyr eraill na'r sawl a gyferchir mewn gwirionedd. Gyda llaw, gobeithio nad oes wahaniaeth gennych, ond benthycais ran o'r gerdd yn deitl i'm traethawd.

Nid â chi yn unig y bûm yn esgus gohebu ond â myfyrwraig ddychmygol hefyd. Chredwch chi fyth, ond pan gyflwynais bapur mewn cynhadledd yn Llundain ar fethodoleg f'ymchwil, daeth seicolegydd ataf ar y diwedd yn chwerthin am fy ngohebu dychmygol gan ddweud, 'If you were a patient of mine I'd have you sectioned.' Dyna ni felly, os bydd imi ddiflannu rywbryd yn y dyfodol byddwch yn gwybod ble i'm canfod. Cofiwch, fe ymddengys yn debygol na fyddaf ar fy mhen fy hun yn fy nghell gan imi ddod ar draws un o'r enw Susanne Reichl yr wythnos ddiwethaf. Cynhwysa hithau gymeriad dychmygol yn ei gwaith academaidd er mwyn cynnig mewnwelediad dadlennol i'r broses ddarllen:

> Reading processes can be looked at from a variety of angles; to me, the most promising seems to be from the perspective of a specific reader. Not an empirical reader, but a potential reader, and one that is as fictional as the texts she is reading and the reading processes involved.[6]

Bedyddia Reichl ei chymeriad yn 'Frieda the reader'![7] Rhaid dweud imi gael fy nhemtio yn sgil hyn i newid fy nghymeriad innau yn Cennydd y darllenydd. Bid a fo am hynny, roedd cynnwys Martha yn yr ohebiaeth yn gam buddiol, rwy'n credu, ac yn caniatáu llais arall i'r drafodaeth. Hi sydd wedi peri imi nid yn unig gwestiynu fy arferion darllen fy hun, ond wedi fy ngorfodi i'w hesbonio.

Gobeithiaf yn fawr, Menna, na fyddwch yn teimlo imi eich tramgwyddo neu eich cambortreadu yng nghwrs fy nhraethawd. Wrth reswm, fe gewch gyfle i gyflwyno eich ochr chi i bethau yn eich gwaith chi. Pwysleisio ymateb y darllenydd a wneuthum, yn hytrach na chynnig addoliad i fwriadolaeth. Y nod oedd dangos nad un ffordd sydd i ddarllen testun a bod ymateb y darllenydd yr un mor deilwng â'ch ymateb chi fel awdur. Wedi'r cyfan, er mai chi a ysgrifennodd y gwaith, nid oes gennych reolaeth drosto na'r modd y caiff ei ddarllen, yn fwy nag sydd gen innau dros y gwaith hwn rwy'n ei anfon atoch yn awr. Mae unrhyw destun sy'n mentro allan i'r byd mawr yn gorfod cymryd ei siawns ac ni ellir rheoli ei dderbyniad.

Cyfeiria Angharad Price at yr 'ymgaregu' sy'n digwydd i waith llenyddol pan ymddengys mewn print, a sonia'n benodol am ysgrif T. H. Parry-Williams, 'Gollyngdod', sy'n 'arddangos pellter y testun yn ei ffurf wreiddiol ym meddwl yr awdur oddi wrth ei ffurf orffenedig ar dudalen llyfr'.[8] Nawr, a minnau wedi argraffu'r gwaith, rwy'n gweld ei phwynt. Er y gallaf feddwl am gant a mil o drywyddau posibl eraill y gellid bod wedi eu dilyn yn fy ngwaith, ni ellir troi'n ôl, ac mae hynny'n frawychus braidd.

A dweud y gwir, trois at 'Gollyngdod' yn gymharol ddiweddar, am ei bod yn darlunio rhan annatod o'r broses ysgrifennu, sef bod rhywun yn rhwym o ailfeddwl ynghylch yr hyn a drawodd ar bapur. Cydymdeimlaf yn llwyr â'r 'newid meddwl', chwedl Parry-Williams, oherwydd tebyg fu fy hanes innau wrth bennu pa lythyrau y dylid eu cynnwys yn y casgliad terfynol. Cyfeiria at stori fer a hepgorodd o'i gasgliad ond yna aiff ati i ailfeddwl a wnaeth y penderfyniad cywir. Pendilia rhwng ansicrwydd a'r penderfyniad anochel, di-droi'n-ôl, fod yn rhaid gadael i'r peth fynd:

> Beth petai hi'n digwydd bod yn un orchestol, a bod ynddi argoelion ystorïwr addawol, a bod ei hawdur, wrth ei diarddel, yn ildio'i anfarwoldeb? . . . ond ei gwrthod yr ydwyf, a chymryd fy siawns.[9]

Rhyw broses o ddod i arfer â'r penderfyniad sydd raid, ac ymgyfarwyddo hefyd â ffurf 'newydd' y gyfrol *heb* y darn colledig, er gwaetha'r gydwybod sy'n pigo:

> Y mae'r cyfyng gyngor wedi ei setlo erbyn hyn: nid yw'n debyg y newidiaf fy meddwl yn ôl erbyn y proflenni terfynol; ac y mae'r rheini bob amser, gyda'u terfynoldeb tyngedfennol, yn creu ansicrwydd arswydus ym mynwes awduryn teimladwy. . . . Mae [y stori a hepgorwyd] ar hyn o bryd yn ddiogel rhag chwilfrydedd y byd. Efallai y byddaf fy hun wedi colli adnabod arni cyn bo hir, y druan fach wrthodedig.[10]

Ac wrth feddwl am fy nhrueiniaid bach gwrthodedig innau yn eu ffurf electronig, yn cuddio mewn cilfach o'r ffolder 'Ymchwil – yr ohebiaeth', dan y teitl 'stwff dros ben' (nid oedd gennyf mo'r galon i'w hanfon i'r bin ailgylchu), rwy'n hiraethu rywfaint amdanynt, ac awydd eu stwffio yma a thraw . . .

Gwelaf ynddynt ôl hen feddyliau y gallaswn fod wedi eu cynnwys (ac y dylwn fod wedi eu cynnwys, hwyrach), ond eto, rwy'n araf ddod i dderbyn mai dyma sut y bydd casgliad Rhiannon o lythyrau ffuglennol yn edrych o hyn allan, a bod yn rhaid wrth rywfaint o 'golli adnabod' ar y darnau coll er mwyn symud ymlaen at rywbeth newydd. Hwyrach mai fi sy'n wirion o sentimental ynghylch yr hen lythyrau, a siawns na fydd y sylwadau hyn o dragwyddol bwys i neb arall. A llurgunio geiriau Parry-Williams yntau: 'Ni fyddai'r bwlch o'[u] [c]olli yn amlwg i neb ond myfi, ac felly rhyw ymddiheuro i mi fy hun ac i'r [llythyrau] yr wyf.'[11]

Un peth nad ydwyf yn edifarhau yn ei gylch yw mentro defnyddio ffurf y llythyr. Gobeithiaf eu bod wedi 'gweithio' ar y cyfan, trwy ganiatáu imi fynd ar drywyddau na ellid bod wedi eu hystyried fel arall. Mae'n gyfrwng gwych i osod darlleniad mewn cyd-destun personol (er nad myfi yw'r 'fi' a ddarlunnir ynddynt bob amser, cofiwch!) ac mae'n caniatáu gofod i newid meddwl a mynegi dryswch.

Mewn gwirionedd mae llythyr yn gyfrwng digon anwadal i drosglwyddo neges, gan na wyddys pryd y bydd llythyr yn cyrraedd pen y daith, os o gwbl, na sut nac o dan ba amgylchiadau y caiff ei ddarllen. Mae'r prosesau sydd ar waith wrth ddarllen ac ysgrifennu llythyrau felly yn ymgorffori neu'n amlygu pethau sy'n wir am y broses o ddarllen unrhyw fath o destun. Ystyriwch eiriau Nicholas Royle yn ei lythyr agoriadol i'w gyfrol:

> It is, for example, a necessary possibility that a letter can fail to reach its destination: this necessity, which is part of the very structure of writing as telecommunication, means that any letter, any text is haunted by this possibility of non-arrival. . . . It is not simply a question of an inefficient postal system in a supposedly literal sense, but rather to do with a sense that we can never be quite sure that any letter, any text, has ever completely, fully, finally arrived.[12]

Genre sy'n tynnu sylw at y prosesau o ddarllen ac ysgrifennu ydyw, ac sy'n cydnabod yr hyn sy'n wir am y ddwy sef eu bod yn digwydd, nid mewn gwagle, eithr ar amser penodol mewn hanes.

Yn wir, crybwylla Jacques Derrida, a oedd yn bur hoff o ffurf y llythyr fe ymddengys, nad ffurf y dylid ei bwrw o'r neilltu a'i hanghofio mo'r llythyr, eithr bod ynddi'r potensial i ddysgu rhagor inni am lenyddiaeth – 'la lettre, l'épître, qui n'est pas un genre mais tous les genres, la littérature même'.[13] 'Y llythr, yr epistol, nad yw'n un *genre* eithr pob *genre*, llenyddiaeth hyd yn oed'. Os yw'n ddigon da i Derrida, gwnaiff y tro i minnau.

Ffarweliaf â chi yn y gobaith fy mod i, wrth gloi'r llythyr hwn, hefyd yn agor trafodaeth ehangach. A dyfynnu geiriau Derrida yn un o'i lythyrau ffuglennol yntau, 'our exchange should serve above all as an invitation to *others*, in the course of a discussion that is both open and yet to come.'[14]

Pob lwc ichi gyda'r PhD![15]

Cofion gorau,

Rhiannon

Nodiadau

[1] 'Traethodau sydd ar y gweill', *Llên Cymru*, Cyfrol 33 (2010), tt. 200–1.
[2] Islwyn Ffowc Elis, 'Breuddwydio', *Barn*, 7 (Mai 1963), t. 203.
[3] Menna Elfyn, 'Tlodi Newydd', *Perfect Blemish/Perffaith Nam*, tt. 244–6.
[4] Ibid., t. 244.
[5] Ibid., t. 246.
[6] Susanne Reichl, *Cognitive Principles, Critical Practice: Reading Literature at University* (Vienna: Vienna University Press, 2009), t. 40.
[7] Ibid., t. 40.
[8] Angharad Price, *Llên y Llenor: Robin Llywelyn* (Caernarfon: Gwasg Pantycelyn, 2000), tt. 51–2.
[9] T. H. Parry-Williams, *Lloffion* (Llandysul: Gwasg Gomer, 1942), t. 48.
[10] Ibid., t. 49.
[11] Ibid., t. 48.
[12] Gweler llythyr agoriadol Nicholas Royle, 'What is Deconstruction?', yn Nicholas Royle (gol.), *Deconstruction: A user's guide* (Basingstoke: Palgrave, 2000), tt. 6–7.
[13] Jacques Derrida yn 'Envois', *La Carte Postale*, yn wreiddiol ond dyfynnir gan Marietta Messmer, *A Vice for Voices: Reading Emily Dickinson's Correspondence* (Amherst: University of Massachusetts Press, 2001), t. 27.
[14] 'Afterword' Jacques Derrida i *Limited Inc*, ar ffurf llythyr 'ffuglennol' at Gerald Graff (Evanston: Illinois, Northwestern University Press, 1988), t. 111.
[15] Erbyn i'r gyfrol hon fynd i'r wasg roedd Menna a minnau wedi derbyn ein graddau. Mae'r troednodyn hwn yn brawf, unwaith yn rhagor, fod y weithred ysgrifennu a'r weithred ddarllen wedi eu gwreiddio mewn cyfnod penodol mewn amser.

Mynegai

achos llys 138–53, 213
ailddarllen 10, 15, 82, 149, 105–6, 229–31, 259–60
Ail gainc y Mabinogi 188
Aneirin 222
Arwisgiad 1969 190–1, 207

Bakhtin, Mikhail 14, 23, 204–5, 209, 210, 227, 228
Barddas 138, 191
barddoniaeth dywyll 134, 139, 141–2
Barnie, John 252
Barthes, Roland 24, 58–60, 63–4, 68–9, 70
Bassnett, Susan 160, 162, 164
beirniadaeth argraffiadol 113–27
beirniadaeth epistolaidd ix, 8–15, 257
beirniadaeth newydd 49–51, 129–34
Bendigeidfran 188, 251
Bernstein, Charles 80
Bevan, Hugh 38, 142
Bhabha, Homi 55
Black Mountain Poets 214
Blake, William 178
blodeugerddi 3, 4–5, 30–4
   Blodeugerdd o Farddoniaeth Gymraeg yr Ugeinfed Ganrif 8, 30, 32
   Hel Dail Gwyrdd 5, 33–4
   O'r Iawn Ryw 33
   The Bloodaxe of Modern Welsh Poetry 184, 189
Bowen, Euros 141–2
Bower, Anne 10

Brooks, Simon 2, 26, 34
Buck, Gertrude 116
bwriadolaeth 37–8, 46, 78, 80, 158, 258

Caldicott, Helen 221
canu caeth 150
canu gwleidyddol 96–101, 190–1, 203–28, 241
capel 145, 217
Capel Celyn 207
carchar 99, 100, 195, 205, 212–13, 227–8
Ceiriog (John Ceiriog Hughes)
   Gohebiaethau Syr Meurig Grynswth 255
   'Nant y Mynydd' 37–41
cenedlaetholdeb 3, 56, 80, 94, 149–50, 167, 203, 204, 206–10
Chapman, T. Robin 26
Charnell-White, Cathryn 140, 142, 249
Cixous, Hélène 87
   écriture féminine 94, 111
Clancy, Joseph 120, 161, 163, 181, 185, 194, 195
Clarke, Gillian 185, 186, 187, 188, 196, 199
Cohen, Ralph 3
colli plentyn 87, 89–94, 158, 166
Comin Greenham 98, 205, 221–4
confensiynau academaidd ix, 9, 10, 13, 14–15, 102–3, 105, 106–9, 115, 125, 126, 156–7, 228, 230, 232–3, 234–6, 258
Conran, Tony 185, 241–2
Cope, Wendy 77

cyfieithu 158–69, 172–81, 183–97
   cyfieithu 'Colli Cymro' 158–69
   cymharu testun ffynhonnell a
      thestun targed 162–5, 176–81,
      185–8,
   glòs 'Cusan Hances' 186
   perthynas y Ffrangeg a'r
      Lydaweg 190
   strategaethau 162–5, 194
      cyfaddasiad 162, 163
      Dieithrio 163–5, 194
   sylwebaeth ar y broses gyfieithu
      166–9, 194
   testun ffynhonnell 159, 162–3
   testun targed 159, 162–3
   y ddadl ynghylch cyfieithu yng
      Nghymru 184–97, 201
    ystyriaethau diwylliannol 161,
      162, 163, 164, 166, 184–97, 200
    ystyriaethau'n ymwneud â
      rhywedd 161
cyfrolau dwyieithog 6, 172–81,
   241–2
cyfryngau digidol 247–8, 249–50,
   252
cynghanedd 82, 190, 193, 201
Cymdeithas yr Iaith 99, 100, 162,
   194, 203, 205, 208, 212

dadadeiladaeth 26–7
Dafydd, Fflur 94–5, 108, 153, 203,
   212, 247
Davies, Aneirin Talfan 195
Davies, Diane 196
Davies, Grahame 151, 161, 196, 235
Deddf Uno 1536 191
deialog 88 32, 57–8
Demoor, Marysa 244–5
Derfel, R. J. 206
Derrida, Jacques 3, 240, 260–1
Dickens, Charles 244–5, 250
Différence 63, 175, 178
Dyneiddiaeth Ryddfrydol 26

Eisteddfod, yr 7, 23, 24, 26–7, 36, 83,
   141, 151, 152, 245

Elfyn, Menna,
   Aderyn Bach Mewn Llaw
      'Adeiladau'r bardd' 100–1
      'Bardd di-gadair freichiau' 100
      'Cennad Heddwch' 223
   Cell Angel 140, 142, 227, 231
      'Blodau Gwylltion' 227–8
      'Broits' 129–34, 135–7
      'Rhif 257863 H.M.P' 205
   Cusan Dyn Dall / Blind Man's Kiss
      174, 251
      'Cusan Hances' 174, 175,
         185–8, 191
      'Eira' 113–14, 116–27
   Eucalpytus 205, 241
      'Blwyddyn Genedlaethol i'r
         Ystlum' 224–5
      'Cân y di-lais i British Telecom'
         164, 226–7
      'Er Cof am Kelly' 25, 43–63
      'Ffiniau' 223–4
      'Mae pethau wedi newid
         Mr Frost' 224, 225–6
      'Siapau o Gymru' 124
   Merch Perygl 257
   Mwyara 87, 88, 206–10
      'Cerdd Groeso' 96, 97, 106
      'Emyn Gŵyl Ddewi' 207
      'Saunders Lewis' 209–10
      'Y Dwthwn Hwn' 63, 208–9
      'Y Geni' 87, 88, 92, 95, 100
      'Y Goeden Waedlyd' 206–7
   Mynd Lawr i'r Nefoedd 102, 210
      'Ar ôl gadael Meilyr yn crio
         ar fy ôl yn yr ysgol' 95
      'Cadwn y bwystfil rhag y mur'
         98–9, 106, 221–2
      'Cân i Reagan' 54, 97–8, 211,
         219, 220–1, 230
      'Dau fod mewn car' 101
      'Deilen a deilen a deilen' 223
      'Gyda'r plant' 101–2
      'Heno, heno, hen blant bach' 97
      'I bob dyn sy'n ffyddlon'
         215–16
      'Lawr i'r nefoedd' 101

'Poli, Ble mae dy Gaets di?' 215
'Rhwng Dau' 219, 230, 231–2
'Scan' 94
'Sul y Mamau yn Greenham' 223, 224
Wnaiff y gwragedd aros ar ôl?' 139, 143, 145, 217–18
Perfect Blemish/Perffaith Nam 8, 79
  'Bronnau Ffug'/'Falsies' 163
  'Coed Newydd'/'New Growth' 176
  'Cot law yn Asheville' 78–9
  'Croesau Calonnau . . .'/ 'Cross my Heart and Hope to Die . . .' 162
  'Geiriau Lluosog am Gariad'/ 'Ten Words for Love and Longing' 163
  'Gwely Dwbwl' 79
  'Tlodi Newydd' 257–8
Perffaith Nam 140, 249
  'Darlleniad Barddoniaeth' 66–72, 74–5, 77, 80
  'Y Lliaws sy'n Llosgi' 139, 143, 145–8
'*Stafelloedd Aros* viii, 87, 89–94, 103, 105
  'Angladd' 91–2
  'Chwarter i Dri' 89–90
  'Colli' 92–3
  'Colli Cymro' 94, 158, 162, 165, 166–9
  'Cyd-Fyw' 124
  'Dyw e ddim yma' 213
  'Ffaith Byw a Marw' 91
  'Llety Ystumllwynarth' 213
  'Mae rhan ohonof' 93
  'Pabwyr Nos' 92
  'Saig' 93
  'Trwy'r Nos' 89
  'Y Baban Mud' 91
  'Y Gneuen Wag' 93
Tro'r Haul Arno 66, 210, 214–15, 240, 241
  'Anhysbys – An sy'n hysbys' 217

'Bore Cas, 1977' 213
'Cân Rhieni' 94
'Cerdd Mam Bedydd, Llian Alys' 100, 103
'Cymydog' 163
'Diwrnod Du' 216–17
'Eneidgan' 219
'Gadewch i'n plant fod yn blant, os gwelwch yn dda' 99, 212
'Neges' 212
'Ward Cilgerran' 94–5
'Wedi'r achos (Blaenplwyf), 1978' 213
Elis, Islwyn Ffowc 257

Fiet-nam 96, 97, 176, 211
Fish, Stanley 105
Foucault, Michel 153
France, M. Anatole 116
Frey, Olivia 235
Frost, Robert 100, 225

ffeminyddiaeth 2–6, 51, 53–4, 145, 150–1, 204, 210–11, 214–20, 234
Ffiniau/Borders 196
ffuglenoldeb 9–10, 11, 12, 14, 156–7, 233, 235, 242, 257–8
ffurfiolaeth 49
ffurf y llythyr 12, 228, 234–6, 257–8, 260–1

Gadamer, Hans-Georg 72
Galef, David 229, 230, 231, 236
Gibson, Walker 107
Gill, Jo 4
Ginsberg, Allen 214
Gramich, Katie 6, 22, 87, 140, 142, 206, 227
Gwenallt 205
gwleidyddiaeth – gweler 'canu gwleidyddol'
Gŵyl y Gelli 74, 83–4, 158

Hallam, Tudur 23–4, 26, 127, 180, 242

hanesyddiaeth newydd 51, 52–3
Harman, Karin Voth 88
Hartman, Geoffrey 232–3
hawliau merched 206, 210, 214–19
Hazlitt, William 116
heddychiaeth 96–100, 204, 205, 206, 210, 219–24
herio'r canon 211
Hiraethog, Gwilym 245
Hunaniaeth 3–4, 22–3, 38, 53, 54, 86–7, 94, 102, 136, 143, 200, 203–4
Hunter, Jerry 190–1, 207
Hywel, Elin ap 159, 162, 163, 185, 196

ieithoedd lleiafrifol 27, 29, 158, 164, 181, 183, 226–7, 248
In Person 247
Iser, Wolfgang 143, 144, 152

Jackson, Kenneth 113–14
Jakobson, Roman 87–8
Jones, Bedwyr Lewis 229
Jones, Bobi 89, 115, 126–7, 151, 181, 190
Jones, R. Gerallt 175
Jones, R. M. *gweler* Jones, Bobi
Jones, T. James 174, 175

Kendall, Tim 220
Koppelman, Susan 234–5

Letters to Poets 8–9
Levertov, Denise 216
Lewis, Emyr 196–7
Lewis, Gwyneth 195, 247, 248, 250
   Y Llofrudd Iaith 195
Lewis, Saunders 209–10, 235
Lloyd, D. Tecwyn 207–8

llenyddiaeth Cymru 250–1
Llwyd, Alan 32–3, 57–8, 142, 179, 180, 207
Llywelyn ab y Moel 189

Llywelyn, Emyr 207
   'Llythyr at y Cymru "Da"' 207
Llywelyn, Robin 246, 250

Maclean, Sorley 188
   Dàin do Eimhir 188
Mae'n gêm o ddau fileniwm 247
mamolaeth 86–102
Mandelstam, Osip 205, 257–8
Mannix, Patrick 220–1
marchnata 244–53
Martell, Owen 108, 250
marwolaeth yr awdur 68–70
McGuinness, Patrick 31, 241
metadestun 71, 78, 206
metafforig 87–8, 95–101, 104
metonymig 87–9, 91–5, 104, 105
mewnfudo 194–5, 225–6
Middleton, Peter 78, 81, 82, 83
Minhinnick, Robert 188
Moi, Toril 5
Mooneeram, Roshni 188–9
Morgan, Mihangel 44–5, 76–7, 156
   Dirgel Ddyn 138–9, 149–53
Morys, Twm 183, 189–90, 191–5, 197
   'Three Poems with literal translations into English and Notes' 191–4
mudiad rhyddid merched 210
Munday, Jeremy 162, 164

Neruda, Pablo 172
Noakes, Susan 7

ôl-drefedigaethol 54–6, 164, 176, 183, 188–90, 200
ôl-strwythuraeth 58–60
Owen, Gerallt Lloyd 191, 208, 210
   Cerddi'r Cywilydd 191
   'Etifeddiaeth' 208

Pais 246
Pantycelyn (William Williams) 11
   'Llythyr Martha Philopur at y Parchedig Philo Evangelius ei Hathro' 11

Parry, R. Williams 118, 142, 173, 209, 210
 'Gorchestion Beirdd Cymru' 173
Parry-Williams, T. H. 16, 64, 90, 160, 259–60
 'Gollyngdod' 259–60
Pater, Walter 117
Paz, Octavio 160
Peate, Iorwerth 208
 'I Trefor Beasley yng Ngharchar' 208
perfformio barddoniaeth 68, 70–2, 74–84, 214, 253
Plath, Sylvia 214
positifistiaeth 68
Price, Angharad 26, 40, 64, 172, 259
Pritchard, Dafydd J. 140, 150, 253
protestio 162, 167–8, 169, 194, 203–28, 242–3
Prydeindod 55, 164, 191, 226–7

Reed, T. V. 214
refferendwm 1979 190
Reichl, Susanne 258
Reynolds, Elinor Wyn 249
Rich, Adrienne 86, 100, 213–14
Rilke, Rainer Maria 9, 12
 Letters to a Young Poet 9, 12
Rowbotham, Sheila 218–19
Rowlands, John 3, 4, 5, 16, 32, 40, 213, 232
 Sglefrio ar Eiriau 16, 32
Rowlands, Sioned Puw 108, 179, 201
Royle, Nicholas 260

rhagymadroddion 33–4, 240–2
Rhyfel Oer, y 219–20, 230
rhyngdestunoldeb 60–4, 122, 125, 175, 180
Rhys, Robert 6, 22, 44, 63–4, 140–1, 144, 151, 199, 225, 241

Schleiermacher, Friederich 163
Scott, D. M. 248
Sexton, Anne 214

Shaw, George Bernard 215, 245
Sianel Pedwar Cymru 162, 168
Simon, Sherry 159
Smith, Alexander McCall 250
Sontag, Susan 114–15, 124, 126, 127
 'Against Interpretation' 114–15
Stanton, Domna 87
Stoddart, John 158, 165
Su, Soon Peng 143, 144, 145, 147, 152–3

tai haf 225–6
testunau cyfochrog 172–81
The Intimate Critique 234–5
Thomas, Dafydd Elis 25, 32, 66, 79, 80, 214–15, 240–1, 242
Thomas, Gwyn 29, 153
Thomas, M. Wynn 6, 53, 136–7, 174, 175, 196, 197, 199, 248
Thomas, R. S. 164, 175, 185, 187, 188, 189, 193, 235, 252
Tiplady, Lisa 173, 175
Tompkins, Jane P. 108–9
traddodiad 26, 29–30, 34, 36, 150, 250
traddodiad barddol , y 4, 79, 100–1, 197, 209, 211, 214, 217
Trivedi, Harish 160, 162, 164
Tymoczko, Maria 161

Velázquez, Diego 45, 180–1
 Las Meninas 45, 180
Vendler, Helen 148
Venuti, Lawrence 162, 163, 194

Weldon, Fay 13–14
 Letters to Alice: On First Reading Jane Austen 13–14
Western Mail 129, 135, 246
Wilde, Oscar 233
Wiliams, Gerwyn 32, 57
Williams, Gruffydd Aled 231
Williams, Heather 190
Williams, Rowan 160, 166, 168, 169
 'Translating Waldo Williams' 166, 168

Mynegai 267

Williams, Waldo 22, 98–9, 106, 121, 130, 166, 168, 177–8, 223
Winter, Michael 249
Woolf, Virginia 9, 10, 53–4, 96, 217, 220

Y Graig Lwyd 189
ymateb y darllenydd 38, 57–8, 74, 116, 117, 125, 258

ymgyrchu 99–100, 106, 162, 167–8, 169, 194, 203–28
ymgyrchu gwrth Niwclear 97, 211, 219–20, 221–4
Yorke, Liz 236

Zauhar, F. M. 234